立山信仰と三禅定

―立山衆徒の檀那場と富士山・立山・白山―

福江　充著

岩田書院

はしがき

本書は、立山信仰の伝播者たる芦峅寺衆徒の東海地方での檀那場形成と、その地域で盛んであった三禅定（富士山・立山・白山の三霊山巡礼）の習俗について、特に江戸時代の実態について記したものである。

著者は、平成二年（一九九〇）から富山県［立山博物館］建設準備室（翌年から富山県［立山博物館］）に勤務することとなり、それを契機に立山信仰に関する調査・研究を始めるようになった。あと数年で足掛け三〇年となる。一口に立山信仰の研究と言っても、それにはさまざまな研究課題がある。そのなかで著者が特に力を入れてきたのは、芦峅寺衆徒の檀那場形成と廻檀配札活動に関する課題であった。

芦峅寺に所在する芦峅寺雄山神社や旧宿坊家、前掲の富山県［立山博物館］には、かつて芦峅寺宿坊家の衆徒たちが使用した檀那帳や廻檀日記帳が数多く所蔵されている。筆者はこれまで、それらの史料を順次解読・分析し、加賀藩領国内外で芦峅寺衆徒が形成した檀那場の実態や、そこで彼らが行った廻檀配札活動の実態について検討を試みてきた。さらに、平成一四年（二〇〇二）に、その一連の研究成果をまとめ、『近世立山信仰の展開―加賀藩芦峅寺衆徒の檀那場形成と配札―』（岩田書院）と題する著書も刊行したが、同書により、その時点では地元の現存史料で把握できる範囲内として、この研究テーマの基礎的な部分はある程度提示することができたと思っている。

その一方で同書の刊行後、かつて芦峅寺衆徒が檀那場を形成していた愛知県で自治体史編纂などで多面的な調査・研究を進められる津田豊彦氏より、芦峅寺衆徒の檀那場形成過程の解明にきわめて有効な「三禅定」に関する史料、及びその他の関連情報を数多く提供いただいた。

本書は、筆者のこれまでの研究成果を基盤に据えながら、津田氏よりご教示・ご提供いただいた史料も十分に活用させていただき、これまで執筆してきた論文を補足・再編して一冊にまとめたものである。

目　次

はしがき …… 1

第一章　霊場の形成と御師の活動——越中立山に見る加賀藩と立山衆徒—— 13

はじめに——幕藩体制下における藩・霊場・御師—— …… 13

一　立山信仰の宗教村落　芦峅寺と岩峅寺 …… 15

1　立山周辺の地理　15

2　芦峅寺・岩峅寺の構成　17

二　幕藩体制下における加賀藩と立山衆徒 …… 19

1　江戸幕府の宗教統制と加賀藩の立山支配　19

2　加賀藩の信越国境政策と立山衆徒　21

3　加賀藩支配のもとでの芦峅寺・岩峅寺と立山との関係　23

三　御師の活動 …… 24

1　芦峅寺衆徒の檀那場形成　24

(1)江戸時代前期から中期の芦峅寺衆徒の檀那場形成　24
(2)富士山・立山・白山の三禅定と芦峅寺衆徒　25
(3)芦峅寺宿坊家が形成した檀那場の分布状況と三禅定の円環　28
2　芦峅寺衆徒の廻檀配札活動　35
(1)芦峅寺衆徒の農村部などでの活動　35
(2)芦峅寺衆徒の江戸での活動　38
四　岩峅寺衆徒の檀那場形成と廻檀配札活動……41
1　越中国砺波郡に推測される岩峅寺宿坊家の檀那場　41
2　岩峅寺宿坊家の檀那帳等史料の現存状況　42
3　中道坊と般若院の檀那場形成及び廻檀配札活動　42
(1)中道坊の越後国の檀那場の状況　42
(2)中道坊の加賀国の檀那場の状況　43
(3)般若院の加賀国の檀那場の状況　44
(4)石川郡における中道坊と般若院の檀那場共有状況　44
(5)中道坊が越中国射水郡上庄組・南条組の村々から受けた奉加　45
4　檀那場で頒布された護符や土産　45
おわりに―立山講社と東京神道立山講社……47
1　立山信仰と神仏分離・廃仏毀釈　47

2 立山講社と東京神道立山講社の結成から衰退へ 48

第二章 富士山・立山・白山を巡る三禅定の時期的変遷——三禅定関係史料の分析から—— 55

はじめに…… 55
一 中世の史料に見る三禅定…… 55
二 延宝期の史料に見る三禅定…… 56
三 貞享期・元禄期の史料に見る三禅定…… 62
四 宝永期〜寛延期の史料に見る三禅定…… 62
五 宝暦期〜享和期の史料に見る三禅定…… 70
六 文化期・文政期の史料に見る三禅定…… 73
七 天保期以降の史料に見る三禅定…… 90
八 明治期及びそれ以降の史料に見る三禅定…… 104
九 尾張藩士著『三ツの山巡』に見る白山山麓と立山山麓の状況…… 111
おわりに…… 114

第三章　芦峅寺宿坊家の尾張国・三河国・美濃国の檀那場と三禅定関係史料―131
はじめに……131
一　芦峅寺福泉坊の檀那帳や奉加帳に見る尾張国・美濃国の檀那場……132
(1)天保六年（一八三五）の『名古屋檀家帳』より　132
(2)幕末期（安政四年〔一八五七〕～慶応三年〔一八六七〕）の『祠堂金受納覚帳』より　139
(3)明治時代初期の檀那帳より　139
(4)立山曼荼羅『坂木家本』（福泉坊旧所蔵本）の軸裏の銘文より　139
(5)明治一八年（一八八五）の『尾張国名古屋祈禱配札□（摩滅）』より　142
二　芦峅寺大仙坊の檀那帳や奉加帳に見る尾張国・美濃国の檀那場……148
1　芦峅寺大仙坊の檀那場　148
(1)布橋灌頂会勧進記（断簡）より　148
(2)媪尊像の寄進文書（断簡）より　149
(3)江戸時代後期の檀那帳（断簡）より　150
(4)明治時代の檀那帳より　153
2　芦峅寺大仙坊と関わった檀那場の人々　158
(1)知多郡長尾村の三井家　158
(2)うのはな館所蔵の血盆経関係史料より　160

三　芦峅寺日光坊の檀那帳や奉加帳に見る尾張国・美濃国の檀那場……161
1　芦峅寺日光坊の檀那場　161
(1)日光坊所蔵の慶長九年（一六〇四）の檀那場に関する断簡より　161
(2)文化一五年（一八一八）の『中嶋郡檀那帳』より　161
(3)江戸時代の檀那帳（横帳）より　168
(4)江戸時代の檀那帳（長帳）より　168
(5)立山曼荼羅『坪井家A本』の軸裏の墨書銘文より　182
(6)弘化三年（一八四六）の『立山御嬶尊別当奉加勧進記』より　182
(7)元治二年（一八六五）の「芦峅寺日光坊火災類焼に付き再建奉加帳」より　197
(8)大正時代の檀那帳より　214
2　芦峅寺日光坊と関わった檀那場の人々　216
(1)知多郡小鈴谷村の盛田家　216
(2)知多郡松原村の小島家　217
(3)知多郡佐布里村の伊藤家　220
四　芦峅寺宮之坊の檀那場……221
五　芦峅寺宝龍坊の檀那場……221
六　芦峅寺泉蔵坊の檀那場……224
(1)知多郡亀崎村の梶川家　224

(2)知多郡乙川村の松本家　225
(3)知多郡半田村の田中家　225
(4)知多郡緒川新田村の戸田家　226
七　芦峅寺宿坊家の尾張国における檀那場形成状況……226
八　芦峅寺善道坊の檀那帳に見る三河国の檀那場……230
九　芦峅寺泉蔵坊の三河国の檀那場……234
(1)芦峅寺泉蔵坊と岩津天満宮　234
(2)芦峅寺泉蔵坊と三河国碧海郡鷲塚村の檀那場　235
一〇　芦峅寺吉祥坊の檀那帳に見る美濃国の檀那場……236
一一　芦峅寺宿坊家の美濃国各務郡芥見村の檀那場……243
一二　美濃国加茂郡廿屋村天池家の文書に含まれた『立山御嬶尊布橋寄進帳』……244
一三　芦峅寺一山における三禅定の意味……244
おわりに……248
第四章　石造物資料に見る江戸時代の三禅定——255
はじめに……255
一　愛知県・岐阜県における三禅定関係併刻石造物の分布状況……255
二　愛知県西尾市吉良町饗庭の三山城巡り……260

三　芦峅寺宿坊家の檀那帳に見る房総半島の檀那場……262
四　房総半島における出羽三山・立山関係併刻石造物の分布状況……264
五　その他の地域における出羽三山・立山関係併刻石造物の分布状況……265
六　三禅定関係併刻石造物と出羽三山・立山関係併刻石造物の分布状況……267
七　加賀藩領内に見られない三禅定関係史料や三禅定関係併刻石造物……268
おわりに……271
第五章　芦峅寺宿坊家が東海道筋に形成した檀那場——特に駿河国と横浜の事例をとりあげて——273
はじめに……273
一　芦峅寺宿坊家が形成した駿河国の檀那場……273
二　芦峅寺の日光坊と宝泉坊が形成した横浜の檀那場……293
1「武州横浜配札議定之通　書合」294
2　日光坊と宝泉坊の『横浜連名帳』295
3　日光坊の『武州横浜檀那帳』301
4　宝泉坊の『武州横浜檀那帳』318
三　日光坊と宝泉坊の『武州横浜檀那帳』に見られる人々……320
おわりに……324

第六章　芦峅寺衆徒が常陸国・上総国・下総国で形成した檀那場──327
　──文献史料上最北の檀那場──
はじめに……327
一　檀那帳A……328
　(1)檀那帳Aの書誌　328
　(2)檀那帳Aの内容　330
　(3)頒布品　334
二　檀那帳B……334
　(1)檀那帳Bの書誌　334
　(2)檀那帳Bの内容　336
　(3)頒布品　344
三　檀那帳A・Bの成立時期……344
四　檀那場村の分布状況に見る配札経路……346
五　檀那場における各宗派寺院の状況……347
おわりに……348

第七章 芦峅寺教算坊が大坂で形成した檀那場と立山曼荼羅――351
はじめに……351
一 檀那帳の書誌……352
二 芦峅寺教算坊……352
三 檀那帳の内容……354
1 檀家数・宿家数 354
2 配札地 369
3 檀家 371
4 頒布品 372
5 祈禱 373
四 檀那帳が使用された時期……374
五 立山曼荼羅『稲沢家本（教算坊旧蔵本）』……375
1 立山曼荼羅『稲沢家本（教算坊旧蔵本）』 375
2 文政初期に見られる三幅一対の立山曼荼羅 376
3 有楽斎長秀作『越中立山御絵図』 379
4 教算坊衆徒と有楽斎長秀作との接点 380
5『稲沢家本（教算坊旧蔵本）』と有楽斎長秀作『越中立山御絵図』との模写関係 380

六　近江国からの立山参詣……382
おわりに……383
あとがき　三禅定研究の自分史……387
初出一覧……403

第一章　霊場の形成と御師の活動
──越中立山に見る加賀藩と立山衆徒──

はじめに──幕藩体制下における藩・霊場・御師──

日本国内には神仏の霊験があらたかな霊場が数多く存在する。霊場とは、神社・仏閣などの宗教施設や宗派の祖師などにゆかりの地など、神聖視される場所をいう。御師とは、熊野・伊勢に代表されるように、霊場をなす特定の寺社に所属して、その寺社へ参詣者を案内し、参拝・宿泊などの世話をする者のことである。

さて、近世における伊勢・富士・出雲・津島など、多くの霊場の形成過程や御師の活動実態を明らかにし、比較した場合、それらには普遍的な事象と特殊な事象の両方が見られる。そして、在地の風土や社会環境、習慣などを踏まえて、より細密に各霊場の形成過程や御師の活動実態を検討するならば、それこそ一筋縄では括れない近世・近代の宗教社会の実相が見えてくるであろう。例えば、各地寺社の参詣者数ひとつをとってみても、そこにはさまざまな要因から生じるのであろうが、差異が見られる。

江戸時代後期の各地寺社の参詣者数について、新城常三『新稿　社寺参詣の社会経済史的研究』には、伊勢参宮…二〇万～四〇万人、善光寺…二〇万人、日光…三万人以上、西国巡礼…一万～二万人、四国遍路…一万五〇〇〇～二万人前後などの数字があげられているが、(1)そのなかで立山は六〇〇〇人ほどであった。一〇万単位の伊勢や善光寺に比べると立山の六〇〇〇人という数字は小さい。さらに加藤基樹氏の最新の研究成果によると、その六〇〇〇人のうち八割が越中国の人々であり、そうした状況が明治時代に入っても継続していたという。(2) 一方で筆者は、以前から加賀藩領国内外において、芦峅寺の各宿坊の檀那場形成が一般的には信徒数数一〇〇人から一五〇〇人ほどの規模で、展開していたことを指摘している。

このように立山信仰の世界は、実際に立山登山を行っていた越中国の人々の実体験的な立山信仰世界と、加賀藩領国外の檀那場の人々、すなわち、必ずしも立山登山にやって来るとは限らないが、衆徒がもたらす立山の情報や御利益に興味を示して受容していた人々の立山信仰世界とが、併存して成立していたわけである。

そして、芦峅寺衆徒による立山曼荼羅の絵解き布教で、バーチャルリアリティの霊場立山及びその霊験・御利益を提示され、それを受容した檀那場の信徒たちの立山信仰は、いわゆる「情報としての立山信仰」であり、その展開のありかたに近世の宗教の特徴が表れていると考える。

筆者は、幕藩体制下における霊場と御師について考える際、外様最大の大名である加賀藩前田氏に支配された霊場立山の事例を検討することで、霊場や御師の地域的な差異や特徴をより明確にしていくことが可能となり、そこに大きな意義があると考えている。本章では、徳川幕府と加賀藩の動きを軸に、同藩に支配された越中立山山麓の立山衆徒(芦峅寺衆徒と岩峅寺衆徒)を題材として、近世から近代にかけての「霊場と御師」について考えていきたい。

一　立山信仰の宗教村落　芦峅寺と岩峅寺

1　立山周辺の地理

立山は富山県の東部に聳え、北アルプスの一角を形成している。山頂に雄山神社峰本社が建つ雄山をはじめ、大汝山・剱岳など標高三〇〇〇メートル前後の高山からなり、さらに山中の地獄谷は、平安時代には、『大日本国法華経験記』や『今昔物語集』の立山地獄説話が物語るように、山中地獄の存在が人々に広く知られており、以後、悪行の報いで責め苦を受ける山、あるいは死者に会える山として、多くの人々の信仰を集めた。

江戸時代、こうした立山信仰の拠点村落であった山麓の芦峅寺と岩峅寺(現、富山県立山町)は加賀藩の支配下に置かれ、それぞれ一山と称して三八軒(三三衆徒と五社人)と二四軒(二四衆徒)の宿坊を構え、同藩の祈願所(加賀藩前田家に対する各種祈禱や年中行事を行う)や立山禅定登山(山案内)の基地としての役割を果たしていた(図1)。特に芦峅寺は、立山連峰を越えて越中から信濃に抜けることが可能な間道に対する関所の役割も果たしていた。宿坊の主人は藩の身分支配上は宗教者として扱われ、衆徒と称していた。ただし、芦峅寺衆徒は実生活上は焼畑も行い、農民としての性格を持っていた。

芦峅寺村は標高約四〇〇メートルの高所に位置し、その自然環境(気温・日照時間・水温などの問題)から稲作には適さない村であった。したがって、この村では焼畑・炭焼・木挽などを主な生業としてきた[3]。このような場所的・生業的な面からとらえると、芦峅寺の場所は「ヤマ」あるいは「サトヤマ」として位置づけられ、さらに、その中核である芦峅中宮寺(媼堂・閻魔堂・帝釈堂・布橋・立山開山堂・講堂・拝殿・大宮・若宮・立山開山廟所などの諸施設を構えてい

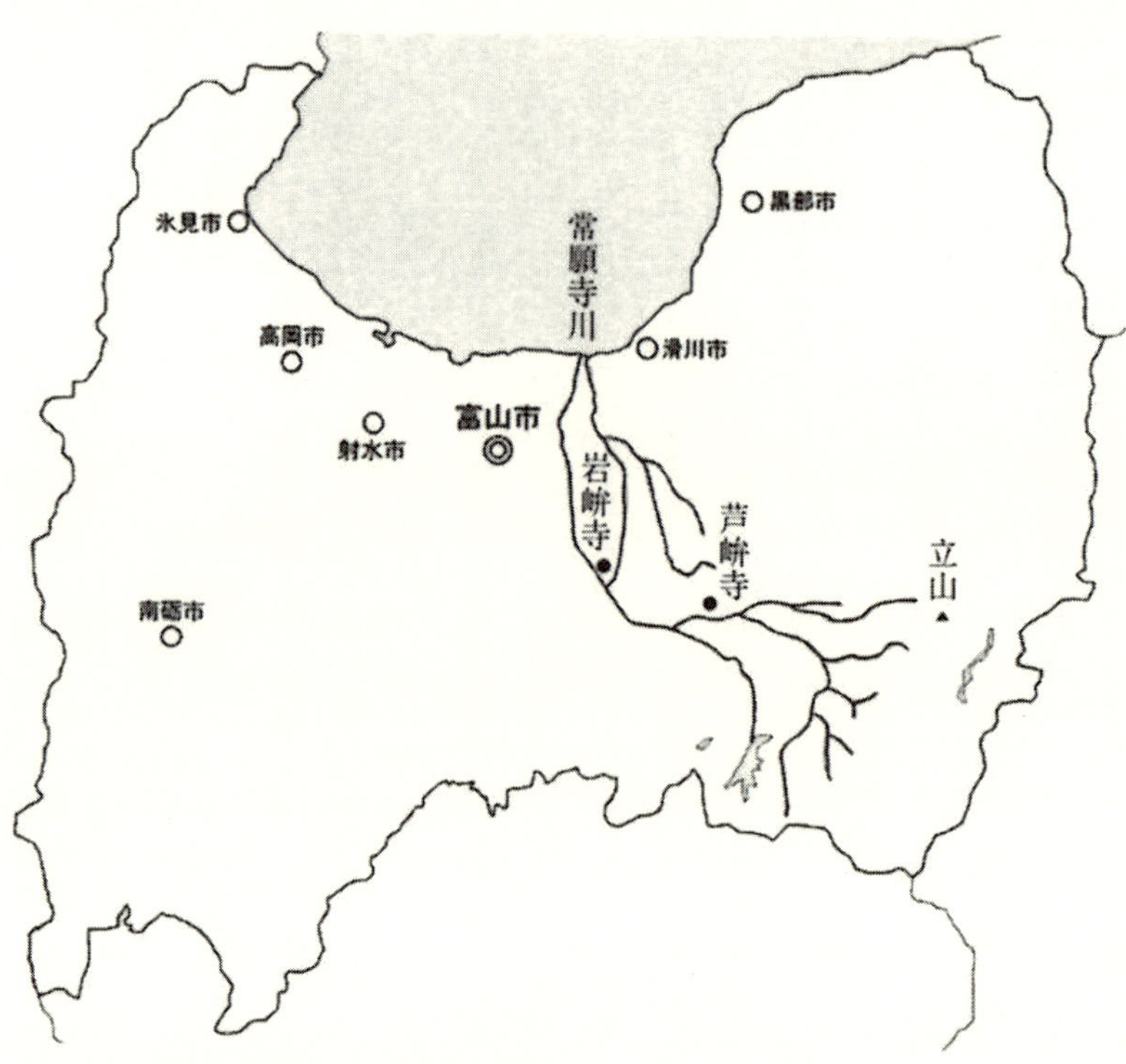

図1　立山連峰・芦峅寺・岩峅寺の位置

た）は「山宮」として位置づけられる。

一方、岩峅寺村は山麓で、常願寺川右岸扇状地の扇頂部に位置し、中世より荘園村落として発達し、稲作を主な生業としてきた。このような場所的・生業的な面からとらえると、岩峅寺の場所は「サト」として位置づけられ、さらに、その中核である立山寺（大講堂・拝殿・観音堂・地蔵堂・地主刀尾天神本社などの諸施設を構えていた）は「里宮」として位置づけられる。

芦峅寺一山と岩峅寺一山の祭神を見ていくと、本地は阿弥陀如来（主尊）と不動明王（副尊）で、それぞれが垂迹して伊邪那岐神と天手力雄神（在地の刀尾天神剱岳神）になるとする。さらに伊邪那岐神が垂迹して立山大権現になるとする説と、伊邪那岐神と天手力雄神が合体して立山大権現になるとする説がある。

なお、岩峅寺一山では、天手力雄神の代わりに伊邪那美神をあてる場合もある。

2 芦峅寺・岩峅寺の構成

芦峅寺には衆徒・社人をはじめ、門前百姓（輿守〔輿盛〕百姓と頭振百姓、太夫〔下級神官で身分は百姓〕）が居住していた。門前百姓は焼畑などの農業以外に炭焼・木挽を生業とし、他に宿坊の雑用を勤めたり、農閑期に衆徒の廻檀配札に同行したりした。天保一〇年（一八三九）の状況で見ると、百姓家の戸数は七一軒、総人数は二六七人（男性一三一人・女性一三六人）となっている。衆徒・社人には若小僧（八歳～一四歳）、若僧（剃髪、一五歳～三〇歳）の階級があった。一山の役職には、目代・小別当・中別当・大別当・座主・二老院主（一人）・一老長官（一人）などがあった(4)。

芦峅寺の石高と所属組を見ていくと、延宝二年（一六七四）の「蘆峅寺高帳」では高二九六石・免四ツ六歩で、芦峅寺への寄進高は五〇石であった。明暦二年（一六五六）の村御印（各村の草高・免・小物成の額を記し藩主印を捺した租税徴収令状）では草高三三八石、寛文一〇年（一六七〇）の村御印では草高（領内の米の総上がり高）二九六石・免四ツ六歩であった。所属の十村組（十村とは、他藩の大庄屋に当たる加賀藩特有の職名で、十村の裁許する村をまとめて十村組という）は高野組である。

芦峅寺の諸堂舎のうち、媼堂・閻魔堂・布橋・帝釈堂・講堂・大宮・若宮は、加賀藩がその修復費用などを負担する御普請所であった。これらの堂舎に対しては、それぞれに縁日や節句、祭礼などが設けられていた。媼堂に関するものでは布橋灌頂会（八月二三日）を含む大きな祭礼が三回、小さな祭礼が四〇回、節句が五回、縁日が六〇回行われた。帝釈堂では縁日一二回・節句五回、大宮では縁日三六回・節句五回、若宮では縁日一二回・節句五回、講堂では立山大権現祭礼（六月一二日～一六日）をはじめ、縁日一二回・節句五回、閻魔堂では縁日一二回・節句五回が行われた。

また、その他、比較的大規模なものとしては、以下のような儀式や祭礼も行われていた。一月六日に金沢城で年頭御礼式。二月九日に嬭尊本尊・治国両尊御衣召替之式。六月七日に流水灌頂式。七月一五日に大施餓鬼・血盆納経式。八月二三日に布橋灌頂会。一〇月八日に法講会式。一一月二日に天台智者大師式。

岩峅寺にも衆徒(二四軒)をはじめ、門前百姓(一〇軒前後)が居住していた。安政五年(一八五八)には、衆徒・門前の百姓で合わせて一八四人が居住していた。岩峅寺一山には芦峅寺一山と呼称が異なる階級があった。上﨟三官(院主・長吏・大勧進)をはじめ、中﨟以下下座まで順位があり、毎年その異動が確かめられ、それによって祭礼や諸行事の際の持ち場や役が決められた。諸堂社の堂番役もあった。室堂役(大別当以下三人で別当役と称した)や温泉詰役僧・桑谷番は年番で廻した。加賀藩は、別当岩峅寺に対して寄進地一〇〇俵の他に諸役を免除し、四度の前立社殿の造営修理、一三度の立山峰本社や六度の室堂の造営・修復・建替えを行って庇護している。ただし、立山権現末社の修復費については、自普請であった。そのため岩峅寺衆徒は、藩の許可を得て相対勧化や出開帳などの勧進活動を行い、藩主一族の参詣による寄進や領民たちからの多額の信施を集めて維持管理に努めた。

岩峅寺の石高と所属組を見ていくと、寛永一三年(一六三六)の検地では二七〇石余、延宝五年(一六七七)の芦峅寺『一山旧記扣』では三二五石内五〇石寄進高、免五ツ四歩、明暦二年(一六五六)の村御印には三二五石(寄進高五〇石を含む)、天保八年(一八三七)の「御高并柴山等書上帳」では草高二七五石、寄進地五〇石であった。所属組は高野組である。

二　幕藩体制下における加賀藩と立山衆徒

1　江戸幕府の宗教統制と加賀藩の立山支配

立山衆徒は中世から近世初頭にかけ、軍事的要素も備えた宗教者集団として[5]、越中守護職の桃井直常や越中守護代の神保長誠、あるいは越中国主の佐々成政などの武将たちと結びついていた。佐々成政の「ざら越え」（羽柴秀吉と戦った成政は圧倒的に不利な戦況の打開策として、天正一二年（一五八四）一一月、浜松の徳川家康・織田信雄に直接面会し、再起を促すため、厳寒期の北アルプス越え「ざら越え」を敢行した）にも関与している。

その後、佐々成政が没落し、新たに加賀・能登・越中を支配した加賀藩初代藩主前田利家は、それまで成政に味方し反抗勢力だった立山衆徒に対し、壊滅させるのではなく懐柔政策をとった。ただしその際、立山衆徒が持つ軍事的要素、すなわち武器を持ち蜂起するような危うい要素の取り除きを図ったものと推測される。天正一五年（一五八七）、加賀藩前田氏が新川郡を支配すると（この時期は秀吉からの預かり地）、翌年、利家は立山衆徒に対し速やかに対応し、各々に一〇〇俵の土地を寄進して安心させ、藩の寺社奉行の支配下に治めてしまった。特に芦峅寺衆徒への対応を見ると、天正一八年（一五九〇）、利家は媼堂をはじめとする宗教施設の大がかりな修理を行っている。さらに慶長一九年（一六一四）には、利家夫人芳春院と加賀藩第二代藩主前田利長夫人玉泉院が芦峅中宮寺を参詣し、滞在期間中、媼堂の前に架かる橋に白布を敷き流して布橋を掛け、宗教儀式を行っている[6]。

加賀藩の立山衆徒へのこうした素早い対応は、近世初頭、江戸幕府が大大名の前田氏に脅威を感じ、隙あらば取り潰しにしようと度々圧力をかけていたこと、そして幕府が加賀藩に干渉し、難癖をつけそうな要素のひとつとして、立山・黒部奥山に関わる軍事・国境問題があったこと、立山衆徒がそれに役立つこと、などによるものである。

加賀藩がこのように立山衆徒を統制したのに対し、一方、江戸幕府の修験道統制はどうだったか。幕府は、慶長一八年(一六一三)に修験道法度を定め、聖護院門跡を本山とする天台宗系修験道本山派と、醍醐寺三宝院門跡を本山とする真言宗系修験道当山派を支配下に置いた。次いで、各地の修験をそのいずれかに分属させ、競わせることで力を削ぎながら支配した。また、吉野山・羽黒山・英彦山などの修験集団は、日光輪王寺門跡直属の天台修験として存続させた(7)。

立山・黒部奥山は、中世より、商人や戦国武将が活用してきた信濃・越中間の最短往還道が存在する領域で、加賀藩は、その軍事的重要性を強く認識していたと思われる。そのため、こうした幕府の修験道統制よりも先に、先述のとおり立山衆徒を自藩の支配下に治め、各宗派の本山との関係を一切持たせず(8)、江戸幕府の息がかからないようにした。したがって、立山衆徒は天台宗だが、比叡山や東叡山とは関係のない「無本山天台宗」を称して活動していくのである(9)。

なお加賀藩は、立山衆徒が藩に無許可で外部の様々な権力と結びつこうとした場合、芦峅寺宿坊家が藩領国外の檀那場で諸大名やその家臣らと師檀関係を結ぶことなどにはほとんど関心を示していないが、立山衆徒が有力寺社と結びつこうとすると必ずそれを阻止している。具体的な事例として、延宝期に吉田家より神道裁許を受けて禁牢を申し渡され、さらに後年御家断絶となった芦峅寺社人の十三郎の一件や、天保期に寛永寺と結びつこうとして、直前で踏みとどまって事なきを得た岩峅寺一山の一件、また青蓮院と結びつこうとして藩から罰せられた岩峅寺衆徒の玉蔵坊と円林坊らの一件があげられる。こうして立山衆徒は、他の霊山の修験集団のように、各宗派や修験道寺院の本山に帰属しなかったので、山中修行を主体としない独自路線の宗教活動を展開していくことになった。

また、加賀藩は立山衆徒に対し、軍事に結びつくような修験道の野性的な部分の抑え込みを図ったと考えられ、その代わりに、自藩の国家安泰や、藩主とその家族の無事息災を祈禱する山麓の祈願寺院としての役割を担わせた。そのため、立山衆徒の宗教活動の舞台は立山山中から山麓の自村に移り、山中を道場とする修験道の峰入りや柴灯護摩などの修行は次第に廃れ[10]、むしろ山麓の芦峅寺や岩峅寺の境内地諸堂での年中行事が極端に増加していった[11]。特に芦峅寺衆徒の間では、諸国の檀那場での廻檀配札など、勧進布教活動が次第に盛んとなった。こうした状況を背景に、立山曼荼羅の絵解き布教の文化も花開いたのである。

2　加賀藩の信越国境政策と立山衆徒

天正一三年(一五八五)、羽柴秀吉は越中を制圧し、当時の領主佐々成政は降伏した。前年の天正一二年末、成政は圧倒的に不利な戦況の打開策として「ざら越え」を決行した。享和二年(一八〇二)の『立山嫗堂仲宮寺出世祭事』によると、同書のなかで芦峅寺日光坊が語るには、「ざら越え」の際、佐々成政を先導したのは立山衆徒たち一五人(岩峅寺衆徒・六人、芦峅寺衆徒・九人)で、大先達は岩峅寺衆徒の円光坊弘栄であったという[12]。

さて、佐々成政のあとに越中を領有した前田氏は、立山・黒部奥山、とりわけ「ざら越え」の道筋に深い関心を寄せていた。なぜなら、成政が行った「ざら越え」は、その該当地域が北アルプスの峻険な山岳地帯であるとはいえ、中世より活用されてきた信濃・越中間の最短往還道であり、一般庶民の商業ルートにもなれば軍事的なルートにもなりうるものだったからである。戦時には山側から陣の背後を突かれる可能性もあれば、その逆もあり、また万が一敗戦の際には山中に逃げ込むこともできる。そこで加賀藩初代藩主前田利家は、慶長三年(一五九八)、黒部奥山の地理に明るい新川郡浦山村の松儀伝右衛門を大坂に呼び出し、黒部奥山のことを詳しく聞き出している。また、加賀藩第三代藩主前田利常も寛永一七年(一六四〇)に伝右衛門を小松に呼び出して、利家と同様、彼から奥山のことを聞き出している。[13]

一方、正保元年(一六四四)、加賀藩は徳川幕府から国絵図の提出を求められ、[14]それが契機となって信濃と越中の国境を強く意識するようになった。それというのも、加賀藩は徳川幕府の命に対し、早速、国絵図の作成に取り組み、正保四年に仮絵図を作り上げて幕府に提出したが、同絵図の黒部奥山の部分については、情報不足から後立山を描くことができなかったからである。なお、いわゆる「正保国絵図」(金沢市立玉川図書館所蔵)は明暦年中に完成しているが、この絵図にも後立山は描かれていない。

このように、正保四年(一六四七)の仮絵図の作成で領国の把握が完全でないことに気づいた加賀藩第三代藩主前田利常は、慶安元年(一六四八)、自ら視察のため、越後の国境大所村まで赴いている。さらに大島甚兵衛らに、黒部奥山の視察(後立山と黒部川上流の調査)と絵図の作成を命じている。その際、それを助けたのが芦峅寺村宿坊家の三左衛門・十三郎父子であった。その成果を取り入れて藩独自であらためて作成したのが、延宝六年(一六七八)のいわゆる「延宝国絵図」(金沢市立玉川図書館所蔵)である。この絵図には鷲羽岳・鑓ヶ岳・針ノ木峠などの後立山と「ざら越え」の道筋が、国絵図としてははじめて描かれた。[15]ただし、この絵図は幕府に提出されることなく、金沢城に秘蔵された。

ところで、加賀藩がとりわけ立山や信越の国境である黒部奥山の踏査に力を入れた理由は、先述のとおり信越間の交通状況の把握をはじめ、国境及び藩領の速やかな確定、さらに林産・鉱山資源の管理・活用をもくろんでいたからである。それに加え、自藩領内に所在する白山の明暦・寛文の争論[16]や、支藩富山藩が飛越国境論争で延宝二年(一六七四)に徳川幕府の裁決で敗訴したことなどが加賀藩に危機感をつのらせ、信越の国境政策に必然的に力を入れさせることとなった。

こうした結果、立山・黒部奥山の領域は加賀藩が御縮山として独占的に支配するようになり、中世から存在した信濃・越中間の最短往還道は、幕府や藩が定めた公道にはならず、御法度の間道として廃絶した。立山参詣者のみが、七月と八月の二箇月間に限って越中側から唯一立山参詣道を通行して山中に入り、立山峰本社が建つ雄山を含む立山本峰や地獄谷など、定められたコースを参拝して廻ることができたが、信州側に通り抜けることはできなかった。信州側からの入国者については、正徳期以降、加賀藩奥山廻りによる岩魚の密漁や椈の盗伐の取り締まりなど、奥山管理の強化にともなって山越えしての立山禅定登山はできないようになっていった[17]。

一方、加賀藩では、江戸時代前期に同藩農政の基本制度である改作法体制の整備と関所の整備が連動的に行われており、当時減少ぎみだった農民数の確保のため、逃散を監視する国境の検察体制は必要不可欠であった[18]。そしてそれは立山・黒部奥山においても同様であった。このような状況のなかで、岩峅寺集落と芦峅寺集落及び室堂小屋は、立山参詣道の途上にあって入山者を監視する関所の役割も果たしていたのである。信州側にこれといって立山信仰の霊場や御師の組織が存在しなかったこともあり、加賀藩は立山を独占的に支配し、富士山や白山のように「山を割る」ような状況を意図的に作らせなかったのである。

3　加賀藩支配のもとでの芦峅寺・岩峅寺と立山との関係

芦峅寺と岩峅寺の立山に対する宗教的諸権利、すなわち戸銭や室堂入銭の徴収権、山中諸堂舎の管理権などは、当初同権であった。しかし、加賀藩は正徳元年（一七一一）以降、立山に最も近い山宮の芦峅中宮寺には、立山の山自体に関わる宗教的諸権利（①「立山本寺別当」の職号の使用権、②六十六部納経所の設置権及び納経帳の発行権、③山役銭の徴収権、④立山山中諸堂舎の管理権など）を与えず、むしろ山から閉め出すように加賀藩領国内外での廻檀配札活動の権利を与えている(19)。

一方、里宮の岩峅立山寺には、前述の立山の山自体に関わる宗教的諸権利を与えて管理を任せるのであるが、岩峅寺としては不便にも立山山麓から山上までの禅定登山道は一本道となっており、その途上、岩峅寺集落と立山山中との間に芦峅寺集落が障害的に位置しているため、否応なしに芦峅寺を通過せざるをえず、このような状況が何かと争論を起こすもとになった。

こうした立山の宗教的諸権利を巡る一連の争論は、宝永六年(一七〇九)以降、天保四年(一八三三)に右記の内容で加賀藩の最終的な裁定が下るまで、一二四年間度々引き起こされた。なお、そうした争論の裁判は加賀藩公事場奉行で行われ、結局は藩が審判するため、全て藩の意のままであった。このような、得意な者に得意な職分を与えず、互いに対抗させることでその力を削ぎ、最終的には藩の審判によって服従させるといった支配方法には、あたかも徳川幕府が浄土真宗教団に対してとった東西分派の支配方法のごとく、いかにも加賀藩らしいしたたかさが見てとれる。

三　御師の活動

1　芦峅寺衆徒の檀那場形成

(1)江戸時代前期から中期の芦峅寺衆徒の檀那場形成

立山衆徒の加賀藩領国内外での檀那場形成及び廻檀配札活動に関する史料には、芦峅寺一山会や芦峅寺雄山神社中宮祈願殿、岩峅寺雄山神社前立社壇、芦峅寺旧宿坊家、岩峅寺旧宿坊家、富山県［立山博物館］、栃木県文書館(大島延次郎家文書)などが所蔵する多数の古文書や、檀那帳・廻檀日記帳・奉加帳・勧進記などがある。

こうした史料のうち、芦峅寺宿坊衆徒の加賀藩領国外での檀那場形成に関する初見史料は、日光坊所蔵の慶長九年（一六〇四）の断簡文書である。同史料から、この頃すでに日光坊や与十郎が、三河国設楽郡（月村など）や美濃国武儀郡（関村・生櫛村・笠神村）、尾張国知多郡（大里村・羽根村・日長村・大野村・鍛治屋村・常滑の四村・阿野村・枳豆志の七村・椋原村）に、その規模は不明だが檀那場を形成していたことが確認できる。[20]

しかしそれ以後、芦峅寺衆徒の檀那場形成状況が確認できる史料は、寛保三年（一七四三）から延享五年（一七四八）までに作成された権教坊の複数冊の檀那帳であり（檀那場は飛騨国・尾張国・伊勢国・三河国・遠江国・駿河国・相模国・武蔵国・上野国・信濃国・上総国・下総国・安房国・常陸国）、江戸時代中期を待たなければならない。

芦峅寺文書から芦峅寺一山組織の規模の変遷を追っていくと、宿坊の総数は延宝二年（一六七四）には八衆徒一二神主であり、以後、享和元年（一八〇一）に三三衆徒五社人に固定するまで次第に増加しており、おそらく、それにともない廻檀配札活動は拡大し、檀那場も北陸や中部・東海地方のみならず日本各地で形成されていったと考えられる。

(2)富士山・立山・白山の三禅定と芦峅寺衆徒

愛知県常滑市小鈴谷の鈴渓資料館に、延宝四年（一六七六）の『三禅定之通』と題する帳冊がある。[21]この史料から、江戸時代前期にはすでに、本州の中心部に三禅定と称する富士山・立山・白山を巡拝する壮大な巡礼道が確立していたことがわかる。さらにこの三禅定には、慶長九年（一六〇四）頃すでに、三河国設楽郡や美濃国武儀郡、尾張国知多郡で檀那場を形成していた芦峅寺日光坊が先達として関与している。同帳には、その内容の一部として「三禅定道」と題し、知多郡常滑の小鈴谷から出発し、富士山・立山・白山を巡拝して小鈴谷に戻る道程が記されている。その主な経由地は次のとおりである。

小鈴谷（尾張国）→高師（三河国）→白須賀→新居→浜松→見付→袋井→掛川→金谷（以上、遠江国）→島田→藤枝→岡部

→府中→江尻→由比→蒲原→岩本→大宮→村山→富士山（以上、駿河国）→吉田→川口→藤野木→甲府→韮崎→台ヶ原（以上、甲斐国）→蔦木→金沢→上諏訪→下諏訪→塩尻→松本→刈谷原→青柳→稲荷山→善光寺→牟礼（以上、信濃国）→関川→関山→高田→今町→能生→青梅→市振（以上、越後国）→泊→入善→三日市→魚津→上市→岩峅寺→芦峅寺→立山→芦峅寺→岩峅寺→富山→高岡→石動（以上、越中国）→竹橋→金沢→鶴来→尾添→白山（以上、加賀国）→石徹白（越前国）→長滝→白鳥→八幡→関（以上、美濃国）→犬山→小牧→名古屋→小鈴谷（以上、尾張国）。

これ以外にも、元禄二年（一六八九）「富士・白山両先達争論」（鈴渓資料館所蔵）、宝永七年（一七一〇）三禅定道程帳の「白山大権現　立山大権現　富士山大権現」（うのはな館所蔵）、池大雅著・宝暦一〇年（一七六〇）『三岳記行図屏風』（京都国立博物館所蔵）、長尾村三井伝左衛門著・享和元年（一八〇一）『三禅定道中覚帳』（個人所蔵・武豊町歴史民俗資料館寄託）、尾張藩士著・文政六年（一八二三）『三ツの山巡』（国立国会図書館所蔵）、大府村平七著・文政六年『三山道中記』（大府市歴史民俗資料館所蔵）などの文献史料や、あるいは今も愛知県下に残る三禅定の石造物など[22]があり、江戸時代を通じて中部東海地方の人々の間で三禅定の慣行があったことを示している。

次に、芦峅寺衆徒の間で三禅定に対する意識が見られるようになる時期を、史料のうえで確認しておきたい。同寺衆徒・神主が延宝二年（一六七四）八月一五日付けで加賀藩寺社奉行永原左京・笹原織部に宛てた書き上げに、「右如申上ル芦峅之庄立山中宮媼堂と申は日本三禅定之一山ニ而御座候故[23]」との文言が見られる。また、同寺衆徒・神主が翌延宝三年四月付けで加賀藩郡奉行石黒源右衛門・山村市十郎に宛てた書き上げにも、「右申上ル趣、蘆峅之庄立山中宮媼堂ト申ハ、日本ニ三禅定之一山ニ御座候故[24]」との文言が見られる。

これらの史料から、おそらく江戸時代の延宝期には三禅定がすでに確立しており、世間的にもある程度認知され、その巡拝道で立山禅定登山に訪れる人々が存在していたことが推測される。一方、芦峅寺衆徒の側では、立山が世間

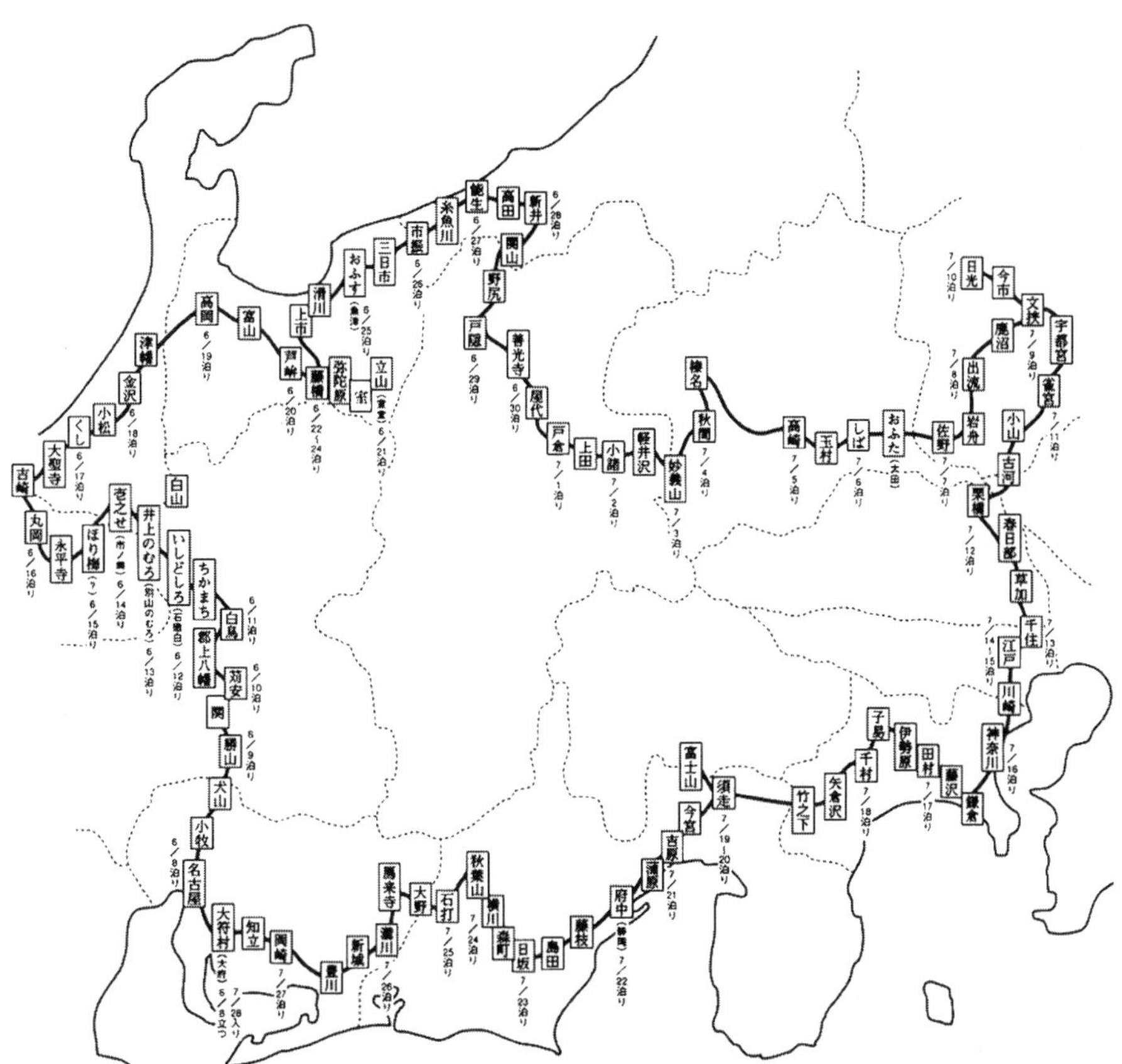

図2　大府村平七著「三山道中記」（文政6年、大府市歴史民俗資料館所蔵）に見る巡拝コース

的に三禅定の一禅定所と認知されていることを自分たちの誇りとし、それを加賀藩に上申しているのである。

ところで、江戸時代における三禅定の道筋の変化を見ていくと、江戸時代前期には、延宝四年(一六七六)『三禅定之通』に示されるように、富士山→立山→白山の順に左回りで巡礼し、道程には信濃国の善光寺も含まれているが、どちらかというと観光・遊楽的な性格は弱く、あくまでも富士山・立山・白山の禅定登山そのものを主体としたものであった。それが江戸時代中期以降は、宝永七年(一七一〇)の「三禅定道程帳」や文政六年(一八二三)の大府村平七著『三山道中記』(図2)に示されるように、白山→立山→富士山の順に右廻りで巡礼することが多くなり、道程には三山以外の永平寺・吉崎御坊・戸隠・善光寺・妙義山・日光・鎌倉・秋葉山なども見られ、観光・遊楽的性格がきわめて強い大旅行となっている。このように、三禅定の道筋は江戸時代前期から江戸時代後期へと時代が進むにつれ、観光・遊楽の旅の隆盛とともに拡大しているようである。

(3) 芦峅寺宿坊家が形成した檀那場の分布状況と三禅定の円環

冒頭で述べた檀那帳や廻檀日記帳・奉加帳・勧進記などの史料から、江戸時代後期(寛政期以降)における芦峅寺衆徒の檀那場形成状況(表1)を見ておきたい。

さて、これらの状況から現存史料で確認できる範囲内での傾向だが、芦峅寺宿坊の檀那場は北陸・中部・東海・関東・甲信越など本州中心部に多く分布していることがわかる。特に東海地方の尾張国や関東地方の江戸には比較的多くの宿坊によって檀那場が形成されている。最も西の檀那場は大坂であり、また最も東の檀那場は安房国や常陸国となっている。文献史料を管見する限り、それより西や東の地域を対象とした檀那帳などは発見されていない。

ところで、芦峅寺各宿坊家はどのような経路で自坊の檀那場に赴いたのだろうか。各宿坊家が形成した檀那場の分布の状況から、それぞれの宿坊家の各檀那場までの経路を推測すると、次のとおりである。

表１　立山衆徒の檀那場形成状況（寛政期以降）

【芦峅寺宿坊の檀那場】	
吉祥坊	美濃国（武儀郡・加茂郡）・尾張国（愛知郡）・三河国（宝飯郡）・武蔵国（豊島郡・荏原郡）・江戸（日本橋・京橋・神田・芝・麻布・赤坂・麹町・四谷・牛込・小石川・本郷・下谷・浅草・深川・本所）
教算坊	越前国（詳細不明）・近江国（坂田郡）・大坂（大坂三郷北組・南組・天満組）
玉泉坊	安房国（朝夷郡・安房郡）
教蔵坊	越後国（頸城郡）・信濃国（水内郡・小県郡・安曇郡、筑摩郡・佐久郡・伊那郡）
権教坊	駿河国（志太郡・益津郡）・遠江国（榛原郡）
実相坊	江戸（詳細不明）
泉蔵坊	尾張国（知多郡〔亀崎・半田〕）
善道坊	飛驒国（益田郡）・尾張国（中島郡）・三河国（額田郡・幡豆郡・宝飯郡・渥美郡・八名郡・設楽郡）
相栄坊	武蔵国（詳細不明）・江戸（詳細不明）
相真坊	越中国（婦負郡・新川郡・射水郡）・能登国（羽咋郡）・加賀国（石川郡・江沼郡）
相善坊	越中国（射水郡）・能登国（羽咋郡・鹿島郡・鳳至郡・珠洲郡）・加賀国（河北郡）
大仙坊	美濃国（各務郡）・尾張国（春日井郡・丹羽郡・愛知郡・知多郡〔大府・半田・河和・師勝〕）
等覚坊	能登国（鹿島郡・鳳至郡・珠洲郡）・加賀国（河北郡）・美濃国（各務郡）
日光坊	美濃国（中島郡・不破郡・羽栗郡）・尾張国（中島郡・海東郡・愛知郡・知多郡〔岡田・常滑・小鈴谷〕・武蔵国（久良郡横浜）
福泉坊	美濃国（葉栗郡・土岐郡・可児郡・加茂郡・恵那郡）・尾張国（愛知郡〔名古屋城下〕・春日井郡・中島郡・丹羽郡・葉栗郡）・信濃国（筑摩郡・安曇郡）・江戸（下谷・本郷・小石川・牛込・神田・京橋・浅草・深川・芝）・武蔵国（豊島郡・榛沢郡・足立郡・埼玉郡・荏原郡・橘樹郡・都筑郡）・上総国（望陀郡・周淮郡・天羽郡）・安房国（平郡・朝夷郡・長狭郡）
宝泉坊	信濃国（筑摩郡・佐久郡）・上野国（碓氷郡・甘楽郡・群馬郡・勢多郡・那波郡）・武蔵国（幡羅郡・大里郡・足立郡・豊島郡・荏原郡・橘樹郡・葛飾郡・横浜）・相模国（高坐郡・大住郡・足柄下郡・足柄上郡）・江戸（赤坂・浅草・麻布・牛込・神田・京橋・麹町・小石川・下谷・芝・日本橋・深川・本郷・本所・四谷）・上総国、安房国・三河国（西尾）
宝伝坊	信濃国（小谷村）
宝龍坊	尾張国（知多郡緒川）
宮之坊	尾張国（詳細不明）
宿坊不明（権教坊か）	駿河国（志太郡・益津郡）・遠江国（榛原郡・敷地郡）
【岩峅寺宿坊の檀那場】	
中道坊	加賀国（石川郡）・越後国（頸城郡・魚沼郡・古志郡）
般若院	加賀国（石川郡）

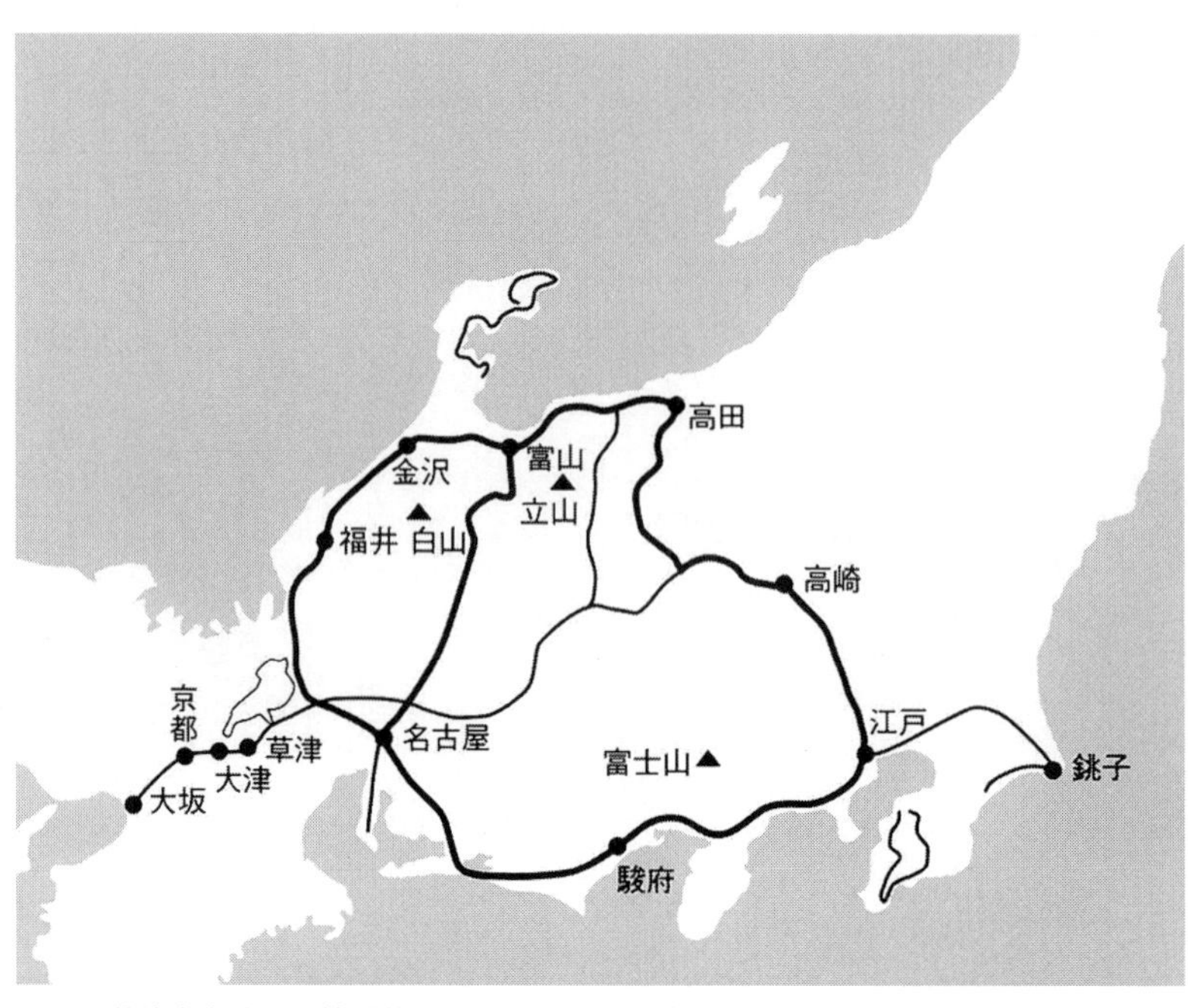

図３　芦峅寺衆徒が廻檀配札活動で往還した街道

吉祥坊は飛騨街道で美濃国・尾張国へ赴き、さらに東海道で江戸に向かったものと思われる。権教坊は飛騨街道で美濃国・尾張国へ赴き、さらに東海道で相模国に向かったものと思われる。善道坊は飛騨街道で尾張国へ赴き、さらに東海道で三河国に向かったものと思われる。大仙坊は飛騨街道で美濃国・尾張国へ赴いたものと思われる。日光坊は飛騨街道で尾張国へ赴き、さらに東海道で相模国に向かったものと思われる。福泉坊は飛騨街道で美濃国・尾張国へ赴き、さらに中山道で信濃国に向かったものと思われる。

その他、北陸道から北国街道・中山道を経て、武蔵国・江戸・上総国・安房国に赴いたものと思われる。宝泉坊は北陸道から北国街道・中山道を経て、武蔵国・江戸・相模国・上総国に赴いたものと思われる。教算坊は北陸道で越前国を経て大坂に赴いている。このような街道に基づく経路を日本地図においてみると図３のようになり、本州の中心部に大

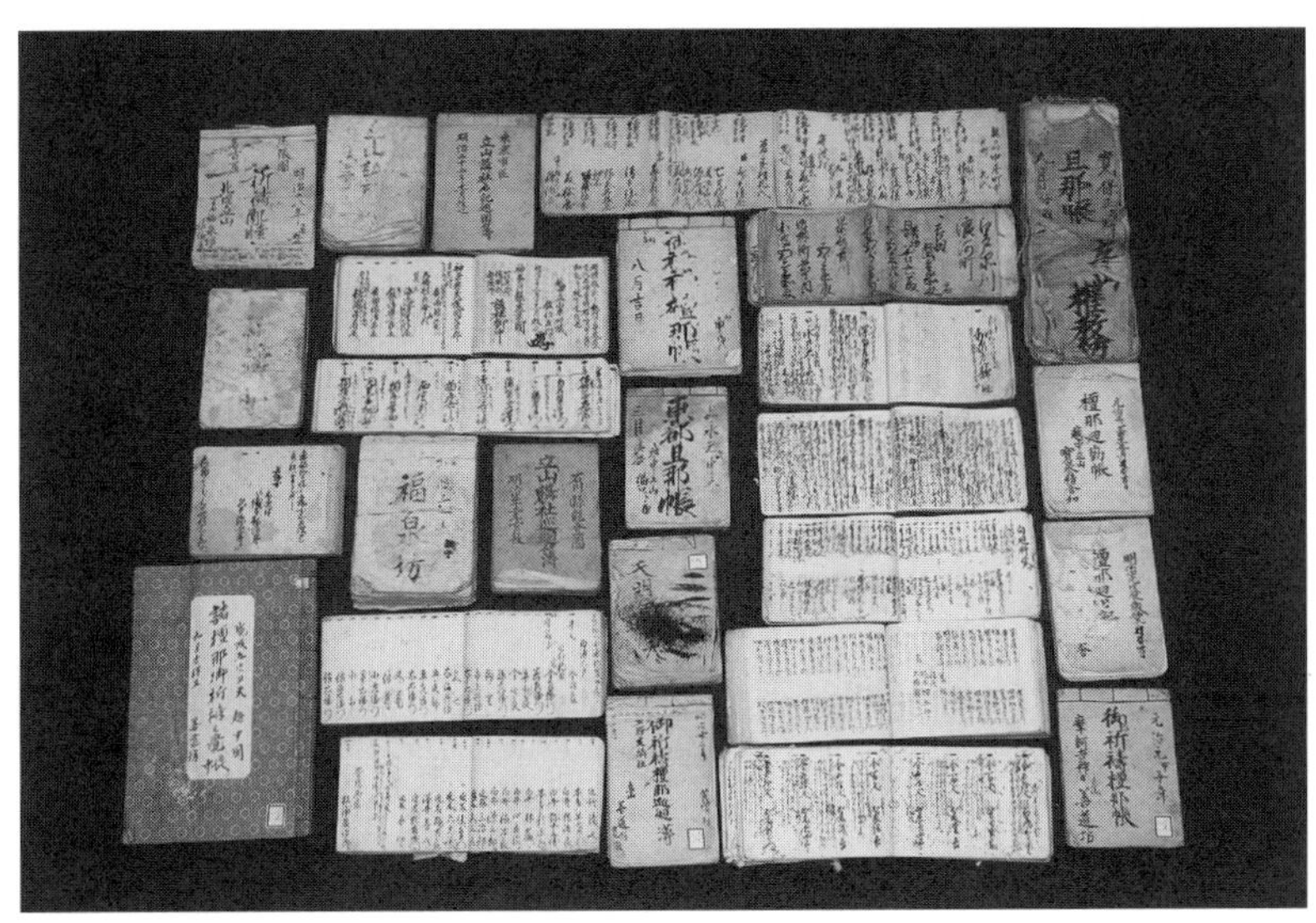

芦峅寺宿坊家の檀那帳・廻檀日記帳
（芦峅寺雄山神社所蔵・富山県［立山博物館］所蔵）

きな「環」ができる。

こうしてできる「環」と、先に指摘した三禅定の道筋を重ね合わせてみると、かなり重複する部分が多い。また、右に示した芦峅寺宿坊家の檀那場の分布は、概ね三禅定の「環」状の道筋に沿ってか、あるいはその内側に見られることが多い。さらに、江戸時代後期の江戸や日光までをも含めた三禅定の道筋（図3）と芦峅寺宿坊家の檀那場の分布状況を比較すると、右記の傾向はさらに強まるのである。

以上の実態から考えると、芦峅寺衆徒が諸国で形成した檀那場は、衆徒たちがそうした活動を行いだした当初から日本各地に広がりを持っていたものではなく、江戸時代前期以降、それ以前にすでに中部・東海地方の人々の間で定着していた富士山・白山・立山を巡拝する三禅定の影響も受けながら、次第に拡大していったと思われる。おそらく、芦峅寺日光坊などによって飛騨街道を利用しての中部・東海地方の檀那場開拓・形成が先行的に行われたのであろう。さらに後発的な宿坊家も既存の三禅定の信仰圏を活用しながら、北国街道や中山道を活用して、関東まであるいは関東での檀那場開拓・形成が進んだ。それは三禅定の巡礼道が江戸から日光の辺りまでへと、拡張していくこととも連動しているようである。

以下、加賀藩領国外で檀那場を形成する場合が多かった芦峅寺宿坊家の、檀那場の特徴をあげておきたい。

①廻檀配札活動に適した檀那場の規模と庄屋との友好関係

芦峅寺宿坊家の檀那場の規模は、信徒数が数百人から最大一五〇〇人程度で、それほど大きいものとはいえない。芦峅寺から遠く離れた各地域の檀那場を、立山権現の末社も勧請せずに末永く維持していくためには、毎年定期に必ず檀那場を訪れ、各村を取り仕切る庄屋の檀家との関係を友好に保ちながら勧進布教活動を行うことが重要であった。それゆえ、ある程度の収益が獲得できれば、廻檀不可能な規模になるまで無制限に信徒を獲得し檀那場を拡大するようなことはなかった。このように檀那場に末社を勧請することなく、現地の人との直接的な交流で維持されてきた立山信仰は、衆徒がその檀那場に赴かなくなると、たちどころに衰退した。

②街道沿いにも形成される小規模の檀那場

檀那場そのものの地域だけに着目しがちだが、国許から檀那場に向かうまでの様々な街道にも、宿泊家を中心として、その沿線に浅く檀那場が形成されていた。

③尾張国の場合

福泉坊や日光坊・大仙坊が尾張国に形成していた檀那場の特徴は、檀家という一軒一軒の「点」が密集して、ほど良い規模の「面」を形成しているところにある。そして、このような状況は、衆徒が檀那場で廻檀配札活動を行った際、衆徒自身が檀家を一軒一軒廻るにしても、あるいは実質的な配札を各村の庄屋に委託するにしても、村から村への移動や初穂の徴収などの面でひじょうに効率が良かった。

④信濃国の場合

信濃国における各宿坊の檀那場は、街道などの諸道が整備された比較的交通の便の良い地域に形成されていた。また、信濃国の一部の地域の檀那場の分布状況を見ていくと、各村に数軒ずつ檀家が点在するといった檀那場の分布状況が、衆徒による檀家から檀家への移動行為によって、点である檀家と、檀家と檀家を結んだ「線」や「筋」、あるいは、過大に見ても「帯」程度になるにすぎないような場合がようやく見うけられる。その実態は、尾張国の事例のような「面」とはほど遠いものである。

⑤房総半島の場合

房総半島の事例を各宗教勢力との関わりの面から見ていくと、衆徒は、檀那場では真言宗系の勢力が比較的強い地域を配札領域としている。それはおそらく、芦峅寺衆徒自体が、江戸時代後期、芦峅寺に移住してきた、もと高野山学侶龍淵の影響を多分に受けて、真言宗的要素も多分に含んだ天台宗を標榜していたことから、他宗派との場合と比べると軋轢が生じるようなことは少なく、むしろ教線を拡大していく際には対応しやすかったものと考えられる。

⑥江戸の場合

師檀関係の形成については、江戸の檀那場の場合、江戸時代中期頃までに確認できるが、その段階では比較的勧誘しやすい商人・職人・新吉原関係者などを中心的な対象として進められたようである。当初の檀那場はこれらの人々が中核となって支えていたと考えられる。当時すでに信徒数のうえでは江戸時代後期のそれとほぼ同等の規模で檀那場が形成されているが、江戸時代後期の形態ほど成熟していない。すなわち、江戸時代後期の廻檀配札活動における真骨頂ともいうべき強力な商業活動的性格がそれほど強く感じられない。

その後、江戸時代後期へと時代が進むにつれて檀那場も成熟し、信徒たちの身分に幕臣や藩士たちの武士層も増加し、極端な部分では諸大名や松平乗全・本多忠民などの幕閣大名のなかにも芦峅寺宿坊家と師檀関係を結ぶものが出てきたのである。また宝泉坊など、江戸城大奥に勧進布教活動を展開していく宿坊家も見られる。

⑦加賀藩領国内の場合

江戸時代幕末期、芦峅寺三八宿坊の間では、加賀藩領国内（加賀国・越中国・能登国）の各村から立山参詣に訪れる人々の宿泊について、いずれの宿坊がいずれの村からやって来た人々を宿泊させる権利を保有するかを、事前に籤引きの方法で細かく割り当てていた。この割当台帳として、現在芦峅寺雄山神社には、芦峅寺一山がかつて使用していた、嘉永元年（一八四八）「加賀能登宿所改帳」（加賀国・能登国の村々を対象とする）と、年次未詳（幕末期か）「越中宿所改帳」（越中国の村々を対象とする）の二冊の帳冊が残っている。これらの史料から、幕末期頃、加賀藩領国内においては相真坊と相善坊、等覚坊らが次のように檀那場を形成していたことが推測される。

相真坊…越中国（射水郡・婦負郡・新川郡）、能登国（羽咋郡）、加賀国（石川郡・江沼郡）。

相善坊…越中国（射水郡）、能登国（羽咋郡・鹿島郡・鳳至郡・珠洲郡）、加賀国（河北郡）。

等覚坊…能登国（鹿島郡・鳳至郡・珠洲郡）、加賀国（河北郡）。

これらの檀那場は、芦峅寺各宿坊が加賀藩領国外の地域で形成していた檀那場と概ね同質のものであったと考えられる。相真坊や相善坊・等覚坊の固定的な檀那場を除いて、加賀藩領国内については、各宿坊が籤引きで得た割当地を檀那場として開拓してもよいことになっていたが、実際のところ、それらの地域で檀那場が形成された痕跡は見いだせない。

前述のとおり、芦峅寺宿坊の間では、立山参詣者の宿泊については、事前に籤引きで割当を決めていたが、何年後かにまた籤引きで改められることになるため、いわゆる一般的な檀那場のように継続的・固定的なものではなかった。

それゆえ衆徒が割当地に布教に出かけても檀縁は育ち難かったであろう。

むしろいずれの宿坊においても、加賀藩領国外で形成した檀那場での廻檀配札活動に力を入れている。岩峅寺の檀那場にしても同様であり、加賀藩領国内においては、芦峅・岩峅両寺の宿坊の檀那場は点在して存在はしていただろうが、檀那場で敷き詰められたような状況はなかったと推測される。また、中道坊と般若院の石川郡での配札活動の実態を見る限り、彼らの活動は、加賀藩の強固な十村制度、改作法、関所制度に乗っかって成立していた。

2　芦峅寺衆徒の廻檀配札活動

⑴　芦峅寺衆徒の農村部などでの活動

芦峅寺衆徒は毎年、一一月から翌年の四月までの期間を目安に各自の檀那場に赴き、滞在期間中に檀家を巡回し、仏前廻向などの様々な祈禱を行って立山信仰を布教しながら（あくまでも衆徒が檀那場に赴いて自ら祭祀を行うもので、現地に寺院や社を設け、そこに立山大権現を勧請して、現地の人々に祭祀を行わせるようなことはなかった）、護符や経帷子を頒布した。こうした宗教活動は「諸国檀那配札廻り」や「廻檀配札活動」などと称され、冬期、豪雪地帯となる芦峅寺の衆徒たちにとっては、実質的に出稼ぎといえるものであった。

衆徒たちが加賀藩領国外の檀那場に赴くにあたり、毎年一一月に芦峅寺一山から同藩寺社奉行へ、当年も「檀那廻り」を行う旨を記した案内文が事前に提出された。さらに、配札に出かける宿坊の衆徒は各々過書を二通作成し、一通は印形（関所通行用の見合印鑑）とともに寺社奉行に納め、一通は寺社奉行より裏書きをしてもらい、この過書を持参して旅に出かけた。このように、芦峅寺衆徒の廻檀配札活動は加賀藩寺社奉行の認可のもとに行われていた。

衆徒は様々な護符を刷っていたが、廻檀配札活動の際には、牛玉札（文言は「立山之宝」で、次の二種があった。「大牛玉」縦二三×横三〇センチメートル、「小牛玉」縦一五×横二〇センチメートル）を中心に、火防札や祈禱札（護摩札・御守護など）、絵札（慈興上人・媼尊・不動尊・金蔵坊）、山絵図（木版立山登山案内図）、経帷子などを頒布した。また、特に女性の信徒には血盆経や月水不浄除、安産などの祈禱札、布橋灌頂会の血脈などを頒布した。この他、護符に限らず、反魂丹（飲み薬）や疵薬（貼り薬）などの薬や、箸・針・楊枝・扇・元結なども頒布して利益を得ている。また檀家への土産として立山産と称する葛・茶・飴などを持参している。

檀那場では、主に庄屋（名主）宅を定宿としたが、その庄屋は現地で立山講の檀家をとりまとめる周旋人である場合が多い。護符などの具体的な頒布方法については、まず衆徒が定宿の庄屋に対し、その村で必要な護符の枚数について注文をとる。それに対し庄屋は人足を雇い、村内の檀家を中心に、時にはそうでない家々までも巡回させ、村人が必要とする護符の枚数を把握する。衆徒はその枚数分の護符を庄屋に渡し、実質的な頒布は全て、庄屋及び庄屋が雇った人足に任せてしまうのである。

ある村での勧進活動が終わると衆徒は次の村に向かうことになるが、その際、檀家に頒布するために持ち込んだ護符や経帷子・小間物・薬・土産などのたくさんの荷物のなかから、その村で必要な品物を必要な数量だけ取り出し、残りの荷物については次に配札を予定している村までの搬送を庄屋に依頼する。それを受けて庄屋が人足を雇い、衆徒の荷物を次の村の庄屋宅まで送ってやる。この方法により、衆徒は配札に必要なたくさんの荷物を自分自身ではほとんど持つことなく、身軽に村から村へと移動できた。廻檀配札の期間中、一度訪れた村には戻らないので、まるで一筆書きのような移動の仕方であった。だから、頒布した護符や諸品などの代金は初穂料として一年送り、すなわち、翌年再び当地に廻檀配札に訪れた際に徴収した。それで得た現金は路銀などの必要な分だけを所持し、あとは飛脚や為替を使って国許に送金した。

こうした活動で大きな宣伝効果をもたらしたのが、立山曼荼羅であった。

立山曼荼羅は、立山に関わる山岳宗教、いわゆる、「立山信仰」の内容が、大きなものでは縦一六〇×横二四〇センチメートルの大画面に網羅的に描かれた掛軸式絵画のことである。これまでに各地で五一点の作品が確認されている。

芦峅寺の布橋から望む立山

画面には、立山の山岳景観を背景として、この曼荼羅の主題である「立山開山縁起」のいくつかの場面をはじめ、立山地獄の様子、阿弥陀如来と諸菩薩の来迎場面、立山山麓・山中の名所や旧跡、芦峅寺布橋灌頂会の様子（岩峅寺宿坊に関わる立山曼荼羅にはこの図柄は描かれない）などが、マンダラのシンボルである日輪（太陽）・月輪（月）や参詣者などとともに、巧みな画面構成で描かれている。一方、別の視点で立山曼荼羅を見ていくと、その画面には立山連峰上空の天道や立山地獄谷の地獄道・餓鬼道・畜生道・阿修羅道、立山山麓の人道など、いわゆる六道の表現（六道絵）と、阿弥陀聖衆来迎の表現といった二つのモチーフが描かれており、したがってこれは、「六道・阿弥陀聖衆来迎図」としても位置づけることができる。

さて、太平洋戦争が終わって間もない頃まで、愛知県などの地域で廻檀配札活動を行っていた芦峅寺宿坊の日光坊や泉蔵坊・大仙坊らに伝わる話[25]によると、江戸時代、衆徒たちは毎年、講元の庄屋宅に宿泊した際、近隣の村人を集め、持参してきたか、あるいは同家に預け置いていた立山曼荼羅を座敷の床の間に掛けて絵解きした。曼荼羅の画面から、立山開山縁起・立山地獄・立山浄土・

立山禅定登山案内・布橋灌頂会・立山大権現祭礼などの内容を引き出し、節談調で物語ったという。そして、男性には夏の立山での禅定登山を勧誘し、女性には秋の彼岸に芦峅寺で行われる布橋灌頂会への参加や血盆経供養を勧誘した。その際、自分の宿坊での宿泊を勧め、道案内などの便宜を図ることを約束した。立山の山容や立山信仰の内容をよく知らない人々に、それを立山曼荼羅の具体的な図柄で視覚的に紹介したので、人々の間では難解な教理に基づく説教よりも、こうした絵解きによる娯楽性豊かな布教のほうが好まれ、かなりの人気を得ていたようである。

(2) 芦峅寺衆徒の江戸での活動

芦峅寺一山会や、芦峅寺雄山神社、芦峅寺旧宝泉坊には、江戸を檀那場としていた宝泉坊の檀那帳や廻檀日記帳・勧進記などが数多く残されている。そのいくつかをあげると、享保の頃に成立したと推測されるものが三冊あり、その他、文政九年(一八二六)『越中立山芦峅寺集帳(裏表紙・新吉原五町分 世話人新助)』、天保一〇年(一八三九)『御祈禱檀那帳控　立山芦峅寺宝泉坊照円』、嘉永六年(一八五三)『御祈禱□(一字欠損)』、文久二年(一八六二)『御本丸等初穂覚　越中立山宝泉坊控』、文久四年の表題のない「(布橋大灌頂法会勧進記)」、元治二年(一八六五)『檀那廻勤帳　越中立山宝泉精舎控』、慶応二年(一八六六)『東都檀那帳　越中立山宝泉坊興昶控』、慶応三年『檀波羅密　越中立山宝泉坊』、慶応四年『檀那廻日記　越中立山宝泉精舎興昶控』などがある。これらをもとに、江戸時代後期における宝泉坊の廻檀配札活動の実態を見ていきたい。

同坊衆徒の当主泰音(別名智憲・佐伯左内、六二世、一八二七～一八九七年)とその子息興昶(別名佐伯永丸、六三世、一八四九～一九二〇年)は、毎年農閑期に一緒に江戸に赴き[26]、三～四箇月の滞在期間中に府内の檀家を巡回し、立山信仰を布教した。二人は檀那場では分かれて行動し、それぞれが一本ずつ立山曼荼羅を携え、檀家宅で御絵伝(立山曼荼羅)招請を行い、立山権現の霊験を易しく絵解きした。そして仏前廻向などの様々な祈禱を行うとともに、護符[27]や手のひらサイズの大黒天像（銅製及び素焼き製）、経帷子、「立山反魂丹」や「立山御夢想丸」の飲み薬、疵薬なども頒布している。檀家への土産として、椎茸・飴・神奈川亀甲煎餅・海苔・蕨・蜜茸・葛袋（立山産と称する）・葛根・葛麦袋・ちんね漬・茶・砂糖・蕎麦・足袋・盃・高山箸・水引・団扇・風呂敷・手掛・束子袋入れなどを持参している。

江戸御府内などの都市を中心に檀那場を形成した宿坊家と、農・山・漁村に檀那場を形成した宿坊家とでは、廻檀経路のありかたに違いが見られる。すなわち都市では、衆徒は数軒の定宿を担う信徒宅を拠点地として、放射線状に何度も出入りを繰り返しながら廻檀配札を行っているが、農・山・漁村では、衆徒は各村々の庄屋宅から次の庄屋宅へといった具合に、一筆書きのように順々に廻檀して配札を行っている。

ところで、立山山中には地獄谷に隣接した火口湖の血の池が存在する。現在、湖水はほとんどなく、湖底は干上がりぎみの赤茶けた湿原となっているが、かつては水かさもあり、さらにその水は酸化鉄の含有量が多く真っ赤な色をしていたという。この立山に実在する「血の池地獄」を背景に、宝泉坊は血盆経信仰を積極的に唱導した。それは新吉原や江戸城大奥も含む、檀那場の様々な身分の女性信徒に対して、大きな需要があった(28)。

宝泉坊が、こうした一連の勧進活動で得た利益は多額であった。一例としては、泰音と興昶が元治二年（一八六五）の廻檀配札活動だけで、七四〇両三分一二一四文と白銀一枚及び衣三枚を得ている。ただし、こうした収益は全て宝泉坊のものになるわけではなかった。宝泉坊は弘化三年（一八四六）以降、祠堂銀として、同年五月に二〇両、嘉永二年（一八四九）四月に八〇両、文久二年（一八六二）八月に一〇〇両、文久三年七月に一〇〇両といった具合に加賀藩寺社奉行に対し、度々大金を預け入れている(29)。この預け入れに対して藩寺社奉行は、毎年七月と一二月の二回（嘉永期から七月上旬に一回でまとめて支払われるようになった）、一箇月一〇〇目につき八朱宛の利息金を支払っている。このような祠堂銀の預け入れは、表向きは衆徒側の自発的な預け入れのように見えるが、実際には加賀藩の強制的な没収を恐れての、否応なしの上納であったのだろう。

前掲の檀那帳から、宝泉坊の江戸の檀那場の規模、すなわち信徒数や宿数及び信徒の分布状況などを見ておくと、天保一〇年（一八三九）二二三人・一軒、嘉永六年（一八五三）三六九人・三軒、慶応二年（一八六六）五三一人・一軒となっている。このうち慶応二年の檀那帳に基づいて、信徒の分布状況を地域別に見ておきたい。三河西尾藩主松平和泉守をはじめ、その家族・使用人・藩士など三三人を含む深川と、新吉原の関係者三九人を含む浅草が七〇人を超えており、次いで芝五二人、日本橋四四人、京橋四一人、本所四〇人、麹町三三人、牛込三一人といった状況である。

こうした宝泉坊の檀家の分布傾向としては、江戸問屋商業の中心地である日本橋や、御用達職人の拝領地が並ぶ京橋、山の手最大の商職集住地域である麹町、江戸の市街地と農村との接点に位置する本所など、どちらかといえば下町に多く分布している。江戸時代後期、江戸は日本の政治や経済の中心地で、世界有数の巨大都市であった。それを反映して宝泉坊や相栄坊・吉祥坊らの江戸廻りの宿坊が抱えていた信徒たちの地位や身分は実に多様であり、諸大名や江戸詰めの藩士、幕臣、坊主衆、商人、職人、他宗派の宗教者、遊廓新吉原の関係者などが見られる[30]。

さらに宝泉坊らは、江戸城の関係者など近世身分制社会の最上層の人々をも対象にして、勧進布教活動を展開していた[31]。具体的には、江戸幕府第一一代将軍徳川家斉の夫人の広大院に仕えた御年寄の大奥女中らをはじめ、江戸幕府第一二代将軍徳川家慶に仕えた上臈御年寄（大奥女中の最高位）の山野井、さらに幕末期には、将軍世子徳川家定（のちの江戸幕府第一三代将軍）に仕えた上臈御年寄の八重嶋、徳川家定の夫人の天璋院篤姫や側室の豊倹院（お志賀）、江戸幕府第一四代将軍徳川家茂の夫人の皇女和宮、彼女たちに仕えた大奥女中らとの関わりが見られる。この他、幕政を担う松平乗全のような老中や徳川御三家、安芸広島藩浅野家、加賀金沢藩前田家らの諸大名家、さらには徳川家菩提寺の伝通院との関わりも見られる。

四　岩峅寺衆徒の檀那場形成と廻檀配札活動

1　越中国砺波郡に推測される岩峅寺宿坊家の檀那場

岩峅寺宿坊家の廻檀配札活動に関する研究は、芦峅寺宿坊家のそれと比べ、ほとんど進展していない。そこで本節ではそれについて若干の検討を試みたい。

寛政九年(一七九七)、越中国福光の和泉屋喜兵衛(俳号石崎古近、福光村の肝煎)は立山禅定登山を行い、その紀行文を『立山禅定』[32]と題して残している。そのなかに、「岩峅の覚乗坊と云う僧、此地(福光)へ年々勤めに廻りて我能く知れり」と見え、岩峅寺宿坊家の覚乗坊が、寛政期に毎年、福光辺りで勧進布教活動を行っていたことがうかがわれる。

また、岩峅寺雄山神社前立社壇の境内地の表神門近くに立てられている二基一対の大型石燈籠の基礎部分に銘文が見られ[33]、それによって、その石燈籠は、砺波郡先蟹谷組講中の「渋江村」「平田村」「内山村」が施主となり、岩峅寺六角坊を願主として嘉永二年(一八四九)七月に造立されたことがわかる。おそらくこの辺りは六角坊の檀那場であったと推測される。

さらに、天保四年(一八三三)、芦峅寺一山の『立山開山大上人御教化血脈相承芦峅寺各坊諸国配札檀家縁辨別留記』[34]には、芦峅寺各宿坊家が新たな檀那場を開拓するにあたっての注意事項として「来午年より御領分新旦取立之望有之候ハゞ、岩峅寺慥ニ配札旦縁之筋は指除可申候」と見え、加賀藩領内に岩峅寺宿坊家の檀那場が存在していたことがうかがわれる。

2 岩峅寺宿坊家の檀那帳等史料の現存状況

岩峅寺には、中道坊と般若院が江戸時代後期に所持・活用していた檀那帳や初穂帳、印鑑帳などが残っている。

中道坊所蔵のものとしては、①文化一二年(一八一五)『宿々村々巡参帳』、②弘化四年(一八四七)『加州石川郡廻檀牒』、③嘉永元年(一八四八)『立山大権現御初穂志記帳』、④嘉永四年『仏奉加施財授納帳』、⑤嘉永七年『石川半郡村々印鑑帳』などがある。

また、般若院所蔵のものとして、⑥嘉永七年(一八五四)『石川郡廻檀諸事控』や⑦安政二年(一八五五)『加州石河郡御初穂上高並諸事控牒』などがある。

さらに、栃木県文書館所蔵・大島延次郎家文書所収のものとして、⑧中道坊・文政五年(一八二二)の表題のない初穂帳や、⑨中道坊・万延元年(一八六〇)『立山御初穂牒　立山別当岩峅寺』、⑩宿坊号未記載(中道坊か)・文久元年(一八六一)『立山秋米御初穂村々之記帳　石川郡林組村々』、⑪文久三年『立山御初穂牒』、⑫慶応元年(一八六五)、『立山御初穂帳』、⑬宿坊号・年次のない初穂帳などがある。

次に、これらの檀那帳や印鑑帳から中道坊と般若院の檀那場形成及び廻檀配札活動を概括的に見ていきたい。

3 中道坊と般若院の檀那場形成及び廻檀配札活動

(1)中道坊の越後国の檀那場の状況

文化一二年(一八一五)三月の巡参帳①から、越後国の頸城郡(現在の糸魚川市)と魚沼郡(現在の魚沼市・南魚沼市)の一三九町村で配札活動を行っていたことがわかる。檀那場の宿数は一六軒で、初穂料の合計額は一〇九八七文であった。

文政五年（一八二二）四月の初穂帳⑧から、越後国の頸城郡と魚沼郡（現在の小千谷市・長岡市・南魚沼市）、古志郡（現在の長岡市）で配札活動を行っていたことがわかる。初穂料の合計額は二両・二朱・六五〇疋・一四三〇青銅疋・六八五六文・二〇〇鳥目文・南鐐二片であった。

年次未詳の初穂帳⑬から、越後国の頸城郡（現在の十日町市）と苅羽郡（現在の柏崎市）、魚沼郡（現在の長岡市・十日町市・小千谷市）、古志郡、三島郡（現在の長岡市）等の三六村で配札活動を行っていたことがわかる。初穂料の合計額は三五〇〇疋であった。

⑵中道坊の加賀国の檀那場の状況

弘化四年（一八四七）の廻檀帳②から、加賀国石川郡の中奥組・富樫組・山嶋組・林組・河内組・鞍月組（現在の白山市・野々市市・金沢市）の一五三村で配札活動を行っていたことがわかる。初穂料の合計額は弘化四年、嘉永元年（一八四八）、同二年、同五年にまたがって、四二八匁・二四八分・一疋・九〇〇文・五〇一目・三二七九銅であった。

嘉永元年（一八四八）一〇月の初穂帳③から、加賀国石川郡の中奥組・富樫組・山嶋組・林組・河内組・鞍月組（現在の白山市・野々市市）の一三二村で配札活動を行っていたことがわかる。初穂料の合計額は二八八匁・一四七分であった。

嘉永四年（一八五一）一〇月の奉加帳④から、加賀国石川郡の鞍月組・中奥組・富樫組・山嶋組・林組・河内組（現在の金沢市・白山市・野々市市）一五〇村で配札活動を行っていたことがわかる。初穂料の合計額は二八七匁・一二二分・四九二文・二〇〇銅であった。

嘉永七年（一八五四）の印鑑帳⑤から、加賀国石川郡の中奥組・林組・山嶋組・富樫組・河内組（現在の金沢市・野々市市・白山市）の九六村の印鑑をとっている。

万延元年（一八六〇）の初穂帳⑨から、加賀国石川郡の中奥組（現在の白山市）の三七村で配札活動を行っていたことがわかる。初穂料の合計額は九九匁・七五分であった。

文久元年（一八六一）九月の初穂帳⑩から、加賀国石川郡の林組（現在の白山市・野々市市）の四〇村で配札活動を行っていたことがわかる。初穂料の合計額は一二三匁四分であった。

文久三年（一八六三）一二月の初穂帳⑪から、加賀国石川郡の鞍月組・中奥組・山嶋組・林組（現在の金沢市・野々市市・白山市）の一七〇村で配札活動を行っていたことがわかる。初穂料の合計額は四一六匁・三六九分・一朱・五〇目であった。

慶応元年（一八六五）一一月の初穂帳⑫から、加賀国石川郡の林組・山嶋組・鞍月組（現在の野々市市・白山市・金沢市）の一一八村で、配札活動を行っていたことがわかる。初穂料の合計額は三三六匁・二九八分・五〇文・四〇目であった。

(3)般若院の加賀国の檀那場の状況

嘉永七年（一八五四）一〇月の檀那帳⑥から、加賀藩石河郡の富樫組・米丸組・河内組・中奥組・林組・戸坂組の八五村で配札活動を行っていたことがわかる。初穂料の合計額は五二朱・九三匁・五四分、二九九一文・一〇厘であった。

安政二年（一八五五）一〇月の初穂帳⑦から、加賀藩石河郡の米丸組・富樫組・河内組・林組・戸坂組（戸坂組→米丸組→鞍月組）・鞍月組（現在の金沢市・野々市市・白山市）の一二三村で、配札活動を行っていたことがわかる。初穂料の合計額は二七六匁・一〇一分、二八朱、五一六一文、一三二銅であった。

(4)石川郡における中道坊と般若院の檀那場共有状況

中道坊文書の史料群のうちに、年次未詳の長帳で、中道坊が般若院に宛てた加賀国石川郡の檀那場に関する取り決め書が残っている。それには、富樫組九村（清瀬村・坪野村・倉ヶ嶽・上福増・宮永新村・八田村・八田新屋村・倉部村・宮永村）と河内組九村（井口村・小柳村・日御子村・月橋村・明嶋村（西村・三仲村・山ノ庄村・半木村・森嶋村））、白山下御公料村一八村（牛首村・風嵐村・嶋村・下太郎村）に対して「右村々両坊共廻村□(欠損)都合ニ依而替々仕候間、野々市組十五ヶ村外粟ヶ崎村迄十六ヶ村、書記御遣可被下候、以上。中道坊　般若院様」と見え、これらの村々は、中道坊と般若院が共有していたことがわかる。

(5) 中道坊が越中国射水郡上庄組・南条組の村々から受けた奉加

中道坊文書の「覚　初穂銀納付控」より、年次は不明であるが、中道坊が越中国の射水郡上庄組（大野新村・池田村・上田村・早借村・赤羽毛村・触坂村・田江村・小久米村・日名田村・岩瀬村・日詰村・三尾村・葛葉村・見内村・床鍋村・桑院村・老谷村・坪池村・棚懸村）の村々から三五〇目、射水郡南条組（布施村・深原村・下久津村・上久津村・中谷内村・粟原村・矢田部村・飯久保村・惣領村・鞍骨村・仏生寺村）の村々から二五〇目の奉加を受けていることがわかる。ただし、以前拙著『近世立山信仰の展開』(35)において、氷見庄葛葉村の名苗家の立山参詣の一件や、中道坊の嘉永三年（一八五〇）「岩峅寺中道坊官位奉加割帳」の内容から、この地域が中道坊の檀那場であるか否かの検討を試みた際に指摘したように、これらの地域が中道坊の檀那場であったかどうかは現況の史料では確定できず、おそらく、一過的な奉加であったのではないかと推測される。

4　檀那場で頒布された護符や土産

岩峅寺宿坊衆徒の檀那場形成に関する初見史料は、『能登羽咋十村加藤日記』（羽咋市歴史民俗資料館所蔵）享保一三年

（一七二八）六月二八日の条である。同史料から、岩峅寺衆徒が享保期に、能登国の羽咋郡や鹿島郡・鳳至郡・珠洲郡で廻檀配札活動を行っていたことが確認できる。しかしそれ以後、岩峅寺衆徒の檀那場形成状況が確認できる史料は、前掲の中道坊・文化一二年（一八一五）『宿々村々巡参帳』①や、同坊・弘化四年（一八四七）『加州石川郡廻檀牒』②であり、江戸時代後期を待たなければならない。なお『加州石川郡廻檀牒』には、本文中に「弘化二年より廻村仕候事」の文言が見え、中道坊の加賀国石川郡での廻檀配札活動はこの年から行われたことがわかる。

岩峅寺宿坊家の檀那場については、現在のところ中道坊と般若院の事例でしか確認できないが、中道坊が越後国の頸城郡・魚沼郡・古志郡で檀那場を形成している以外は、中道坊も般若院も加賀国の石川郡で檀那場を形成している。

こうした中道坊や般若院の岩峅寺衆徒が廻檀配札活動を行った時期は、芦峅寺衆徒と同様、農閑期であったが、芦峅寺衆徒は概ね年明けから四月頃まで活動を行うのに対し、岩峅寺衆徒は九月末日から翌年の四月頃まで活動を行っている。特に加賀藩領国内の檀那場へは一〇月に、また領国外へは年明けに赴くことが多かった。

中道坊や般若院の石川郡での配札関係史料を見る限り、彼らの活動は、一軒一軒の家を個別に廻るものではなく、加賀藩の強固な農政支配に基づく十村組制度に乗っかって、各村の肝煎に実質的な配札を全面的に委託し、肝煎から村の分としての初穂を徴収するものであった。

中道坊と般若院の檀那帳や初穂帳から、檀那場で頒布された護符や土産の種類を見ていくと次のものがある。護符…牛玉札（単位は「本」「枚」）、大札（単位は「本」「枚」）、小札（単位は「本」「枚」）、守（単位は「枚」）、木札、札箱（単位は「箱」）。土産…片細（単位は「位」または「一わ」）、蓬練（単位は「一つ」）、杉箸（袋に入れて渡す）、竹（上・下）箸、御供、御供紙、楊枝、和中散（粉薬）、線香（単位は「一わ」）。

おわりに―立山講社と東京神道立山講社

1 立山信仰と神仏分離・廃仏毀釈

慶応四年(一八六八)三月、明治新政府は神仏分離令を布告したが、これを受けた金沢藩でも、芦峅寺と岩峅寺の一山組織の神仏分離が実施された。そしてその実態は、両峅寺一山が江戸時代から藩に直接的に支配され、諸宗派の本山との本末関係を全くもってこなかったことも禍いしてか、楯となるものがなく、ただただ過酷を極めるものであった。

明治二年(一八六九)三月、藩より神仏分離の申渡書が送られ、これに基づき立山権現を廃止して雄山神社と改称し、岩峅寺前立社壇を雄山神社遥拝所とした(のちに再び前立社壇に改称)。また芦峅中宮寺は雄山神社祈願殿とし、大宮社と若宮社は残すものの、媼堂などの宗教施設は取り払うことになり、結局、大宮社や若宮社、祈願殿になった旧講堂・閻魔堂などが残ったが、仏像・仏具の移遷や破壊・散逸が進んだ。

さらに、同年五月、金沢藩民政寮の命に基づき、岩峅寺と芦峅寺の衆徒はそれぞれ雄山神社の東社人(東神職)・西社人(西神職)と呼称することになり、同社の奉祀についても指令が出された。同年九月、藩からの従来の寄進制度は撤廃され、所有していた納所高も縮方として取り上げられ、かわりに雄山神社に対し玄米で年間五〇俵の神供米が、また、東社人三八軒各々に対し玄米で一三俵の神供米が支給されることになった。

その後、廃藩置県が行われた明治四年(一八七一)七月、社寺の上地令に続き禄制を定めることになり、雄山神社への五〇俵の神供米と東社人への一軒あたり一三俵の給禄は停止された。また、東西神職の職号が廃止されたが、その後の雄山神社旧神職六二人の新たな任官については、延命院など五人が雄山神社の祠掌に、さらに、泉蔵坊など六人が魚津の愛宕社の祠掌に任命されただけで、残り五一人の神職の復帰は認められなかった。

ところで、立山の幕末期の登山者数は年間約六〇〇〇人ほどと推測されている。そして加藤基樹氏の研究では、この登山者数が明治時代初頭にも継続していることが指摘されており、(36) さらにその内訳を見ると、全体の八〇パーセントは富山県人であったという。前述したような芦峅・岩峅両寺一山組織の解体に対しても、富山県人の立山登山に対する意識についてはともかく、登山をするといった行動そのものは、数の上でそれほど大きな影響を受けていなかったことになろう。ただし明治八年(一八七五)以降、一時、登拝者数が二〇〇〇人台に落ち込むような状況も見られる。その要因については今後詳細な検討が必要だが、のちに立山講社が結成されることの一因になったとも考えられる。

2 立山講社と東京神道立山講社の結成から衰退へ

立山講社は、明治一三年(一八八〇)、雄山神社祠掌栂野安輝を先導者とし、旧東西社人(旧芦峅寺宿坊衆徒と旧岩峅寺宿坊衆徒)らで結成され、同年七月二二日に内務省の許可を受け講社活動を開始した。結成当初の組織構成を見ていくと、講社同盟者として芦峅寺村旧衆徒四三人と岩峅寺村旧衆徒二五人が登録されており、それは江戸時代の芦峅寺と岩峅寺の旧宿坊六二軒を全て含むものであった。しかし、明治一七年八月二二日、「太政官第一九号布達」の通達に基づき、同年九月には早くも組織が改変され、立山教会とされた。このため、同盟者の間では再加入かあるいは脱退かを確認するために改めて捺印をとることになったが、同盟者はこの時点で激減した。

さて、それまでの立山講社は立山雄山神社附属立山講社と称して教会活動を続けてきたが、前述のごとく明治一七年(一八八四)九月二二日付けの番外通達により神社から分離独立し、新たに立山教会の通称を設けるように命じられた。この段階で、講社は改めて編成替えされ、すなわち神道に依拠するものは立山教会と改称し、栂野安輝を中心に活動することになり、仏教に依拠するものは雄山神社と完全に分離して、表面上は富山市に所在する天台宗円隆寺に付属し、天台宗禅定講教会として活動することになった。立山講社及び後の立山教会と天台宗禅定講教会のいずれにおいても、そこに所属する芦峅寺各宿坊は、活動の経済基盤を江戸時代に展開してきた檀那場形成及び廻檀配札活動に置いていた。したがって極論すれば、立山講社の活動は、それが神道に依拠しようと、あるいは仏教に依拠しようと、江戸時代からの檀那場及び廻檀配札活動を継続させようとする動きに他ならなかった。

立山教会に所属していた宿坊には、旧宝泉坊・旧大仙坊・旧日光坊・旧宝伝坊・旧吉祥坊・旧社人武平家などが見られる。一方、天台宗禅定講教会に所属していた旧宿坊には、旧泉蔵坊・旧宮之坊・旧善道坊・旧宝龍坊・旧相善坊などが見られる。こうした旧宿坊に残る近代の檀那帳から、明治時代中期以後も旧宿坊の当主らが神官として、あるいは僧侶として北信越や東海・関東などの地域で廻檀配札活動を行っていたことがわかる。

しかし、廻檀配札活動を中核とした講社活動にたずさわる旧宿坊は時代とともに減少し、大正時代に入ると、芦峅寺の旧日光坊・旧大仙坊・旧泉蔵坊・旧宝伝坊・旧教算坊・旧善道坊の六軒になり、さらに昭和時代に入ると、旧日光坊・旧大仙坊・旧泉蔵坊・旧善道坊の四軒になった。そして太平洋戦争前後に全ての宿坊が檀那場での廻檀配札活動を停止し、完全に幕を閉じた。

立山教会や天台宗禅定講教会の活動とは別に、登山の大衆化が見られる大正五年(一九一六)、もと富山県社立山雄山神社の社掌佐伯茂治が北海道苫小牧村長などを歴任したのち東京に出て、教派神道神道本局に属するかたちで東京神道立山講社を創立した。同講社は富山を拠点地とせず、東京小石川区八千代町に本部を置いた。その際、立山教会や天台宗禅定講教会には属さず、また、明治中期頃まで東京を檀那場として廻檀配札活動を行っていた旧宝泉坊や旧吉祥坊・旧相栄坊などから往時の檀那場を譲り受けることもなかった。旧加賀藩前田家統治下の加賀・越中・能登の三州出身者を中核とし、それに一般の人々の入社も広く募るといったかたちで講社員を集めていた。いわば旧加賀藩の藩人会(県人会)を講社員確保と活動の基盤とするものであった。二五〇〇人の講社員を抱え、小石川区内の神道教会三二団体中、天理教教派の諸講社全団体に次いで第二位の講社員数を誇った。しかしこの講社も、本部長の佐伯茂治が昭和一八年(一九四三)、太平洋戦争での空襲を避け、石川県金沢市に疎開したことを契機に解散した。

註

(1) 新城常三『新稿 社寺参詣の社会経済史的研究』(一二二四頁・一二二五頁、塙書房、一九八二年)。
(2) 加藤基樹「明治維新期における立山登拝と「立山信仰」―登拝者の実態にみる民衆信仰史の一齣―」(『富山県［立山博物館］研究紀要』一九号、六二頁〜九六頁、富山県［立山博物館］、二〇一二年)。
(3) 享保二〇年(一七三五)の「越中分産物書上帳　立山芦峅寺」(廣瀬誠編『越中立山古記録 第一巻』二六七頁〜二六九頁、立山開発鉄道、一九八九年)。
(4) 各役職を経験すると上の位に上がることができる。例えば、目代は目代を経験して権少僧都になり、大別当は布橋灌頂会の導師を経験して阿闍梨になる。座主の場合は、大別当と一山学頭を三年間経験して大宮座主となり、座主として実績をあげると知識になれる。
(5) 高瀬重雄『古代山岳信仰の史的考察』(二八四頁〜二九一頁、角川書店、一九六九年)。
(6) 「寺社来歴(慶長十九年八月の条)」(『加賀藩史料 第二編』二三五頁・二三六頁、清文堂出版、一九三〇年)。
(7) 高埜利彦『近世日本の国家権力と宗教』(一〇四頁〜一〇六頁、東京大学出版会、一九八九年)。

（8）「芦峅寺岩峅寺山格古式改帳　立山芦峅寺控　天保十三壬寅年」（『越中立山古記録　第一巻』二一三頁〜二二三頁）。『明和年中菊桐之御紋之ニ付御窺奉申上候書付之写　立山芦峅寺　天保十二丑年七月』（高瀬保編『越中立山古記録　第二巻』二六八頁〜二六九頁、立山開発鉄道、一九九二年）。

（9）『納経一件留帳　芦峅寺　一冊上印』（『越中立山古記録　第一巻』六九頁）。

（10）『一山旧記控　永禄・天正・文禄・寛永・延宝等』（『越中立山古記録　第一巻』一八頁）。「三、寺社由来」（井上鋭夫校訂『加越能寺社由来　上巻』石川県立図書館協会、一九七四年）。

（11）「芦峅寺文書　一一九」（木倉豊信編『越中立山古文書』立山開発鉄道、一九六二年、五五頁・五六頁）。『当山旧記留覚帳　文化十一年戌　別当芦峅寺　二』（『越中立山古記録　第一巻』一頁〜一六頁）。『当山古法通諸事勤方旧記　文政十二丑年五月改之　芦峅寺』（『越中立山古記録　第一巻』二九頁〜五二頁）。『諸堂勤方等年中行事　外数件』（高瀬保編『越中立山古記録　第四巻』一頁〜六四頁、立山開発鉄道、一九九二年）。

（12）遠藤和子『佐々成政　悲運の知将』（一三四頁、学陽書房、一九九九年）によると『立山媼堂仲宮寺出世祭事』は富山大学名誉教授高瀬重雄氏（故人）が発見したものだという。筆者は未見。

（13）奥田淳爾『黒部奥山と扇状地の歴史』（一四頁〜一八頁・五六頁〜六二頁、桂書房、二〇〇〇年）。

（14）徳川幕府は国家統治のための施策のひとつとして、慶長・正保・元禄・天保の四回、全国各藩の大名に国絵図の提出を命じた。

（15）註（13）奥田『黒部奥山と扇状地の歴史』（五七頁〜六七頁・一〇九頁〜一一九頁）。野積正吉「越中国絵図―魅力と変遷―（上）」（『北日本新聞』二〇〇一年七月三〇日）。野積正吉「越中国　注目される黒部奥山の表現」（国絵図研究会編『国絵図の世界』一七一頁〜一七四頁、柏書房、二〇〇五年）。

(16) 明暦元年(一六五五)、白山禅定の破損した社殿を再興しようとした尾添村と牛首・風嵐両村との間に争いが生じた。牛首村の土豪加藤藤兵衛は弓矢・鉄砲でもって加賀馬場尾添村からの登山者を追い払うという嫌悪な対立となった。この争論は、牛首村・平泉寺・福井藩(親藩)と、尾添村・白山本宮・加賀藩(外様)という複雑な対立に発展した。福井藩と加賀藩の対立という深刻な事件になったため、寛文八年(一六六八)、幕府は福井藩領地の牛首・島村など一六箇村と、加賀藩領の尾添・荒谷の二箇村を幕府領とすることに裁定した。越前・加賀の国名を冠しない白山麓一八箇村がここに成立した。見瀬和雄氏は、「近世白山争論と白山麓幕領の成立」(『徳川林政史研究所研究紀要』二四号、一九九〇年)において、その本質が大名間の国郡境目争論であることを指摘している。白山の明暦・寛文の争論については、この他、石田文一「第四章　第一節　白山争論」(『総合研究　白山―自然と文化―』四二〇頁～四二九頁、北國新聞社、一九九二年)などがある。

(17) 註(13)奥田『黒部奥山と扇状地の歴史』(二〇頁)。拙著『近世立山信仰の展開―加賀藩芦峅寺衆徒の檀那場形成と配札―』(一三一頁～二一四頁、岩田書院、二〇〇二年)。

(18) 水島茂『加賀藩・富山藩の社会経済史研究』(三一六頁・三一七頁、文献出版、一九九〇年)。

(19) 芦峅寺一山が立山の山自体に関わる諸権利を加賀藩から持たせてもらえなかった理由に、芦峅寺一山が、立山の宗教権利について加賀藩公事場奉行からの裁定が下る正徳元年(一七一一)まで、加賀藩の関所政策をないがしろにして、信州側の信者を北アルプス越えをさせて抜け参りさせていたことがあげられる。註(17)拙著『近世立山信仰の展開』(一八九頁～二〇二頁)。

(20) 「芦峅寺日光坊文書」(『立山町史別冊』三頁、立山町、一九八四年)。

(21) 『三禅定之通　延宝四年六月吉日　盛田久左衛門』(「盛田家文書」Ⅵ二六、鈴渓資料館所蔵、横半帳、縦一九・〇×横

九・〇センチメートル）。この史料の詳細は、拙稿「富士山・立山・白山の三山禅定と芦峅寺宿坊家の檀那場形成過程」（『富山県［立山博物館］研究紀要』一〇号、三頁〜四五頁、二〇〇三年）参照。史料翻刻「一二六四　延宝四年六月　知多郡小鈴谷村盛田久左衛門三禅定巡拝の旅日記（常滑市盛田家文書）」（『愛知県史　資料編一七　近世三　尾東・知多』四六七頁〜四七二頁、愛知県史編さん委員会、愛知県、二〇一〇年）。

(22) 本書第四章。

(23) 『一山旧記控』（『越中立山古記録　第一巻』一二五頁〜一二八頁）。

(24) 『一山旧記控』（『越中立山古記録　第一巻』一七頁・一八頁）。

(25) 佐伯幸長『立山信仰の源流と変遷』（三〇九頁〜三一二頁、立山神道本院、一九七三年）。佐伯泰正・福江充「芦峅寺旧宿坊衆徒佐伯秀胤氏の立山曼荼羅絵解き」（拙編『立山曼荼羅　物語の空間』四七頁〜五二頁、富山県［立山博物館］、二〇〇五年）。

(26) 宝泉坊の元治二年（一八六五）の江戸廻檀日記帳から、江戸へ向かう同坊衆徒泰音の行程を知ることができる。それによると、宝泉坊衆徒泰音は弟子の興昶と二人で、元治二年正月一二日に芦峅寺を出発し、北陸道→北国街道→善光寺道→中山道を通って、二月三〇日に江戸本郷に入っている。それ以降、七月一七日までの約四箇月半の間、時には弟子の興昶と別行動をとりながら、江戸御府内や武蔵国の各地で廻檀配札活動を行い、それを終えると七月一七日に信徒に見送られながら板橋を出発し、往路と同様の街道を通り、七月二九日に芦峅寺に帰山している。芦峅寺から江戸まで、復路が一二日間で移動しているのに対し、往路はその三倍の三八日もの日数をかけて移動しているが、宝泉坊の場合、各街道筋にも特に定宿の信徒宅を中心に若干の信徒が存在し、往路はこうした信徒たちに対する勧進布教活動にもかなりの時間をかけていた。

(27) 大札、大札の中版、牛玉札「立山之宝」の大版と小版、守護札・寿命札・門札・剣難除札・火防札・護摩供札、絵札の不動尊や孏尊・金蔵坊〔天狗の容姿〕、箱札、通常は布橋大灌頂会で授けられる血脈・血盆経・血盆経請取など。

(28) 註(17)拙著『近世立山信仰の展開』(四〇三頁~四二一頁)。拙著『江戸城大奥と立山信仰』(四一三頁~四九七頁、法藏館、二〇一一年)。

(29) 註(17)拙著『近世立山信仰の展開』(四二三頁~四五〇頁)。

(30)(31) 註(28)拙著『江戸城大奥と立山信仰』(五七頁~二九七頁)。

(32) 橋本龍也編『越中紀行文集』(四四三頁~四四七頁、桂書房、一九九四年)。

(33) 佐伯勉「第三章 第二節 立山寺」(『立山信仰宗教村落―岩峅寺―石造物等調査報告書』四七頁、立山町教育委員会、二〇一二年)。

(34)『立山開山大上人御教化血脈相承芦峅寺各坊諸国配札檀家縁辨別留記 附タリ 来午年以後同新旦取弘縮書 宝蔵文庫入 天保四癸巳載十一月金剛日』(『越中立山古記録 第一巻』一九五頁~二〇二頁)。

(35) 註(17)拙著『近世立山信仰の展開』(五〇六頁~五〇八頁)。

(36) 註(2)加藤「明治維新期における立山登拝と「立山信仰」」(六二頁~九六頁)。

第二章　富士山・立山・白山を巡る三禅定の時期的変遷

―三禅定関係史料の分析から―

はじめに

「三禅定」とは、本州の中心部に所在する富士山・立山・白山の三霊山を巡礼する、日本国内で最も壮大かつ過酷と思しき霊山・寺社の参詣旅行である。著者は、この三霊山の巡礼が一度の旅で行われることから、各霊山の馬場の特徴や性格を一元的に比較・検討するには最適な題材だと考えている。

そこで本章では、江戸時代から明治時代の三禅定に関する史料、特に道程帳や里程帳・道中記などを中心に分析し、それらに記された道程や里程、宿、道者の見聞・言説などから、三禅定の道程の時期的変遷や、円環型の巡礼コースをとる三禅定と山麓の馬場との関係等について、特に白山の例を中心に検討を試みたい。

一　中世の史料に見る三禅定

近年、加藤基樹氏によって、中世の諸史料に「三禅定」の用語が複数発見されている。『大蔵経目録（天文一〇年〔一五四一〕記、元禄一一年〔一六九八〕写）』（「安芸国厳島大願寺文書」所収、大願寺所蔵）には、厳島社の本願・尊海の事績として「六十六部、東西秩父巡礼、四国遍路、三禅定」と記されているという(1)。

また加藤氏は、京都府綾部市・光明寺（真言宗醍醐寺派）二王門の納札のなかに、長享三年（一四八九）、延徳三年（一四九一）、明応五年（一四九六）、永正一四年（一五一七）の年号を持つ四点の三禅定巡礼札を発見している(2)。

さらに、『御湯殿上日記』文明一八年（一四八六）六月六日条の記述において、「しゃうこう院（聖護院）のしゅこう（准后）」の「三山ちゃう（三禅定）」を指摘している(3)。

この他、筆者は大高康正氏から、「内海文書」（『裾野市史』第二巻資料編）所収、大永五年（一五二五）卯月二六日付けの「葛山氏堯判物（折紙）」のなかに「三山道者」の用語が見られることをご教示いただいた(4)。ただし、この「三山」については、『裾野市史』の史料解説によると、いかなる三山かは不明としながら、伊豆山・箱根・三島の三社である可能性が指摘されている。加えて大高氏もこの「三山」を、富士山・箱根・伊豆山、あるいは富士山・大雄山・大山などと比定することができると指摘している。

さて、これらの中世の諸史料に見られる「三禅定」の用語は、いずれもその文脈に「富士山」「立山」「白山」の用語をともなわないため、現段階では、この「三禅定」が富士山・立山・白山を巡る三禅定を指すものと確定したわけではない。ただし、近年の史料発見の勢いからすると、今後それを明確に示す史料が見つかる可能性は大いにあろう。

二　延宝期の史料に見る三禅定

延宝四年（一六七六）の尾張国知多郡小鈴谷村盛田久左衛門著『三禅定之通』(5)は、三禅定の道程及びそれが当時すでに確立していたことを示す現存最古の史料である。盛田家は小鈴谷村で庄屋を務め、酒・味噌の製造・販売で富を蓄えた豪商であった。久左衛門はその三代目当主と見られる。この史料が示す三禅定の道程は表1のとおりである。

表1　尾張国知多郡小鈴谷村 盛田久左衛門著『三禅定之通』（延宝4年）に見る道程

No.	掲載地名	該当国	区間	里程(里)	里程(丁)	備考
1	小鈴谷	尾張国	小鈴谷～高師	17		
2	高師	三河国	高師～二川	1	10	
3	二川	遠江国	二川～白須賀	2		
4	白須賀	遠江国	白須賀～新居	2		
5	新居	遠江国	新居～舞坂	1		
6	舞坂	遠江国	舞坂～浜松	3		船(24文)。天竜川。
7	浜松	遠江国	浜松～見付	3(4)		
8	見付	遠江国	見付～袋井	1.5		
9	袋井	遠江国	袋井～掛川	2		
10	掛川	遠江国	掛川～日坂	1.5		
11	日坂	遠江国	日坂～金谷	1.5		
12	金谷	遠江国	金谷～島田	1		
13	島田	駿河国	島田～藤枝	2		大井川。
14	藤枝	駿河国	藤枝～岡部	1.5		
15	岡部	駿河国	岡部～丸子	2		
16	丸子	駿河国	丸子～府中	1		
17	静岡市	駿河国	府中～江尻	3		安倍川。
18	江尻	駿河国	江尻～興津	1		このうち川あり。
19	興津	駿河国	興津～由比	2		
20	由比	駿河国	由比～蒲原	1		
21	蒲原	駿河国	蒲原～岩本	2		
22	岩本	駿河国	岩本～大宮	3		〆55里。
23	大宮	駿河国	大宮～村山	1.5		御富士山ふもと。御炊坊へ山役六道銭36文。
24	村山	駿河国	村山～中口	3		大鏡坊。山銭旅籠銭は232文。村山～中口、これは籠に乗ってよし。
25	中口	駿河国	中口～大日堂	2.5		
26	大日堂	駿河国	大日堂～不浄ヶ岳の堂	1		

27	不浄ヶ岳の堂	駿河国	不浄ヶ岳の堂～八葉岳	3		
28	八葉岳(山頂)	駿河国	八葉岳～吉田	10		〆17.5里、御山の7内。
29	吉田宿	甲斐国	吉田～川口	2		
30	河口湖	甲斐国	川口～藤野木	3		
31	藤野木	甲斐国	藤野木～黒駒	1.5		
32	黒駒	甲斐国	黒駒～石沢	2.5		
33	石和	甲斐国	石沢～甲府	0.5		
34	甲府宿	甲斐国	甲府～韮崎	3		甲府宿に甲斐の善光寺あり。
35	韮崎	甲斐国	韮崎～台ヶ原	4		
36	台ヶ原	甲斐国	台ヶ原～長木(現在地不明)	1		
37	長木	不明	長木(現在地不明)～蔦木	2		
38	蔦木	信濃国	蔦木～金沢	3.5		
39	金沢	信濃国	金沢～上諏訪	3		
40	上諏訪	信濃国	上諏訪～下諏訪	1		
41	下諏訪	信濃国	下諏訪～塩尻	3.5		
42	塩尻	信濃国	塩尻～村井	2.5		
43	村井	信濃国	村井～松本	1.5		
44	松本	信濃国	松本～岡田	1.5		
45	岡田	信濃国	岡田～刈谷原	1.5		
46	刈谷原	信濃国	刈谷原～会田	1		
47	会田	信濃国	会田～青柳	3		
48	青柳	信濃国	青柳～麻積	1	10	
49	麻積	信濃国	麻積～稲荷山	3		
50	稲荷山	信濃国	稲荷山～丹波島	3		
51	丹波島	信濃国	丹波島～善光寺	1		
52	善光寺	信濃国	善光寺～新町	1.5		善光寺。
53	新町	信濃国	新町～牟礼	2		
54	牟礼	信濃国	牟礼～野尻	3		
55	野尻	信濃国	野尻～関川	1		
56	関川	越後国	関川～田切	1		このところ女関所あり。

57	田切	越後国	田切～関山	2		
58	関山	越後国	関山～新井	3		
59	新井	越後国	新井～高田	2.5		
60	高田	越後国	高田～今町	2	8	2里船行、五知の如来あり。国分寺。五知の如来。
61	今町	越後国	今町～有間川	4		今町～魚津は船に乗りてよし。船路24～25里あり。午の6月22日とまり、船のり。
62	有間川	越後国	有間川～能生	2		
63	能生	越後国	能生～糸魚川	4		
64	糸魚川	越後国	糸魚川～青海	4		
65	青海	越後国	青海～市振	2		
66	市振	越後国	市振～泊	2		
67	泊	越中国	泊～横山	2		
68	横山	越中国	横山～入善	1		
69	入善町	越中国	入善～沓掛	2		
70	沓掛	越中国	沓掛～三日市	2		大川あり。上へまわり候事。
71	三日市	越中国	三日市～魚津	3		午の6月24日朝着。
72	魚津	越中国	魚津～上市	4		魚津。船より24日朝。24日、日光坊参候。
73	上市	越中国	上市～岩峅寺	3		この内に大川あり。
74	岩峅寺	越中国	岩峅寺～芦峅寺	2.5		午の6月24日着。
75	芦峅寺	越中国	芦峅寺～立山室堂	9		この内に大川あるに、入ってよし。
76	立山室堂	越中国	立山室堂～立山雄山山頂	1		午6月25日、御山。
77	立山雄山山頂	越中国				
78	立山地獄谷	越中国				
79	立山室堂	越中国				
80	芦峅寺	越中国	芦峅寺～岩峅寺	2.5		
81	岩峅寺	越中国	岩峅寺～富山	4		
82	富山	越中国	富山～小杉	3.5		
83	小杉	越中国	小杉～高岡	2		
84	高岡	越中国	高岡～石動	4		
85	石動	越中国	石動～竹橋	3		

86 竹橋	加賀国	竹橋～津幡	1	
87 津幡	加賀国	津幡～金沢	4	
88 金沢	加賀国	金沢～鶴来	4	28日夕。
89 鶴来	加賀国	鶴来～佐良	4	
90 佐良	加賀国	佐良～尾添	3	〆35里○
91 尾添	加賀国（幕府領）	尾添～白山六道室	9	29日。
92 白山六道室	加賀国（幕府領）	白山六道室～白山御前峰		
93 白山御前峰	加賀国（幕府領）			
94 石徹白	越前国	石徹白～長滝	3	
95 長滝	美濃国	長滝～白鳥	1	
96 白鳥	美濃国	白鳥～剣	2	
97 剣	美濃国	剣～八幡	3	午ノ7月2日とまり。
98 八幡	美濃国	八幡～苅安	3.5	
99 苅安	美濃国	苅安～須原	2.5	
100 須原	美濃国	須原～河和	2	
101 河和（上河和）	美濃国	河和～関	1.5	
102 関	美濃国	関～犬山	3	
103 犬山	尾張国	犬山～小牧	2.5	
104 小牧	尾張国	小牧～名古屋	3	
105 名古屋	尾張国	名古屋～小鈴谷	11	〆37里。
106 小鈴谷	尾張国	小鈴谷		惣〆282.5里、内49里は道中、三ツ御山之内。都合332里8丁。

なお、この史料の表紙裏には、後筆で「天文十四（一五四五）〔（数文字難読）〕　康永三年（一三四四）　大暑天　泰隆記」の記載が見られるが、加藤基樹氏は「妙興寺文書」（一宮市・妙興寺所蔵）から、康永年間前後のこととして、尾張国中嶋郡や知多郡に所領を持つ「荒尾泰隆」なる人物の実在を明らかにし、三禅定との関わりを指摘している。(6)

延宝八年(一六八〇)には、岐阜県多治見市の通称池田富士山頂に富士社・白山社・立山社の三社が創建され、現在も三社が合祀されている。この三社は池田富士とともに、寛政四年(一七九二)「池田町屋村村絵図」[7]に描かれており、画中、「富士山　白山　立山　此三社、帰山卜申道心初詣仕候、延宝八申年ゟ寛政四子年迄百十三年ニ成」と注記が見られる。

さて、延宝期における三禅定の道者数が推測できる史料として、「宝幡坊文書」(岐阜県白鳥町長滝・宝幡坊所蔵)所収「長瀧寺真鏡正編　下巻」の「荘厳講執事帳」延宝八年(一六八〇)の条[8]があげられる。それによると、同年中、七月二三日までに白山を参詣した道者は、三河国・尾張国からの道者で白山参詣のみの者が一二〇～一三〇人、遠江国からの三禅定道者が一五〇人、その他、三河国・尾張国からの三禅定道者も多数見られ、これらを合わせて三五〇人余であったという。

延宝期には、三禅定の道者を迎える側の立山衆徒にも、すでに三禅定に対する意識があった。「芦峅寺文書」の『一山旧記控』[9]によると、延宝二年(一六七四)、芦峅寺一山の衆徒・神主は支配藩の加賀藩に自山の由緒を説明したが、その際、「芦峅之庄立山中宮媼堂と申は日本三禅定之一山」と表現している。さらに同史料によると延宝五年、岩峅寺一山の衆徒も加賀藩に自山の由緒を説明したが、その際、立山を「日本三禅定之峯」と表現している。このように立山衆徒たちは支配藩の加賀藩に対して、自山が三禅定の一霊場であることを自分たちの権威付けに活用していることから、やはり三禅定は延宝期には基本的な道程が概ね定まった巡礼として、ある程度人々に知られていたと考えるべきであろう。

三　貞享期・元禄期の史料に見る三禅定

貞享四年（一六八七）「密蔵院文書」（愛知県春日井市・密蔵院所蔵）[10]、元禄二年（一六八九）「富士・白山両先達争論につき書状」[11][12][13]（三通。鈴渓資料館所蔵）から、尾張国知多郡常滑の辺りでは、密蔵院の末寺で、同郡西阿野の天台宗高讃寺（白山先達）と同郡大野の天台宗松栄寺（富士先達）が三禅定の先達を勤め、ときには両寺が檀那場の争奪や三禅定の際の回峰順路を巡り、激しく争っていたことがわかる。また当時、三禅定は尾張国のみならず、山城国や大和国・三河国・遠江国など、近畿・東海地方の人々の間で慣行されていたことがわかる。

なお、高讃寺と松栄寺の争論内容を具体的に見ていくと、次のとおりである。白山先達は白山から順に廻り、富士先達は富士山から順に廻るとする古法が定まったなかで、松栄寺（富士先達）の寺勢が衰え、逆に寺勢を強めた高讃寺（白山先達）との間で互いに檀那場を侵犯しあうようになり、高讃寺が富士山から廻る不作法も犯すようになった。この争論に対し、本寺の密蔵院が両寺を戒めたものである。

四　宝永期～寛延期の史料に見る三禅定

「経聞坊文書」（岐阜県白鳥町長滝・経聞坊所蔵）所収の宝永元年（一七〇四）から延享四年（一七四七）『白山御参詣之帳』[14]には、三禅定に関わる記載が多数見られる。同帳によると、三禅定については宝永三年六月の事例を最初として、延享四年七月の事例を最後に、四一年間で三二件が記載されている。同帳にはこの他、白山と立山の二禅定に関わる事例が、正徳元年（一七一一）と同四年の二件見られるが、一方、白山と富士山の二禅定に関する事例は一件も見られない。

この史料によると、三禅定の道者は単独で巡礼を行う場合もあるが、四人前後のグループで行う場合が多く、一グループ一三人が最多人数となっている。これらの三禅定道者の出身地を整理してみると、尾張国・三河国・美濃国・遠江国の四箇国のいずれかであり、具体的には尾張国愛知郡名古屋、三河国碧海郡刈谷、尾張国知多郡の鳴海・卯之山村・布土村・久村・岩屋寺村・片名村・古布村・東端村・西端村、美濃国武儀郡神淵郷（中切村・万場村・奥田村）、美濃国武儀郡の松森村・関村・津保谷上之保・同下之保、遠江国敷知郡（浜松）大久保村・向宿村、遠江国敷知郡大福寺村、遠江国豊田郡鷺坂上村（向坂上村）などとなっている。なお、このなかの布土村は、芦峅寺大仙坊の天保一四年（一八四三）『立山御嬶尊別当奉加帳（古布村宛）』（富山県立山町・芦峅寺大仙坊所蔵）や同坊の弘化期頃の「御祈禱檀那帳」（芦峅寺大仙坊所蔵）から、江戸時代後期には同坊の檀那場であったことがわかる。

さて、この時期の三禅定の道程がうかがわれる史料に、宝永七年（一七一〇）「三禅定道中覚帳」[15]がある。この史料に示された三禅定の道程は表2のとおりである。

表2　「三禅定道中覚帳」（宝永7年）に見る道程

No.	掲載地	該当国郡	区間	里程（里）	里程（丁）
1	緒川村	尾張国知多郡	緒川村～名古屋	6	
2	名古屋	尾張国愛知郡	名古屋～清洲町	2.5	
3	清洲町	尾張国春日井郡	清洲町～小池正明寺	2	
4	小池正明寺	尾張国中島郡	小池正明寺～国府宮村	0.5	
5	国府宮村	尾張国中島郡	国府宮村～稲葉村	0.5	
6	稲葉村	尾張国中島郡	稲葉村～萩原村	2	
7	萩原村	尾張国中島郡	萩原村～起村	2	

8	起村	尾張国中島郡	起村～墨俣村	2	20
9	墨俣村	美濃国安八郡	墨俣村～大垣町	1	
10	大垣町	美濃国安八郡	大垣町～垂井村	1.5	
11	垂井村	美濃国不破郡	垂井村～関ヶ原村	1.5	
12	関ヶ原村	美濃国不破郡	関ヶ原村～藤川村	1.5	
13	藤川村	近江国坂田郡	藤川村～春照村		20
14	春照村	近江国坂田郡	春照村～小谷村	4	
15	小谷村	近江国浅井郡	小谷村～木之本村	2.5	
16	木之本村	近江国伊香郡	木之本村～柳ヶ瀬村	3	
17	柳ヶ瀬村	近江国伊香郡	柳ヶ瀬村～椿坂峠	1.5	
18	椿坂峠	近江国伊香郡	椿坂峠～中河内村	1	
19	中河内村	近江国伊香郡	中河内村～栃ノ木	1.5	
20	栃ノ木(峠)	近江国伊香郡	栃ノ木～板取	1.5	
21	板取→虎杖越	近江国伊香郡	板取～今庄村	2.5	
22	今庄村	越前国南条郡	今庄村～鯖波村	2	
23	鯖波村	越前国南条郡	鯖波村～脇本村	1	
24	脇本村	越前国南条郡	脇本村～今宿村	1	
25	今宿村	越前国南条郡	今宿村～府中町	1	
26	府中町	越前国南条郡	府中町～鯖江町	1	
27	鯖江町	越前国今立郡	鯖江町～莇生田村	2	
28	莇生田村	越前国今立郡	莇生田村～福井	2	
29	福井	越前国足羽郡	福井～永平寺	4	
30	永平寺	越前国吉田郡	永平寺～光明寺村	2	
31	光明寺村	越前国吉田郡	光明寺村～こみなとば	2	
32	こみなとば	不明	こみなとば～勝山町	2	
33	勝山町	越前国大野郡	勝山町～牛首村	7	
34	牛首村	幕府領(白山麓十八箇村・寛文8年から幕府領)	牛首村～市ノ瀬	4.5	
35	市ノ瀬	幕府領(白山麓十八箇村・寛文8年から幕府領)	市ノ瀬～大峯	4.5	8
36	白山	幕府領	大峯～市ノ瀬	4.5	8
37	市ノ瀬	幕府領(白山麓十八箇村・寛文8年から幕府領)	市ノ瀬～牛首村	4.5	

38	牛首村	幕府領（白山麓十八箇村・寛文8年から幕府領）	牛首村～島村	1	8
39	深瀬村	幕府領（白山麓十八箇村・寛文8年から幕府領）	深瀬村～女原村	2	
40	島村	幕府領（白山麓十八箇村・寛文8年から幕府領）	島村～深瀬村	1	
41	女原村	幕府領（白山麓十八箇村・寛文8年から幕府領）	女原村～□□村	1	
42	□□（2字難読）村	不明	□□村～吉野村	2	
43	吉野村	加賀国石川郡	吉野村～能美村	2	
44	能美村	加賀国能美郡	能美村～鶴木村	2	
45	鶴来村	加賀国石川郡	鶴木村～金沢	4	
46	金沢	加賀国石川郡	金沢～津幡村	4	
47	津幡村	加賀国河北郡	津幡村～竹橋村		30
48	竹橋村	加賀国河北郡	竹橋村～今石動町	3	
49	石動（今石動町）	越中国礪波郡	今石動町～福岡町	2	
50	福岡町	越中国礪波郡	福岡町～高岡	2	8
51	高岡	越中国射水郡	高岡～小杉村	2.5	
52	小杉村	越中国射水郡	小杉村～富山	3.5	
53	富山	越中国新川郡	富山～岩峅寺	3	
54	岩峅寺	越中国新川郡	岩峅寺～芦峅寺	3	
55	芦峅寺	越中国新川郡	芦峅寺～大峯	9	8
56	立山（浄土山・雄山〔峰本社〕・別山）	越中国新川郡	大峯～芦峅寺	9	8
57	芦峅寺	越中国新川郡	芦峅寺～横江村	2	
58	横江村	越中国新川郡	横江村～下田村	1	
59	下田村	越中国新川郡	下田村～日中村	2	
60	日中村	越中国新川郡	日中村～上市村	1.5	
61	上市村	越中国新川郡	上市村～滑川町	2	
62	滑川町	越中国新川郡	滑川町～魚津町	2	
63	魚津町	越中国新川郡	魚津町～三日市村	2	
64	三日市村	越中国新川郡	三日市村～浦山村	2	
65	浦山村	越中国新川郡	浦山村～舟見村	1.5	
66	舟見村	越中国新川郡	舟見村～泊町		29

67	泊町	越中国新川郡	泊町～境村	1	
68	境村？	越中国新川郡	境村～市振村	1	
69	市振村	越後国頸城郡	市振村～外波村	2	
70	外波村	越後国頸城郡	外波村～大井	2	
71	青海？	越後国頸城郡	青海～糸魚川町	2	
72	糸魚川町	越後国頸城郡	糸魚川町～梶屋敷村	1	8
73	梶屋敷村	越後国頸城郡	梶屋敷村～能生町	2.5	
74	能生町	越後国頸城郡	能生町～名立村	3.5	
75	名立村	越後国頸城郡	名立村～有馬川村	2	
76	有馬川村	越後国頸城郡	有間川村～長浜村	1	
77	長浜村？	越後国頸城郡	長浜村～五智国分村	1.5	
78	五智国分村	越後国頸城郡	五智国分村～高田	2	
79	高田	越後国頸城郡	高田～荒井村	2.5	
80	荒井村	越後国頸城郡	荒井村～二本木村	2	
81	二本木村	越後国頸城郡	二本木村～関山村	1.5	
82	関山村	越後国頸城郡	関山村～二俣村	1.5	
83	二俣村	越後国頸城郡	二俣村～田切村	0.5	
84	田切村	越後国頸城郡	田切村～関川村	1	
85	関川村	越後国頸城郡	関川村～戸隠	7	
86	戸隠	信濃国水内郡	戸隠～戸隠神社奥社	1	
87	戸隠神社奥社	信濃国水内郡	戸隠神社奥社～善光寺	5	
88	善光寺	信濃国水内郡	善光寺～丹波島村	1	20
89	丹波島村	信濃国更級郡	丹波島村～屋代村	2	30
90	屋代村	信濃国埴科郡	屋代村～坂木村	3	
91	坂木村	信濃国埴科郡	坂木村～上田	3	
92	海野町(記載消去)	信濃国小県郡			
93	上田	信濃国小県郡	上田～海野町	1.5	
94	海野町	信濃国小県郡	海野町～田中村	1	
95	田中村	信濃国小県郡	田中村～小諸	2.5	
96	小諸	信濃国佐久郡	小諸～追分	3.5	

97	追分村	信濃国佐久郡	追分～上わかげ	1	
98	上わかげ	信濃国	上わかげ～軽井沢村	1	9
99	軽井沢村	信濃国佐久郡	軽井沢村～坂本宿	2.5	8
100	坂本宿	上野国碓氷郡	坂本宿～追分	0.5	
101	追分	上野国	追分～妙義山		30
102	妙義山	上野国甘楽郡	妙義山～松井田宿		30
103	松井田宿	上野国碓氷郡	松井田宿～安中宿	2	30
104	安中宿	上野国碓氷郡	安中宿～板鼻村	1	
105	板鼻村	上野国碓氷郡	板鼻村～高崎	2	28
106	高崎	上野国群馬郡	高崎～中尾村	1	
107	中尾村	上野国群馬郡	中尾村～前橋	2	
108	前橋	上野国群馬郡・勢多郡	前橋～大胡	2.5	
109	大胡	上野国勢多郡	大胡～深沢	4.5	
110	深沢	上野国勢多郡	深沢～花輪村	2	
111	花輪村	上野国勢多郡	花輪村～小夜戸	2	
112	小夜戸	上野国勢多郡	小夜戸～沢入村	2.5	
113	沢入村	上野国勢多郡	沢入村～足尾村	2	
114	足尾村	下野国安蘇郡	足尾村～神子内	3	
115	神子内	下野国安蘇郡	神子内～遠下	1	
116	遠下(とおじも)か	下野国安蘇郡	遠下～中禅寺	2	
117	中禅寺	下野国都賀郡	中禅寺～日光山	3	
118	日光山	下野国都賀郡	日光山～今市村	2	
119	今市村	下野国都賀郡	今市村～大沢村	2	
120	大沢村	下野国河内郡	大沢村～徳次郎村	2	
121	徳次郎村	下野国河内郡	徳次郎村～鷺谷村	3	
122	鷺谷村(さぎのや)か	下野国河内郡	鷺谷村～雀宮村	2	
123	雀宮村	下野国河内郡	雀宮村～石橋宿	1.5	5
124	石橋宿	下野国都賀郡	石橋宿～小金井村	1.5	
125	小金井村	下野国都賀郡	小金井村～新田宿		29
126	新田宿	下野国都賀郡	新田宿～小山町	1.5	

127	小山町	下野国都賀郡	小山町～間々田町	1.5	
128	村名を塗りつぶし抹消	不明			
129	間々田町	下野国都賀郡	間々田町～野木町	1	27
130	野木町	下野国都賀郡	野木町～古河町		27
131	古河町	下総国葛飾郡	古河町～中田町	1.5	
132	中田町	下総国葛飾郡	中田町～幸手宿	3	
133	幸手宿	武蔵国葛飾郡	幸手宿～杉戸宿	1.5	
134	杉戸宿	武蔵国葛飾郡	杉戸宿～粕壁宿	1.5	
135	粕壁宿	武蔵国埼玉郡	粕壁宿～越ヶ谷町	2	28
136	越ヶ谷町	武蔵国埼玉郡	越ヶ谷町～草加宿	2	
137	草加宿	武蔵国足立郡	草加宿～千住宿	2.5	
138	千住宿	江戸足立郡	千住宿～浅草	1	
139	浅草	江戸豊島郡	浅草～川崎宿	5	
140	川崎宿	武蔵国橘樹郡	川崎宿～神奈川宿	2.5	
141	神奈川宿	武蔵国橘樹郡	神奈川宿～保土ヶ谷宿	1	9
142	保土ヶ谷宿	武蔵国橘樹郡	保土ヶ谷宿～鎌倉	4	9
143	鎌倉	相模国鎌倉郡	鎌倉～江の島	2	
144	江の島	相模国鎌倉郡	江の島～四ッ谷村		59
145	四ッ谷村	相模国高座郡	四ッ谷村～田村	2	
146	田村	相模国大住郡	田村～足柄峠～竹之下村	2	8
147	足柄峠	相模国			
148	竹之下村	相模国三浦市	竹之下村～須走村	3	
149	須走村	駿河国駿東郡	須走村～富士山	9	8
150	富士山	駿河国	富士山～須走村	9	8
151	須走村	駿河国駿東郡	須走村～水土野新田	1	
152	水土野新田	駿河国駿東郡	水土野新田～印野村	2	
153	印野村	駿河国駿東郡	印野村～十林木	2	
154	十里木	駿河国駿東郡	十里木～吉原	4	8
155	吉原宿	駿河国富士郡	吉原～蒲原宿	3	
156	蒲原宿	駿河国庵原郡	蒲原宿～由比宿	1	

157	由比宿	駿河国庵原郡	由比宿～興津宿	2	12
158	興津宿	駿河国庵原郡	興津宿～江尻宿	1	
159	江尻宿	駿河国庵原郡	江尻宿～府中宿	3	
160	府中宿	駿河国安倍郡	府中宿～丸子	1.5	
161	丸子	駿河国有渡郡	丸子～岡部宿	2	
162	岡部宿	駿河国志太郡	岡部宿～藤枝宿	2	
163	藤枝宿	駿河国志太郡	藤枝宿～島田宿	?	
164	島田宿	駿河国志太郡	島田宿～金谷宿	2	
165	金谷宿	遠江国榛原郡	金谷宿～日坂宿	2	
166	日坂宿	遠江国佐野郡	日坂宿～掛川宿	2	
167	掛川宿	遠江国佐野郡	掛川宿～□□□	3	
168	不明	遠江国	□□□～森村	記載なし	
169	森村	遠江国周智郡	森村～西俣村	1.5	
170	西俣村	遠江国周智郡	西俣村～三倉村	1	
171	三倉村	遠江国豊田郡	三倉村～犬居	3.5	
172	犬居	遠江国周智郡	犬居～秋葉山		100
173	秋葉山	遠江国	秋葉山～小明山	3	
174	光明山	遠江国豊田郡	小明山～二俣村	2	
175	二俣村	遠江国豊田郡	二俣村～宮口村	2	
176	宮口村	遠江国麁玉郡	宮口村～弐軒茶屋	2	
177	二軒茶屋	不明	弐軒茶屋～気賀村	1.5	
178	気賀村	遠江国豊田郡・引佐郡	気賀村～三ヶ日宿	1.5	
179	三ヶ日宿	遠江国敷知郡	三ヶ日宿～嵩山村	3	
180	嵩山村	三河国八名郡	嵩山村～豊川村	2.5	
181	豊川村	三河国宝飯郡	豊川村～御油村	2	
182	御油村	三河国宝飯郡	御油村～藤川村	3	
183	藤川村	三河国額田郡	藤川村～岡崎宿	2	
184	岡崎宿	三河国額田郡	岡崎宿～緒川新田	7.5	
185	緒川村	尾張国知多郡			

五　宝暦期〜享和期の史料に見る三禅定

この時期の三禅定に関わる史料として、宝暦一〇年（一七六〇）・池大雅著『三岳記行（三岳記行図屏風）』[16]や、明和元年（一七六四）・林自見（一六九六〜一七八七）著『雑説嚢話』[17]、享和元年（一八〇一）・尾張国知多郡長尾村三井伝左衛門著『三禅定道中覚帳』[18]などがある。この他、小林一蓁氏の論文「三山禅定について」[19]によると、佐竹家所蔵文書のなかに宝暦八年と明和二年、天明元年（一七八一）の三点の『三山禅定道中記』が認められるという（宝暦八年と明和二年の『三山禅定道中記』は合本されており、実際には二冊である）。

いずれも筆者未見のため史料内容の詳細が不明だが、このうち天明元年（一七八一）のものについては、高瀬重雄著『立山信仰の歴史と文化』に、三河国佐竹紋治郎他三人『三山禅定道中記』[20]の呼称で、この史料の若干の解説が見られ、それによると、白山には六月一五日に登拝し、立山には六月二〇日に登拝している。前日の六月一九日には芦峅寺の善道坊で宿泊している。なお、三河国は善道坊が檀那場を形成していた地域であり、同坊と道者が師檀関係を結んでいた可能性もありえよう。善道坊の三河国での檀那場形成については、拙著『近世立山信仰の展開』[21]などを参照のこと。

南画家の巨匠池大雅は寛延三年（一七五〇）と宝暦一〇年（一七六〇）の二度、立山を訪れ禅定登山を行っている。『三岳記行』は、その二度のうち、宝暦一〇年（一七六〇）に友人の高芙蓉と韓天寿の二人とともに白山・立山・富士山の三霊山を巡ったときの道中日記である。六月二七日に京都を出発し、七月三日と四日に白山を登山、七月一一日〜一四日に立山を登山、さらにその後、戸隠・浅間山・武甲山・江戸・富士山を巡って、九月中旬に京都に帰っている。[22]

林自見（一六九六〜一七八七。三河国吉田町生まれの国学者）著『雑説嚢話』は、林が日頃の読書を抄記して、名所・名産・霊異・怪談などを集成した書物（二巻本）である。明和元年（一七六四）一二月に浪華の書肆星文堂浅野弥兵衛の手によって出版された。そのなかに富士山・白山・立山の三禅定について、「富士〔加州〕白山〔越州〕立山　此ノ三山ニ登ルヲ三禅定ト云」（『日本随筆大成』新版第二期八巻）の記載が見られ、「三禅定」の用語がこの頃すでに固有名詞として普及していたことがわかる。

知多郡長尾村の三井伝左衛門家(23)は、同村で江戸時代中期から代々庄屋を勤めてきた家である。同家には数万点に及ぶ文書が伝承されてきたが、そのなかに、芦峅寺大仙坊と三井家との継続的な交流を示す書簡や同坊の護符(24)、三禅定道中記などが含まれている。数冊の三禅定道中記のうち、享和元年（一八〇一）『三禅定道中覚帳』(25)でその道程を見ていくと表3のとおりである（道程と里程だけが記されている）。

表3　『三禅定道中覚帳』（享和元年）に見る道程

No.	掲載地名	該当国郡	区間	里程（里）	里程（丁）
1	長尾	尾張国知多郡	長尾〜名古屋	10	
2	名古屋	尾張国愛知郡	名古屋〜関	10	
3	関	美濃国武儀郡	関〜八幡	10	
4	八幡	美濃国郡上郡	八幡〜石徹白	9	
5	石徹白	越前国大野郡	石徹白〜白山	9	8
6	白山	加賀国石川郡	白山〜市ノ瀬	4	
7	市ノ瀬	加賀国（白山麓十八箇村・寛文8年から幕府領）	市ノ瀬〜牛首	5	
8	牛首	加賀国（白山麓十八箇村・寛文8年から幕府領）	牛首〜鶴来	10	
9	鶴来	加賀国石川郡	鶴来〜金沢	4	
10	金沢	加賀国石川郡	金沢〜高岡	12	
11	高岡	越中国射水郡	高岡〜富山	6	
12	富山	越中国新川郡	富山〜芦峅寺（岩峅寺か？）	6	

13	芦峅寺(岩峅寺？)	越中国新川郡	芦峅寺(岩峅寺か？)～岩峅寺(芦峅寺か？)	3	
14	岩峅寺(芦峅寺？)	越中国新川郡	岩峅寺(芦峅寺か？)～立山	9	8
15	立山	越中国新川郡	立山～亀谷	6	
16	亀谷	越中国新川郡	亀谷～滑川	2	
17	滑川	越中国新川郡	滑川～魚津	2	
18	魚津	越中国新川郡	魚津～三日市	2	
19	三日市	越中国新川郡	三日市～浦山	2	
20	浦山	越中国新川郡	浦山～舟見	1.5	
21	舟見	越中国新川郡	舟見～泊	3	
22	泊	越中国新川郡	泊～境	1.5	
23	境	越中国新川郡	境～外波	2	
24	外波	越後国頸城郡	外波～青海	2	
25	青海	越後国頸城郡	青海～糸魚川	2	
26	糸魚川	越後国頸城郡	糸魚川～梶屋敷	1	
27	梶屋敷	越後国頸城郡	梶屋敷～能生	2	
28	能生	越後国頸城郡	能生～名立	3.5	
29	名立	越後国頸城郡	名立～有馬川	2	
30	有馬川	越後国頸城郡	有馬川～長浜	2	
31	長浜	越後国頸城郡	長浜～中屋敷	2	
32	中屋敷	越後国頸城郡	中屋敷～高田	2	
33	高田	越後国頸城郡	高田～二本木	記載なし	
34	二本木	越後国頸城郡	二本木～関山	1	16
35	関山	越後国頸城郡	関山～関川	3	
36	関川	越後国頸城郡	関川～戸隠	5	
37	戸隠	信濃国水内郡	戸隠～善光寺	5	
38	善光寺	信濃国水内郡	善光寺～戸倉？	3	
39	戸倉(筆者の間違いか？)	信濃国埴科郡	戸倉？～屋代	1.5	
40	屋代	信濃国埴科郡	屋代～戸倉	1.5	
41	戸倉か？	信濃国埴科郡	戸倉～神木	1.5	
42	坂城	信濃国埴科郡	神木～上田	3	

43 上田	信濃国小県郡	上田～大屋	1	
44 大屋	信濃国小県郡	大屋～長瀬	1	
55 長瀬	信濃国小県郡	長瀬～長久保	3	
56 長久保	信濃国小県郡	長久保～和田	2	
57 和田	信濃国佐久郡	和田～諏訪の峠	2.5	9
58 諏訪の峠	信濃国諏訪郡	諏訪の峠～諏訪	2.5	9
59 諏訪	信濃国諏訪郡	諏訪～金沢	3	
60 金沢	信濃国諏訪郡	金沢～蔦木	2	
61 蔦木	信濃国諏訪郡	蔦木～台ヶ原	2.5	
62 台ヶ原	甲斐国巨摩郡	台ヶ原～韮崎	4	
63 韮崎	甲斐国巨摩郡	韮崎～甲府	3.5	
64 甲府	甲斐国山梨郡	甲府～石和	1.5	
65 石和	甲斐国八代郡	石和～黒駒	2	
66 黒駒	甲斐国八代郡	黒駒～川口	5	
77 川口	甲斐国都留郡	川口～吉田	2	
78 吉田	甲斐国都留郡	吉田～富士山	9	8
79 富士山	駿河国富士郡	富士山～大宮		
80 大宮	駿河国富士郡			
81 東海道より下向				

六　文化期・文政期の史料に見る三禅定

文化期の三禅定に関わる史料として、以下のものがある。

まず、知多郡長尾村の三井伝左衛門家に残る数冊の三禅定道中記のうちの一冊に、文化六年（一八〇九）『道中みちやどのおぼえ』[26]が見られる。この史料に示された道程は表4のとおりである。

表 4 『道中みちやどのおぼえ』(文化 6 年)に見る道程

No.	掲載地	該当国	期日	区間	里程(里)	里程(丁)	備考
1	古場	尾張国	6月7日出発	古場～熱田	記載なし		
2	熱田	尾張国	6月8日	熱田～名古屋	1		
3	名古屋	尾張国		名古屋～小牧	3.5		本町の美濃屋惣兵衛に宿泊、108文、昼食共。
4	小牧	尾張国		小牧～犬山	2.5		
5	犬山	尾張国		犬山～勝川	1.5		
6	勝川	美濃国		勝川～勝山	2.5		さかい屋善三郎に宿泊、71文。
7	勝山	美濃国		勝山～関	2.5		
8	関	美濃国		関～中有知	2		
9	中有知	美濃国		中有知～立花	1.5		
10	立花	美濃国		立花～須原	1		
11	須原	美濃国	6月10日	須原～下田	2		御師一柳〔以下の名前は摩滅〕に宿泊。
12	下田	美濃国		下田～苅安	2		
13	苅安	美濃国		苅安～郡上八幡	3		宿泊。
14	郡上八幡	美濃国		郡上八幡～剣	3		
15	剣	美濃国		剣～白鳥	2		林幸助に宿泊、70文。
16	白鳥	美濃国		白鳥～長瀧	1		
17	長瀧	美濃国		長瀧～石徹白	記載なし		昼食。
18	石徹白	越前国	6月12日	石徹白～白山	記載なし		伊織大和守に宿泊。坊への御礼金2分で一人宛2匁3分。室堂宿泊代82文で米代込。
19	白山	幕府領		白山～市ノ瀬	記載なし		
20	市ノ瀬	幕府領		市ノ瀬～牛首	4.5		源五郎坊で休息、1匁7分8厘、昼食共。
21	牛首	幕府領		牛首～女原	3		島村で昼食。
22	女原	幕府領		女原～吉野	3		
23	吉野	加賀国		吉野～鶴木	3		
24	鶴木	加賀国		鶴木～金沢	4		煙草屋に宿泊、140文。
25	金沢	加賀国		金沢～津幡	4		昼食、68文。
26	津幡	加賀国		津幡～今石動	3.5		ひ中屋与平次に宿泊、140文・昼食共。

27	今石動	越中国		今石動～高岡	4	8	
28	高岡	越中国		高岡～富山（小杉の誤りか）	3		うけみとや清蔵に宿泊、150文、昼食共。
29	富山（小杉の誤りか）	越中国		富山～小杉（富山の誤りか）	2	25	
30	小杉（富山の誤りか）	越中国		小杉（富山の誤りか）～岩峅寺	3		
31	岩峅寺（立山寺）	越中国		岩峅寺～芦峅寺	記載なし		
32	芦峅寺	越中国	6月18日	芦峅寺～立山	記載なし		日光坊に宿泊。坊への御礼金2両で一人宛2朱250文。山役一人宛210文。
33	立山	越中国		立山～芦峅寺	記載なし		
34	芦峅寺	越中国		芦峅寺～下田	3		
35	下田	越中国		下田～滑川	3		
36	滑川	越中国		滑川～魚津	2	8	宿泊、70文。
37	大津（魚津か）	越中国		魚津～三日市	2	8	
38	三日市	越中国		三日市～浦山	2		
39	浦山	越中国		浦山～愛本	12		
40	愛本	越中国		愛本～外波（舟見か）	1		
41	外波（舟見か）	越中国		外波（舟見か）～泊	2	29	
42	泊	越中国		泊～市振	2	28	
43	市振	越後国		市振～外波	2		
44	外波	越後国		外波～青梅	2		
45	青海	越後国		青梅～糸魚川	2		
46	糸魚川	越後国		糸魚川～梶屋敷	12		
47	梶屋敷	越後国		梶屋敷～能生	11		
48	能生	越後国		能生～名立	3		
49	名立	越後国		名立～有馬	2		与八郎で昼食、12文。
50	有馬	越後国		有馬～五智	2		清水屋に宿泊、81文。
51	五智	越後国		五智～高田	2		
52	高田	越後国		高田～荒井	2.5		

53	荒井	越後国		荒井～二本木	2		
54	二本木	越後国		二本木～関山	1		
55	関山	越後国		関山～関川	3		
56	関川	越後国		関川～野尻	1		宿泊、110文。
57	野尻	信濃国		野尻～柏原	1		
58	柏原	信濃国		柏原～戸隠	5		
59	戸隠	信濃国		戸隠～善光寺	5		
60	善光寺	信濃国		善光寺～丹波島	1		ふじ屋平左衛門に宿泊、132文。
61	丹波島	信濃国		丹波島～屋代	3		
62	屋代	信濃国		屋代～下戸倉	1.5		
63	下戸倉	信濃国		下戸倉～坂木	1.5		
64	坂木	信濃国		坂木～上田	3		さかい屋善兵衛に宿泊、83文。
65	上田	信濃国		上田～長瀬	2.5		
66	長瀬	信濃国		長瀬～丸子	0.5		
67	丸子	信濃国		丸子～海野	2		
68	海野	信濃国		海野～長久保	2		
69	長久保	信濃国		長久保～小諸	3		
70	小諸	信濃国		小諸～村岩田	2		
71	岩村田	信濃国		村岩田～野沢	2		
72	野沢	信濃国		野沢～上畑	2		伊勢屋に宿泊、120文。
73	上畑	信濃国		上畑～海尻	2		
74	海尻	信濃国		海尻～海之口	1		
75	海之口	信濃国		海之口～平沢	2		
76	平沢	甲斐国		平沢～長沢	2		
77	長沢	甲斐国		長沢～わかみや(若神子か)	1		
78	わかみや(若神子か)	甲斐国		わかみや(若神子か)～二と川(入戸野か)	1		
79	二と川(入戸野か)	甲斐国		二と川(入戸野か)～甲府(善光寺)	3		

80	甲府(善光寺)	甲斐国		甲府(善光寺)～石沢	1.5		
81	石沢	甲斐国		石沢～黒駒	2		
82	黒駒	甲斐国		黒駒～藤ノ木	1		
83	藤ノ木	甲斐国		藤ノ木～川口	3		
84	川口	甲斐国		川口～吉田	2		
85	吉田	甲斐国	7月1日	吉田～富士山	記載なし		田辺重右衛門に宿泊。山役86文で一人宛2匁づつ。坊への御礼金1分2朱200文。
86	富士山	駿河国		富士山～須走	記載なし		
87	須走	駿河国		須走～印野	2		坊への御礼金1分2朱13文。
88	印野	駿河国		印野～十里木	3		
89	十里木	駿河国		十里木～吉原	4		
90	吉原	駿河国		吉原～蒲原	3		昼食、42文。
91	蒲原	駿河国		蒲原～由比	1		長野屋嘉兵衛に宿泊、83文。
92	由比	駿河国		由比～興津	2		
93	興津	駿河国		興津～府中	3		
94	府中	駿河国		府中～丸子	0.5		
95	丸子	駿河国		丸子～岡部	2.5		萬屋六兵衛に宿泊、72文。
96	岡部	駿河国		岡部～藤枝	1.5		
97	藤枝	駿河国		藤枝～島田	2	8	
98	島田	駿河国		島田～金谷	1		
99	金谷	遠江国		金谷～日坂	2		
100	日坂	遠江国		日坂～掛川	1	29	ふじや市左衛門に宿泊、85文。
101	掛川	遠江国		掛川～森町	3		
102	森町	遠江国		森町～三倉	2.5		
103	三倉	遠江国		三倉～市之瀬		25	
104	市之瀬	遠江国		市之瀬～犬居		14	
105	犬居	遠江国		犬居～さい川(現在地比定できず)	1.5		角屋萬右衛門に宿泊、100文。
106	さい川(現在地比定できず)	遠江国		さい川～石打	1.5		

107	石打	遠江国		石打〜熊	2		
108	熊	遠江国		熊〜神沢	0.5		
109	神沢	遠江国		神沢〜かわそ（川宇連か）	1		
110	かわそ（川宇連か）	三河国		かわそ（川宇連か）〜巣山	1.5		
111	巣山	三河国		巣山〜大野	1.5		
112	大野	三河国		大野〜門谷			山本屋左右兵衛に泊り、120文、昼食共。
113	門谷	三河国		門谷〜滝川	1		
114	滝川	三河国		滝川〜新城	1		
115	新城	三河国		新城〜大木	2.5		
116	大木	三河国		大木〜御油	2.5		
117	御油	三河国		御油〜赤坂		8	
118	赤坂	三河国		赤坂〜藤川	2	29	
119	藤川	三河国		藤川〜土呂	2		
120	土呂	三河国		土呂〜百之木と	3		
121	百之木と（塔ノ木、もしくは百々か）	不明		百之木と〜どば	1		
122	どば（現在地比定できず）	不明		どば〜田口□（1字難読）	1.5		
123	田□（1字難読）（現在地比定できず）	不明		田口□（1字難読）〜みち	記載なし		
124	みち（現在地比定できず）	不明		みち〜成岩	記載なし		
125	成岩	尾張国					
合計					303	18	（道中記の著者が帳冊に記した合計距離数）

文化期の史料にはこの他、文化九年（一八一二）六月の「三禅定道中にて知多郡寺本の伝六落馬負傷につき加賀国金沢問屋より宿継依頼状写[27]」と題する、三禅定の道中で起きた事故に関する古文書が見られる。

文政期の三禅定に関わる史料として、以下のものがある。国立国会図書館には尾張藩士著・文政六年（一八二三）『三ツの山巡』[28]が所蔵されている。尾張藩士（名前不明）が、故郷の水野（現在の愛知県瀬戸市）を文政六年六月六日に出発し、三五日をかけて白山・立山・戸隠・善光寺・富士山を巡り、七月一一日に帰郷した、その一連の内容を記した紀行文である。

同じ文政六年（一八二三）の三禅定道中記として、尾張国知多郡大府村平七著『三山道中記』[29]がある。これは、大府村の平七ら一三人が六月八日に故郷を出発し、五一日をかけて白山・立山・富士山を巡った際の記録である。宿賃や船賃などの諸経費が克明に記され、当時の集団旅行の実態を知るうえで貴重なものである。この史料に見られる道程は表5のとおりである。

表5　尾張国知多郡大府村　平七著『三山道中記』（文政6年）に見る道程

No.	掲載地	該当国郡		区間	里程（里）	里程（丁）
1	大府	尾張国知多郡	6月8日出発	大府～清水	6	
2	清水	尾張国知多郡		清水～原	1	
3	原	尾張国愛知郡		原～小牧	1	
4	小牧	尾張国春日井郡		小牧～犬山	3	
5	犬山	尾張国丹羽郡		犬山～勝山	1.5	
6	勝山	美濃国加茂郡	6月9日泊	勝山～関	2.5	
7	関	美濃国武儀郡		関～上有知	2	
8	上有知	美濃国武儀郡		上有知～須原	2	
9	須原	美濃国武儀郡		須原～下田	2	
10	下田	美濃国郡上郡		下田～苅安	1	
11	苅安	美濃国郡上郡	6月10日泊	苅安～名津佐	5	
12	名津佐	美濃国郡上郡		名津佐～千虎	1	
13	千虎	美濃国郡上郡		千虎～郡上八幡	2	
14	郡上八幡	美濃国郡上郡		郡上八幡～白鳥	5	

15	白鳥	美濃国郡上郡	6月11日泊	白鳥～ちかまち	0.5	
16	不明	不明		ちかまち～長滝	0.5	
17	長滝	美濃国郡上郡		長滝～地蔵峠	3	
18	不明	不明		地蔵峠～石徹白	3	
19	石徹白	越前国大野郡	6月12日泊			
20	白山	幕府領	6月13日泊			
21	市ノ瀬	幕府領(白山麓十八箇村・寛文8年から幕府領)	6月14日泊	市ノ瀬～牛首	6	
22	牛首	幕府領(白山麓十八箇村・寛文8年から幕府領)		牛首～堀名	7	
23	堀名中清水	越前国大野郡	6月15日泊	堀名～志比谷	5	
24	志比谷	越前国吉田郡		志比谷～丸岡	4	
25	丸岡	越前国坂井郡	6月16日泊	丸岡～吉崎	4	8
26	吉崎	越前国坂井郡		吉崎～大聖寺	2	
27	大聖寺	加賀国江沼郡		大聖寺～動橋	2	
28	動橋	加賀国江沼郡		動橋～串	2	
29	串	加賀国能美郡	6月17日泊	串～小松	1	
30	小松	加賀国能美郡		小松～寺井	1.5	
31	寺井	加賀国能美郡		寺井～水島	2.5	
32	粟生	加賀国能美郡				
33	水島	加賀国石川郡		水島～柏野	1	
34	柏野	加賀国石川郡		柏野～金沢	4	
35	金沢	加賀国石川郡	6月18日泊	金沢～津幡	4	
36	津幡	加賀国河北郡		津幡～石動	4	
37	石動	越中国礪波郡		石動～高岡	4	8
38	高岡	越中国射水郡	6月19日泊	高岡～富山	5	25
39	富山	越中国新川郡		富山～岩峅寺	5	
40	岩峅寺	越中国新川郡		岩峅寺～芦峅寺	1	
41	芦峅寺	越中国新川郡	6月20日泊			
42	立山	越中国新川郡	6月21日泊			
43	芦峅寺	越中国新川郡	6月22·23·24日泊	芦峅寺～下田	3	
44	下田	越中国新川郡		下田～上市	3	

45	上市	越中国新川郡		上市～滑川	2	
46	滑川	越中国新川郡		滑川～魚津	2	8
47	魚津	越中国新川郡	6月25日泊	魚津～三日市	2	
48	三日市	越中国新川郡		三日市～浦山	2	
49	浦山	越中国新川郡		浦山～愛本	2	
50	愛本	越中国新川郡		愛本～舟見		20
51	舟見	越中国新川郡		舟見～泊	3	
52	泊	越中国新川郡		泊～境	1	20
53	境	越中国新川郡		境～市振	1	
54	市振	越後国頸城郡	6月26日泊	市振～外波	2	
55	外波	越後国頸城郡		外波～青海	2	
56	青海	越後国頸城郡		青海～糸魚川	2	
57	糸魚川	越後国頸城郡		糸魚川～梶屋敷	1	
58	梶屋敷	越後国頸城郡		梶屋敷～能生	2	
59	大野	越後国頸城郡				
60	能生	越後国頸城郡	6月27日泊	能生～名立	3.5	
61	名立	越後国頸城郡		名立～有馬川	2	
62	有馬川	越後国頸城郡		有馬川～長浜	1	
63	長浜	越後国頸城郡		長浜～五智	1	
64	五智	越後国頸城郡		五智～高田	2	
65	高田	越後国頸城郡		高田～荒井	2	
66	荒井	越後国頸城郡	6月28日泊	荒井～二本木	2	
67	二本木	越後国頸城郡		二本木～関山	1.5	
68	関山	越後国頸城郡		関山～二俣	2	
69	二俣	越後国頸城郡		二俣～とたい		26
70	不明	不明		とたい～関川	1	
71	関川	越後国頸城郡		関川～野尻	1	
72	野尻	信濃国水内郡		野尻～戸隠	5	
73	戸隠	信濃国水内郡	6月29日泊	戸隠～善光寺	4	
74	善光寺	信濃国水内郡	6月30日泊	善光寺～丹波島	1	12

75	丹波島	信濃国更級郡		丹波島～追分		24
76	篠ノ井追分	信濃国更級郡		追分～屋代	1	
77	屋代	信濃国埴科郡		屋代～下戸倉	1.5	
78	下戸倉	信濃国埴科郡	7月1日泊	下戸倉～坂木	1.5	
79	坂木	信濃国埴科郡		坂木～上田	3	
80	上田	信濃国小県郡		上田～海野	2	
81	海野	信濃国小県郡		海野～田中	0.5	
82	田中	信濃国小県郡		田中～小諸	2.5	
83	小諸	信濃国佐久郡	7月2日泊	小諸～追分	3.5	
84	追分	信濃国佐久郡		追分～沓掛	1	3
85	沓掛	信濃国佐久郡		沓掛～軽井沢	1	5
86	軽井沢	信濃国佐久郡		軽井沢～坂本	2.5	8
87	坂本	上野国碓氷郡		坂本～妙義山	2	
88	妙義山	上野国碓氷郡	7月3日泊	妙義山～松枝	3	
89	松枝	上野国碓氷郡		松枝～秋間	2	
90	秋間	上野国碓氷郡	7月4日泊	秋間～榛名山	4	16
91	榛名山	上野国群馬郡		榛名山～箕輪	3	
92	箕輪	上野国群馬郡		箕輪～高崎	2	
93	高崎	上野国群馬郡	7月5日泊	高崎～倉賀野	1	19
94	倉賀野	上野国群馬郡		倉賀野～玉村	2	
95	玉村	上野国那波郡		玉村～五料	1	
96	五料	上野国那波郡		五料～柴	0.5	
97	柴	上野国那波郡	7月6日泊	柴～境	2	34
98	境	上野国佐位郡		境～木崎	1	28
99	木崎	上野国新田郡		木崎～太田	1	30
100	太田	上野国新田郡		太田～八木宿	2	8
101	八木宿	下野国梁田郡		八木宿～梁田	1	
102	梁田	下野国梁田郡		梁田～川崎	1	
103	川崎	下野国足利郡		川崎～佐野	2	
104	佐野	下野国安蘇郡	7月7日泊	佐野～新里	2	

105	新里	下野国安蘇郡		新里～岩舟	0.5	
106	岩舟	下野国都賀郡		岩舟～葛生	3	10
107	葛生	下野国都賀郡		葛生～出流	2.5	
108	出流	下野国都賀郡	7月8日泊	出流～粟野	3	
109	粟野	下野国都賀郡		粟野～鹿沼	3	
110	鹿沼	下野国都賀郡		鹿沼～文挟	3	
111	文挟	下野国塩谷郡	7月9日泊	文挟～板橋	1	26
112	板橋	下野国都賀郡		板橋～今市	1	28
113	今市	下野国都賀郡		今市～日光	2	
114	日光	下野国都賀郡	7月10日泊	日光～今市	2	
115	今市	下野国都賀郡		今市～大沢	2	
116	大沢	下野国河内郡		大沢～徳次郎	2	8
117	徳次郎	下野国河内郡		徳次郎～宇都宮	3	
118	宇都宮	下野国河内郡		宇都宮～雀宮	2	1
119	雀宮	下野国河内郡	7月11日泊	雀宮～石橋	1.5	
120	石橋	下野国都賀郡		石橋～小金井	1.5	
121	小金井	下野国都賀郡		小金井～大町新田		28
122	大町新田	下野国都賀郡		大町新田～小山	1.5	
123	小山	下野国都賀郡		小山～間々田	1.5	
124	間々田	下野国都賀郡		間々田～野木	1	28
125	野木	下野国都賀郡		野木～古河		18
126	古河	下総国葛飾郡		古河～中田	2	
127	中田	下総国葛飾郡		中田～栗橋	0.5	
128	栗橋	武蔵国葛飾郡	7月12日泊	栗橋～幸手	2	6
129	幸手	武蔵国葛飾郡		幸手～杉戸	1.5	3
130	杉戸	武蔵国葛飾郡		杉戸～粕壁	1.5	
131	粕壁	武蔵国埼玉郡		粕壁～越谷	2	32
132	越谷	武蔵国埼玉郡		越谷～草加	1	28
133	草加	武蔵国足立郡		草加～千住	2	50
134	千住	江戸足立郡	7月13日泊			

135	江戸	江戸	7月14·15日泊	博労町～品川	3	
136	品川	江戸荏原郡		品川～川崎	2.5	
137	川崎	武蔵国橘樹郡		川崎～神奈川	2.5	
138	神奈川	武蔵国橘樹郡	7月16日泊	神奈川～保土ヶ谷	1	9
139	保土ヶ谷	武蔵国橘樹郡		保土ヶ谷～戸塚	2	
140	戸塚	相模国鎌倉郡		戸塚～鎌倉	3	
141	鎌倉	相模国鎌倉郡		鎌倉～江ノ島	2	
142	江ノ島	相模国鎌倉郡		江ノ島～藤沢	1	8
143	藤沢	相模国鎌倉郡・高座郡		藤沢～四ッ谷	1	
144	四ッ谷	相模国高座郡		四ッ谷～一之宮	0.5	
145	一之宮	相模国高座郡		一之宮～田村	2	
146	田村	相模国大住郡	7月17日泊	田村～伊勢原	2	
147	伊勢原	相模国大住郡		伊勢原～子安	1	
148	子安	相模国大住郡		子安～蓑毛		52
149	簑毛	相模国大住郡		蓑毛～田村		16
150	不明	不明		田村～千村	1	
151	千村	相模国大住郡	7月18日泊	千村～神山	1	
152	神山	相模国足柄上郡		神山～関本	2	
153	関本	相模国足柄上郡		関本～矢倉沢	1	
154	矢倉沢	相模国足柄上郡		矢倉沢～地蔵	1	
155	地蔵堂	相模国足柄上郡		地蔵～竹之下	3	8
156	竹之下	相模国三浦郡		竹之下～須走	3	
157	須走	駿河国駿東郡	7月19日泊			
158	富士山	駿河国				
159	須走	駿河国駿東郡	7月20日泊	須走～印野	2.5	
160	印野	駿河国駿東郡		印野～十里木	2.5	
161	十里木	駿河国駿東郡		十里木～今宮	3	
162	今宮	駿河国富士郡		今宮～吉原	1.5	
163	吉原	駿河国富士郡	7月21日泊	吉原～富士川新田	2	
164	富士川新田	駿河国富士郡		富士川新田～蒲原	1	

165	蒲原	駿河国庵原郡		蒲原～由比	1	
166	由比	駿河国庵原郡		由比～興津	2	12
167	興津	駿河国庵原郡		興津～江尻	1	2
168	江尻	駿河国庵原郡		江尻～静岡	2	23
169	静岡	駿河国安倍郡	7月22日泊	静岡～丸子	1.5	
170	丸子	駿河国安倍郡・有渡郡		丸子～藤枝	1	26
171	宇津ノ谷	駿河国有渡郡				
172	藤枝	駿河国志太郡・益津郡		藤枝～島田	2	8
173	島田	駿河国志太郡		島田～金谷	1	
174	金谷	遠江国榛原郡		金谷～日坂	1	24
175	日坂	遠江国佐野郡	7月23日泊	日坂～掛川	1	29
176	掛川	遠江国佐野郡		掛川～森町	3	
177	秋葉山	遠江国周智郡	7月24日泊			
178	森	遠江国周智郡		森町～虫生	3	
179	虫生	遠江国豊田郡		虫生～横川	1	
180	横川	遠江国豊田郡				
181	光明山	遠江国豊田郡				
182	不明	不明		さい川～石内	1.5	
183	不明	不明	7月25日泊	石内～神沢	2.5	
184	神沢	遠江国豊田郡		神沢～大平	1	
185	大平	遠江国麁玉郡		大平～巣山	1	
186	巣山	三河国八名郡		巣山～大野	1.5	
187	大野	三河国八名郡		大野～鳳来寺		50
188	鳳来寺	三河国設楽郡		鳳来寺～門谷		9
189	門谷	三河国設楽郡		門谷～滝川		60
190	滝川	三河国設楽郡	7月26日泊	滝川～新城	2	
191	新城	三河国設楽郡		新城～豊川	3	
192	豊川	三河国宝飯郡		豊川～御油	2	
193	御油	三河国宝飯郡		御油～赤坂		16
194	赤坂	三河国宝飯郡		赤坂～藤川	2	9

195	藤川	三河国額田郡		藤川～岡崎	1.5	
196	岡崎	三河国額田郡	7月27日泊	岡崎～知立	4	8
197	知立	三河国碧海郡		知立～大府	2	
198	大府	尾張国知多郡	7月28日到着			

この他、知多市歴史民俗博物館所蔵の知多郡佐布里村「伊藤家文書」には、伊藤藤右衛門著・文政一〇年（一八二七）『三禅定道中記』、明治一三年（一八八〇）『三禅定道中確』（著者は伊藤徳太郎と推測されている）[30]、伊藤孝義著・明治四〇年『三山道中日記』の三冊の三禅定道中記が所蔵されているが、このうち文政一〇年『三禅定道中記』[31]は、当時の伊藤藤右衛門が同年六月一九日から三五日をかけて三禅定を行った際の記録である。この史料に見られる道程は表6のとおりである。

表6　尾張国知多郡佐布里村 伊藤藤右衛門著『三禅定道中記』（文政10年）に見る道程

No.	掲載地	該当国	期日	区間	里程（里）	里程（丁）	備考
1	古見（妙楽寺を6/19出発）（尾張国）	尾張国	6月19日妙楽寺を出発	古見～岡崎天満宮	9		
2	岡崎天満町	三河国		岡崎天満宮～豊川	7		京田屋庄之助に泊り、116文。
3	豊川	三河国		豊川～三ヶ日	4		江戸屋で昼食、48文。
4	三ヶ日	遠江国		三ヶ日～気賀	3		花屋に宿泊、116文。
5	気賀	遠江国		気賀～宮口	4		
6	宮口	遠江国		宮口～しょうしんぶち	3		大和屋十郎兵衛で昼食、48文。
7	しやうしんぶち（現在地比定できず）	遠江国	6月21日	しょうしんぶち～光明山参詣～秋葉山参詣～坂下	5		山本屋長左衛門に宿泊、124文。
8	坂下	遠江国		坂下～長沢	3		わん屋で昼食。
9	長沢	遠江国		長沢～子奈良安	2		
10	子奈良安	遠江国		子奈良安～三倉	2		
11	三倉	遠江国		三倉～森町	2		

12	森町	遠江国	6月22日	森町～掛川	3		越後屋右兵衛に宿泊、124文。
13	掛川	遠江国		掛川～日坂	1	29	
14	日坂	遠江国		日坂～島田	1		
15	島田	駿河国		島田～江尻	2	8	
16	江尻	駿河国		江尻～藤枝	1	29	
17	藤枝	駿河国		藤枝～岡部	1	29	
18	岡部	駿河国		岡部～丸子	2	9	
19	丸子	駿河国	6月26日・27日・28日	丸子～府中	1		柏屋七郎右衛門に宿泊。
20	府中	駿河国	5月29日	府中～三保の松原～清見寺～江尻	2	27	
21	江尻	駿河国		江尻～興津	1	3	
22	興津	駿河国		興津～由比	2	12	昼食、48文。
23	由比	駿河国		由比～蒲原	1.5		
24	蒲原	駿河国		蒲原～吉原	3		
25	吉原	駿河国	6月29日	吉原～十里木		3.5丁	四つめ屋平左衛門に宿泊、124文。
26	十里木	駿河国		十里木～須山	記載なし		
27	須山	駿河国	6月30日	須山～富士山	記載なし		渡辺隼人に宿泊。坊礼200文。
28	富士山	駿河国		富士山～吉田	記載なし		山銭64文。
29	吉田	甲斐国	7月1日	吉田～川口	2		亀屋に宿泊、100文。
30	川口	甲斐国	7月2日	川口～藤ノ木	3		
31	藤ノ木	甲斐国		藤ノ木～黒駒	摩耗難読		中村屋甚平で昼食。
32	黒駒	甲斐国		黒駒～石和	3		
33	石和	甲斐国		石和～甲府	1.5		
34	甲府	甲斐国	7月2日	甲府～韮崎	3	8	桝町2丁目の萬屋に宿泊、116文。
35	韮崎	甲斐国	7月3日	韮崎～上円井	2	8	
36	上円井	甲斐国		上円井～台ヶ原	2	8	藤屋弥五右衛門で昼食、48文。
37	台ヶ原	甲斐国		台ヶ原～教来石宿	2		
38	教来石宿	甲斐国		教来石宿～蔦木		20	
39	蔦木	信濃国	7月3日	蔦木～金沢	3	4	油屋佐吉に宿泊、100文。
40	金沢	信濃国	7月4日	金沢～上諏訪	2		

41	上諏訪	信濃国		上諏訪～下諏訪	3		
42	下諏訪	信濃国		下諏訪～和田峠	5	8	江戸屋で昼食、40文。
43	和田峠	信濃国	7月4日	和田峠～長久保	2		永井喜左衛門に宿泊、116文。
44	長久保	信濃国		長久保～たてや	1		
45	たてや（立岩か。現在地比定できず）	信濃国		たてや～丸子	1		
46	丸子	信濃国		丸子～新屋	1.5		
47	新屋	信濃国		新屋～上田	1.5		昼食。
48	上田	信濃国		上田から鼠町	摩耗難読		
49	鼠町	信濃国		鼠町～坂木	1		
50	坂木	信濃国	7月5日	坂木～下戸	1.5		坂井屋儀左衛門に宿泊。
51	下戸（下戸倉か）	信濃国	7月6日	下戸～屋代	1.5		
52	屋代	信濃国		屋代～追分	2		
53	追分	信濃国		追分～丹波川	2		
54	丹波川（丹波島か）	信濃国		丹波川～善光寺	1	6	
55	善光寺	信濃国		善光寺～戸隠	5		藤屋平左衛門で昼食、64文。
56	戸隠	信濃国	7月6日	戸隠～戸隠御峰		30	いずみ屋九左衛門に宿泊。
57	戸隠御峰	信濃国	7月7日	戸隠御峰～野尻	6		
58	野尻	信濃国		野尻～関川	1		昼食。
59	関川	越後国		関川～関山	3		
60	関山	越後国		関山～二本木	1	16	
61	二本木	越後国	7月7日	二本木～荒井	1	20	油屋彦兵衛。
62	荒井	越後国	7月8日	荒井～高田	3		
63	高田	越後国		高田～中屋敷	1.5		
64	中屋敷	越後国		中屋敷～長浜	1.5		清水屋市右衛門で昼食。
65	長浜	越後国		長浜～有馬川	摩耗難読		
66	有馬川	越後国		有馬川～名立	2		
67	名立	越後国	7月8日	名立～能生	3	13	とら屋彦右衛門に宿泊。
68	能生	越後国	7月9日	能生～梶屋敷	2	12	
69	梶屋敷	越後国		梶屋敷～糸魚川	1		

70	糸魚川	越後国		糸魚川～須沢	1		
71	須沢	越後国		須沢～青梅	1		昼食。
72	青海	越後国		青梅～外波	2		
73	外波	越後国		外波～市振	2		
74	市振	越後国		市振～境	摩耗難読		
75	境	越中国		境～泊	3		
76	泊	越中国		泊～三日市	3		
77	三日市	越中国		三日市～魚津	2	8	昼食。
78	魚津	越中国		魚津～滑川	2		
79	滑川	越中国	7月10日	滑川～新屋	3		松倉屋七郎兵衛に宿泊。
80	新屋	越中国		新屋～芦峅寺	記載なし		
81	芦峅寺	越中国	7月11日	芦峅寺～立山	記載なし		宮之坊に宿泊。
82	立山	越中国	7月12日・13日	立山～芦峅寺	記載なし		山銭一人宛230文。
83	芦峅寺	越中国	7月14日	芦峅寺～岩峅寺	3		宮之坊に宿泊。
84	岩峅寺	越中国		岩峅寺～富山	3.5		
85	富山	越中国		富山～小杉	3		
86	小杉	越中国	7月15日	小杉～大門	1.5		いなすみ屋弥五右衛門に宿泊、100文。
87	大門	越中国		大門～高岡	1	13	
88	高岡	越中国		高岡～今石動	4.5		
89	今石動	越中国		今石動～竹橋	摩耗難読		昼食。
90	竹橋	加賀国		竹橋～津幡	1		
91	津幡	加賀国	7月16日	津幡～金沢	4		かあい屋に宿泊。
92	金沢	加賀国		金沢～鶴木	4		昼食。
93	鶴来	加賀国		鶴木～吉野	3		
94	吉野	加賀国	7月17日	吉野～木滑	1		小右衛門に宿泊。
95	木滑	加賀国		木滑～女原	1		
96	女原	幕府領		女原～深瀬	2		
97	深瀬	幕府領		深瀬～島村	1		
98	島村	幕府領		島村～牛首	1		昼食。
99	牛首	幕府領	7月18日	牛首～市ノ瀬	記載なし		利左衛門に宿泊。

100	市ノ瀬	幕府領		市ノ瀬～白山	記載なし	昼の休息は源五郎。
101	白山	幕府領	7月19日	白山～石徹白	記載なし	
102	石徹白	越前国	7月19日	石徹白～長瀧	3	伊織太夫で宿泊。
103	長瀧	美濃国		長瀧～白鳥	1	
104	白鳥	美濃国		白鳥～剣	2	
105	剣	美濃国		剣～八幡	3	昼食。
106	八幡	美濃国	7月20日	八幡～三日市	3	新町の川口屋久五郎に宿泊、124文。
107	三日市	美濃国	7月21日	三日市～苅安	1	
108	苅安	美濃国		苅安～上有知	摩耗難読	
109	上有知	美濃国		上有知～関	2	
110	関	美濃国		関～勝山	2	
111	勝山	美濃国		勝山～犬山	2	はたご、111文。
112	犬山	尾張国	7月22日	犬山～名古屋	記載なし	木曾川、船にて下がり。代20文。
113	名古屋	尾張国		名古屋～古見	6	宿、ふて屋、120文。
114	古見	尾張国	7月23日帰宅		6	

伊藤家は、芦峅寺日光坊の元治二年（一八六五）「芦峅寺日光坊火災類焼に付き再建勧進記」（富山県立山町・個人所蔵）に同家の当時の当主伊藤藤右衛門が寄進者のひとりとして記載されており、日光坊と師檀関係を結んでいたことがわかる。

七　天保期以降の史料に見る三禅定

尾張国常滑の西山浄土宗正住院住職の専阿は、浄土宗の高僧でありながら栄達を好まず、ひたすら念仏に明け暮れる日々を過ごした、いわゆる浄土宗捨世派の系譜に属する人物である。専阿は阿弥陀如来の四十八願にちなんで、阿弥陀仏を安置する四八の札所寺院を選定したが、越中では立山山麓の芦峅寺が選ばれている。専阿が隠居後の天保二年（一八三一）二月に著した『西方四十八願所[32]』の芦峅寺の項目には、「第一座之内、越中嶇立山蘆嶇寺。以下、立山白山富士山三禅定ノ弥陀如来ヲ合シテ九躰ノ中尊トスレバ、三躰一仏ト遥拝スベシ」と記され、「立山白山富士山三禅定」の文言が見られる。

さて、この時期の三禅定に関わる道中記には、三河国宝飯郡国府村平松英棟著・天保一五年（一八四四）『三の山ふみ[33]』がある。国学者平松英棟（?～一八八〇）が同行者の入戸野為造・中村亦作・竹本弥七郎・飛田助太郎・渡辺瀧蔵と、甥の平八ら五人とともに、五月二二日に故郷を出発し、四三日をかけて三禅定を行った際の記録である。文中には、地名や故事を歌い込んだ狂歌や和歌が満載されている。この史料に見られる道程は表7のとおりである。

表7　三河国宝飯郡国府村　平松英棟著『三の山ふみ』（天保15年）に見る道程

No.	掲載地	該当国	期日	里程区間	里程（里）	里程（丁）	備考
1	国府	三河国	5月22日出発	国府～赤坂			浄土宗西山深草派・法蔵寺
2	赤坂	三河国		赤坂～長沢			
3	長沢	三河国		長沢～山中			
4	山中	三河国		山中～藤川			
5	藤川	三河国		藤川～岡崎			
6	岡崎	三河国		岡崎～矢作			
7	矢作	三河国		矢作～大浜			
8	大浜	三河国		大浜～今村			
9	今村	三河国		今村～池鯉鮒			
10	池鯉鮒	三河国		池鯉鮒～桶狭間			
11	桶狭間	尾張国		桶狭間～熱田			
12	熱田	尾張国		熱田～名古屋			
13	名古屋	尾張国		名古屋～清水口			
14	清水口	尾張国		清水口～小牧			

15	小牧	尾張国		小牧～町家			
16	町家	尾張国		町家～犬山			
17	犬山	尾張国	5月23日	犬山～勝山			綿屋に宿泊。
18	勝山	美濃国		勝山～関			
19	関	美濃国		関～河度			
20	河度	美濃国		河度～立花			
21	立花	美濃国		立花～須原			
22	須原	美濃国		須原～根村			
23	根村	美濃国		根村～下苅安			
24	下苅安	美濃国		下苅安～上苅安			
25	上苅安	美濃国	5月24日	上苅安～梅原	1		宿泊。犬山より13里余り。
26	梅原	美濃国		梅原～千虎	2		
27	千虎	美濃国		千虎～八幡	1		
28	八幡	美濃国		八幡～剣	3		昼食。
29	剣	美濃国		剣～白鳥	2		
30	白鳥	美濃国		白鳥～長瀧	1		
31	長瀧	美濃国		長瀧～歩岐島		10	
32	歩岐島	美濃国	5月25日	歩岐島～前谷			宿泊。
33	前谷	美濃国		前谷～石徹白			
34	石徹白	越前国	5月26日	石徹白～白山			桜井大隅守に宿泊。ちう子(剛力の事なり)を連れて登山。
35	白山	幕府領	5月27日	白山～市の瀬			宿泊。
36	市の瀬	幕府領	5月28日	市の瀬～牛首	4		宿泊。この村にある白山別当越前国平泉寺出張役所で山銭を納める。
37	牛首	幕府領		牛首～嶋村			茶屋・茂七で休息。
38	嶋村	幕府領		嶋村～深瀬村			
39	深瀬村	幕府領		深瀬村～女原村			
40	女原	幕府領		女原～木滑			
41	木滑	加賀国		木滑～吉野	1.5		
42	吉野	加賀国		吉野～鶴来	3		

43	鶴来	加賀国	5月29日	鶴来～金沢	4		宿泊。
44	金沢	加賀国		金沢～津幡	4		
45	津幡	加賀国	6月1日	津幡～竹橋	1		宿泊。
46	竹橋	加賀国		竹橋～倶利伽羅峠	2.5		
47	倶利伽羅峠	越中国		倶利伽羅峠～埴生	1		源平古戦場、茶屋・休息。
48	埴生	越中国		埴生～石動			埴生八幡宮。
49	石動	越中国		石動～高岡			
50	高岡	越中国		高岡～小杉	2.5		
51	小杉	越中国	6月2日	小杉～富山	3		宿泊。
52	富山	越中国		富山～岩峅寺	3		神通川の舟橋。
53	岩峅寺	越中国		岩峅寺～芦峅寺	3		立山大権現御前立の社。
54	芦峅寺	越中国	6月3日	芦峅寺～立山			善道坊に宿泊。
55	立山	越中国	6月4日・5日	立山～芦峅寺			室堂に宿泊。
56	芦峅寺	越中国	6月6日	芦峅寺～下田	3		善道坊に宿泊。
57	下田	越中国		下田～上市	3		
58	上市	越中国		上市～滑川	2		
59	滑川	越中国		滑川～魚津	2		
60	魚津	越中国	6月7日	魚津～三日市	2		宿泊。
61	三日市	越中国		三日市～浦山		29	
62	浦山	越中国		浦山～舟見	2		
63	舟見	越中国		舟見～泊	2		
64	泊	越中国		泊～境	2		
65	境	越中国		境～市振		29	
66	市振	越後国		市振～外波	2		休息。間に不親知・不子知。
67	外波	越後国		外波～能生	船で7		休息。深夜に船で移動。船中泊。
68	能生	越後国		能生～名立	3	8	早朝、坪屋で休息。
69	名立	越後国		名立～有馬川	2		
70	有馬川	越後国		有馬川～長浜	1		
71	長浜	越後国		長浜～五智	1		
72	五智	越後国		五智～高田	1.5		越後国国分寺。

73	高田	越後国	6月9日	高田～荒井	2		中村屋に宿泊。
74	荒井	越後国		荒井～二本木			
75	二本木	越後国		二本木～関山	1.5		
76	関山	越後国		関山～関川	1.5		休息。
77	関川	越後国		関川～野尻	1		
78	野尻	信濃国	6月10日	野尻～戸隠	5		石田某家に宿泊。
79	戸隠	信濃国		戸隠～戸隠大権現社		18	
80	戸隠大権現社	信濃国		戸隠大権現社～大久保		50	
81	大久保	信濃国		大久保～新安	2		
82	新安	信濃国		新安～善光寺	1		
83	善光寺	信濃国	6月11日	善光寺～丹波川		12	けふ淵之坊に宿泊。
84	丹波川	信濃国		丹波川～篠井	2		
85	篠井	信濃国		篠井～屋代	1		
86	屋代	信濃国		屋代～萩蒔			
87	萩蒔	信濃国		萩蒔～下戸倉	1		
88	下戸倉	信濃国		下戸倉～坂木	1.5		
89	坂木	信濃国		坂木～上田	3		
90	上田	信濃国	6月12日	上田～海野			越後屋に宿泊。
91	海野	信濃国		海野～田中	2		
92	田中	信濃国		田中～小諸	2.5		
93	小諸	信濃国		小諸～追分	3.5		昼食。
94	追分	信濃国		追分～沓掛	1		舛形の茶屋で休息。
95	沓掛	信濃国		沓掛～軽井沢	1	5	
96	軽井沢	信濃国	6月13日	軽井沢～坂本			宿泊。
97	坂本	上野国		坂本～妙義山			
98	妙義山	上野国		妙義山～安中	2.5		間に枇杷の久保。
99	安中	上野国		安中～板鼻	3		食事。
100	板鼻	上野国		板鼻～高崎	1	30	
101	高崎	上野国	6月14日	高崎～前橋			宿泊。
102	前橋	上野国		前橋～大胡	2		

103	大胡	上野国		大胡～室沢	2		
104	室沢	上野国		室沢～深沢	2		
105	深沢	上野国		深沢～花輪	2		休息。
106	花輪	上野国	6月15日	花輪～神戸	1	8	宿泊。
107	神戸	上野国		神戸～沢入	3		
108	沢入	上野国		沢入～足尾	2		
109	足尾	下野国		足尾～神子内	2		
110	神子内	下野国		神子内～細尾	2.5		
111	細尾	下野国		細尾～鉢石			
112	鉢石	下野国	6月16日	鉢石～日光			宿泊。
113	日光	下野国		日光～中善寺			
114	中善寺	下野国		中善寺～華厳の滝			
115	華厳の滝	下野国		華厳の滝～鉢石			
116	鉢石	下野国	6月17日	鉢石～今市	2		宿泊。
117	今市	下野国		今市～大沢	2		
118	大沢	下野国		大沢～徳次郎	1.5		昼食。
119	徳次郎	下野国		徳次郎～沢	1.5		
120	沢	下野国		沢～宇都宮	2		
121	宇都宮	下野国	6月18日	宇都宮～雀森	2		宿泊。
122	雀森	下野国		雀森～石橋	2	10	
123	石橋	下野国		石橋～小金井	1.5		休息。
124	小金井	下野国		小金井～芋から	1		
125	芋から	下野国		芋から～小山	1	10	
126	小山	下野国		小山～飯田	2		
127	飯田	下野国		飯田～野木	2		
128	野木	下野国		野木～古河		26	
129	古河	下総国	6月19日	古河～中田	1.5		紙屋に宿泊。
130	中田	下総国		中田～栗橋			
131	栗橋	武蔵国		栗橋～幸手	2	20	休息。
132	幸手	武蔵国		幸手～杉戸	1.5		

133	杉戸	武蔵国		杉戸～粕壁	1.5		
134	粕壁	武蔵国		粕壁～大沢	1.5		
135	大沢	武蔵国	6月20日	大沢～草加	2		宿泊。
136	草加	武蔵国		草加～千住	2		
137	千住	江戸		千住～両国	2		
138	両国	江戸		両国～江戸			
139	江戸	江戸	6月21日～24日	江戸～芝口			馬喰町3丁目の升屋に宿泊。神田明神、湯島天神、上野、不忍池弁天、金竜山、新吉原、御丸内、霞ヶ関、愛宕山、増上寺、本所廻向院、亀戸天神、深川八幡宮、木母寺。
140	芝口	江戸		芝口～高輪			
141	高輪	江戸	6月25日	高輪～品川			泉岳寺。
142	品川	江戸		品川～川崎	2		
143	川崎	武蔵国		川崎～神奈川	2		休息。
144	神奈川	武蔵国	6月25日	神奈川～保土ケ谷	2	9	宿泊。
145	保土谷	武蔵国		保土谷～戸塚	2		
146	戸塚	相模国		戸塚～鎌倉	2.5		食事。
147	鎌倉	相模国		鎌倉～御輿ヶ崎			円覚寺、岩谷弁天、鶴岡八満宮など。
148	御輿ヶ崎	相模国		御輿ヶ崎～七里ヶ浜			大仏、長谷観音など。茶屋で休息。
149	七里ヶ浜	相模国		七里ヶ浜～もろこしが原		42	
150	もろこしが原	相模国		もろこしが原～江の島		8	
151	江の島	相模国	6月26日	江の島～藤沢		50	亀屋に宿泊。弁天宮。
152	藤沢	相模国		藤沢～田村			
153	田村	相模国		田村～伊勢原	1		
154	伊勢原	相模国		伊勢原～子安	1		
155	子安	相模国		子安～大山	1		子安神社、子安地蔵堂。休息。
156	大山	相模国		大山～蓑毛			大山寺。
157	蓑毛	相模国	6月27日	蓑毛～田原	1		釜成屋に宿泊。

158	田原	相模国		田原～曲松	1		
159	曲松	相模国		曲松～神山	1		
160	神山	相模国		神山～吉田島	1		休息。
161	吉田島	相模国		吉田島～関本			
162	関本	相模国		関本～矢倉沢	1		休息。
163	矢倉沢	相模国		矢倉沢～竹ノ下			茶屋で休息。
164	竹ノ下	駿河国	6月28日	竹ノ下～御殿場	1		宿泊。
165	御殿場	駿河国		御殿場～水土野	1		
166	水土野	駿河国		水土野～須走	1		
167	須走	駿河国		須走～富士山			御師の大申学久太夫。剛力を頼んで登山。
168	富士山	駿河国	6月29日	富士山～須走			八合目に宿泊。
169	須走	駿河国		須走～水土野	1		
170	水土野	駿河国		水土野～川柳	1		
171	川柳	駿河国		川柳～印野	1		
172	印野	駿河国	6月30日	印野～十里木			
173	十里木	駿河国		十里木～吉原	4		休息。
174	吉原	駿河国		吉原～岩淵	2		
175	岩淵	駿河国		岩淵～由比		30	
176	由比	駿河国	7月1日	由比～田子の浦			温飩屋に宿泊。
177	田子の浦	駿河国		田子の浦～興津			
178	興津	駿河国		興津～清見潟			
179	清見潟	駿河国		清見潟～三保の松原			清見寺。
180	三保の松原	駿河国		三保の松原～江尻	1		
181	江尻	駿河国		江尻～久能	2		
182	久能	駿河国		久能～久能山東照宮			茶屋で休息。
183	久能山東照宮	駿河国		久能山東照宮～府中	3		
184	府中	駿河国	7月2日	府中～丸子			宿泊。
185	丸子	駿河国		丸子～岡部	3		休息。
186	岡部	駿河国		岡部～藤枝	1	29	

187	藤枝	駿河国		藤枝～島田	2	8	
188	島田	駿河国		島田～金谷			食事。
189	金谷	遠江国		金谷～日坂			
190	日坂	遠江国	7月3日	日坂～掛川	1	29	宿泊。
191	掛川	遠江国		掛川～袋井	2	24	
192	袋井	遠江国		袋井～見附			休息。
193	見附	遠江国		見附～浜松	3		
194	浜松	遠江国	7月4日	浜松～舞阪	2	30	宿泊。
195	舞坂	遠江国		舞坂～新居			茶屋・笹屋で休息。
196	新居	遠江国		新居～白須賀	1	24	休息。
197	白須賀	遠江国		白須賀～元白須賀			
198	元白須賀	遠江国		元白須賀～二川			
199	二川	三河国		二川～飯村			
200	飯村	三河国		飯村～吉田			
201	吉田	三河国		吉田～下地			船町の茶屋・坪屋で休息。
202	下地	三河国		下地～小坂井			
203	小坂井	三河国		小坂井～桜町			
204	桜町	三河国		桜町～国府			
205	国府	三河国	7月5日帰宅	国府			

この他の三禅定に関わる史料として、三河国豊橋杉本英治良清枝著・弘化三年（一八四六）「三山旅日記」（長嶋勝正氏〔故人〕所蔵）[34]や弘化四年『三山道中記』（吉見家所蔵）[35]、三河国幡豆郡欠村牧野栄助著・嘉永二年（一八四九）『山禅定道中記』[36]、安政二年（一八五五）『道中賃（尾張国知多郡衣ヶ浦緒川村の万控帳）』[37]、同二年『三禅定見舞受納帳幷ニ日光山江戸鎌倉八幡江野嶋弁天　安政弐年乙卯六月二日門出』[38]、知多郡中嶋村庄屋六兵衛著『六兵衛万覚書　二』[39]などがある。このうち、嘉永二年『山禅定道中記』は、三河国幡豆郡欠村の牧野栄助が嘉永二年六月二日から同月二八日までの二七日をかけて、白山・立山・富士山を巡ってきたときの道中記である。この史料に見られる道程は表8のとおり

である。

表8　三河国幡豆郡欠村 牧野栄助著『山禅定道中記』（嘉永2年）に見る道程

No.	掲載地	該当国	期日	区間	里程（里）	里程（丁）	備考
1	西幡豆	三河国	6月2日出発。	西幡豆～西尾	3		
2	西尾	三河国		西尾～鳴海	5		
3	鳴海	尾張国	6月2日	鳴海～宮	2	8	宿泊。
4	宮	尾張国		宮～名古屋	1		
5	名古屋	尾張国		名古屋～安井	1		
6	安井	尾張国		安井～あしま原	1		
7	あしま原	尾張国		あしま原～小牧	2		
8	小牧	尾張国		小牧～犬山	3		昼食、70文。
9	犬山	尾張国		犬山～楽田	1.5		
10	楽田	美濃国		楽田～勝山	1.5		
11	勝山	美濃国	6月3日	勝山～大杉	1		さかい屋善三郎に宿泊、150文。
12	大杉	美濃国		大杉～関	1.5		
13	関	美濃国		関～河度	2		
14	河度	美濃国		河度～立花	半道		
15	立花	美濃国		立花～須原	1		みなと屋又五郎で昼食、72文。
16	須原	美濃国		須原～下田	2		
17	下田	美濃国		下田～苅安	1		
18	苅安	美濃国		苅安～名津佐	1.5		
19	名津佐	美濃国	6月4日	名津佐～千虎	2		役人宅4文。
20	千虎	美濃国		千虎～八幡	1		
21	八幡	美濃国		八幡～剣	3		
22	剣	美濃国		剣～白鳥	2		
23	白鳥	美濃国		白鳥～長滝	1		
24	長滝	美濃国		長滝～前谷	半道		
25	前谷	美濃国		前谷～石徹白	2.5		
26	石徹白	越前国	6月5日	石徹白～白山	9	8	小田□（1字難読）坊に宿泊、4斗。

27	白山	幕府領	6月6日	白山～市ノ瀬	4.5		室堂で宿泊。宿銭20文・山銭122文・垢離銭6文。
28	市ノ瀬	幕府領	6月7日	市ノ瀬～牛首	4.5		佐々木屋源五郎に宿泊、64文。
29	牛首	幕府領		牛首～嶋村	1		
30	嶋村	幕府領		嶋村～深瀬	1		
31	深瀬	幕府領		深瀬～女原	2		
32	女原	幕府領		女原～吉野	3		
33	吉野	加賀国	6月8日	吉野～野立	1		小左衛門に宿泊、168文。
34	野立	加賀国		野立～鶴来	2		
35	鶴来	加賀国		鶴木～金沢	4		
36	金沢	加賀国		金沢～今町	2		昼食、59文。
37	今町	加賀国		今町～津幡	2		
38	津幡	加賀国	6月9日	津幡～竹橋	1		川合屋善三郎に宿泊、190文。
39	竹橋	加賀国		竹橋～今石動	3.5		
40	今石動	越中国		今石動～福岡	2		
41	福岡	越中国		福岡～高岡	2		
42	高岡	越中国		高岡～大門	1		
43	大門	越中国		大門～小杉	1.5		
44	小杉	越中国		小杉～富山	3		
45	富山	越中国	6月10日	富山～岩峅寺	4		ふじ屋宗右衛門に宿泊、172文。
46	岩峅寺	越中国		岩峅寺～芦峅寺	2.5		
47	芦峅寺	越中国	6月11日	芦峅寺～立山	9	8	相真坊に宿泊。
48	立山	越中国		立山～芦峅寺	9	8	室堂に宿泊。山銭38文。
49	芦峅寺	越中国	6月13日	芦峅寺～下田	3		相真坊に宿泊。
50	下田	越中国		下田～日中	2.5		
51	日中	越中国		日中～上市	1		
52	上市	越中国		上市～木田	2		
53	木田	越中国		木田～魚津	2		
54	魚津	越中国	6月14日	魚津～三日市	2.5		6月14日晩。茶屋に寄る。宿銭、164文。魚津～外波の区間を船で夜間移動。船中泊、300文。
55	三日市	越中国		三日市～入善	2		魚津～外波の区間を船で夜間移動。

56	入善	越中国		入善～泊	2.5		魚津～外波の区間を船で夜間移動。
57	泊	越中国		泊～境	1.5		魚津～外波の区間を船で夜間移動。
58	境	越後国		境～市振	2		魚津～外波の区間を船で夜間移動。
59	市振	越後国		市振～外波	2.5		魚津～外波の区間を船で夜間移動。
60	外波	越後国		外波～青梅	2		魚津～外波の区間を船で夜間移動。
61	青海	越後国		青梅～糸魚川	2		渡辺屋金五郎で昼食、64文。
62	糸魚川	越後国	6月15日	糸魚川～能生	3.5		6月15日、糸魚川～五智の区間を船で夜間移動。船中泊、250文。
63	能生	越後国		能生～すこし	2		糸魚川～五智の区間を船で夜間移動。
64	すこし	越後国		すこし～名立	2		糸魚川～五智の区間を船で夜間移動。
65	名立	越後国		名立～有馬川	2		糸魚川～五智の区間を船で夜間移動。
66	有馬川	越後国		有馬川～五智	2		糸魚川～五智の区間を船で夜間移動。
67	五智	越後国		五智～高田	2		糸魚川～五智の区間を船で夜間移動。昼食、72文。
68	高田	越後国		高田～新井	2		
69	新井	越後国	6月16日	新井～二本木	2		加賀之屋一郎右衛門に宿泊、164文。
70	二本木	越後国		二本木～関山	1	16	
71	関山	越後国		関山～二俣	1.5		
72	二俣	越後国		二俣～関川	1.5		
73	関川	越後国		関川～戸隠奥の院	6		
74	戸隠奥の院	信濃国	6月17日	戸隠奥の院～善光寺	4.5		戸隠の萬屋に宿泊、172文。
75	善光寺	信濃国		善光寺～丹波島	1.5		
76	丹波島	信濃国		丹波島～追分	1.5		
77	追分	信濃国		追分～屋代	0.5		
78	屋代	信濃国		屋代～志茂登村	2		
79	志茂登村	信濃国	6月18日	志茂登村～坂城	1		つたき屋半右衛門に宿泊、150文。
80	坂城	信濃国		坂城～上田	3		
81	上田	信濃国		上田～長瀬	2		越後屋十兵衛で昼食、64文。
82	長瀬	信濃国		長瀬～腰越	2		
83	腰越	信濃国		腰越～長久保	1.5		

84	長久保	信濃国		長久保～落合	半道		
85	落合	信濃国		落合～和田	2		
85	和田	信濃国	6月19日	和田～下諏訪	5	8	山木屋に宿泊、172文。
87	下諏訪	信濃国		下諏訪～上諏訪	1		
88	上諏訪	信濃国		上諏訪～金沢	3	24	かめ屋で昼食、64文。
89	金沢	信濃国	6月20日	金沢～蔦木	3	4	蔦木屋嘉兵衛に宿泊、150文。
90	蔦木	信濃国		蔦木～教来石	1		
91	教来石	甲斐国		教来石～台ヶ原	2		
92	台ヶ原	甲斐国		台ヶ原～韮崎	4	8	
93	韮崎	信濃国		韮崎～甲府	3		
94	甲府	信濃国	6月21日	甲府～石和	1		伊勢屋源三郎に宿泊、132文。
95	石和	信濃国		石和～黒駒	2.5		
96	黒駒	信濃国		黒駒～藤の木	2		
97	藤の木	甲斐国		藤の木～河口	3		
98	河口	甲斐国		河口～吉田口	2		坊の佐岐守に宿泊。
99	吉田口	甲斐国		吉田口～富士山			
100	富士山	駿河国	6月22日・23日	富士山～村山	9	8	6月22日、茶屋に宿泊。23日、七合五勺目に宿泊。
101	村山	駿河国		村山～富士川	5		
102	富士川	駿河国		富士川～蒲原	1		
103	蒲原	駿河国	6月24日	蒲原～由比	1		ながの屋武右衛門に宿泊、164文。
104	由比	駿河国		由比～興津	2	16	
105	興津	駿河国		興津～江尻	1		
106	江尻	駿河国		江尻～久能山	3		
107	久能山	駿河国		久能山～府中	3		
108	府中	駿河国		府中～丸子	1.5		
109	丸子	駿河国	6月25日	丸子～岡部	2		桑名の九郎三郎に宿泊、164文。
110	岡部	駿河国		岡部～藤枝	1	29	
111	藤枝	駿河国		藤枝～島田	2	8	
112	島田	駿河国		島田～金谷	1		
113	金谷	遠江国		金谷～日坂	2		昼食64文。

114 日坂	遠江国		日坂～掛川	1	30	
115 掛川	遠江国		掛川～袋井	2	16	
116 袋井	遠江国	6月26日	袋井～見付	1.5		大津屋六兵衛に宿泊、164文。
117 見付	遠江国		見付～浜松	4	8	
118 浜松	遠江国		浜松～舞阪	3		
119 舞坂	遠江国		舞阪～新居	1	8	昼食72文。
120 新居	遠江国		新居～白須賀	1	29	
121 白須賀	遠江国		白須賀～二川	1.5		
122 二川	遠江国		二川～吉田	1.5		
123 吉田	三河国	6月27日	吉田～幡豆	8		豊橋宿の桔梗屋に宿泊、164文。
124 幡豆	三河国	6月28日帰着				

こうした文献史料以外に、三禅定に関する絵馬が残っている。愛知県常滑市広目に所在する広目寺（曹洞宗）には、安政三年（一八五六）の三禅定絵馬が奉納されており、また、同市坂井の東光寺（曹洞宗）薬師堂内にも嘉永元年（一八四八）の三禅定絵馬が奉納されている。特に東光寺の絵馬は、坂井村の「三山同行四十六人」が三禅定の成就を記念して嘉永元年六月吉日の日付を以て奉納したものである(40)。広目村や坂井村を含む知多郡の各村は、芦峅寺日光坊の弘化三年（一八四六）『立山御媚尊別当奉加勧進記』(41)の内容から、当時同坊の檀那場であったことがわかる。さらに、同坊の元治二年（一八六五）「芦峅寺日光坊火災類焼に付き再建奉加帳」(42)の内容から、広目村と坂井村には立山講が組織されていたことがわかる。

愛知県蒲郡市大塚町西屋敷の大塚神明社には、安政三年（一八五六）と明治六年（一八七三）、大正三年（一九一四）の三点の三禅定絵馬が奉納されている(43)。芦峅寺善道坊の嘉永三年（一八五〇）の『御祈禱檀那覚帳』(44)から、当時同坊が三河国の額田郡（信徒数三六人）や幡豆郡（信徒数三〇四人）、宝飯郡（信徒数六五〇人）、八名郡（信徒数一四人）、渥美郡（信徒数二八四人）、設楽郡（信徒数七五人）などに檀那場を形成していたことがわかる(45)。絵馬が奉納された大塚神明社がある大塚村は廻檀配札地として檀那帳に記載が見られないものの、付近の宝飯郡牧山村や同郡広石村などの村々が檀那場として記載されており、大塚村も、ある程度は善道坊の勧進布教活動の影響下にあったものと考えられる。

八　明治期及びそれ以降の史料に見る三禅定

明治期の三禅定に関わる道中記としては、那智の大滝からの捨身で知られる修験者林実利の明治一一年(一八七八)〜明治一三年『旅日記』(46)や、尾張国知多郡松原村小島茂兵衛信英著・明治四年『三連場白山立山冨士道中記』(47)が残っている。

林実利の『旅日記』は、彼が明治一一年(一八七八)七月から明治一三年三月までの間に中部・関東・東北地方の名だたる霊場を巡礼した際に記した旅日記である。そのなかで実利が最初に行ったのは、白山・立山・富士山を巡る三禅定であった。明治一一年八月五日の白山から始まり、同年八月一二日に立山で、そして同年八月二五日に富士山で禅定登山を行っている。

尾張国知多郡松原村の小島家は代々同村の庄屋を務めた家である。同家に残る三禅定道中記は明治四年(一八七一)、当時の小島家当主茂兵衛信英が、青木梶右衛門・青木忠左衛門・友田光五郎とともに、同年六月一二日から七月一八日まで約三六日をかけて三禅定を行った際の記録である。立山山麓では芦峅寺の宿坊(宿坊名は未記載)に宿泊している。小島家には、芦峅寺日光坊に関する古文書や同坊の護符が多数残っている。一方、前掲の日光坊の元治二年(一八六五)「芦峅寺日光坊火災類焼に付き再建奉加帳」には、明治四年に三禅定を行った小島家当主茂兵衛をはじめ、同行の青木梶右衛門と友田仙右衛門や、出立の際に見送った茂兵衛の兄平八や、友田光五郎の父仙右衛門の名前が記載され、さらに日光坊の大正時代の檀那帳（富山県立山町・個人所蔵）にも、小島茂兵衛や、青木忠左衛門・青木梶右衛門・友田光五郎らの名前が記載されている。こうした状況から、日光坊と小島家が師檀関係を結んでいたことがわかる。

その他、前述のとおり知多市歴史民俗博物館所蔵の知多郡佐布里村「伊藤家文書」に、明治一三年（一八八〇）『三禅定道中確[48]』と明治四〇年『三山道中日記[49]』の二冊の三禅定道中記が見られる。いずれも尾張国知多郡佐布里村の人々が行った三禅定の記録である。明治一三年の道中記の著者は、当時の佐布里村伊藤家当主徳太郎と推測される。その道程は表9のとおりである。

表9　愛知県知多郡佐布里村　伊藤徳太郎著『三禅定道中確』（明治13年）に見る道程

No.	掲載地	江戸時代該当国
1	緒川	尾張国
2	大浜	三河国
3	藤川	三河国
4	豊川	三河国
5	本坂	遠江国
6	三ツ塚	遠江国
7	秋葉山	遠江国
8	掛川	遠江国
9	嶋田	駿河国
10	藤枝	駿河国
11	静岡	駿河国
12	久能山	駿河国
13	清水	駿河国
14	興津	駿河国
15	蒲原	駿河国
16	岩淵	駿河国
17	村山	駿河国
18	富士山	駿河国
19	吉田	甲斐国
20	藤木	甲斐国
21	甲府柳町	甲斐国
22	蔦木	信濃国
23	地野	信濃国
24	上諏訪	信濃国
25	下諏訪	信濃国
26	長久保	信濃国
27	嵐	信濃国
28	坂木	信濃国
29	善光寺	信濃国
30	戸隠山	信濃国
31	関川	越後国
32	新井	越後国
33	五智	越後国
34	能生	越後国
35	糸魚川	越後国
36	青海	越後国
37	市振	越後国
38	泊	越中国
39	三日市	越中国
40	魚津	越中国
41	滑川	越中国
42	上市	越中国
43	尾長	越中国
44	芦峅	越中国
45	立山	越中国
46	富山	越中国
47	小杉	越中国
48	高岡	越中国
49	石動	越中国
50	津幡	越中国
51	金沢	加賀国
52	寺井	加賀国
53	小松	加賀国
54	山代	加賀国
55	山中	加賀国
56	永平寺	越前国
57	光明寺	越前国
58	谷井	越前国
59	牛方村	越前国
60	白山	幕府領

一方、明治四〇年（一九〇七）の道中記の著者は、その裏表紙に「明治四拾年旧六月、登山者人名、新海繁太郎・伊藤増三郎・浜島金之助・真田鉄次・蟹井源治・伊藤吉之助・伊藤孝義・蟹井重治、以上」と記され、それと本文末尾の署名から、伊藤孝義であることがわかる。その道程は表10のとおりである。

表10　愛知県知多郡八幡村佐布里　伊藤孝義著『三山道中日記』（明治40年）に見る道程

No.	掲載地	江戸時代該当国	期日	移動	備考
1	佐布里村（密蔵坊）	三河国	6月12日		佐布里村（密蔵坊）を出発。
2	犬新田	三河国	6月12日		
3	緒川新田	三河国	6月12日		
4	東浦	三河国	6月12日		
5	苅谷	三河国	6月12日	列車に乗車	
6	安城	三河国	6月12日	列車で移動	
7	岡崎	三河国	6月12日	列車で移動	
8	蒲郡	三河国	6月12日	列車で移動	
9	御油	三河国	6月12日	列車で移動	
10	豊橋	三河国	6月12日	列車で移動	
11	二川	遠江国	6月12日	列車で移動	
12	鷲津	遠江国	6月12日	列車で移動	
13	弁天島	遠江国	6月12日	列車で移動	
14	舞坂	遠江国	6月12日	列車で移動	
15	浜松	遠江国	6月12日	列車で移動	
16	天竜川	遠江国	6月12日	列車で移動	
17	中泉	遠江国	6月12日	列車で移動	
18	袋井	遠江国	6月12日	列車で移動	
19	掛川	遠江国	6月12日	列車で移動	
20	堀之内	遠江国	6月12日	列車で移動	
21	金屋	遠江国	6月12日	列車を下車	金屋～島田まで、大井川鐵道水害破損のため徒歩。
22	島田	駿河国	6月12日	列車に乗車	

23	藤枝	駿河国	6月12日	列車で移動	
24	焼津	駿河国	6月12日	列車で移動	
25	静岡	駿河国	6月13日	列車を下車　列車に乗車	浅間神社参詣。吉野家太吉で宿泊。
26	江尻	駿河国	6月13日	列車に乗車	
27	興津	駿河国	6月13日	列車で移動	
28	蒲原	駿河国	6月13日	列車で移動	
29	岩淵	駿河国	6月13日	列車を下車　富士川を船で渡る	
30	大宮	駿河国	6月13日		小松屋で昼食。
31	浅間神社参詣	駿河国	6月13日		
32	山宮村	駿河国	6月13日		
33	篠坂	駿河国	6月13日		
34	カケスバタ	駿河国	6月13日		
35	三合目室堂	駿河国	6月13日		
36	茗荷ヶ岳(二合目室堂)	駿河国	6月13日・14日		二合目室堂に宿泊。
37	三～九合目室堂	駿河国	6月14日		
38	富士山絶頂	駿河国	6月14日		本社参詣
39	御殿場		6月14日・15日	列車に乗車	駅前の住吉屋に宿泊。
40	小山		6月15日	列車で移動	
41	山北		6月15日	列車で移動	
42	松田		6月15日	列車で移動	
43	国府津		6月15日	列車で移動	この列車は国府津～大船の間が急行となり、二宮→大磯→平塚→茅ヶ崎→藤沢の各駅には停車せず。
44	大船		6月15日	列車乗り換え・移動	
45	藤沢	相模国	6月15日	列車を下車	
46	江の島	相模国	6月15日		弁財天参詣、岩屋見物。
47	七里ヶ浜	相模国	6月15日		
48	鎌倉	相模国	6月15日		鎌倉権五郎景政に参詣。昼食。鶴岡八幡宮・大仏・建長寺を参詣。
49	鎌倉駅	相模国	6月15日	列車に乗車	

50	逗子		6月15日	列車で移動	
51	田浦		6月15日	列車で移動	
52	横須賀駅		6月15日	列車を下車	
53	横須賀港		6月15日		軍港見物。
54	横須賀駅		6月15日	列車に乗車	
55	横浜駅		6月15日・16日	列車を下車　列車に乗車	横浜市花咲町津多屋に宿泊→異人屋敷・各国公使館・領事館・南京屋敷・公園・浅橋→横浜駅
56	品川	江戸	6月16日	列車を下車	品川(昼食)→泉岳寺参詣→愛宕山に登る→日比谷公園→丸の内→帝国議事堂→宮内省の官衞を見物→二重橋門前で遥拝→靖国神社→神田(今城旅館に宿泊)。
57	神田	江戸	6月17日	電車に乗車	
58	浅草	江戸	6月17日	電車で移動	浅草観音参詣。
59	上野公園	江戸	6月17日	電車を下車	不忍ノ池・東京勧業博覧会の会場見物。入場はせず。
60	上野	江戸	6月17日	列車に乗車	
61	宇都宮	下野国		列車乗り換え・移動	
62	日光	下野国	6月17日・18日	列車を下車　列車に乗車	昼食。桐屋に宿泊。桐屋→東照宮・二荒神社・家光公の社→日光駅。
63	宇都宮	下野国	6月18日	列車乗り換え・移動	
64	小山	下野国	6月18日	列車で移動	
65	前橋	上野国	6月18日	列車乗り換え・移動	
66	高崎	上野国	6月18日	列車乗り換え	
67	長野駅	信濃国	6月18日	列車を下車	
68	善光寺門前	信濃国	6月18日・19日		松屋。松屋→善光寺如来参詣→松屋→長野。
69	長野駅	信濃国	6月19日	列車に乗車	
70	直江津	越後国	6月19日	列車を下車	駅前の船屋本店で昼食→五智如来参詣→風呂・夕食。
71	直江津港	越後国	6月19日	汽船に乗船	
72	糸魚川	越後国	6月19日	汽船で移動	
73	魚津	越中国	6月19日	汽船で移動	
74	滑川	越中国	6月19日・20日	汽船を下船	
75	上市	越中国	6月20日		

76	岩峅寺	越中国	6月20日		
77	芦峅寺	越中国	6月20日		日光坊に宿泊。立山開山神社参詣。
78	立山	越中国	6月21日・22日		6月21日、芦峅寺(日光坊)→布橋→藤橋→草生坂→黄金坂→材木坂→ブナ坂→(称名滝遠望)→カリヤス坂→御田原(弥陀ヶ原)→弘法→一ノ谷→室堂(佐伯秀永に挨拶・談笑)→みどりが池→みくりが池→地獄が谷(高野・百姓・かじや・姦通・油屋など8箇所)→室堂。6月22日、室堂→浄土山→雄山→室堂(昼食)→一ノ谷→藤橋→芦峅寺(日光坊)。
79	芦峅寺	越中国	6月23日		日光坊
80	上滝	越中国	6月23日		
81	富山	越中国	6月23日	列車に乗車	
82	金沢	加賀国	6月23日・24日		森旅館に宿泊。兼六園見学。
83	鶴来	加賀国	6月24日		森旅館→白山本社参詣、昼食。
84	小松	加賀国	6月24日	列車に乗車	
85	福井	越前国	6月25日・25日	列車を下車	
86	永平寺	越前国	6月25日		昼食。
87	福井	越前国	6月25日	列車に乗車	
88	米原		6月25日・26日	列車を乗り換え(急行列車)	
89	名古屋	尾張国	6月26日	列車を下車	大須観音、熱田神社を参詣。
90	横須賀		6月26日		多度神社、諏訪神社を参詣。
91	佐布里村	尾張国	6月26日・27日		6月26日に佐布里村の自宅に帰宅。6月27日に蟹井重治郎宅で旅行中の精算。祝宴。

さて、三禅定を行うにあたって、その費用を準備するために借金をした事例が、幡豆町史編纂所蔵の「白木屋文書」所収の三河国幡豆郡小見行村三浦七右衛門(白木屋)『大福帳』に見られる。[50] すなわち『大福帳』に収められた明治一六年(一八八三)の「貸金記」に、「未旧六月十日　彦田　文吉　一　金五円也　山禅定江参詣之節ナリ」の記載が見られ、幡豆郡彦田組の文吉が「山禅定(三禅定)」を行うために、三浦七右衛門から五円を借りていることがわかる。

なお、芦峅寺善道坊寛徴・明治二二年『御祈禱檀那巡廻簿並禅定講社』[51]に、三浦七右衛門は小見行村の檀家として、また文吉も彦田組の件に「小林文吉」の名で檀家として記載されており、彼らが善道坊と師檀関係を結んでいたことがわかる。

この善道坊が、明治期の愛知県で立山信仰を布教した際、三禅定のことも喧伝していたであろうことが、同県幡豆村小野谷の牧野善次郎の日記からうかがわれる。善次郎は明治期から大正期にかけて多くの日記を残しているが、そのなかの明治四二年（一九〇九）旧二月一一日の条に、「山ぜじやう」の僧が村に布教にやって来た際、おそらくは牧野家の近隣の家と思われる鈴木喜蔵の家で絵解きを行い、そこに、善次郎の妻と息子の嫁が聴聞に出かけたことを記している。[52] 善道坊（佐伯）寛徴・明治三〇年（一八九七）『立山祈禱禅定講檀那巡回簿』[53]には、小野（ヶ）谷村の檀家として牧野善次郎の名前が記されており、彼が善道坊と師檀関係を結んでいたことがわかる。したがって、「山ぜじやう」の僧は善道坊寛徴を指すものと思われる。同巡廻簿には鈴木喜蔵の名前は見られないが、善道坊の小野谷やその界隈の村の檀家には鈴木姓が多く見られ、そのいずれかが代替わりをして鈴木喜蔵が戸主となったものであろう。この一件で重要なことは、善道坊寛徴が、幡豆村界隈の檀那場で「山禅定（三禅定）」の僧として認識されていた点と、おそらくは「立山曼荼羅」を用いて絵解き布教を行っていた点である。

こうした文献史料以外に、三禅定に関する史料として三禅定絵馬が残っている。愛知県西尾市東幡豆町宮下（江戸期～明治一一年（一八七八）は山口村）の山内神社には、明治一一年の「越中国立山禅定幷略御縁起名所附図」と題する三禅定絵馬が奉納されている。[54] これは、三河国幡豆郡東幡豆村の「同行廿二人」が三禅定の成就を記念し、明治一一年六月の日付を以て、山内神社に奉納したものである。この絵馬には、岩峅寺系木版立山登山案内図の図柄が描き込まれ、さらに講元の渡辺徳蔵ほか鈴木助重ら、二一人の名前が記されている。

ところで、前掲の芦峅寺善道坊寛徴の明治二二年（一八八九）『御祈禱檀那巡廻簿並禅定講社』[55]には、同坊が三河国で形成した檀那場の村々が書き上げられている。その東幡豆山口村の信徒のなかに、山内神社の三禅定絵馬に名前が見られる同行二二人のうち、梅田文左衛門・大嶽喜助・梅田粂蔵・梅田伝十・鈴木廉蔵・鈴木勝治郎・鈴木寅治郎・鈴木倉助ら、八人の名前が見られる。また、前掲の同坊の明治三〇年『立山祈禱禅定講檀那巡回簿』(56)も三河国を対象とした檀那帳であるが、その東幡豆山口村の信徒のなかに、前掲の山内神社に三禅定絵馬を奉納した同行二二人のうち、梅田文左衛門・大嶽喜助・梅田粂蔵・梅田伝十・鈴木廉蔵・鈴木勝治郎・鈴木寅治郎・鈴木倉助・鈴木承助・梅田嶋助・渡辺徳蔵ら、一一人の名前が見られる。したがって、善道坊の三河国の檀那場の人々が三禅定を行っていたことがわかる。

九　尾張藩士著『三ツの山巡』に見る白山山麓と立山山麓の状況

白山山麓では、天文一二年(一五四三)、白山山頂の社殿修営とそれに関わる白山杣取権を巡って、加賀白山寺配下の尾添・荒谷両村と越前平泉寺配下の牛首・風嵐両村とで争議が起こった。これをきっかけにその後何度も争議が起きているが、最終的には、明暦元年(一六五五)より牛首・風嵐の両村が、白山杣取権を巡って再び尾添村と対立し、寛文八年(一六六八)の幕府の裁許で、牛首・風嵐側の白山麓一六箇村と、係争の相手である尾添・荒谷両村を含めた一八箇村が、加賀国にも越前国にも属さない「白山麓十八箇村」として幕府領に収公された。白山は平泉寺朱印領に含められた。さらに、白山頂上の祭祀権を巡る越前馬場の平泉寺、美濃馬場の長瀧寺、加賀馬場の白山寺の三方馬場の対立も近世末まで続き、霊場としての道者の往来は盛んだったが、いずれも独自の白山修験の教団は発達せず、御師の活動も美濃以外は顕著でなかった(57)。

こうした白山山麓の状況は、尾張藩士著・文政六年（一八二三）『三ツの山巡』に、次のとおり的確に観察・記録されている。

①石徹白の社人ハ麓の宮の守斗にて、山上の事ハ越前平泉寺持にて、別山の室、麓より本宮の室、麓より八り、平泉寺百姓のよし。山に詰罷在也。是を強力と云う。上石徹白、中徹白、下徹白、小谷堂、三面、右六ヶ村、白山領にて何程の高を社人何程ヅツ持居候と申極もなく、社人百姓先ン先ン持伝への高を作取のよし、社人ハ国々に檀家有りて廻檀致す事。

②今宵は社人杉本周防守所ニ宿ル。倅を政丸といひて十二才也とぞ。先ヅ宿へ着ケバ直にコリセヨトテ神前の川にて垢離揆り、其まま湯あみもせずして寝る。朝未明ニ起出、又コリセヨト云給ふ。前夜の如く手水をも遣ハず、右川にてコリスル。霧雨降て天気いかがといふに、昨朝も斯のごとし〳〵。

③石徹白ゟ登る者ハ社人へ懸り、一ノ瀬ゟ登る者ハ平泉寺へくだり、尾添より登る者ハ社家坊をはなれ百姓案内也。

右記①からは、平泉寺が白山山上の支配権を握り、一方石徹白の社人は半僧半俗で農業にもたずさわり、諸国で檀那場を形成して廻檀配札活動も行っていたということ、②からは、道者が石徹白の社家に宿泊した際には、水垢離などの修行をさせられていたことがわかる。③からは、当時の道者の白山登山について、石徹白から白山に登る道者は同地の社人の世話になり、それが市ノ瀬だと越前の平泉寺、加賀の尾添だと同地の百姓たちが案内したということがわかる。

これらの記述によって、白山そのものに対する宗教的な権利は平泉寺が握っていたこと、ただし美濃側の山麓や他国での廻檀配札活動など、御師としての実質的な活動は石徹白の社人が中心的に行っていたこと、そして、加賀側の村々の白山信仰に対するありかたはきわめて希薄だったことがわかる。

一方、立山山麓の状況についても、次のように述べている。

④岩峅寺ハ寺弐拾四坊有て、其日の当番にて取扱なり。是非此当番へ懸て山銭も此所にて出せバ請取をさし越を、登山の上、室にて指出す也。山銭壱人百三拾文づつ也。此寺にて支度も泊りも出来る也。持参の弁当遣へバ少しの茶代置てよし。此寺に泊りても百五拾文の由。経文の書たるもの出し、地獄にて血の池へ入よと云。一枚三文づつ。其外山の図をも出す。此坊不残天台のよしなれども大かた妻帯也。立山へハ女人を厳敷禁。其守スル天台宗の僧、妻帯するもおかしき事也。

⑤芦倉村岩クラ寺ニ同、坊勝ノ村也。三拾六坊有。此所に姥堂有。此姥堂のミノ坊のよし。立山へ参詣のもの先ヅ此姥堂へ詣、此所にて色々教化いたし候事也。一代に一度ならでハ参る人もなきよしにて、六十一才迄ハ登山出来るとて、仏も御待受有といろいろ申演。此御前へ出たるものハ故障なく参詣出来る。心立悪きものハ御前へ出らりずなど云。

⑥此夜教覚坊ニ宿ル。此宿も順番にて村方にも坊にも泊るよし。宿賃一人百五拾文づつ。案内のものも同様に払遣す也。米を買て是又案内ものに持せる也。

右記④から、立山では山役銭の徴収は岩峅寺一山の役割だったことがわかる。その具体的なかたちは次のとおりである。岩峅寺で山役銭を支払い領収書としての受け取り状を持参して立山に登り、室堂でそれを見せて宿泊させてもらう。もし岩峅寺で支払っていなかったり、受け取り状を紛失したりすると、室堂で山役銭を支払わなければならない。また、岩峅寺の僧侶たちは妻帯していたことがわかる。⑤⑥から、芦峅寺一山では、立山に登拝をする道者や参詣者には、媼堂で事前に教化を行っていたことがわかる。

おわりに

三禅定の起源については未だ不明だが、現存の三禅定関係の史料から、延宝期までにはすでに成立しており、その慣行が明治時代後期までは継続していたことがわかる。特に明治後期の三禅定には列車が利用されており興味深い。

三禅定に関する史料は、江戸時代中期頃までは道程と里程だけを記した帳冊がほとんどで、その後、早いものとしては宝暦期の池大雅著『山岳記行』の例を経て、文化期以降は道程や里程に宿泊や諸経費、著者の言説、見聞内容なども加えた、いわゆる道中日記としての内容のものが多く見られるようになる。道程と里程を主要内容としたものは、のちの三禅定を志す人々に前例として参考にされることを意図していたと考えられる。

江戸時代における三禅定の道程の変化を見ていくと、前期には延宝四年(一六七六)『三禅定之通』に示されるように、道程に信濃国の善光寺も含まれているが、どちらかというと観光・遊楽的な性格は弱く、あくまでも富士山・立山・白山の登拝そのものを主体としたものであった。『三禅定之通』で示される道程は富士山→立山→白山の順に左廻りをとるが、必ずしも左廻りばかりではなく、元禄期の富士・白山両先達の争論文書から、当時、白山先達は道者を導いて白山から順に廻り(右廻り)、富士先達は富士山から順に廻る(左廻り)といった古くからのしきたりがあったことがわかる。

中期以降も右廻りと左廻り(左廻りの例は知多郡佐布里村伊藤藤右衛門著・文政一〇年(一八二七)『三禅定道中記』に見られる)の両方の道程が見られるが、ただし宝永七年(一七一〇)「三禅定道中覚帳」や知多郡大府村平七著・文政六年(一八二三)『三山道中記』に示されるように、白山→立山→富士山の順に右廻りをとる場合が多くなってきているように思われる。さらに道程については、享和元年（一八〇一）『三禅定道中覚帳』に示されるように、三山を中心に戸隠・善光寺を含めた程度のシンプルな道程をたどる場合もあるが、一方では道程のなかに三山以外の永平寺・吉崎御坊・戸隠・善光寺・妙義山・日光・鎌倉・秋葉山なども取り込む場合も見うけられ、観光・遊楽的性格がきわめて強い大旅行となっている。

このように、三禅定の道程は江戸時代前期から江戸時代後期へと時代が進むにつれ、一般的に語られている観光遊楽の旅の隆盛とともに拡大しているようである。

三禅定を行う際の人数については、道者が単独で巡礼を行う場合もあるが、一〇数人から二〇人近くの大人数で行うこともあった[58]。日数については、どこから出発するか、富士山・立山・白山の三霊山以外にどれだけ他の霊山・寺社・名所を加えるかで変わってくるが、筆者が関係史料を管見する限り、知多郡大府村平七著・文政六年（一八二三）『三山道中記』に示された五一日が最長である。

各霊山の山麓で道者の宿泊や休息を担う宿坊家を見ていくと、白山山麓の石徹白では「は祢坊」（延宝四年〔一六七六〕）、「伊織大和守」（文化六年〔一八〇九〕・文政六年〔一八二三〕・文政一〇年）、「杉本周防守」、「桜井大隅守」（天保一五年〔一八四四〕）などが見られる。白山山麓の市ノ瀬では「源五郎」（文化六年〈休息〉・文政一〇年〈休息〉）が見られる。立山山麓の芦峅寺では、「日光坊」（延宝四年・文化六年・明治一三年〔一八八〇〕・明治四〇年）、「善道坊」（天明元年〔一七八一〕・天保一五年）、「宮之坊」（文政一〇年）、「教覚坊」（文政六年）、「相真坊」（文政六年）、「権教坊」（宝暦一〇年〔一七六〇〕）が見られる。なお、これらの宿坊家のうち、日光坊と宮之坊は尾張国で、善道坊は三河国で檀那場を形成し廻檀配札活動を行っていた。

富士山山麓の大宮では「御炊坊」（延宝四年〔一六七六〕〈休息〉）、村山では「大鏡坊」（延宝四年）が見られる。須走では「重太夫」（文政六年〔一八二三〕）、「渡辺隼人」（文政一〇年）、「大中学久太夫」（天保一五年〔一八四四〕）が見られる。富士山山麓の吉田では「田辺重右衛門」（文化六年〔一八〇九〕）、「三河守」（文政六年）、「亀屋」（文政一〇年）が見られる。

各霊山の山役銭や宿代・チューゴ（強力）代は、三霊山のなかで立山が最も高額である（前掲の行程記録を参照）。山役銭ついては、白山では市ノ瀬にある白山別当越前国平泉寺出張役所で納めることになっていた。立山では、岩峅寺か山中の室堂で納めることになっていた。富士山では道者が宿泊した宿坊で納めた。なお、富士山の山役銭の徴収については青柳周一著『富嶽旅百景　観光地域史の試み[59]』を参照していただきたい。

最後に、白山と立山の馬場の特徴について述べておきたい。富士山・立山・白山の三霊山を巡礼する三禅定の道程において、白山は馬場から山を挟んで反対側の馬場へ通り抜けられる山である（石徹白→白山→市ノ瀬、または市ノ瀬→白山→石徹白）。立山は、加賀藩が立山を越えて越中国と信濃国の間を往還することを禁じているので[60]、馬場から同じ馬場へ往還される山である（岩峅寺→芦峅寺→立山→芦峅寺→岩峅寺）。富士山は、上記の両方のパターンが見られる山である（須走→富士山→吉田、または吉田→富士山→須走、須走→富士山→須走）。この三つの登山経路のありかたの違いは、それぞれの霊山の麓の馬場にとって大きな意味を持つ。

すなわち、三禅定の道者は、できるだけ短い距離と短い時間で、しかも安い費用で旅をするため、霊山の山中では同じ経路を往還するよりも、反対側へ一挙に通り抜けたかったと考えられる。そうした需要からすると、霊山の馬場は登り口が重視され、下り口よりも発展する可能性が高いと考える。ただし、立山の場合は登山路は往還型で通り抜けができないから、山麓の岩峅寺・芦峅寺はいずれも登り口と下り口を兼ねている。これだと経路上、直列に位置する岩峅寺と芦峅寺の一山の間で、どちらが道者を宿泊させるかといった争いは起こるだろうが、根本的には、道者がどちらの村に宿泊しようとも、総体的には越中側の馬場としての勢力は安定していたと考えられる。

さて、道者は霊山に登る直前は特に修行者としての意識が高まり、出発点となる宿坊で御師から登拝の心構えを聞いたり、必要な物品を揃えたり、水垢離をして精進潔斎したりと自身の気持ちを引き締める。ところが、下りとなるとどうしても気軽になってしまう。また三禅定の場合は長旅なため、少しでも次の目的地へと気が急いてしまう場合もある。早く精進落としがしたい、少しでも先に進んでおきたいという気持ちが生じやすい。

こうした状況が馬場に色濃く繁栄しているのが白山麓である。登り口になることが多い石徹白では御師が道者に水垢離をさせたりしていて、修行登山の意識がしっかり見られる。一方、市ノ瀬は越前の平泉寺との関係が強い村であり、下り口の越前と加賀との分岐点しての意味や温泉があるので休息地の意味も持つ。加賀(正確には幕府領)の尾添などでは、先述のとおり尾張藩士著・文政六年(一八二三)『三ツの山巡』が示すように、社人ではなく百姓が案内するような状況である。さらに、その先には金沢の城下町がひかえているので、道者はできれば早くそこに向かいたいのが本音であろう。

江戸時代寛文期の白山争議により、寛文八年(一六六八)に白山麓の牛首・風嵐・尾添など一八箇村が幕府に収公され、これが加賀側の白山信仰を極度に弱めることにつながったと考えられる。したがって加賀側には登拝拠点となるような御師の集落ができず、そのような状況から三禅定の道程も、石徹白の御師の他国での活発な廻檀配札活動と自村での宿坊活動、さらに道者側が登拝の際、御師や強力の行き届いた世話・案内を求め、石徹白を登り口として市ノ瀬に下りる右廻りの巡礼コースをとることが次第に多くなっていったものと考えられる。

註

(1)　加藤基樹「「三禅定」考—成立と『三の山巡』にみる実態—」(『富山県［立山博物館］研究紀要』一七号、八五頁～一

一七頁、富山県［立山博物館］、二〇一〇年）。

（2）（3）　加藤基樹「中世「三禅定」覚書―三禅定研究のゆくえ―」（『富山県［立山博物館］研究紀要』一八号、九五頁～一〇八頁、富山県［立山博物館］、二〇一一年）。長享三年（一四八九）の三禅定巡礼札（杉材・陰刻）の銘文。「三禅定同行三人　定賢・得善・□（一字分切り取り）春　長享三年己酉六月五日」。寸法…縦三五・三×横一〇・六×厚一・一センチメートル。延徳三年（一四九一）の三禅定巡礼札（杉材・陰刻）の銘文。「三禅定　同行二人　得蔵坊・実円坊　延徳三年七月七日」。寸法…縦二八・四×横九・六×厚〇・八センチメートル。明応五年（一四九六）の三禅定巡礼札（杉材・陰刻）の銘文。「（梵字）三禅定　同行二人　長舜坊・泉浄坊　明応五年丙寅七月五日」。寸法…縦四〇・七×横一二・〇×厚一・四センチメートル。永正一四年（一五一七）三禅定巡礼札（杉材・陰刻）の銘文。「（梵字）三禅定結巡礼同行二人　光明寺住持長円阿闍梨　永正十四年六月廿日」。寸法…縦四一・〇×横一二・三×厚一・〇センチメートル。以上は加藤基樹氏の情報に基づく。

（4）「内海文書」所収、大永五年卯月二六日付け「葛山氏堯判物（折紙）」（裾野市史編さん専門委員会編『裾野市史　第二巻資料編　古代・中世』四〇七頁・四〇八頁、裾野市、一九九五年）。

（5）『三禅定之通　延宝四年六月吉日　盛田久左衛門』（「盛田家文書」Ⅵ二六、鈴渓資料館所蔵、横半帳、縦一九・〇×横九・〇センチメートル）。この史料の詳細は、拙稿「富士山・立山・白山の三山禅定と芦峅寺宿坊家の檀那場形成過程」（『富山県［立山博物館］研究紀要』一〇号、三頁～四五頁、二〇〇三年）参照。史料翻刻「二六四　延宝四年六月　知多郡小鈴谷村盛田久左衛門三禅定巡拝の旅日記（常滑市盛田家文書）」（『愛知県史　資料編一七　近世三　尾東・知多』四六七頁～四七二頁、愛知県史編さん委員会、愛知県、二〇一〇年）。

（6）　註（1）加藤「「三禅定」考」（八五頁～一一七頁）。

（7）村中治彦「白山信仰三三　春日井を通った三山道中―その六―」（『郷土誌かすがい』六五号、春日井市教育委員会、二〇〇六年）。

（8）『白山史料集　下巻』（一二二頁、石川県立図書館協会、一九八七年）。

（9）『一山旧記控』（廣瀬誠編『越中立山古記録　第一巻』二三頁・二七頁、立山開発鉄道、一九八九年）。立山芦峅寺の衆徒・神主が延宝二年（一六七四）八月一五日付けで加賀藩に宛て提出した芦峅寺高帳に関する書類の芦峅寺側の写し。「（前略）右如申上ル芦峅之庄立山中宮媼堂と申は日本三禅定之一山ニ而御坐候故」（『一山旧記控』『越中立山古記録　第一巻』二七頁）。岩峅寺目代が延宝五年（一六七七）四月二八日付けで加賀藩に宛て提出した岩峅寺高物成に関する書類の芦峅寺側の写し。「一立山大権現は伊弉諾命・刀尾天神。御本地は阿弥陀如来・不動明王。新拝主給諸堂数四拾七社。谷ニハ一百三拾六地獄現目前、日本三禅定之峯ニ而御座候」（『一山旧記控』『越中立山古記録　第一巻』二三頁）。

（10）愛知県春日井市・密蔵院所蔵文書（貞享四年（一六八七）一〇月一〇日、密蔵院（本寺）→高讃寺（末寺））。史料翻刻「二六五　貞享四年一〇月　富士山・白山両先達出入につき密蔵院より知多郡西阿野村高讃寺宛申渡し書写（春日井市密蔵院文書）」（『愛知県史　資料編一七　近世三　尾東・知多』四七三頁）。

今度富士・白山両先達所之儀ニ付出入依有之、珍舜僧正代ニ如被申付候、白山先達者高讃寺、冨士先達者松栄寺可被相勤之旨、今度又申付候上者、毛頭違背有之間敷候、若自今以後仮初ニも右両先達所之旦那互ニ奪取候趣相聞候ハゞ、自先年度々及諍論、寺法不宜候間、急度可為退院者也、

密蔵院権僧正霊胤　書判

貞享四年
卯十月十日

知多郡阿野村
高讃寺
松栄寺へも右之通

（11） 鈴渓資料館所蔵『盛田家文書』XVI二「富士・白山両先達争諍につき書状」（元禄二年〔一六八九〕五月四日、阿野村高讃寺→大谷・小鈴谷同道衆中）。

一筆致啓候、然者、炎令之砌、富士御参詣御奇特之至ニ存候、就夫白山・富士之両先達度々及諍論候ニ付、本寺より、向後先達之儀互ニうばい申間敷候と証文下シ置被申候、富士一山斗御参詣被成候は別儀も無御座候、若立山・白山へ御心指も御座候者、富士先達之分斗ニ而、白山先達へ御断無御座候而、向後立（山か）・白山へ御参詣御無用ニ候、若被成度候者、白山先達へ御指入被遣御参詣可然候、左も無御座候へハ、又両寺之争論相おこり申事ニ候、面々之持分之先達を近年互ニうばい申故、諍論不止候、右之通証文下シ置被申候故、為御断申進候、以上、

五月四日　　阿野高讃寺

大谷・小鈴谷御同道衆中

右記の文書は、元禄二年（一六八九）五月四日に知多郡阿野村の高讃寺から同郡大谷村と小鈴谷村の同道衆中に宛てられた書状である。この文書から、元禄二年当時、白山先達と富士先達が白山禅定や富士山禅定の道者に対する先達の権利を巡って、度々争論を引き起こしていたことがわかる。白山先達の高讃寺が知多郡大谷や小鈴谷の道者たちに対し、彼らが富士山禅定だけを行うのであれば特に問題はないが、もし立山や白山も含めた三禅定を行うつもりであれば、それを富士先達にだけことわって、白山先達にことわらないままに行ってはならず、それを行いたければ高讃寺などの白

山先達にもことわりを入れておかなければならないことを伝えている。さもないと、富士先達と白山先達の間で争論が起こる可能性があったからである。

(12)　鈴渓資料館所蔵『盛田家文書』XVI三「覚、富士・白山両先達争論につき願上」(元禄二年〔一六八九〕七月、知多郡大野村松栄寺→本寺密蔵院)。史料翻刻「二六六　元禄二年八月　富士山・白山両先達出入りにつき知多郡大野村松栄寺より密蔵院宛願書写(常滑市盛田家文書)」(『愛知県史　資料編一七　近世三　尾東・知多』四七三頁・四七四頁)。

覚

一、先年も奉願上候通、枳豆志九ヶ村并近辺廿ヶ村余之分、富士洲原先達者松栄寺、右九ヶ村白山先達ハ高讃寺ニ而御座候処、折々及諍論申付先、御代僧正様江も奉願上、先年之通松栄寺富士先達仕筈ニ被為仰付、其以後別条無御座候処ニ、三年以前卯之年亦申分出来仕候付奉願上候得ハ、弥以富士先達は松栄寺、白山先達は高讃寺仕、以後奪合申間敷旨御鉦状被下置、其上両寺ゟ手形迄指上、以後申分無御座様ニ被為仰付被下、先以難有奉存罷有候、然処当六月高讃寺三禅定之道者を富士ゟ先達仕候を、拙僧弟子正行院富士先達仕罷越、絶頂ニ而高讃寺ニ対面仕罷帰申候、殊山城・大和・三州・遠州等迄数ヶ国者大宮村山通り登山仕筈ニ、公義御定ニ御座候故、右国々者其御旨を相守来り候処、高讃寺此度右御定を破り、すはしり口ゟ登山仕候、此儀者山上ゟも詮儀等御座候而、高讃寺越度之旨手形仕罷帰候由承知仕候、兼々も申上置候通、右村々三禅定仕候節ハ、銘々先達相頼申儀も不罷成候故、先達壱人にて、富士先達ハ富士ゟ参、白山先達ハ白山ゟ参候段、右村々先年ゟ定り申古法ニ御座候、然故三禅定之節も、松栄寺者富士ゟ先達仕候付富士道者と申、高讃寺ハ先年も度々白山ゟ先達仕候付白山道者と申候、其上拙僧弟子正行院、此度富士下向之節山本大鏡坊ニ例之通一宿仕候得ハ、大鏡坊被申候ハ、三禅定先達之儀、高讃寺引来り候者白山ゟ相初メ可申儀を富士ゟ初メ申段、以之外之無作法ニ候ニ、亦候裏口ゟ参候段二重之不届キニ候由之被申方、慥ニ正行院承届ヶ罷帰申候、如此相究リ候古法、殊ニ其持分冥慮も憚り不申、如此度高讃寺富士ゟ先達仕候段、松栄寺及大破可申旨相見え、何共迷惑仕ト被為分聞召、三禅定其先達之山ゟ相初メ候様ニ被為仰付被下候者難有可奉存候、以上、

知多郡大野村松栄寺

元禄弐年巳ノ七月

御本寺密蔵院様

右記の古文書の内容を見ていくと、富士山須原先達は大野村の松栄寺が勤め、一方、白山先達は阿野村の高讃寺が勤めていたことがわかる。元禄二年(一六八九)六月、高讃寺(白山先達)が先達として三禅定の道者を富士山より導いたが、同じく松栄寺(富士先達)の弟子正行院が先達として富士山に道者を導いた際に、山頂で高讃寺と対面するところとなった。当時、公儀の定めにより山城国・大和国・三河国・遠江国などまでの数箇国からの道者は大宮・村山を通り登山することが決まっており、これらの国々の道者はそれを守っていた。しかし、この度、高讃寺はこの定めを破り、富士山の須走口より登山した。これについては富士山の山上でも詮議が行われ、高讃寺に違法行為があったので同寺が手形を出して帰っている。そのことを松栄寺は承知しているという。かねがね申し上げるとおり、山城国・大和国・三河国・遠江国などの村々の道者が三禅定を行う際には、道者の銘々が先達を頼んではいけないことになっていた。先達は一人だけ頼み、富士先達の場合は富士山より参詣し、白山先達の場合は白山より参詣しなければならないことは、前述の村々では先年定まった古法である。それゆえ、松栄寺は富士山より先達を行わなければならず、その引率される道者たちは富士道者というのである。高讃寺は先年も度々白山より先達を行っているので、その引率する道者たちを白山道者というのである。松栄寺の弟子の正行院が富士山を訪れた際、地元村山の大鏡坊が指摘するには、三禅定の際、高讃寺

は白山先達であるから、本来、白山より廻って禅定登山をはじめなければならないところ、この度、高讃寺が富士山より廻って禅定登山をはじめていることは不作法といえる。また裏口（大宮・村山ではなくて、須走口から入山した）より入山していることは二重に不届きであるという。高讃寺がこの度、富士山より禅定登山を行ったことの背景には、松栄寺が大破していることを後目に行っていることがうかがわれ、松栄寺としてはなんとも迷惑なことである。

(13) 鈴渓資料館所蔵『盛田家文書』XVI四「富士・白山両先達につき争論」（元禄二年〔一六八九〕八月、天台宗高讃寺）。

一、当夏同郡大野村松栄寺と出入ニ付、高讃寺旦方知多郡西枳豆志庄八ヶ村立合三禅定参詣之相段致候様ニ往古之通、高讃寺を祈願先達共ニ頼可申と相極申候様少も相違無御座候、為後日以て如件、

元禄弐年巳之八月

天台宗高讃寺

右記の文書から元禄二年（一六八九）当時、知多郡西枳豆志庄の八村は白山先達高讃寺の檀那場で、当地の道者が三禅定を行う際には、高讃寺と相談していたことがわかる。

(14)『白山御参詣之帳』（『白鳥町市 史料編』一〇七頁～一二七頁、白鳥町教育委員会、白鳥町、一九七三年）。

(15) 宝永七年（一七一〇）「三禅定道中覚帳」（「白山大権現 立山大権現 富士山大権現 宝永七年とら正月吉日」、うのはな館（東浦町郷土資料館）所蔵、横半帳、縦一三・五×横一七・〇センチメートル）。この三禅定道中覚帳における年号の部分の字体はいささか変わっており、判読が困難である。東浦町の文書目録では「宝永七年」とされ、筆者も同様に解読したが、近年、実物資料を詳細に分析した菊池邦彦氏と津田豊彦氏は、「嘉永七年」と指摘している。

(16) 池大雅著・宝暦一〇年（一七六〇）『三岳記行（三岳記行図屏風）』（京都国立博物館所蔵、紙本墨画八曲一隻、縦九〇・五×横四二・〇センチメートル、八曲）。

（17）高瀬重雄『立山信仰の歴史と文化（高瀬重雄文化史論集一）』（八二頁・八三頁、名著出版、一九八一年）に紹介されている。

（18）尾張国知多郡長尾村三井伝左衛門著・享和元年（一八〇一）『三禅定道中覚帳』（三井伝左衛門家文書〔五八―四一〕、個人所蔵・武豊町歴史民俗資料館寄託資料、横半帳、縦一二・三×横一六・〇センチメートル）。

（19）小林一蓁「三山禅定について」（『まつり』三一号、五八頁・六三頁、まつり同好会、一九七八年）。宝暦八年（一七五八）・明和二年（一七六五）〔二冊一綴り〕『三山禅定道中記』（佐竹家所蔵文書）については、論文中に表紙写真が掲載されている。

（20）三河国佐竹紋治郎と同行三名・天明元年（一七八一）『三山禅定道中記』（佐竹家所蔵文書）。筆者未見。註（18）小林「三山禅定について」。註（16）高瀬『立山信仰の歴史と文化』（九二頁・九三頁）。

（21）江戸時代、芦峅寺善道坊は三河国に檀那場を形成していた。同坊の檀那帳には寛政五年（一七九三）、嘉永三年（一八五〇）、安政二年（一八五五）、元治元年（一八六四）、明治二二年（一八八九）、明治三〇年のものが見られる。また天保二年（一八三一）の布橋灌頂会勧進記が残っている。江戸時代後期における芦峅寺善道坊の三河国での檀那場形成と廻檀配札活動については、拙著『近世立山信仰の展開―加賀藩芦峅寺衆徒の檀那場形成と配札―』（五二頁～六〇頁・四六三頁～四七五頁、岩田書院、二〇〇二年）、富山県［立山博物館］編『霊山巡詣　立山にみる遊・憂・悠』（四二頁・四三頁、一九九五年）を参照のこと。

（22）註（17）高瀬『立山信仰の歴史と文化』（一八九頁～二〇五頁）。住谷雄幸「江戸時代の山岳紀行　三山（富士山・立山・白山）紀行を中心に（第二部）」（『山梨英和短期大学紀要』三〇号、一一五頁～一二八頁、一九九六年）。

（23）日本福祉大学知多半島総合研究所歴史・民俗部編「愛知県武豊町・三井伝左衛門家文書目録中巻」（武豊町〔武豊町歴

史民俗資料館)、一九九六年)。

(24)「書簡　大仙坊→三井伝左衛門様、申七月六日」(三井伝左衛門家文書六一—六三)。「立山御祈禱之牘　芦峅寺大仙坊」(木版)(三井伝左衛門家文書二〇—一六—一)。「御祈禱之牘　立山大仙坊」(木版)(三井伝左衛門家文書二〇—一六—二)。「御祈禱之札　立山大仙坊→」(木版)(三井伝左衛門家文書二〇—一六—三)。「立山御奉嫿尊　大仙坊」(木版)(三井伝左衛門家文書二〇—七三)。「従立山」(包紙)(大仙坊→長尾村・三井伝左衛門様)(三井伝左衛門家文書五四—三四一—一九)。以上の史料は個人所蔵・豊町歴史民俗資料館寄託資料。

(25)註(18)『三禅定道中覚帳』。

(26)文化六年(一八〇九)『道中みちやどのおぼえ』(個人所蔵・武豊町歴史民俗資料館寄託資料、横半帳、縦一二・〇×縦一六・七センチメートル)。

(27)「二六七　文化九年六月　三禅定道中にて知多郡寺本の伝六落馬負傷につき加賀国金沢問屋より宿継依頼状写」(『文化九年　諸願達留帳』より抜粋、尾張国知多郡史料)(『愛知県史　資料編一七　近世三　尾東・知多』四七四頁)。村中治彦「郷土散策　白山信仰(三六)春日井を通った三山道中—その九—(知多郡寺本郷三山道中の事故)」(『郷土誌かすがい』六八号、五頁、春日井市教育委員会文化財課、二〇〇九年)。

(28)尾張藩士著・文政六年(一八二三)『三ツの山巡』(国立国会図書館所蔵、冊子、縦二三・五×横一七・〇センチメートル)。尾張藩士某「三の山廻(文政六年)」(橋本龍也編『越中紀行文集(越中資料集成一〇)』五七七頁~五八八頁、桂書房、一九九四年)。

(29)尾張国知多郡大府村平七著・文政六年(一八二三)『三山道中記』(大府市歴史民俗資料館所蔵、横帳、縦一二・五×横三四・〇センチメートル)。

(30) 伊藤昭正「三代の三禅定道中記」(伊藤昭正『古文書と絵図の語る村と人々』二一一頁~二一八頁、知多市歴史民俗博物館、二〇〇二年)。

(31) 尾張国知多郡佐布里村伊藤藤右衛門著・文政一〇年(一八二七)『三禅定道中記』(知多市歴史民俗資料館所蔵、横半帳、縦一二・三×横一六・五センチメートル)。

(32) 専阿著・天保二年(一八三一)『西方四十八願所』(大谷大学図書館所蔵、冊子、二六・二×一八・五センチメートル)。

(33) 三河国宝飯郡国府村平松英棟著・天保一五年(一八四四)『三の山ふみ』(豊川市穂久邇文庫所蔵、冊子、縦二三・五×横一七・〇センチメートル)。『新編 豊川市史 第六巻 資料篇 近世下』(一一三六頁~一一二四頁、新編豊川市史編集委員会編、豊川市、二〇〇四年)。英棟には『三の山ふみ』の他に、歌集として私家集『桃園集』(明治四年〔一八七一〕)がある。村中治彦「郷土散策 白山信仰(三七)春日井を通った三山道中—その一〇—(三河からの三山禅定)」(『郷土誌かすがい』六九号、一〇頁、春日井市教育委員会文化財課、二〇一〇年)。

(34) 筆者未見。高瀬重雄『古代立山信仰の史的考察』(二九六頁、名著出版、一九八九年)。

(35) 筆者未見。弘化四年(一八四七)『三山道中記』(吉見家所蔵文書)。以上、註(19)小林「三山禅定について」。

(36) 三河国幡豆郡欠村牧野栄助著・嘉永二年(一八四九)『山禅定道中記』(西尾市幡豆歴史民俗資料館、冊子、縦一二・五×横一七・〇センチメートル)。表紙に「山禅定道中記　明治九歳子六月日」、表紙の裏面に「嘉永二年　酉ノ六月二日立」、裏表紙に「第十一大区五小区　幡豆郡掛　牧野栄助」の記載が見られる。村中治彦「郷土散策 白山信仰(三八)春日井を通った三山道中—その一一—(三河からの三山禅定)」(『郷土誌かすがい』七〇号、一一頁、春日井市教育委員会文化財課、平成二三年)。

(37) 安政二年(一八五五)『道中賃(尾張国知多郡衣ヶ浦緒川村の万控帳)』(うのはな館〔東浦町郷土資料館〕所蔵、横半帳、縦一七・〇×横一二・三センチメートル）。

（38）　安政二年（一八五五）『三禅定見舞受納帳幷ニ日光山江戸鎌倉八幡江野嶋弁天　安政弐年乙卯六月二日門出』（うのはな館〔東浦町郷土資料館〕所蔵、横長、縦三五・四×横一二・六センチメートル）。

（39）　『六兵衛万覚書　二』（『知多市誌　資料編四』　四四一頁〜四五四頁、知多市誌編さん委員会編集、知多市役所、一九八四年）に以下のようにある。なお、六兵衛は知多郡中嶋村庄屋（寺本四箇村：寺本・平井・堀之内・廻間）。嘉永元年（一八四八）「六月十六日出立ニ而、当村方ニ三禅定江参詣之人六人御座候。七月十四日ニ帰リ候処、旅中雨降五月中雨、六月ゟてり誠大あつき三拾年斗也」（四四七頁）。嘉永五年「当四ヶ村三禅定五月廿八日出立ニ御座候。雨者降不申候。七月七日ニ帰宅ニ而かへり申候」（四五一頁）。

これらの史料から、当時、中嶋村の人々が三禅定を行っていたことがわかる。また、愛知県春日井市の村中治彦氏によって、徳川林政史研究所が所蔵する古文書群のうち、文化九年（一八一二）、知多郡中嶋村の庄屋が横須賀代官に提出した同村三禅定道者の事故内容に関する報告書（註27）が紹介されているが、こうした一連の事例から、知多郡中嶋村では江戸時代後期には慣例的に三禅定が行われていたことが推測できる。

知多郡寺本村の辺りに立山信仰がかなり広まっていたことについては、知多郡阿久比の天台宗寺院大円山最勝寺が所蔵する『立山曼荼羅　最勝寺本』からもうかがわれる。この立山曼荼羅は、寺本村常光院の住僧至円が立山信仰に感化され、安政二年（一八五五）に「立山和光大権現画伝」と題して自ら描いた作品で、その製作費用は地元の多くの人々の結縁によって賄われ、作品完成後、最勝寺に寄進された。

（40）　菊池邦彦「史料紹介　三山禅定と富士山信仰」（『甲斐』一二一号（特集　富士山　創立七十周年記念論文集）、一九七頁〜二〇五頁、山梨郷土研究会、二〇一〇年）。

(41) 芦峅寺日光坊の弘化三年(一八四六)『立山御媪尊別当奉加勧進記』(芦峅寺日光坊所蔵)。拙著『立山信仰と布橋大灌頂法会―加賀藩芦峅寺衆徒の宗教儀礼と立山曼荼羅―』(一九六頁〜二二九頁、桂書房、二〇〇六年)。

(42) 芦峅寺日光坊の元治二年(一八六五)「芦峅寺日光坊火災類焼に付き再建奉加帳」(芦峅寺日光坊所蔵)。

(43) 安政三年(一八五六)の三禅定絵馬。富士山が描かれ、銘文として「奉献神明宮、安政三辰年六月吉祥日、三禅定同行中、当所、山本甚助、同重作、来本六蔵、同甚七、浅沼善五郎、稲石又三郎、杁浦利吉、同千代作、小田善作」と記されている。寸法は縦三八・五×横五三・二センチメートル(内寸)である。

明治六年(一八七三)の三禅定絵馬。富士山が描かれ、銘文として「奉納、明治六年酉六月日」の年号や浅沼清作らの同行の名前が記されている。寸法は縦七二・八×横八一・〇センチメートル(内寸)である。

大正三年(一九一四)の三禅定絵馬。富士山が描かれ、銘文として「奉納、三ツ山同行、稲石角右衛門、小林重五郎、小林権太朗、浅沼延太郎、澤田春吉、大正三年六月一日」と記されている。寸法は縦五八・五×横七四・四センチメートル(内寸)である。

(44) 芦峅寺善道坊・嘉永三年(一八五〇)『御祈禱檀那覚帳』(「善道坊文書」所収、富山県［立山博物館］所蔵)。

(45) 拙著『近世立山信仰の展開―加賀藩芦峅寺衆徒の檀那場形成と配札―』(五二頁〜六〇頁、岩田書院、二〇〇二年)。

(46) 林実利(一八四三〜一八八四)著・明治一一年(一八七八)〜明治一三年『旅日記』(奈良県下北山村・下北山村歴史民俗資料館所蔵、横半帳、縦七・四×横一六・五センチメートル)。

(47) 尾張国知多郡松原村小島茂兵衛信英著・明治四年(一八七一)『三連場白山立山冨士道中記』(愛知県知多市・個人所蔵、冊子、縦二三・〇×横一六・五センチメートル)。松下孜編「尾張国知多郡松原村　小島家文書(小島家文書　第一集)」(発行:小島保幸、二〇〇九年)。村中治彦「郷土散策　白山信仰(三九)春日井を通った三山道中―その一二―(明治の

三山禅定)」(『郷土誌かすがい』七一号、六頁、春日井市教育委員会文化財課、二〇一一年)。

(48) 明治一三年(一八八〇)六月『三禅定道中確　明治十三年第六月吉祥　庚申』(知多市歴史民俗博物館所蔵、横半帳、縦一二・三×横一六・五センチメートル)。伊藤昭正『佐布里のあゆみ』(二一一頁〜二一八頁、愛知県知多市佐布里・佐布里史編集委員会、一九七八年)。

(49) 尾張国知多郡佐布里伊藤孝義著・明治四〇年(一九〇七)六月『三山道中日記』(知多市歴史民俗博物館所蔵、横半帳、縦一七・〇×横一二・三センチメートル)。

(50) 西尾市史編さん委員会編『幡豆町史 本文編三 近代・現代』(四八一頁〜四八七頁、愛知県西尾市、二〇一三年)。

(51) 芦峅寺善道坊寛微・明治二二年『御祈禱檀那巡廻簿並禅定講社』(「善道坊文書」所収、富山県［立山博物館］所蔵)。

(52) 『牧野日記(八)　(幡豆町史資料集　一六―八)』(西尾市教育委員会、)明治四二年(一九〇九)旧二月一一日の条「今宵ハかね・まき、山ぜじやう御曽(僧)御入来、鈴木喜蔵殿方ニテ御絵解へ参り」。

(53) 芦峅寺善道坊(佐伯)寛徴・明治三〇年(一八九七)『立山祈禱禅定講檀那巡回簿』(富山県［立山博物館］所蔵)。

(54) この三禅定絵馬には以下の銘文が見られる。「山内神社、三河国幡豆郡東幡豆村同行廿二人、鈴木助重、梅田文左衛門、大嶽喜助、鈴木権治郎、渡辺重右衛門、鈴木才吉、梅田粂蔵、梅田伝十、鈴木廉蔵、鈴木勝治郎、鈴木寅治郎、鈴木善太郎、鈴木由助、鈴木井助、鈴木倉助、鈴木承助、梅田嶋助、渡辺米吉、梅田重太郎、梅田善兵衛、市川佳助、講元渡辺徳蔵、明治廿一年子六月」。

(55) 註(51)。

(56) 註(53)。

(57) 『石川県大百科事典』(七九一頁、北國新聞社出版局、北國新聞社、一九九三年)。『角川日本地名大辞典』(一一二〇頁、

角川書店、一九八一年)。下出積與『白山の歴史—神と人とその時代五—』(四九頁～六八頁、北國新聞社、一九九九年)。

(58) 武豊町歴史民俗資料館所蔵・三井伝左衛門家文書二三—一七五、「生所一札」(加賀白山社ほか参詣につき)天保一一年(一八四〇)六月。三井伝左衛門家文書五八—一四八、「生所一札」(通行手形富士山など参詣につき)。嘉永六年(一八五三)六月。三井伝左衛門家文書五八—一五〇、「生所一札」(通行手形富士山など参詣につき)。安政四年(一八五七)閏五月。

(59) 青柳周一『富嶽旅百景　観光地域史の試み』(七四頁・七五頁、角川書店、二〇〇二年)。

(60) 江戸時代中期以降、加賀藩が立山の領域に対し、越中国側から信濃国側への通り抜けを禁じていたことについては、註(45)拙著『近世立山信仰の展開』(一三一頁～二一四頁)を参照のこと。

第三章　芦峅寺宿坊家の尾張国・三河国・美濃国の檀那場と三禅定関係史料

はじめに

筆者は以前、芦峅寺宿坊家の尾張国や三河国における檀那場の状況や、衆徒による同地での廻檀配札活動の実態などについて検討を試みたことがある。(1) しかしそののち、新たにいくつもの史料が発見され、これまでの研究成果に対し補足が必要になってきた。

さらに筆者は、上記の調査・研究を進展させていく過程で、富士山・立山・白山の三霊山を巡る「三禅定」に関する史料のほとんどが、尾張国・三河国・美濃国に集中的に現存していることに気づき、芦峅寺宿坊家の檀那場形成や廻檀配札活動と三禅定との関係に対し、大いに興味を抱くようになった。

そこで本章では、芦峅寺衆徒の活動をとおして三禅定を研究していく基盤として、まずは芦峅寺衆徒の東海地方における檀那場形成について整理しておきたい。

一　芦峅寺福泉坊の檀那帳や奉加帳に見る尾張国・美濃国の檀那場

(1)天保六年（一八三五）の『名古屋檀家帳』より

近年、芦峅寺大仙坊から、かつて芦峅寺福泉坊が使用していたと推測される天保六年（一八三五）の尾張国名古屋を対象とする檀那帳が見つかった。表題に「名古屋檀家帳　天保六未年二月」とあり、形態は横帳で、寸法は九・八×一八・三センチメートルである。

この檀那帳には、成立当初これを所持・使用していた宿坊家を直接示す文言は記されていない。しかし、檀那帳に記された多くの信徒のなかに、名古屋の豪商「伊藤忠左衛門」（表1No.40）や鋳物師「水野平蔵」（表1No.12）の名前が見られることは重要である。のちにとりあげる福泉坊の明治一八年（一八八五）の檀那帳『尾張国名古屋祈禱配札□（摩滅）』には伊藤忠左衛門と水野平蔵の名前が信徒として記されており、また、福泉坊旧所蔵の立山曼荼羅『坂木家本』の軸裏の銘文にも、伊藤忠左衛門が信徒として記されていることから、同帳は福泉坊の檀那帳であると推測される。

この帳面の具体的な内容は表1に示すとおりである。なお、同帳における信徒数は一三六人、宿数は五軒である。

表1　芦峅寺福泉坊の『名古屋檀那帳』（天保6年）の内容

No.	信徒名	人数	宿数	住所	現在行政区
1	飯田久左衛門	1		七尾天神前長平筋	北区・東区
2	水野清平	1		七尾天神前	北区・東区
3	万屋宇兵衛	1		志水坂下	北区・東区
4	鍛冶屋六右衛門	1		志水中切	北区・東区
5	信濃屋利助	1	1	志水中切	北区・東区

6	米屋勝蔵	1		志水町四軒屋	北区・東区
7	坂本屋甚左衛門	1		大曽根坂上町　内広小路	東区
8	鍋屋忠左衛門	1		鍋屋町	東区
9	御釜師嘉左衛門、事、忠三郎	1		鍋屋町	東区
10	藤屋作右衛門	1		鍋屋町	東区
11	柿屋杢兵衛	1		古渡り山王前	中区
12	水野平蔵	1		古渡り山王前	中区
13	水野伊左衛門(貼紙：柿屋伊兵衛)	1		巾下大文字筋	西区
14	田辺四郎左衛門	1		力辻(主税町)	東区
15	沢井屋七左衛門	1		京町	中区
16	怒井屋万蔵	1		魚乃店筋３丁目　栄安寺前	東区
17	羽根田弥右衛門	1		鍛冶屋町筋２丁目	中区
18	大工想兵衛	1		鍛冶屋町６丁目	中区
19	大工吉左衛門	1		山田町	中区
20	魚屋善吉	1		山田町	中区
21	戸屋伊助	1		伊勢町東入所　本重町７丁目 駿河町通り(２字塗りつぶし)田町	中区
22	三井屋政五郎	1		七間町７丁目。下切町	中区
23	梅屋長蔵	1		長者町８丁目	中区
24	怒井屋庄兵衛	1		長者町５丁目	中区
25	渡辺玄二	1		長嶋町５丁目	中区
26	山田屋源七	1		袋町　桑名町・長嶋町ト合	中区
27	左官卯兵衛	1		伏見町(東：文字抹消)西江入	中区
28	大工太吉(貼紙：大工重吉)	1		桑名町６丁目	中区
29	桶師長右衛門	1	1	袋町２丁目	中区
30	桶屋甚助	1		伏見町５丁目	中区
31	美濃屋治吉	1		押切２丁目	西区
32	魚屋伊兵衛	1		御園片町	中区
33	近江屋栄吉(貼紙：近江屋彦兵衛・横町大津町東入所)	1		伏見町８丁目	中区
34	岩井屋長兵衛	1		御園町３丁目	中区

35	菊屋善兵衛(貼紙：福元屋杢蔵・御園片町)	1		中橋坂上	東区
36	米屋円蔵	1		魚乃棚筋車町	中区
37	大坂屋吉兵衛門	1		京町筋上畠町	中区
38	新六	1		中橋浦四軒屋	中区
39	山形屋与八	1		御園片町	中区
40	伊藤忠左衛門	1		巾下大舩町	西区
41	鍵屋長次郎	1		巾下小舩町	西区
42	万屋伊兵衛	1		巾下小舩町	西区
43	飾屋松兵衛、事、佐官太七郎	1	1	身教院筋高田本坊前、巾下浦町	西区
44	木挽長七	1		身教院筋高田本坊前、巾下浦町	西区
45	こんにやく屋与左衛門	1		巾下身教筋高田町下切筋	西区
46	庄七。今は勝蔵	1		新長屋筋上	熱田区
47	清七	1		新長屋筋上	熱田区
48	岩掘吉助	1		上じく天神町	西区
49	長蔵(貼紙：佐官和兵衛・新屋敷柳橋詰)	1		万松寺村新地西ノ者し	
50	小川屋甚蔵	1		江川橋詰町　枇杷嶋二ツ入	西区
51	新吉	1		浦町新屋敷下　廣井鳥井町	中村区
52	井桁屋伝吉	1		枇杷嶋橋詰	西区
53	野田屋惣兵衛	1		祢宜町者し	中村区
54	土洞屋嘉平次、今ハ嘉兵衛申也	1		祢宜町	中村区
55	橋本屋彦兵衛	1		天満橋浦	中区・中村区
56	米屋源七	1		石切町十王堂前　大くぼみ	中区
57	大工長八	1		石切町	中区
58	湊屋久兵衛	1		門前町浦万松寺筋　矢場北より東通り	中区
59	市蔵	1		門前町浦町　万松寺より末廣町　若宮前　矢場越	中区
60	溝口忠左衛門、事、太田斎助	1		前津四軒家	中区
61	渡辺正平	1	1	門前町	中区
62	稲荷屋清吉	1	1	門前町	中区
63	天満屋重蔵	1		門前町	中区
64	植木屋元治	1		門前町	中区

65	美濃屋庄兵衛	1		門前町	中区
66	大和屋儀兵衛	1		門前町	中区
67	松屋伝兵衛	1		門前町	中区
68	豆腐屋団右衛門	1		門前町	中区
69	多可者屋杢兵衛	1		日置東出町	中区
70	中嶋辰蔵	1		御園下御先手組子ツクミ内	中区
71	小嶋市太郎	1		堀川通り日置橋下ル東側	中区
72	和田屋喜兵衛	1		七面横町	中区
73	八木屋太平(貼紙：市蔵・飴屋町)	1		栄国寺門前	中区
74	つじ屋佐兵衛	1		門前町、橘町浦栄国寺前	中区
75	古金屋乙八	1		橘町浦之栄国寺前	中区
76	鳴見屋伊蔵	1		門前町橘町浦	中区
77	美濃屋宇兵衛	1		門前町橘町浦	中区
78	大坂屋豊八	1		門前町橘町浦	中区
79	大野屋和助	1		住所未掲載(橘町浦か？)	不明
80	麦屋忠蔵	1		(1文字、かすれのため判読できず)屋町	不明
81	村田屋嘉兵衛	1		古渡り辻	中区
82	美濃屋万吉	1		駿河町　新通取次二軒目	東区
83	山城屋弥兵衛	1		手代町	中区
84	上野屋竹兵衛	1		橘町筋桑名町通入	中区
85	善四郎	1		中瀬町	熱田区
86	文左衛門	1		大子町	熱田区
87	成田氏善太郎	1		大子町	熱田区
88	成田氏善九郎	1		大子町	熱田区
89	岡崎氏弥左衛門	1		大子町	熱田区
90	成田氏弥吉	1		大子町	熱田区
91	村瀬氏小三郎、事、重左衛門	1		中瀬古町	熱田区
92	松浦氏弥兵衛	1		中瀬古町	熱田区
93	松浦氏孫兵衛	1		中瀬古	熱田区
94	成田氏善七	1		須賀町	熱田区

95	成田氏善左衛門	1		須賀町	熱田区
96	成田氏善三郎助	1		須賀町	熱田区
97	松浦氏弥三郎	1		林木入	熱田区
98	大橋氏孫太郎	1		木之免町	熱田区
99	大橋氏忠兵衛	1		木之免町	熱田区
100	甚右衛門	1		蔵之前	熱田区
101	又蔵	1		蔵之前	熱田区
102	杢左衛門	1		登り	熱田区
103	想助	1		登り	熱田区
104	村瀬氏長八	1		大子町	熱田区
105	村瀬氏金左衛門	1		大子町	熱田区
106	与作	1		大子町	熱田区
107	杢兵衛	1		大子町	熱田区
108	升屋又八、改、升屋長三郎	1		大子町	熱田区
109	忠兵衛	1		大子町	熱田区
110	友七	1		熱田尾頭町	熱田区
111	市兵衛	1		塩屋海道	熱田区
112	桶屋長右衛門●			袋町２丁目	中区
113	佐官宇兵衛●			袋町筋伏見町東入ル	中区
114	山田屋源七●			袋町筋桑名町東入ル	中区
115	上野屋竹平●			橘町筋桑名町東入	中区
116	近江屋彦兵衛	1		橘町筋大津町東入	中区
117	三河屋伝五郎	1		杉町上畠	中区
118	八木屋円蔵	1		魚の棚上畠	中区
119	怒移屋万蔵●			魚の棚筋３丁目栄安寺前	中区
120	土洞屋吉平	1		栄町上畠	中区
121	木綿屋源助	1		栄町上畠	中区
122	沢井屋七左衛門●			京町	中区
123	大丸屋吉蔵●			御園片町　蒲焼町筋伏見町東入	中区
124	大工重吉	1		蒲焼町呉服町東入ル	中区

125	魚屋伊蔵	1		御園片町	中区
126	福元屋杢蔵	1		御園片町	中区
127	竹蔵	1		御園片町	中区
128	岩井屋長兵衛●			御園片町　御園3丁目	中区
129	桶屋甚助●			伏(見)町5丁目	中区
130	□(1字判読できず)屋藤□(1字判読できず)	1		桑名町3丁目	中区
131	大工伝吉●			桑名町魚の店東入	中区
132	渡辺玄二●			長嶋町5丁目	中区
133	怒井屋庄兵衛●			長者町5丁目	中区
134	梅屋長蔵　中嶋屋●			長者町8丁目	中区
135	羽根田弥右衛門●			鍛冶町2丁目	中区
136	魚屋善吉●			山田町	中区
137	大工吉左衛門●			山田町	中区
138	水野清平●			七尾天神前	北区・東区
139	鍛冶屋六右衛門●			志水中切	北区・東区
140	信濃屋□(1字判読できず)蔵	1		志水四軒屋	北区・東区
141	飯田久左衛門●			長平筋	北区・東区
142	田辺四郎左衛門●			力筋	東区
143	水野平蔵●			鍋屋町	東区
144	御釜師甚右衛門	1		鍋屋町	東区
145	鍋屋忠左衛門●			鍋屋町	東区
146	御釜師忠三郎●			鍋屋町	東区
147	美濃屋万吉●			東門前町新道	東区
148	戸屋伊助●			東田町	中区
149	藤屋次右衛門	1		須る可町筋　川原町	中区
150	三井屋政五郎●			石切町	中区
151	米屋源七●			大久保み横町	中区
152	稲荷屋清吉●			門前町	中区
153	渡辺正平●			門前町	中区
154	天満屋重兵衛●			門前町	中区

155	和泉屋奥助●			門前町	中区
156	美濃屋庄平●			門前町	中区
157	大麦屋儀平	1		門前町	中区
158	豆腐屋団右衛門●			門前町	中区
159	山城屋弥平●			手代町	中区
160	鷹羽屋杢兵衛●			日置東出町	中区
161	小嶋重七郎●			日置橋下	中区
162	和田屋喜平●			七面横町	中区
163	米屋太平	1		橘町浦栄国寺前	中区
164	美濃屋宇兵衛●			橘町浦	中区
165	大野屋和助●			橘町浦	中区
166	大坂屋豊八●			橘町浦	中区
167	鳴海屋伊蔵●			橘町浦	中区
168	つじ屋佐平●			橘町浦	中区
169	竹助	1		前津四軒家	中区
170	湊屋久兵衛●			門前浦万正寺筋矢場北より本通り	中区
171	市蔵●			矢場越	中区
172	佐官藤助	1		巾下身教筋高田町下切筋	西区
173	こんにやく与左衛門●			巾下身教筋高田町下切筋	西区
174	木挽長兵衛	1		巾下身教筋高田町下切筋	西区
175	柿屋幸平	1		巾下大文字筋	西区
176	新蔵	1		廣井鳥井町	中村区
177	佐官利蔵	1		廣井新屋敷柳橋詰	中村区
178	野田屋惣平●			祢宜町端	中村区
179	土洞屋嘉平●			祢宜町端	中村区
180	吉蔵	1		か者゛やき町筋伏見町東入所	中区
181	竹蔵●			御園片町	中区
182	大工重吉●			か者゛やき町筋呉服町東入所	中区
183	木綿屋弥七郎	1		栄町上畠	中区
184	和泉屋奥助	1		門前町	中区

185	おりの	136人	1	5軒	塩屋海道	熱田区

〔凡例〕　本表は芦峅寺宿坊家（福泉坊と推測される）の天保6年（1835）『名古屋檀那帳』（個人所蔵・旧芦峅寺大仙坊所蔵）の内容を解読し、掲載順に信徒名とその住所、及び現在の行政区、人数、宿家の有無などを書き上げ、一覧にしたものである。信徒の項目で、その末尾に「●」印が付けられている信徒は、本帳のなかで重複して記載されている場合を示す。

(2) 幕末期（安政四年〔一八五七〕～慶応三年〔一八六七〕）の『祠堂金受納覚帳』より

この史料の詳細は、拙著『近世立山信仰の展開』（九〇頁～九四頁）と表2を参照していただきたい。尾張国の愛知郡・春日井郡・中島郡・丹羽郡・葉栗郡、美濃国の葉栗郡・土岐郡・可児郡・加茂郡・恵那郡などの各村が配札地とされており、福泉坊への祠堂金の寄進者数は六六八人、祠堂金の受納額は一八三両一分二朱四〇疋となっている。

(3) 明治時代初期の檀那帳より

この史料の詳細は、拙著『近世立山信仰の展開』（七一～一二九頁）と表3を参照していただきたい。名古屋東在・同西在の他、尾張国の愛知郡・春日井郡・中島郡・丹羽郡・葉栗郡、美濃国の葉栗郡・土岐郡・可児郡・加茂郡・恵那郡などの各村が配札地とされており、名古屋東在・西在の信徒数・宿数を含まずに、配札村数は七六村、信徒数は一八二九人、宿数は三八軒となっている。

(4) 立山曼荼羅『坂木家本』（福泉坊旧所蔵本）の軸裏の銘文より

この史料の詳細は、拙著『近世立山信仰の展開』（九五～一〇二頁）を参照していただきたい。以下、この史料の軸裏銘文に見られる村名をあげておく。

愛知県葉栗郡の西海戸村・杉山村、愛知県中島郡の稲葉駅・大塚村・下赤池村・一宮・矢合村、愛知県西春日井郡の山田村、愛知県東春日井郡の小幡村、愛知県名古屋区の替地町・小鳥町・小田原町・和泉町・大船町・中市場・古渡町・蛭子町・矢場町・門前町・広小路、岐阜県羽栗郡の笠松本町。

表２　芦岭寺福泉坊の『祠堂金受納覚帳』（安政４年～慶応３年）の内容

No.	配札地	該当国郡	人数	寄進金額
1	名古屋城下各町村	尾張国愛知郡	80	26両6分11朱7400疋
2	熱田（以下未詳）	尾張国愛知郡	2	150疋
3	熱田大瀬古町	尾張国愛知郡	10	1両 1000疋
4	熱田須賀町	尾張国愛知郡	1	150疋
5	熱田中瀬古町	尾張国愛知郡	4	1両 400疋
6	熱田旗屋筋辺	尾張国愛知郡	1	200疋
7	上飯田村	尾張国春日井郡	14	3朱1000疋
8	下飯田村	尾張国春日井郡	5	450疋
9	中杉村	尾張国春日井郡	1	100疋
10	東志賀村	尾張国春日井郡	9	650疋
11	西志賀村	尾張国春日井郡	9	850疋
12	山田村	尾張国春日井郡	8	1両 800疋
13	大森垣外村	尾張国春日井郡	4	6朱 200疋
14	木幡村	尾張国春日井郡	29	1両2分15朱2050疋
15	金屋坊村	尾張国春日井郡	6	450疋
16	川村	尾張国春日井郡	5	3朱 450疋
17	幸心村	尾張国春日井郡	10	850疋
18	大永寺村	尾張国春日井郡	9	9朱 650疋
19	守山村	尾張国春日井郡	17	2000疋
20	稲生宿	尾張国春日井郡	7	650疋
21	田幡村	尾張国春日井郡	1	200疋
22	猪子石原村	尾張国春日井郡	21	15朱1350疋
23	上野村	尾張国春日井郡	20	1両 12朱1300疋
24	井田村	尾張国春日井郡	2	3朱 50疋
25	狩宿村	尾張国春日井郡	4	3朱 250疋
26	瀬戸川村	尾張国春日井郡	4	300疋
27	上赤津村	尾張国春日井郡	18	9朱 800疋
28	上水野村	尾張国春日井郡	5	1両 3朱 250疋
29	下品野村	尾張国春日井郡	12	6朱 650疋
30	下水野村	尾張国春日井郡	9	750疋
31	瀬戸村	尾張国春日井郡	31	21朱1500疋
32	中水野村	尾張国春日井郡	12	1両 3朱 700疋
33	小池正明寺村	尾張国春日井郡	1	100疋
34	沓掛村	尾張国春日井郡	4	250疋
35	赤池村	尾張国中島郡	1	100疋
36	稲葉宿	尾張国中島郡	8	1両 850疋
37	子生和村	尾張国中島郡	7	550疋
38	船橋村	尾張国中島郡	1	150疋
39	南高井村	尾張国中島郡	1	50疋
40	下奈良村	尾張国丹羽郡	7	900疋
41	西大海道村	尾張国丹羽郡	3	1両 200疋
42	西猿海道村	尾張国丹羽郡	1	100疋
43	丹羽村	尾張国丹羽郡	3	350疋
44	江森村	尾張国葉栗郡	7	350疋
45	大毛村	尾張国葉栗郡	1	100疋
46	北方村	尾張国葉栗郡	10	600疋
47	光明寺村	尾張国葉栗郡	21	3両 6朱1450疋
48	島村	尾張国葉栗郡	6	6朱 350疋
49	杉山村	尾張国葉栗郡	5	1両 250疋
50	高田村	尾張国葉栗郡	1	100疋
51	西海戸村	尾張国葉栗郡	16	9朱1200疋
52	小日比野村	尾張国葉栗郡	7	650疋
53	後飛保村	尾張国葉栗郡	15	6朱 900疋
54	笠松村	美濃国葉栗郡	12	1両2分 1500疋
55	下半田川村	美濃国土岐郡	17	12朱 750疋
56	上市ノ倉村	美濃国土岐郡	34	18朱1720疋
57	滝呂村	美濃国土岐郡	28	6朱1720疋
58	脇之嶋村	美濃国土岐郡	5	3朱 250疋
59	笠原村	美濃国土岐郡	22	5朱1450疋
60	池田宿	美濃国可児郡	4	250疋
61	北村	美濃国可児郡	3	200疋
62	錦織村	美濃国可児郡	1	100疋
63	芦渡村	美濃国加茂郡	8	950疋
64	潮見村	美濃国加茂郡	2	150疋
65	福池村	美濃国加茂郡	1	100疋
66	細目村	美濃国加茂郡	5	450疋
67	中野方村	美濃国恵那郡	3	1両 150疋
68	住所不明		27	2両 9朱2300疋
		合計	668人	183両1分 2朱 40疋

表 3　芦峅寺福泉坊の檀那帳に見る尾張国・美濃国の檀那場（明治時代初期）

No.	配札地	該当国郡	信徒数	宿数
1	田幡村	尾張国春日井郡	6	
2	東志賀村	尾張国春日井郡	17	1
3	西志賀村	尾張国春日井郡	22	1
4	下飯田村	尾張国春日井郡	23	1
5	上飯田村	尾張国春日井郡	40	
6	山田村	尾張国春日井郡	19	
7	幸心村	尾張国春日井郡	23	
8	金屋坊村	尾張国春日井郡	30	
9	大永寺村	尾張国春日井郡	16	
10	川村	尾張国春日井郡	21	1
11	大森垣外村	尾張国春日井郡	13	
12	牛牧村	尾張国春日井郡	9	
13	小幡村	尾張国春日井郡	36	2
14	守山村	尾張国春日井郡	58	
15	上野村	尾張国春日井郡	39	1
16	猪子石原村	尾張国春日井郡	53	
17	井田村	尾張国春日井郡	4	
18	瀬戸川村	尾張国春日井郡	5	
19	狩宿村	尾張国春日井郡	6	
20	瀬戸村	尾張国春日井郡	74	
21	下赤津村	尾張国春日井郡	11	
22	上赤津村	尾張国春日井郡	43	
23	下品野村	尾張国春日井郡	24	
24	上水野村	尾張国春日井郡	19	
25	中水野村	尾張国春日井郡	16	2
26	下水野村	尾張国春日井郡	15	1
27	沓掛村	尾張国春日井郡	13	1
28	下半田川村	尾張国春日井郡	19	
29	矢合村	尾張国中島郡	218	1
30	法花寺村	尾張国中島郡	16	1
31	馬場村	尾張国中島郡	5	
32	平村	尾張国中島郡	7	
33	船橋村	尾張国中島郡	22	1
34	千代村	尾張国中島郡	10	
35	大塚村門前	尾張国中島郡	25	1
36	稲葉宿	尾張国中島郡	27	
37	南高井村	尾張国中島郡	8	
38	子生和村	尾張国中島郡	38	1
39	下赤池村	尾張国中島郡	1	
40	犬山出来町	尾張国丹羽郡	10	1
41	丹羽村	尾張国丹羽郡	25	1
42	猿海道村	尾張国丹羽郡	40	1
43	下奈良村	尾張国丹羽郡	33	2
44	熊代村	尾張国丹羽郡	10	
45	前野村	尾張国丹羽郡	24	1
46	山王村	尾張国丹羽郡	3	
47	西海戸村	尾張国葉栗郡	31	2
48	江森村	尾張国葉栗郡	11	
49	尾関村	尾張国葉栗郡	3	
50	小日比野村	尾張国葉栗郡	15	
51	島村	尾張国葉栗郡	20	1
52	高田村	尾張国葉栗郡	2	
53	大毛村	尾張国葉栗郡	1	
54	杉山村	尾張国葉栗郡	18	1
55	光明寺村	尾張国葉栗郡	46	1
56	北方狐塚村	尾張国葉栗郡	47	1
57	後飛保村	尾張国葉栗郡	65	1
58	鹿子島村	尾張国葉栗郡	3	
59	笠松村	美濃国葉栗郡	10	1
60	笠松村宮田村本江	美濃国葉栗郡	4	
61	下市ノ倉村	美濃国土岐郡	9	
62	上市ノ倉村	美濃国土岐郡	35	
63	笠原村	美濃国土岐郡	61	1
64	滝呂村	美濃国土岐郡	29	
65	脇嶋村	美濃国土岐郡	16	
66	池田宿	美濃国可児郡	12	1
67	北村	美濃国可児郡	8	
68	錦織村	美濃国可児郡	20	1
69	油皆渡村	美濃国可児郡	14	1
70	和知村	美濃国加茂郡	79	3
71	黒瀬湊	美濃国加茂郡	29	
72	細目村	美濃国加茂郡	3	
73	久田見村	美濃国加茂郡	3	
74	芦渡村	美濃国加茂郡	37	1
75	西割田村	美濃国安八郡	1	
76	玉井村	美濃国厚見郡	1	
77	名古屋東在	尾張国名古屋	未掲載	
78	名古屋西在	尾張国名古屋	未掲載	
		合計	1829人	38軒

⑸明治一八年(一八八五)の『尾張国名古屋祈禱配札□(摩滅)』より

この史料の詳細は、拙著『近世立山信仰の展開』(八〇～九〇頁)と表4を参照していただきたい。名古屋市区の各町が配札地とされており、信徒数は一六四人、宿数は四軒となっている。

表4　芦峅寺福泉坊の『尾張国名古屋祈禱配札□(摩滅)』(明治18年)の内容

No.	配札地	信徒名	人数	宿数	現在該当区
1	名古屋京町通和泉町	松屋利兵衛(大隅利兵衛)	1	1	中区
2	長嶋町　割袋	大坂屋吉兵衛	1		中区
3	長嶋町	日比喜十郎	1		中区
4	長嶋町	京屋喜兵衛	1		中区
5	京町筋七間町(七間町は抹消)長嶋町東入	鷹羽屋長右衛門	1		中区
6	魚ノ店筋伏見町東入	堺屋伝吉	1		中区
7	和泉町1丁目	谷川平右衛門	1		中区
8	魚ノ店筋長嶋町西入	餅屋勘七	1		中区
9	杉町桑名町西入	吉嶋屋弥八	1		中区
10	正万寺町	大工輿右衛門	1		中区
11	(御園町袋町西入は抹消)正万寺町	笹屋弥兵衛	1		中区
12	御園堀切下南園町	鳥井惣三郎	1		中区
13	南園町1丁目	後藤右蔵	1		中区
14	(堀切中ノ町西入は抹消)南園町1丁目	加藤鎌治郎	1		中区
15	南□(欠損)町筋伏見町東入	記載が見られるが塗りつぶして抹消されている。	1		中区
16	桑名町6丁目	彫物屋栄助	1		中区
17	長者町7丁目	糸屋惣兵衛	1		中区
18	長者町7丁目	菱屋治助	1		中区
19	本町7丁目	吉野屋又兵衛	1		中区
20	本町8丁目	中嶋屋弥七	1		中区

21	本町8丁目	大野屋東一郎	1		中区
22	杉町筋呉服町西へ入	信濃屋利兵衛	1		中区
23	外堀町桑名町伏見町合	檜物屋彦八	1		中区
24	呉服町8丁目	井筒屋伝九郎	1		中区
25	呉服町8丁目	大工勝蔵	1		中区
26	呉服町	桔梗屋太助	1		中区
27	天馬町(京町は抹消)通呉服町東入	加藤善兵衛	1		中区
28	(大津町桜町杉町合関所東入は抹消)呉服町広小路	大工徳蔵妻お志やう	1		中区
29	鍛冶屋町杉町西入(関鍛冶町)	竹月堂弥十郎	1		中区
30	鍛冶屋町6丁目(関鍛冶町)	大工吉右衛門	1		中区
31	(伊勢町7丁目は抹消)蒲焼町	篳篥屋太蔵	1		中区
32	京町通中市場3丁目	沢井鉄次郎	1		東区
33	鍋屋町	水野平蔵	1		東区
34	鍋屋町	加藤忠右衛門	1		東区
35	鍋屋町	釜師九吉	1		東区
36	鍋屋町	釜師忠三郎	1		東区
37	鍋屋町	藤屋作右衛門	1		東区
38	飯田町	一柳喜兵衛	1		東区
39	志水杉出町	鍛冶屋六兵衛	1		北区
40	清水杉出町	河内屋藤七	1		北区
41	清水町	鍛冶屋久兵衛	1		北区
42	広小路	大坂屋松蔵	1		中区
43	広小路	医師豊三郎	1		中区
44	住吉町	梅村伝兵衛	1		中区
45	新地花園(花園町)	米屋(部分塗りつぶし)兵衛	1		中区
46	広小路	足立彦作	1		中区
47	□(部分塗りつぶし)切町	桶屋	1		中区
48	八百屋町	下村屋鉄蔵	1		中区
49	八百屋町	吉田鉄蔵	1		中区
50	八百屋町	藤屋庄兵衛	1		中区

51	南桑名町三ツ蔵南入	岡氏隠居	1		中区
52	南桑名町4丁目	成田富三郎	1		中区
53	御園町	大崎屋兵蔵	1		中区
54	伏見町筋下	大工嘉一	1		中区
55	桑名町中嶋町間中道西側	左官卯兵衛	1		中区
56	材木町	材木屋惣兵衛	1		中区
57	材木町	浜木屋彦八	1		中区
58	材木町	平田屋治助	1		中区
59	木挽町	浜田屋徳蔵	1		中区
60	巾下塩町	知多屋長治郎	1		西区
61	塩町裏	山城屋清兵衛	1		西区
62	大船町	伊藤忠左衛門	1		中村区
63	広井身教院筋高田本坊前	成田善吉	1		中村区
64	広井町	大工権七	1		中村区
65	替地出木町	花菱屋伊助	1		西区
66	沢井町	荷蒻屋長右衛門	1		西区
67	沢井町	玩屋彦兵衛	1		西区
68	広井上畠筋	左官藤助	1		中村区
69	小鳥町	奥村新吉	1		中村区
70	広井上花車	山名屋て以	1		中村区
71	広井上花車小鳥町	和泉屋善吉	1		中村区
72	広井小鳥町	前嶋七右衛門	1		中村区
73	祢宜町	野田屋嘉七	1		中村区
74	押切2丁目	吉田屋清七	1		西区
75	(押切6丁目は抹消)本町6丁目	瓶屋儀平	1		西区
76	押切7丁目	左官嘉兵衛	1		西区
77	押切7丁目	左官忠兵衛	1		西区
78	新道皆福寺前(新道町)	柏屋万蔵	1		西区
79	住所未掲載	真野網治郎	1		該当区未掲載
80	巾下六句上ノ切(幅下)	山田みつ	1		西区

81	枇杷嶋裏	井桁屋傳吉	1		西区	
82	上宿江川町	米屋孫助	1		西区	
83	上宿御手コ町（御手木町）先撞木町	岩堀みそ	1		西区	
84	門前町	糸屋嘉兵衛	1	1	中区	
85	門前町	羽根屋伊兵衛	1		中区	
86	門前町	柏屋重兵衛	1		中区	
87	門前町	柏屋庄助	1		中区	
88	門前町	天満屋重兵衛	1		中区	
89	日置東出町	志水屋又兵衛	1		中川区	
90	日置旅籠町	万屋勘左衛門	1		中区	
91	茶屋町	京万屋新蔵	1		中区	
92	橘町裏	美濃屋宇兵衛	1		中区	
93	橘町裏	沢上栄三郎	1		中区	
94	橘町裏横町	村瀬清七	1		中区	
95	橘町裏	丸屋松兵衛	1		中区	
96	橘町裏、今栄国寺横町	梅屋佐兵衛	1		中区	
97	裏門前町	大川屋庄吉	1		中区	
98	裏門前町	木浅田屋太右衛門	1	1休	中区	
99	裏門前町３丁目	鍵屋善兵衛	1		中区	
100	裏門前町３丁目	鷲津啓吾	1		中区	
101	前津四斬家	太田市三郎	1		中区	
102	飴屋町壹番屋敷文助長屋	近藤顕忠	1		中区	
103	橘町茶屋町北入東側	北村屋徳蔵	1		中区	
104	古渡り伊勢山	大隅治右衛門	1		中区	
105	古渡り山王前	柿屋杢兵衛（伊藤杢兵衛）	1		中区	
106	新地尤御園下（御園新町）	荒川連以	1		中区	
107	七間町蒲焼町角	平子屋弥助	1		中区	
108	大須	三谷伝五郎	1		中区	
109	大須	和泉屋竹			中区	
110	本重町長者町西入	和泉屋庄助	1		中区	

111	矢場三ノ切り	河村金治郎	1		中区
112	矢場三輪町	宮屋孫治	1		中区
113	中埜町(中ノ町)	河合春七	1		中区
114	新地□□(2字難読)町	牧野おさの	1		該当区未詳
115	□□(2字難読)町	大野屋寸助	1		該当区未詳
116	堀切通り中町西入	鎌治郎(前掲114番の信徒)	0		
117	相生町	水野嘉六	1		東区
118	本町7丁目	小松屋平兵衛	1		中区
119	橘町	吉良屋	1		中区
120	魚ノ柳筋長嶋町東入角	長谷川□(1字難読)助	1		中区
121	住所未掲載	□(1字難読)助新家	1		該当区未詳
122	太子町	粂文左衛門	1		熱田区
123	中瀬子町(中瀬古町)	石田孫兵衛	1		熱田区
124	中瀬子町(中瀬古町)	松浦弥兵衛	1		熱田区
125	中瀬子町(中瀬古町)	村瀬重兵衛	1		熱田区
126	登り(登町)	成田清三郎	1		熱田区
127	須賀町	天野市兵衛	1		熱田区
128	木ノ挽(木之免町)	古橋孫太郎	1		熱田区
129	木ノ挽(木之免町)	竹田忠兵衛	1		熱田区
130	木ノ挽(木之免町)	亀井長兵衛	1		熱田区
131	木ノ挽(木之免町)	鬼頭七右衛門	1		熱田区
132	木ノ挽(木之免町)	竹田甚右衛門	1		熱田区
133	木ノ挽(木之免町)	鬼頭平四郎	1		熱田区
134	田中町	鬼頭佐七	1		熱田区
135	林木入	松浦弥右衛門	1		該当区未詳
136	田中町	佐藤藤左衛門	1		熱田区
137	蔵ノ前(蔵之前町)	高津甚右衛門	1		熱田区
138	中瀬町	村瀬清左衛門	1		熱田区
139	茶屋町	魚屋善四郎	1		熱田区
140	太子町	村瀬金兵衛	1		熱田区

141	大瀬子町(大瀬古町)	枡屋長三郎	1		熱田区
142	大瀬子町(大瀬古町)	大田忠兵衛	1		熱田区
143	大瀬子町(大瀬古町)	古橋與作	1		熱田区
144	大瀬子町(大瀬古町)	魚屋文七	1		熱田区
145	大瀬子町(大瀬古町)	江松又八	1		熱田区
146	大瀬子町裏(大瀬古町裏)	山田長市	1		熱田区
147	大瀬子町(大瀬古町)	山田清八	1		熱田区
148	大瀬子ノ内(大瀬古ノ内)	山田九兵衛	1		熱田区
149	須賀町登り	村瀬増吉	1		熱田区
150	須賀町	成田善七	1		熱田区
151	須賀町	成田善助	1		熱田区
152	大瀬子町(大瀬古町)	袴屋又右衛門	1		熱田区
153	表大瀬子町(表大瀬古町)	成田弥三郎	1		熱田区
154	中瀬町	岡崎弥三郎	1		熱田区
155	高御堂	深谷清兵衛	1		稲沢市
156	大法寺前	岡本清太郎	1		該当区未詳
157	田嶋(田嶋町)	原金六	1		熱田区
158	田嶋新宮坂下(田嶋町)	岡山新蔵	1		熱田区
159	市場(市場町)	大根屋仙右衛門	1		熱田区
160	神戸	信濃屋清六	1		熱田区
161	神戸	角屋善左衛門	1		熱田区
162	木ノ挽(木之免町)	善三郎	1		熱田区
163	木ノ挽西御門前(木之免町)	加藤又右衛門	1	1休	熱田区
164	旗屋町	大橋美信	1		熱田区
165	木ノ挽(木之免町)	松浦弥三郎	1		熱田区
合計			164人	4軒	

二　芦峅寺大仙坊の檀那帳や奉加帳に見る尾張国・美濃国の檀那場

1　芦峅寺大仙坊の檀那場

(1) 布橋灌頂会勧進記（断簡）より

芦峅寺大仙坊の襖の裏貼りに使用されていた大量の反故紙のなかに、同坊の布橋灌頂会勧進記や御祈禱檀那帳、さらには媼尊像（芦峅寺の媼堂に安置するための尊体と考えられる）の寄進に関する文書などが含まれていた。いずれも断簡の状態であったが、それらを整理・分類し、内容を検討していくと、江戸時代に大仙坊の檀那場だった東海地方の村々がある程度判明した。

布橋灌頂会勧進記は少なくとも以下の五点が含まれている。いずれも勧進文言の部分が版本の体裁をとるものである。

①寛政　七年（一七九五）「立山御嫗尊布橋施主帳　立山別当大仙坊」（本文中に今市場村の記載が見られる）
②天保一三年（一八四二）「立山御嫗尊別当奉加帳　執行大仙坊現住由道　須佐村」
③天保一三年（一八四二）「立山御嫗尊別当奉加帳　執行大仙坊現住由道　古布村　二冊之内壱」
（表紙のみ。④と二冊セット）
④天保一三年（一八四二）「立山御嫗尊別当奉加帳　執行大仙坊現住由道　古布村　二冊之内弐」
（表紙のみ。③と二冊セット）
⑤天保一三年（一八四二）「立山御嫗尊別当奉加帳　執行大仙坊現住由道　切山村」

以上の五点から、江戸時代後期、大仙坊は尾張国丹羽郡今市場村や同国知多郡須佐村・古布村・切山村を檀那場としていたことがわかる。

⑵孀尊像の寄進文書（断簡）より

大仙坊の襖の裏貼りに使用されていた大量の反故紙のなかには、芦峅寺孀堂の孀尊像の寄進に関する、以下の断簡文書（史料1）が含まれていた。この文書には、寄進を受けた側の芦峅寺宿坊家の名前などは記されていないが、前掲の大仙坊の布橋灌頂会勧進記に檀那場村として記されている尾張国知多郡の古布村・須佐村をはじめ、河和村・師崎村などの村名や信徒名が見られ、おそらくは大仙坊の文書と考えられる。

〔史料1〕

一、鳥目　拾疋　　　　　　　　　　　　　猶八　志

奉造立御孀尊一躰

為先祖代々父母家門等一切聖霊菩提

願主　尾州知多郡但馬庄古布邑

　　源光院通山宗徹居士

　　　須田嘉吉広方

一、鳥目　拾疋　先祖聖霊　河和村　定助妻

一、鳥目　拾疋　　　　　　師崎村　清八

一、鳥目　拾疋　代先祖志　須佐村　伝兵衛

一、鳥目　三疋　　　　　　　　　　茂左衛門

（以下欠損）

⑶江戸時代後期の檀那帳（断簡）より

大仙坊の襖の裏貼りに用いられていた大量の反故紙のなかには、「御祈禱檀那帳　立山芦峅寺大仙坊」と題する檀那帳が断簡の状態で含まれていた。表題の部分は一紙の断簡で残っており、表題の裏面には以下のとおり、配札品の檀那帳への記載凡例が記されていた。

〔史料2〕

○印ハ元ゆへ也。一わ、或二わ、或三わ。

ノ　はり也。壱枚づつくばる。

扇子也。かきてある也。

はしもかきてある也。

一△印ハくすりの壱ぶん也。

∠印ハくすりの半ぶん也。

右之通り心得可被候。

かけ引ある内ハ名前ゟ何尓応所ニかけ与書ある。

さて、この檀那帳の内容は表5に示すとおりである。本文中に「天保」や「弘化」の元号が見られ、江戸時代後期に使用されていたことがわかる。檀那帳における配札地は尾張国の春日井郡・丹羽郡・愛知郡・知多郡、三河国の八名郡・渥美郡・碧海郡の各村である。

表5　芦峅寺大仙坊の檀那帳(断簡)(江戸時代後期)の内容

配札地	該当国郡	信徒名及び特記事項
小木村	尾張国春日井郡	
三淵村	尾張国春日井郡	
舟津村	尾張国春日井郡	
曽本村	尾張国丹羽郡	宿元：浅右衛門、猶右衛門、弥吉、為吉、友八、庄屋。
八事山の内・天道山高照寺(臨済宗)	尾張国愛知郡	
中根村	尾張国愛知郡	
落合村	尾張国知多郡	作右衛門。
大脇村	尾張国知多郡	宿元：藤九郎、宿元：新七、徳助、源助、おゆた、又蔵、曹源寺(曹洞宗)、善三郎、伝之右衛門(惣兵衛)、源三郎、作右衛門、清右衛門、彦蔵、長治郎、吉兵衛、惣四郎、松右衛門、東光房、林平、庄屋衆。＊「〆十九軒大札。元旦那衆なり。文化三丙寅年より村中へ配札叶候而、永々大牛玉・小札・はし一ぜん相配ル。一、天保六乙未六月入来、善三郎」の記載あり。
北尾村	尾張国知多郡	宿元：新左衛門、嘉右衛門、庄右衛門、七左衛門、善右衛門、治右衛門、彦七、甚六、嘉七(世話人)、弥八、極楽寺(浄土宗)、賢聖寺(曹洞宗)、重左衛門、次兵衛、新兵衛、善蔵、七蔵(世話人)、宇八、庄右衛門、文右衛門、周右衛門、お七、甚四郎、新平、善三郎、甚右衛門、その他多数。
近崎村	尾張国知多郡	宿：善左衛門。
北尾新田村	尾張国知多郡	宿元：浅左衛門、浅左衛門新屋・市兵衛、喜之右衛門、源右衛門、浅七、乙七。
藤江村	尾張国知多郡	天保6年。
石浜村	尾張国知多郡	平助(天保7年春)、孫作(天保8年春)、惣助、庄右衛門(天保9年春)、甚兵衛(天保10年春)、吉三郎、庄八、忠三郎(文政11年冬)、文右衛門、徳兵衛、彦四郎(天保14年9月)、文六、善六(天保3年冬)、市助、清六(文政12年冬)、又右衛門(天保14年冬)、三治郎(天保元年冬)、藤三郎(天保2年冬)、安右衛門、岩右衛門、太助(弘化3年春宿)、市郎右衛門。＊(　)内は宿泊家の担当年と考えられる。
生路村	尾張国知多郡	宿元：常照庵、宿元：孫九郎(天保5年断)(五)、喜左衛門(六)、善左衛門(二)、徳右衛門(九)、弥右衛門(三)、吉右衛門(四)、久右衛門(七)、新三郎(八)、吉兵衛(十)、膳吉(十一)、甚三郎(十二)、利助(十三)、伝右衛門(十四)、仁右衛門(十五)、儀平、佐治郎、忠治郎、長三郎、文右衛門、甚右衛門、惣吉、七右衛門、又三郎、仁兵衛、藤右衛門。＊(　)内の数字は配札順を示すものと考えられる。＊「宿之義廻り候間前年尓頼置也」の記載あり。
松原村	尾張国知多郡	仲右衛門。

板山の内大湯	尾張国知多郡	与左衛門、藤左衛門、久左衛門、太郎作、又左衛門、又右衛門、安蔵、又吉、忠蔵。
北板山	尾張国知多郡	儀右衛門、長八、太蔵、丈助、惣五郎、治右衛門。
彦州(彦津か)	尾張国知多郡	仙蔵、要吉、杢左衛門、兵七、孫右衛門、市右衛門。
切山村	尾張国知多郡	宿元：斉藤佐左衛門、忠兵衛、半右衛門、作右衛門、喜左衛門、重左衛門、藤左衛門、栄寿寺、仁左衛門、六兵衛、吉左衛門、源左衛門、伝右衛門、兵左衛門。
浦戸村	尾張国知多郡	宿：佐吉、佐七、太助、藤吉、庄蔵、善吉、佐助、嘉吉、弥吉、新助、庄左衛門、兵吉、佐左衛門、新蔵。
岩屋寺村	尾張国知多郡	助右衛門、長左衛門、伝右衛門、伝治郎(天保4年)、宇左衛門、佐五右衛門、嘉兵衛、太兵衛、半兵衛(天保13年)、嘉左衛門、惣左衛門、惣兵衛、七郎治。
久村の内小野	尾張国知多郡	宿：市之右衛門、七郎右衛門、惣右衛門、茂右衛門、治左衛門、又左衛門、伝十郎、伝右衛門、七右衛門、権右衛門、清左衛門、孫左衛門、市左衛門、利兵衛、九郎右衛門、新右衛門、新四郎、仁左衛門、吉兵衛。
大泊村	尾張国知多郡	庄兵衛(天保13年より庄屋)、伝七、久右衛門(天保8年～同11年まで庄屋)、宿元：平九郎、次郎助、宿：勘右衛門(天保12年より弘化元年まで庄屋)、寺、市兵衛(天保7年より庄屋)。 ＊「〆右村中御姥尊・小札・はし一ぜん」「四軒大札」の記載あり。
久村の内西村	尾張国知多郡	佐左衛門、新之右衛門、三之右衛門、小左衛門、龍江寺(曹洞宗)、久右衛門、八右衛門、半助、孫兵衛、彦右衛門。
嵩山村	三河国八名郡	政吉、庄治郎。
大津村	三河国渥美郡	宿：中村善助。
田原町	三河国渥美郡	鈴木庄左衛門、鈴木良助、鈴木甚十。
白谷村	三河国渥美郡	宿：儀右衛門、長兵衛、弥治右衛門。
高松村	三河国渥美郡	六之助。
保美村	三河国渥美郡	庄兵。
小塩津村	三河国渥美郡	宿元：中村文兵、惣左衛門、兵四郎、伝吉、金右衛門、重三郎、平四郎、伝太郎、以下欠損。
中山村	三河国渥美郡	宿元：天野安兵衛、嶋津弐右衛門、又、長谷川言左衛門、久八、徳兵衛、仁右衛門。
池鯉鮒駅	三河国碧海郡	了運寺(浄土宗)。
池鯉鮒在一ツ木村	三河国碧海郡	清左衛門(天保6年6月入来)。

(4)明治時代の檀那帳より

この檀那帳は現在、芦峅寺一山会の所蔵であるが、もとは芦峅寺大仙坊によって使用されていた。昭和四三年（一九六八）春、大仙坊の宮司佐伯幸長氏は、この檀那帳の表紙が散逸し本体も断簡の状態で残っていたので、それを収集・整理・補修して現在に至っている。補修の際、佐伯氏により、新たに「大仙坊檀家供養帳」の表紙がつけられた。形態は袋綴の冊子で、寸法は縦三〇・八×横二二・五センチメートルである。成立時期については地名表記などから明治時代中期から同時代後期と推測される。この檀那帳の内容は表6に示すとおりである。この檀那帳における信徒数は一四六人、受納額は二三五円である。

表6　芦峅寺大仙坊の『大仙坊檀家供養帳』（明治時代中期～同時代後期）の内容

No.	信徒名	人数	寄進額	信徒住所1	信徒住所2	旧該当国郡	地名行政使用期間
1	杉江伴右衛門	1	30	愛知県知多郡成岩町	成岩町	知多郡	明治23年～昭和12年
2	杉江伴右衛門（隠居分）	1	15	愛知県知多郡成岩町　字北村	成岩町（北村）	知多郡	明治23年～昭和12年
3	杉江伴右衛門（家内分）	1	15	愛知県知多郡成岩町　字北村	成岩町（北村）	知多郡	明治23年～昭和12年
4	平田延太郎	1	0	愛知県丹羽郡豊原村	豊原町	丹羽郡	明治22年～明治29年
5	高木治良三郎	1	5	名古屋南桑名町118番戸	南桑名町	名古屋市	明治04年～昭和41年
6	木村金松	1	6	名古屋市替地町114番地	替地町	名古屋市	明治09年～昭和53年
7	石小八助	1	5	愛知県知多郡成岩町　字杉山丁	成岩町（杉山）	知多郡	明治23年～昭和12年
8	榊原李兵衛	1	5	愛知県尾張国知多郡成岩町　字西成岩	成岩町（西成岩）	知多郡	明治23年～昭和12年
9	榊原栄蔵	1	5	愛知県知多郡成岩町　字西成岩	成岩町（西成岩）	知多郡	明治23年～昭和12年
10	榊原栄助	1	5	愛知県知多郡成岩町　字西成岩	成岩町（西成岩）	知多郡	明治23年～昭和12年
11	杉山覚須	1	3	愛知県海東郡神嶋田村　字中色□（一字難読）	神島田村	海東郡	明治22年～明治39年
12	秋田儀一郎	1	3	愛知県丹羽郡森本村	森本村	丹羽郡	
13	木村屋久太郎	1	3	一宮中町	一宮町（中町）	中島郡	
14	鈴木□□（2字難読）	1	3	愛知県中嶋郡一宮町釘貫町	一宮町（釘貫町）	中島郡	
15	佐分熊次郎	1	2	尾州一宮町大川	一宮町（大川）	中島郡	

16	河津友吉	1	3	名古屋市旅籠町50番戸	旅籠町	名古屋市	
17	林八十八	1	2	尾張国中島郡一宮上横田丁	一宮町(上横田町)	中島郡	
18	八木秋三郎	1	2	愛知県中島郡日下部村	日下部村	中島郡	明治22年～明治39年
19	佐分八右衛門	1	2	愛知県中島郡一宮町	一宮町	中島郡	
20	早川新次郎	1	1	愛知県西春日井郡比良村	比良村	西春日井郡	明治22年～明治39年
21	溝口久七	1	1	愛知県海東郡金岩村	金岩村	海東郡	
22	前野久兵衛	1	1	愛知県海東郡諸古村　大字諸桑村	諸古村(諸桑村)	海東郡	明治22年～明治39年
23	鈴木浅右衛門	1	1	愛知県津島町　字今市場	津島町(今市場町)	海東郡	明治11年～昭和22年
24	竹山令三郎	1	1	愛知県尾張国中嶋郡六輪村之内　勝清新田	六輪村(勝清新田)	中島郡	
25	岩田重左衛門	1	1	愛知県尾張国中嶋郡豊田村　大字北麻績	豊田村(北麻績村)	中島郡	明治22年～明治39年
26	牛田幸八	1	1	愛知県海東郡正則村　字東溝口	正則村(東溝口村)	海東郡	明治22年～明治39年
27	三輪鍵三郎	1	1	中島郡奥田村	奥田村	中島郡	明治22年～明治39年
28	鹿島惣□(1字難読)	1	1	愛知県中島郡奥田村	奥田村	中島郡	明治22年～明治39年
29	竹内吉兵衛	1	0	尾州国西春日井郡清洲	清洲町	西春日井郡	明治39年～現在
30	奥村善助	1	1	愛知県下名古屋市南池田町168番地	池田町	名古屋市	江戸期～昭和44年
31	橋本勘之助	1	0	名古屋市善光寺横筋丁	善光寺横筋町	名古屋市	
32	宮田儀平	1	1	愛知県丹羽郡　字石仏	石仏村	丹羽郡	明治22年～昭和46年
33	宮田源吾	1	1	愛知県丹羽郡　字石仏	石仏村	丹羽郡	明治22年～昭和46年
34	平子文之助	1	1	愛知県丹羽郡小山村	小山村	丹羽郡	明治22年～昭和30年
35	伊藤曾蔵	1	1	愛知県丹羽郡小山村	小山村	丹羽郡	
36	平子文三郎	1	1	愛知県丹羽郡小山村	小山村	丹羽郡	
37	平子五右衛門	1	1	愛知県丹羽郡小山村	小山村	丹羽郡	
38	橋本源吾	1	1	愛知県丹羽郡小山村	小山村	丹羽郡	
39	水埜谷右衛門	1	1	東春日井郡小牧町　字元町	小牧町(元町)	東春日井郡	明治22年～昭和29年
40	小嶋銀吾	1	1	丹羽郡八劔村	八剣村	丹羽郡	
41	社本平吉	1	1	丹羽郡太田村　大字豊田	太田村(豊田)	丹羽郡	明治22年～明治39年
42	佐竹甚吉	1	1	丹羽郡太田村　大字秋田	太田村(秋田)	丹羽郡	明治22年～明治39年
43	梶原吉左衛門	1	0	丹羽郡布袋町　大字小郷	布袋町(小郷)	丹羽郡	明治27年～昭和29年
44	吉村勇之助	1	0	丹羽郡太田村　大字豊田	太田村(豊田)	丹羽郡	明治22年～明治39年
45	山田忠右衛門	1	1	西春日井郡鹿田村	鹿田村	西春日井郡	

47	吉村光太郎	1	0	丹羽郡太田村　大字豊田	太田村（豊田）	丹羽郡	明治22年～明治39年
48	岩田総助	1	1	羽栗郡川嶋村　字西光坊	川島村	美濃国葉栗郡（明治30年から羽島郡）	明治22年～昭和31年
49	中田林右衛門	1	1	愛知県下海東郡正則村　大字東溝口	正則村（東溝口村）	海東郡	明治22年～明治39年
50	山田末松	1	1	愛知県中島郡実田村　大字南麻績	実田村（南麻績）	中島郡	明治29年～明治39年
51	三輪芳兵衛	1	1	岐阜県羽島郡川島村	川島村	美濃国葉栗郡（明治30年から羽島郡）	明治22年～昭和31年
52	岩田増太郎	1	1	尾張国葉栗郡　大字外割田村	外割田村	葉栗郡	
53	林與之右衛門	1	1	中島郡北島村	北島村	中島郡	明治22年～明治34年
54	野田長左衛門	1	1	尾張海東郡蜂須賀	蜂須賀村	海東郡	明治22年～現在
55	野田與之次郎	1	1	尾張国海東郡蜂須賀村	蜂須賀村	海東郡	明治23年～明治39年
56	友松源左衛門	1	1	愛知県中嶋郡実田村　大字目比25番地	実田村（目比）	中島郡	明治29年～明治39年
56	杉本新七	1	1	愛知県丹羽郡秋津村　大字尾崎	秋津村（尾崎）	丹羽郡	明治22年～明治39年
57	沢田又三郎	1	1	愛知県西春日井郡上拾ヶ村　字森城村	上拾箇村（森城村）	西春日井郡	明治22年～明治39年
58	足立清六	1	1	尾張国中嶋郡一宮町	一宮町	中島郡	
59	山田孫吉	1	1	愛知県尾張国海東郡篠田村　大字篠田	篠田村	海東郡	明治22年～
60	社本甚三郎	1	1	愛知県丹羽郡太田村　大字豊田組	太田村（豊田）	丹羽郡	明治22年～昭和31年
61	舟橋喜三郎	1	1	愛知県丹羽郡（東春日井郡か）三淵村	三淵村	東春日井郡	
62	高橋吉女	1	1	愛知県丹羽郡（東春日井郡か）小牧村	小牧村	東春日井郡	
63	伊藤黒治郎	1	1	名古屋市前之川町	前ノ川町	名古屋市	明治4年～昭和55年
64	吉岡錠吉	1	1	名古屋市池田町	池田町	名古屋市	江戸期～昭和44年
65	加藤和兵衛	1	1	名古屋市針堀町	針堀町	名古屋市	
66	寺沢八右衛門	1	1	名古屋市神楽町	神楽町	名古屋市	明治4年～昭和41年
67	佐藤一郎右衛門	1	1	名古屋市鍋屋町	鍋屋町	名古屋市	
68	長谷川茂七	1	1	摩滅で文字が読めず	摩滅で文字が読めず	不明	
69	堀場慶之助	1	1	名古屋門前町	門前町	名古屋市	江戸期～現在
70	小木曾吉蔵	1	1	名古屋市神楽町	神楽町	名古屋市	明治4年～昭和41年

71	水野伊助	1	1	名古屋市神楽町	神楽町	名古屋市	明治4年～昭和41年
72	瀬尾半七	1	1	愛知県西春日井郡清洲町	清洲町	西春日井郡	明治22年～現在
73	八木市蔵	1	1	愛知県西春日井郡平田村	平田村	西春日井郡	明治22年～明治39年
74	祖父江恒太郎	1	1	愛知県尾張国西春日井郡平田村	平田村	西春日井郡	明治22年～明治39年
75	近藤新九郎	1	1	愛知県尾張国西春日井郡上拾ヶ村　大字法成寺	上拾箇村（法成寺）	西春日井郡	明治22年～明治39年
76	池山馨	1	1	愛知県西春日井郡上拾ヶ村　大字法成寺	上拾箇村（法成寺）	西春日井郡	明治22年～明治39年
77	井上鎌次郎	1	1	愛知県西春日井郡鍛治ヶ一色村	鍛治ヶ一色村	西春日井郡	
78	佐藤幸蔵	1	1	愛知県丹羽郡太田村　大字秋田	太田村（秋田）	丹羽郡	明治22年～明治39年
79	橋本於加く	1	1	愛知県丹羽郡小山村	小山村	丹羽郡	
80	平子於まつ子女	1	1	愛知県丹羽郡小山村	小山村	丹羽郡	
81	高木善左衛門	1	1	愛知県丹羽郡中奈良村	栄村（中奈良村）	丹羽郡	明治22～現在
82	竹藤周次郎	1	1	愛知県尾張国丹羽郡加茂村元花地	加茂村（花地村）	丹羽郡	明治11年～明治22年
83	社本亀次良	1	1	愛知県西春日井郡平田村	平田村	西春日井郡	明治22年～明治39年
84	安藤安左衛門	1	1	愛知県丹羽郡三重嶋村	三重島村	丹羽郡	明治22年～明治39年
85	桑山富三郎	1	1	愛知県丹羽郡三重嶋村	三重島村	丹羽郡	明治22年～明治39年
86	佐野岩次郎	1	1	愛知県丹羽郡三重嶋村　大字重吉	三重島村	丹羽郡	明治22年～明治39年
87	佐野勝次郎	1	1	愛知県丹羽郡三重嶋村　大字重吉	三重島村	丹羽郡	明治22年～明治39年
88	山本喜曾右衛門	1	1	愛知県丹羽郡三重嶋村　大字重吉	三重島村	丹羽郡	明治22年～明治39年
89	桑山周吾	1	1	愛知県尾張国丹羽郡三重嶋村　大字重吉	三重島村	丹羽郡	明治22年～明治39年
90	安藤弥三郎	1	1	愛知県丹羽郡三重嶋村　大字重吉	三重島村	丹羽郡	明治22年～明治39年
91	桑山真一郎	1	1	愛知県尾張国丹羽郡三重嶋村　大字重吉	三重島村	丹羽郡	明治22年～明治39年
92	安藤輝三郎	1	1	愛知県丹羽郡三重嶋村　大字重吉	三重島村	丹羽郡	明治22年～明治39年
93	安藤紋三郎	1	1	愛知県丹羽郡三重嶋村　大字重吉村	三重島村	丹羽郡	明治22年～明治39年
94	安藤仙次郎	1	1	愛知県丹羽郡三重嶋村　大字重吉	三重島村	丹羽郡	明治22年～明治39年
95	桑山辰蔵	1	1	愛知県丹羽郡三重嶋村　大字重吉村	三重島村	丹羽郡	明治22年～明治39年
96	佐野鉄次朗	1	1	愛知県丹羽郡三重嶋村　大字重吉	三重島村	丹羽郡	明治22年～明治39年
97	佐埜菊三朗	1	1	愛知県丹羽郡三重嶋村　大字重吉	三重島村	丹羽郡	明治22年～明治39年
98	佐野清治良	1	1	愛知県丹羽郡三重嶋村　大字重吉	三重島村	丹羽郡	明治22年～明治39年
99	佐野亀治郎	1	1	愛知県丹羽郡三重嶋村　大字重吉	三重島村	丹羽郡	明治22年～明治39年
100	安藤勝四郎	1	1	愛知県丹羽郡三重嶋村　大字重吉	三重島村	丹羽郡	明治22年～明治39年

101	桑山吉平	1	1	愛知県丹羽郡三重嶋村　大字重吉	三重島村	丹羽郡	明治22年～明治39年
102	安藤増次郎	1	1	愛知県丹羽郡三重嶋村　大字重吉	三重島村	丹羽郡	明治22年～明治39年
103	佐野定平	1	1	愛知県丹羽郡三重嶋村　大字重吉	三重島村	丹羽郡	明治22年～明治39年
104	ちか女	1	1	岐阜県羽栗郡渡り嶋村	渡り島村	美濃国葉栗郡	
105	村平卯右衛門	1	1	愛知県葉栗郡黒田町	黒田町	葉栗郡	明治27年～明治43年
106	山田勝助	1	1	愛知県海東郡須成村	須成村	海東郡	明治22年～明治39年
107	寺西音次郎	1	1	愛知県尾張国海東郡須成村	須成村	海東郡	明治22年～明治39年
108	相羽和助	1	1	名古屋市葛町196番戸	葛町	名古屋市	
109	横井清太郎	1	1	名古屋市下堀川町39番戸	下堀川町	名古屋市	明治11年～昭和49年
110	大島政右衛門	1	1	愛知県丹羽郡九日市場村	九日市場村	丹羽郡	明治22年～明治39年
111	伊藤久右衛門	1	1	愛知県丹羽郡九日市場出	九日市場村	丹羽郡	明治22年～明治39年
112	大島主計(給着１枚)	1	0	愛知県尾張国丹羽郡九日市場村	九日市場村	丹羽郡	明治22年～明治39年
113	加藤銀次郎	1	1	愛知県尾張国西春日井郡平田村	平田村	西春日井郡	明治22年～明治39年
114	石田丹左衛門	1	1	愛知県西春日井郡平田村	平田村	西春日井郡	明治22年～明治39年
115	加藤甚之助	1	1	愛知県西春日井郡平田村	平田村	西春日井郡	明治22年～明治39年
116	大野佐平	1	1	名古屋市竪三ツくら町	竪三ツ蔵町	名古屋市	
117	伊藤源次郎	1	1	愛知県丹羽郡加茂村元花池	加茂村	丹羽郡	明治11年～明治22年
118	吉村徳右衛門	1	1	丹羽郡秋津村東大海道	秋津村東大海道	丹羽郡	明治22年～明治39年
119	吉村惣九郎	1	1	丹羽郡秋津村東大海道	秋津村東大海道	丹羽郡	明治22年～明治39年
120	吉村捨松	1	1	丹羽郡東大海道	秋津村東大海道	丹羽郡	明治22年～昭和58年
121	牧野重兵衛	1	1	尾張国中嶋郡一宮下町	一宮町(下町)	中島郡	
122	木全治三郎	1	1	尾州中嶋郡一宮町釘貫	一宮町(釘貫町)	中島郡	
123	野□(1字難読)文三郎	1	1	尾張国丹羽郡多加森村	多加森村	丹羽郡	
124	三輪常三	1	1	中嶋郡　大字長野	長野	中島郡	明治22年～
125	丹羽常八	1	1	中嶋郡国府宮村　大字国府宮	国分村	中島郡	
126	大津定□(1字難読)	1	1	中島郡高御堂村	高御堂	中島郡	明治22年～昭和33年
127	小川甚九郎	1	1	愛知県東春日井郡村中村	村中村	東春日井郡	明治22年～現在
128	竹内徳次郎	1	1	名古屋市下堀川	下堀川町	名古屋市	明治11年～昭和49年
129	山田兵蔵	1	1	愛知県西春日井郡熊之庄村	熊之庄村	西春日井郡	明治22年～明治39年

130	伊藤庄吉	1	1	愛知県中嶋郡一宮町　字一宮細田	一宮町（細田町）	中島郡	明治22年～昭和58年
131	吉村藤左衛門	1	1	丹羽郡東大海道	秋津村東大海道	丹羽郡	明治22年～明治39年
132	鈴木弥兵衛	1	1	丹羽郡栄村　大字中奈良	栄村（中奈良村）	丹羽郡	明治22年～大正10年
133	足立清助	1	1	尾張国一宮町東町	一宮町（東町）	中島郡	
134	土田忠兵衛	1	1	愛知県尾張国中嶋郡一宮町　字東町	一宮町（東町）	中島郡	
135	林兼右衛門	1	1	愛知県中島郡一宮町	一宮町	中島郡	
136	林意六	1	1	愛知県尾張国中嶋郡一宮町	一宮町	中島郡	
137	田中九郎右衛門	1	1	愛知県尾張国中島郡一宮　字細田	一宮町（細田町）	中島郡	
138	富坂庄八	1	1	愛知県尾張国中嶋郡一宮町	一宮町	中島郡	
139	津田桑治郎	1	1	愛知県尾張国中島郡一宮町　字祢宜町	一宮町（祢宜町）	中島郡	
140	成瀬勝次郎	1	1	尾張国中島郡一宮町　祢宜町	一宮町（祢宜町）	中島郡	
141	吉田和三郎	1	1	尾張国中島郡一宮町細田	一宮町（細田町）	中島郡	
142	林彦次郎	1	1	尾張国中嶋郡一宮細田町	一宮町（細田町）	中島郡	
143	松浦文蔵	1	1	尾張国中島郡一宮町四ツ屋	一宮町（四ツ屋）	中島郡	
144	田中重右衛門	1	1	尾張国中嶋郡一宮町杉戸	一宮町（杉戸）	中島郡	
145	小川土佐次郎	1	1	尾張国中島郡一宮町東町	一宮町（東町）	中島郡	
146	内田松治郎	1	1	尾張国中嶋郡一宮町下馬町	一宮町（下馬場町）	中島郡	
合計		146人	235円				

2　芦峅寺大仙坊と関わった檀那場の人々

(1) 知多郡長尾村の三井家

知多郡長尾村の三井伝左衛門家(2)は、同村で江戸時代中期から代々庄屋を勤めてきた家系である。同家には数万点に及ぶ文書が伝承されてきたが、そのなかに、二冊の三禅定道中記や芦峅寺大仙坊の護符(3)、大仙坊から三井伝左衛門に宛てられた書簡(4)などが含まれている。

二冊の三禅定道中記のうち、三井伝左衛門著・享和元年（一八〇一）『三禅定道中覚帳(5)』を見ていくと、立山山麓で宿泊した宿坊に関する記載は見られないが、もう一冊の文化六年（一八〇九）『道中みちやどのおぼえ』[6]を見ていくと、立山山麓では芦峅寺の日光坊に宿泊していることがわかり、当時、三井家が日光坊と師檀関係を結んでいた可能性も指摘できる。

しかし一方では、前述の三井家に残る芦峅寺大仙坊の護符や、大仙坊から三井伝左衛門に宛てられた書簡（史料1）の内容から、大仙坊と三井家がある時期に師檀関係を結んでいた可能性も指摘できる。

以下、書簡の内容を見ておきたい。

〔史料3〕

□（欠損）□念頃預伝言忝奉存候。弥々其御表貴公様始御家内様、皆々御揃御堅勝ニ被遊御座候由、珍重之御儀ニ奉存候段、随而拙寺も無異相済申候間、乍憚御安恵ニ思召可被下候。誠ニ当春中ハ、奉加等色々願取持千万忝御礼申上候。此度ハ講中ゟ御参詣被下、首尾事程良相済大慶至極仕候。乍毎何之風情も不仕残念仕候。猶又、当年ハ貴宅ゟ御参詣被下筈ニ相伝居り申候所、如何御指出も御座候哉。御出も無之御残念奉存候。先ハ当暮廻旦之節万之御咄し申上度捧愚札候。早々頓首。

　　申七月六日　　大仙坊

　三井伝左衛門様

慶上候御袋様へも宜敷御伝聞召候。猶又講中江皆々様へ宜敷御伝聞召候。以上。

この書簡によると、大仙坊と三井伝左衛門家との間に、ある程度、以前から関係があったことがうかがわれる。大仙坊衆徒は三井家当主はもちろん、その夫人や母らとも面識があり、かなり良好な関係がうかがわれる。

具体的な内容としては、大仙坊衆徒が当該年の春、檀那場である長尾村での廻檀配札活動を行った折、奉加などの件で三井家にお世話になったことに対する礼が述べられている。また、当該年の夏、長尾村の立山講中の人々が立山参詣を無事済ませたことが記されている。さらに、この夏は、三井家の家人も立山参詣を行う予定であったのが、実際には来訪されなかったことが記されている。

当該年の暮れには、大仙坊衆徒は再び檀那場の長尾村を廻檀配札活動で訪れる予定にしており、その際は、三井家の当主といろいろ話をさせていただきたいと述べている。最後に大仙坊衆徒は、三井家当主の母や長尾の立山講中の人々に対してもよろしく伝えていただくように三井家当主に述べている。

以上の内容を整理してまとめると、この断簡の日付の申七月六日の該当年次は不明だが、長尾村は大仙坊の檀那場村の一村となっており、立山講中も成立し、大仙坊衆徒が毎年同地を訪れ廻檀配札活動を行っていたこと、また、実際に講中の人々が立山に参詣に訪れることもあったことなどがわかる。

(2)うのはな館所蔵の血盆経関係史料より

愛知県知多郡東浦町のうのはな館（東浦町郷土資料館）は、同町藤江の新美瀧蔵家文書を所蔵しているが、そのなかに芦峅寺大仙坊が信徒にわたした血盆経納経料と上供養料の領収書の覚え書き（整理番号五六四―一―七）が見られる。

〔史料4〕

覚

一金百疋　血盆経納経料
幷ニ上供養料共

内金弐朱甲子三月廿二日ニ令受納候（印）

右之通、献上之慥ニ受取申候。尤血脈等者当暮配札之刻相授可申候。以上。

立山大仙坊（印）

子三月廿二日

久太郎殿内ふく女

三　芦峅寺日光坊の檀那帳や奉加帳に見る尾張国・美濃国の檀那場

1　芦峅寺日光坊の檀那場

(1) 日光坊所蔵の慶長九年（一六〇四）の檀那場に関する断簡より

芦峅寺の宿坊家のなかで、史料的に最も古くから尾張国との関係が認められるのは芦峅寺日光坊である。同坊所蔵の慶長九年（一六〇四）の断簡文書[7]から、当時、すでに芦峅寺衆徒の日光坊や与十郎はその規模は不明だが、尾張国や三河国・美濃国に檀那場を形成・保有していたことが確認できる。

同文書に記載された村名のうち判読可能なものを書きあげると、尾張国では、大佐と村（大里村。知多郡、現在は東海市）、者年村（羽根村。知多郡、現在は知多市）、飛な可村（日長村。知多郡、現在は知多市）、おうの村（大野村。知多郡、現在は常滑市）、□（欠損）志や村（鍛冶屋村か。知多郡、現在は知多市）、とこな免四村（常滑四村。知多郡、現在は常滑市）、あの村（阿野村。知多郡、現在は常滑市）、きすし七村（枳豆志七村。知多郡、現在は常滑市）、むき村（椋原村か。知多郡、現在は阿久比町）などの村名が見られる。三河国では、つき村（月村。設楽郡、現在は東栄町）、ちいら村（知立村。碧海郡、現在は知立市）、いも河村（所在不明）などの村名が見られる。美濃国では、せ気村（関村。武儀郡、現在は関市）、いくし村（生櫛村。武儀郡、現在は美濃市）、可さ可ミ村（笠神村。武儀郡、現在は美濃市）などの村名が見られる。

(2) 文化一五年（一八一八）の『中嶋郡檀那帳』より

日光坊所蔵の尾張国中島郡の檀那場を対象とする、文化一五年（一八一八）の檀那帳である。表題に「中嶋郡檀那帳　文化十五年弥生初四日　立山日光坊(印)」とあり、形態は横帳で、寸法は一七・三×一二・五センチメートルである。

この檀那帳の具体的な内容は表7に示すとおりである。この檀那帳における信徒数は一六五人、宿家は二四軒、大札は七八枚、牛玉札は四二枚、守は八本、箸は七〇膳、針は六〇本、薬は五(単位不明)、立山御供は五三本である。

表7　芦峅寺日光坊の『中嶋郡檀那帳』（文化15年）の内容

No.	信徒名	人数	宿数	住所	該当国郡	大札	大牛王札	守	箸	針	薬	○立山御供
1	常八	1		清洲西市場	中島郡	1			1	1		
2	勇八	1		清洲西市場	中島郡	1			1	1		
3	源蔵	1		清洲西市場	中島郡	1			1	1		
○4	善九郎	1		大塚村	中島郡	1			1			
○5	七左衛門	1		大塚村	中島郡	1			1			
○6	武右衛門	1	1	大塚村	中島郡	1			1	1	1	
○7	伊吉	1		大塚村	中島郡	1			1			
○8	源吉	1		大塚村	中島郡	1			1			
○9	体静	1		大塚村	中島郡	1			1			
○10	勘右衛門	1		大塚村	中島郡	1			1			
○11	丈右衛門	1		大塚村	中島郡	1			1			
○12	丈左衛門	1		大塚村	中島郡	1			1			
○13	惣左衛門	1		大塚村	中島郡	1			1			
○14	庄左衛門	1		大塚村	中島郡	1			1			
○15	儀左衛門	1		大塚村	中島郡		1					
○16	清左衛門	1		大塚村	中島郡		1					
○17	伊右衛門	1		大塚村	中島郡		1					
○18	清右衛門	1		大塚村	中島郡		1					
○19	喜兵衛	1		大塚村	中島郡		1					
○20	富八	1		大塚村	中島郡		1					

○21	源左衛門	1		大塚村	中島郡		1					
○22	甚右衛門	1		大塚村	中島郡		1					
○23	勝蔵	1		大塚村	中島郡		1					
○24	久兵衛	1		大塚村	中島郡		1					
○25	嘉平治	1		大塚村	中島郡		1					
○26	宇兵衛	1		大塚村	中島郡		1					
○27	善六	1		大塚村	中島郡		1					
○28	おふよ	1		大塚村	中島郡		1					
○29	忠右衛門	1		大塚村	中島郡		1					
○30	金右衛門	1		大塚村	中島郡		1					
○31	喜代八	1		大塚村	中島郡		1					
○32	利八	1		大塚村	中島郡		1					
○33	和七	1		大塚村	中島郡		1					
○34	徳右衛門	1		大塚村	中島郡		1					
○35	甚吉	1		大塚村	中島郡		1					
○36	与三兵衛	1		大塚村	中島郡		1					
○37	喜右衛門	1		大塚村	中島郡		1					
○38	喜代七	1		大塚村	中島郡		1					
○39	儀右衛門	1		大塚村	中島郡		1					
○40	佐兵衛	1		大塚村	中島郡		1					
○41	市右衛門	1		大塚村	中島郡		1					
○42	普門	1		大塚村	中島郡		1					
○43	庄吉	1		大塚村	中島郡		1					
○44	彦左衛門	1		大塚村	中島郡		1					
○45	喜左衛門	1		大塚村	中島郡		1					
○46	軍吉	1		大塚村	中島郡		1					
○47	おとよ	1		大塚村	中島郡		1					
○48	おとの	1		大塚村	中島郡		1					
○49	おさん	1		大塚村	中島郡		1					
50	伝右衛門	1		いなむさわ町(稲葉村・小沢村か)	中島郡	1			1	1		

○51	弥八	1	1	東宮重村	中島郡							1
52	平左衛門	1		島村	中島郡	1			1	1		
53	豊蔵	1		島村	中島郡	1			1	1		
○54	孫七	1	1	石橋村	中島郡							1
○55	繁吉	1		石橋村	中島郡							1
○56	豊蔵	1		石橋村	中島郡							1
○57	半兵衛	1		石橋村	中島郡							1
○58	幸右衛門	1		串作村	中島郡	1			1	1		
○59	文左衛門	1		串作村	中島郡	1			1	1		
○60	太左衛門	1		串作村	中島郡							1
○61	六左衛門	1		串作村	中島郡	1			1	1		
○62	嘉兵衛	1	1	荒神村	中島郡							1
○63	五右衛門	1		荒神村	中島郡	1			1	1		
○64	半左衛門	1		荒神村	中島郡	1			1	1		
○65	久兵衛	1	1	荒神村	中島郡	1	1	1			1	
○66	伊左衛門	1	1	荒神村	中島郡	1	1	1				
○67	伝左衛門	1	1	高松村	中島郡	1	1	1			1	
○68	文助	1		高松村	中島郡	1			1	1		
○69	武左衛門	1		高松村	中島郡	1			1	1		
○70	千右衛門	1		高松村	中島郡	1			1	1		
○71	権左衛門	1		高松村	中島郡	1			1	1		
○72	磯右衛門	1		高松村	中島郡	1			1	1		
○73	甚右衛門	1		高松村	中島郡	1			1	1		
○74	惣左衛門	1		高松村	中島郡	1			1	1		
○75	武右衛門	1		高松村	中島郡	1	1小		1	1		
○76	半平	1		築込村	中島郡							1
○77	藤右衛門	1		築込村	中島郡							1
○78	権左衛門	1	1	朝宮村	中島郡	1	1	1			1	
○79	惣右衛門	1		朝宮村	中島郡	1			1	1		
○80	藤右衛門	1	1	朝宮村	中島郡	1	1	1			1	

○81	林蔵	1		朝宮村	中島郡							1
○82	瀧右衛門	1		朝宮村	中島郡							1
○83	利兵衛	1		朝宮村	中島郡							1
○84	助左衛門	1		朝宮村	中島郡	1						
○85	金左衛門	1		朝宮村	中島郡	1						
○86	七右衛門	1	1	板倉村	中島郡							1
○87	岩吉	1		蓮池村	中島郡							1
○88	久内	1	1	西萩原村	中島郡	1			1	1		
○89	喜兵衛	1		西萩原村	中島郡	1			1	1		
○90	佐七	1		西萩原村	中島郡	1			1	1		
○91	周蔵	1		西萩原村	中島郡							1
○92	観音堂	1		西萩原村	中島郡	1						
○93	藤蔵	1	1	吉藤村	中島郡							1
○94	市左衛門	1		吉藤村	中島郡	1			1	1		
○95	小七	1		萩原村	中島郡	1			1	1		
○96	半九郎	1		萩原村	中島郡	1			1	1		
97	幸吉	1		東阿古井村	中島郡	1			1	1		
○98	清吉（酒屋）	1		須賀村	中島郡							1
○99	弥兵衛	1	1	戸苅村	中島郡	1			1	1		
○100	新右衛門	1		戸苅村	中島郡	1			1	1		
○101	定左衛門	1	1	戸苅村	中島郡	1			1	1		
○102	清右衛門	1	1	戸苅村	中島郡	1		1	1	1		
○103	嘉兵衛	1		戸苅村	中島郡	1			1	1		
○104	太兵衛	1		戸苅村	中島郡	1			1	1		
○105	利八	1	1	戸苅村	中島郡	1		1	1	1		
○106	甚七	1		戸苅村	中島郡	1			1	1		
○107	四郎右衛門	1		戸苅村	中島郡	1			1	1		
○108	治兵衛	1		戸苅村	中島郡	1			1	1		
○109	代吉	1		戸苅村	中島郡	1			1	1		
○110	伊左衛門	1		戸苅村	中島郡	1			1	1		

○111	新兵衛	1		戸苅村	中島郡	1			1	1		
○112	茂平治	1		戸苅村	中島郡	1			1	1		
○113	利平治	1		戸苅村	中島郡	1			1	1		
○114	利左衛門	1		戸苅村	中島郡	1			1	1		
○115	重右衛門	1		戸苅村	中島郡	1			1	1		
○116	清吉	1		戸苅村	中島郡	1			1	1		
○117	佐平治	1		戸苅村	中島郡	1			1	1		
○118	高松利左衛門	1		戸苅村	中島郡	1			1	1		
○119	鶴屋治郎右衛門	1		萩原村	中島郡	1			1	1		
○120	源七	1		萩原村	中島郡	1			1	1		
○121	弥吉	1		萩原村	中島郡	1			1	1		
○122	伊藤弥右衛門	1		籠屋村	中島郡							1
○123	定七	1		阿古井藤棚	中島郡							1
○124	磯右衛門	1		阿古井藤棚	中島郡							1
○125	甚吉	1	1	玉野村	中島郡	1	1	1	1	1		
○126	三三郎	1		玉野村	中島郡	1			1	1		
○127	磯左衛門	1		玉野村	中島郡	1			1	1		
○128	常左衛門	1	1	生出村	中島郡	1			1	1		
○129	治兵衛	1		生出村	中島郡	1			1	1		
○130	金平	1		横野村	中島郡							1
○131	嘉左衛門	1		片原一色村	中島郡	1			1	1		
○132	豊七	1		片原一色村	中島郡	1			1	1		
○133	領八	1	1	山崎大塚中屋敷	中島郡							1
○134	武兵衛	1		山崎大塚中屋敷	中島郡							1
○135	久米八	1		山崎大塚中屋敷	中島郡							1
○136	茂右衛門	1		山崎大塚中屋敷	中島郡							1
○137	長右衛門	1		山崎大塚中屋敷	中島郡							1
○138	新七	1		山崎大塚中屋敷	中島郡							1
○139	忠治	1		山崎本村	中島郡							1
○140	徳右衛門	1		笹原村	中島郡							1

○141	長兵衛	1	1	鶴塚村	中島郡							1
○142	海田和泉守	1		中牧村	中島郡	1			1	1		1
○143	猶右衛門	1		本内村	中島郡							1
○144	新左衛門	1		四貫村	中島郡							1
○145	嘉左衛門	1		四貫村	中島郡							1
○146	庄右衛門	1		甲新田村山崎方	中島郡							1
○147	伊右衛門	1		甲新田村山崎方	中島郡							1
○148	佐兵衛	1		甲新田村	中島郡							1
○149	佐之右衛門	1	1	下二又村	中島郡							1
○150	久米八	1		下二又村	中島郡							1
○151	治兵衛	1		下二又村	中島郡							1
○152	久源	1	1	中島村	中島郡							1
○153	源左衛門	1		中丸淵村	中島郡							1
○154	勘蔵	1	1	須賀谷村	中島郡							1
○155	武兵衛	1		須賀谷村	中島郡							1
○156	幸吉	1		須賀谷村	中島郡							1
○157	甚七	1		鷲尾村	中島郡	1			1	1		
○158	磯七	1	1	娶振村	中島郡							1
○159	儀兵衛	1		娶振村	中島郡							1
○160	駒屋仁兵衛	1		津島峠町	海東郡							1
○161	伊勢屋伝兵衛	1		津島横町	海東郡							1
○162	七助	1		長間村	美濃国中島郡							1
○163	久八	1		巻野村	美濃国不破郡							1
○164	尾張屋善吉	1		竹ヶ鼻鍋屋町	美濃国羽栗郡							1
○165	平右衛門	1		竹ヶ鼻鍋屋町	美濃国羽栗郡							1
合計		165人	24軒			78枚	42枚	8本	70膳	60本	5	53本

〔凡例〕　本表は芦峅寺日光坊の文化15年（1818）『中島郡檀那帳』（個人所蔵・旧芦峅寺日光坊所蔵）の内容を解読し、掲載順に信徒名とその住所、及び江戸時代の所属国郡、人数、宿家の有無、頒布品の状況などを書きあげ、一覧にしたものである。掲載順の項目で番号の後に付られている「○」印は、本章3節3項でとりあげた日光坊の檀那帳にも記載されている信徒を示したものである。

(3) 江戸時代の檀那帳(横帳)より

日光坊の檀那帳の写しである。ペンで書写されており、同坊の関係者によって作成されたと推測される。表紙は散逸しているが、その内容から、おもに尾張国中島郡の檀那場を対象とした檀那帳であることがわかる。前掲の文化一五年(一八一八)『中島郡檀那帳』とは、完全とまではいえないが、檀那場の村々や信徒名、掲載順など、合致する部分もきわめて多い。本文中の二箇所に明治一二年(一八七九)七月の記載が見られ、この檀那帳の原本は江戸時代後期から明治時代中期頃までは使用されていたと推測される。書写本の形態は横帳で、寸法は一二・二×一八・三センチメートルである。以下、この檀那帳に記載された主な村名をあげておく。

尾張国中島郡の西市場村・大塚村・島村・石橋村・梅須賀村・北島村・生出村・横野村・片原一色村・築込村・萩原村・東宮重村・串作村・二子村・高松村・滝村・戸苅村・朝宮村・板倉村・蓮池村・西荻原村・吉藤村・東阿古井村・玉野村・祐久村・山崎村・中牧村・下二俣村・甲新田村・四貫村・中丸淵村・下祖父江村・丸淵村・法立村・鷲尾村・娶振村・須賀谷村・南方荒神村、尾張国海東郡の津島村、尾張国春日井郡の鍋屋上野村・小牧村横内、尾張国丹羽郡の河北村・江森村・下般若村・斉藤村・南山名村、美濃国中島郡の長間村、美濃国不破郡の牧野村。

(4) 江戸時代の檀那帳(長帳)より

日光坊の檀那帳の写しである。ペンで書写されており、同坊の関係者によって作成されたと推測される。表紙は見られないが、その内容から、おもに尾張国知多郡の檀那場を対象とした江戸時代後期の檀那帳であると推測される。この書写本の形態は横帳で、寸法は一三・二×三五・〇センチメートルである。同帳の具体的な内容は表8に示すとおりである。ちなみに、この檀那帳における信徒数は三九一人、宿数は一五軒、庄屋は一〇人、組頭は二人、寺社は五軒、大牛玉札は三五八枚、守は二三本、護摩札は三五枚、木札は七枚、大札は一枚、血盆経八本、薬は九(単位不明)、針は二九本、箸は三三膳、扇は八本、紙は八状である。

表8　芦峅寺日光坊の「尾張国知多郡檀那帳」(長帳)(江戸時代後期)の内容

No.	住所	信徒名	信徒数	宿数	庄屋	組頭	寺社	大牛	守	護摩札	木札	大札	血盆経	薬	針	箸	扇	紙	江戸時代の該当国郡
1	熱田旗屋町	岡本儀兵衛	1	1				1	1					1					愛知郡
2	熱田旗屋町	岡本左衛門	1					1	1										愛知郡
3	熱田旗屋町	岡本清吉	1	1				1	1										愛知郡
4	熱田旗屋町	岡本松蔵	1	1															愛知郡
5	熱田旗屋町	岡田屋伊助	1																愛知郡
6	熱田旗屋町	(欠損)屋(欠損)	1																愛知郡
7	熱田旗屋町	(欠損)庄五郎	1																愛知郡
8	知多郡込高新田	惣兵衛	1	1				1	1						1				知多郡
9	知多郡込高新田	惣八	1					1											知多郡
10	知多郡込高新田	弥五助	1					1					1		1	1			知多郡
11	知多郡込高新田	甚四郎	1					1											知多郡
12	知多郡込高新田	平(欠損)門	1					1											知多郡
13	知多郡込高新田	伊左衛門	1					1											知多郡
14	名和前新田袈山	早川清五郎	1	1				1							1			1	知多郡
15	名和前新田袈山	仁左衛門	1					1					1		1	1			知多郡
16	名和前新田袈山	藤七	1					1					1		1	1			知多郡
17	名和前新田袈山	新右衛門	1					1											知多郡
18	名和前新田袈山	佐右衛門	1					1											知多郡
19	名和前新田袈山	伝左衛門	1					1											知多郡
20	名和前新田袈山	文助	1					1											知多郡
21	名和前新田袈山	惣助	1					1											知多郡
22	名和前新田袈山	由三郎	1					1											知多郡
23	名和前新田袈山	助蔵	1					1											知多郡
24	名和前新田袈山	忠兵衛	1					1											知多郡
25	名和前新田袈山	仁右衛門	1					1											知多郡

26	名和前新田袈山	勇蔵	1					1											知多郡
27	名和前新田袈山	源右衛門	1					1											知多郡
28	名和前新田袈山	喜代蔵	1					1											知多郡
29	名和前新田袈山	与三郎	1					1											知多郡
30	名和前新田袈山	儀八	1					1											知多郡
31	名和前新田袈山	歌平	1					1											知多郡
32	名和前新田袈山	甚四郎	1					1											知多郡
33	柴田新田	藤助	1					1	1						1	1			愛知郡
34	柴田新田	源四郎	1					1							1	1			愛知郡
35	新保新田（新宝新田）	京右衛門	1					1	1						1	1			愛知郡
36	新保新田（新宝新田）	嘉四郎	1					1											愛知郡
37	新保新田（新宝新田）	嘉四郎・新家	1					1											愛知郡
38	名和前新田壱番畑	阿地輪吉右衛門	1	1				1	1	1					1	1			知多郡
39	名和前新田壱番畑	文蔵	1					1					1		1	1			知多郡
40	名和前新田壱番畑	伊右衛門	1					1					1						知多郡
41	名和前新田壱番畑	安右衛門	1					1											知多郡
42	名和前新田壱番畑	清右衛門	1					1											知多郡
43	名和前新田壱番畑	弥助	1					1											知多郡
44	名和前新田壱番畑	幸助	1					1											知多郡
45	名和前新田壱番畑	勘吉	1					1											知多郡
46	名和前新田壱番畑	坂勘右衛門	1					1					1						知多郡
47	名和前新田壱番畑	菊右衛門	1					1					1						知多郡
48	名和前新田壱番畑	甚四郎	1					1											知多郡
49	大里村	弥勒寺（真言宗）	1				1	1						2			1		知多郡
50	大里村	両庄屋	2		2			1								1	1		知多郡
51	大里村	組頭衆中	1			1		1							1	1			知多郡
52	大里村	井上定八	1					1	1										知多郡

53	大里村	又八	1					1											知多郡
54	大里村	左右衛門	1					1											知多郡
55	大里村	佐助	1					1											知多郡
56	大里村	惣兵衛	1					1											知多郡
57	大里村	藤四郎	1					1											知多郡
58	大里村	権三郎	1					1											知多郡
59	大里村	元左衛門	1					1											知多郡
60	大里村	佐之右衛門	1					1											知多郡
61	大里村	文助	1					1											知多郡
62	大里村浜新田	権平	1					1	1										知多郡
63	大里村	彦兵衛	1					1											知多郡
64	大里村	嘉左衛門	1					1											知多郡
65	大里村	新左衛門	1					1											知多郡
66	大里村	清兵衛	1					1											知多郡
67	大里村	仁兵衛	1					1											知多郡
68	大里村	忠四郎	1					1											知多郡
69	大里村	佐(1字難読)又右衛門	1					1											知多郡
70	大里村	兵作	1					1											知多郡
71	大里村	与七	1					1											知多郡
72	大里村	孫兵衛	1					1											知多郡
73	大里村	藤蔵	1					1											知多郡
74	大里村	円六	1					1											知多郡
75	大里村	弥三右衛門	1					1											知多郡
76	大里村	伴右衛門	1					1											知多郡
77	大里村	伝左衛門	1					1											知多郡
78	大里村	孫次郎	1					1											知多郡
79	大里村	角平	1					1											知多郡
80	大里村	黒口粂七	1					1											知多郡
81	大里村	庄六	1					1											知多郡

82	大里村	勘右衛門	1					1											知多郡
83	大里村	勘九郎	1					1											知多郡
84	大里村	市右衛門	1					1											知多郡
85	大里村	久三郎	1					1											知多郡
86	大里村	新重	1					1											知多郡
87	大里村	佐右衛門	1					1											知多郡
88	大里村	新六	1					1											知多郡
89	大里村	藤[ ](以下欠損)	1					1											知多郡
90	大里村	勘七	1					1											知多郡
91	大里村	杢右衛門	1					1											知多郡
92	大里村	甚兵衛	1					1											知多郡
93	大里村	新平	1					1											知多郡
94	大里村	[ ](以上欠損)八	1					1											知多郡
95	大里村	善助	1					1											知多郡
96	大里村	勘兵衛	1					1											知多郡
97	大里村	平左衛門	1					1											知多郡
98	大里村	杢左衛門	1					1											知多郡
99	大里村	又左衛門	1					1											知多郡
100	大里村	平九郎	1					1											知多郡
101	大里村	伊左衛門	1					1											知多郡
102	大里村	作兵衛	1					1											知多郡
103	大里村	吉右衛門	1					1											知多郡
104	大里村	吉重	1					1											知多郡
105	大里村	六右衛門	1					1											知多郡
106	大里村	伊助	1					1											知多郡
107	大里村	助三郎	1					1											知多郡
108	大里村	金右衛門	1					1											知多郡
109	大里村	半左衛門	1					1											知多郡
110	大里村	彦兵衛	1					1											知多郡
111	大里村	源兵衛	1					1											知多郡

112	木田村	太郎左衛門	1	1				1	1					1		1			知多郡
113	木田村	六左衛門	1					1							1	1			知多郡
114	木田村	平三郎	1					1											知多郡
115	木田村	喜三郎	1					1											知多郡
116	木田村	長左衛門	1					1											知多郡
117	木田村	与八	1					1											知多郡
118	木田村	久右衛門	1					1											知多郡
119	木田村	助左衛門	1					1											知多郡
120	木田村	又右衛門	1					1											知多郡
121	木田村	源左衛門	1					1											知多郡
122	横須賀村	東光庵（曹洞宗）	1				1	1						1		1			知多郡
123	横須賀村	両庄屋	2		2			1								1	1		知多郡
124	横須賀村	組頭衆中	1			1		1							1	1			知多郡
125	横須賀村	茂左衛門	1					1											知多郡
126	横須賀村	善七	1					1											知多郡
127	横須賀村	弥次右衛門	1					1											知多郡
128	横須賀村	幸吉	1					1											知多郡
129	横須賀村	松右衛門	1					1											知多郡
130	横須賀村	新三郎	1					1											知多郡
131	横須賀村	又右衛門	1					1											知多郡
132	横須賀村	重兵衛	1					1											知多郡
133	横須賀村	久三郎	1					1											知多郡
134	横須賀村	半七	1					1											知多郡
135	横須賀村	伝兵衛	1					1											知多郡
136	横須賀村	治郎八	1					1											知多郡
137	横須賀村	御庄屋衆	2		2			1								2			知多郡
138	佐布里村	吉兵衛	1					1							1	1			知多郡
139	佐布里村	卯兵衛	1					1											知多郡
140	佐布里村	半左衛門	1					1											知多郡
141	佐布里村	繁左衛門	1					1											知多郡

142	佐布里村	金蔵	1					1											知多郡
143	佐布里村	兵助	1					1											知多郡
144	佐布里村	喜四郎	1					1											知多郡
145	佐布里村	金三郎	1					1											知多郡
146	佐布里村	源三郎	1					1											知多郡
147	佐布里村	才兵衛	1					1											知多郡
148	佐布里村	惣兵衛	1					1											知多郡
149	佐布里村	彦九郎	1					1											知多郡
150	佐布里村	清右衛門	1					1											知多郡
151	佐布里村	伴右衛門	1					1											知多郡
152	佐布里村	六兵衛	1					1											知多郡
153	佐布里村	惣吉	1					1											知多郡
154	佐布里村	与兵衛	1					1											知多郡
155	佐布里村	治平	1					1											知多郡
156	佐布里村	治三郎	1					1											知多郡
157	佐布里村	由助	1					1											知多郡
158	佐布里村	長助	1					1											知多郡
159	佐布里村	多助	1					1											知多郡
160	佐布里村	惣七	1					1											知多郡
161	佐布里村	万右衛門	1					1											知多郡
162	佐布里村	又助	1					1											知多郡
163	佐布里村	直蔵	1					1											知多郡
164	佐布里村	与三郎	1					1											知多郡
165	佐布里村	庄次郎	1					1											知多郡
166	佐布里村	浅右衛門	1					1											知多郡
167	佐布里村	松右衛門	1					1											知多郡
168	佐布里村	清八	1					1											知多郡
169	佐布里村	惣三郎	1					1											知多郡
170	佐布里村	徳三郎	1					1											知多郡
171	佐布里村	兵吉	1					1											知多郡

172	佐布里村	松左衛門	1					1											知多郡
173	佐布里村	(1字難読)平	1					1											知多郡
174	佐布里村	太左衛門	1					1											知多郡
175	佐布里村	甚三郎	1					1											知多郡
176	佐布里村	治郎右衛門	1					1											知多郡
177	佐布里村	又蔵	1					1											知多郡
178	佐布里村	善右衛門	1					1											知多郡
179	佐布里村	佐兵衛	1					1											知多郡
180	佐布里村	重兵衛	1					1											知多郡
181	佐布里村	安三郎	1					1											知多郡
182	佐布里村	宇右衛門	1					1											知多郡
183	佐布里村	忠三郎	1					1											知多郡
184	佐布里村	彦助	1					1											知多郡
185	佐布里村	文平	1					1											知多郡
186	佐布里村	七郎兵衛	1					1											知多郡
187	佐布里村	忠左衛門	1					1											知多郡
188	佐布里村	藤三郎	1					1											知多郡
189	佐布里村	清三郎	1					1											知多郡
190	佐布里村	弥市	1																知多郡
191	佐布里村	庄右衛門	1																知多郡
192	佐布里村	利右衛門	1																知多郡
193	佐布里村	仙蔵	1																知多郡
194	佐布里村	作蔵	1																知多郡
195	佐布里村	周蔵	1																知多郡
196	佐布里村	勘右衛門	1																知多郡
197	佐布里村	久兵衛	1																知多郡
198	佐布里村	伴蔵	1																知多郡
199	佐布里村	七右衛門	1																知多郡
200	佐布里村	与八	1																知多郡
201	佐布里村	新兵衛	1																知多郡

202	佐布里村	藤七	1																知多郡
203	佐布里村	弥三郎	1																知多郡
204	佐布里村	惣十郎	1					1											知多郡
205	佐布里村	伊右衛門	1					1											知多郡
206	佐布里村	清蔵	1					1											知多郡
207	佐布里村	又右衛門	1					1											知多郡
208	佐布里村	直右衛門	1					1											知多郡
209	佐布里村	文右衛門	1					1											知多郡
210	佐布里村	藤右衛門	1					1											知多郡
211	佐布里村	仁左衛門	1					1											知多郡
212	佐布里村	又左衛門	1																知多郡
213	佐布里村	源三郎	1																知多郡
214	岡田村	竹内丈右衛門	1					1	1		1		1	2				4	知多郡
215	岡田村	竹内治郎平	1					1		1									知多郡
216	岡田村	竹内治郎左衛門	1					1		1									知多郡
217	岡田村	竹内仁右衛門	1					1	1	1								2	知多郡
218	岡田村	竹内只右衛門	1					1											知多郡
219	岡田村	竹内安右衛門	1					1											知多郡
220	岡田村	竹内藤太郎	1					1		1									知多郡
221	岡田村	竹内重兵衛	1					1		1									知多郡
222	岡田村	竹内甚三郎	1					1		1									知多郡
223	岡田村	種徳庵	1				1	1									2		知多郡
224	岡田村	喜代八	1					1							1	1			知多郡
225	岡田村	林右衛門	1					1											知多郡
226	岡田村	与左衛門	1					1	1	1									知多郡
227	岡田村	弥平	1					1	1										知多郡
228	岡田村	九郎右衛門	1					1	1										知多郡
229	岡田村	藤三郎	1					1	1	1									知多郡
230	岡田村	粂右衛門	1							1									知多郡
231	岡田村	友七	1					1											知多郡

232	岡田村	弥右衛門	1								1								知多郡
233	岡田村	円重	1					1											知多郡
234	岡田村	竹蔵	1					1											知多郡
235	岡田村	九郎左衛門	1					1											知多郡
236	岡田村	三右衛門	1					1											知多郡
237	岡田村	和七	1					1											知多郡
238	岡田村	彦助	1							1									知多郡
239	岡田村	惣兵衛	1					1											知多郡
240	岡田村	惣左衛門	1					1											知多郡
241	岡田村	藤兵衛	1					1											知多郡
242	岡田村	吉兵衛	1					1											知多郡
243	岡田村	常右衛門	1					1											知多郡
244	岡田村	三郎右衛門	1					1											知多郡
245	岡田村	円助	1					1											知多郡
246	岡田村	松右衛門	1					1											知多郡
247	岡田村	弥右衛門	1					1											知多郡
248	岡田村	六郎平	1					1											知多郡
249	岡田村	新六	1					1											知多郡
250	岡田村	新左衛門	1					1											知多郡
251	岡田村	源兵衛	1					1											知多郡
252	岡田村	徳右衛門	1					1											知多郡
253	岡田村	和吉	1					1											知多郡
254	岡田村	宗八	1					1											知多郡
255	岡田村	利左衛門	1					1											知多郡
256	岡田村	千蔵	1					1											知多郡
257	岡田村	孫太郎	1					1	1	1									知多郡
258	岡田村	庄蔵	1					1											知多郡
259	岡田村	三郎兵衛	1					1	1		1								知多郡
260	岡田村	中嶋七右衛門	1					1			1					2			知多郡
261	岡田村	仁平	1									1							知多郡

262	岡田村	南八	1					1	1	1				1	1			1	知多郡
263	岡田村	忠四郎	1					1							1	1			知多郡
264	岡田村	佐右衛門	1					1											知多郡
265	岡田村	勘右衛門	1							1	1								知多郡
266	岡田村	辰右衛門	1					1											知多郡
267	岡田村	伊右衛門	1					1	1	1									知多郡
268	岡田村	孫左衛門	1					1											知多郡
269	岡田村	柳右衛門	1					1											知多郡
270	岡田村	平左衛門	1					1											知多郡
271	岡田村	佐治兵衛	1					1											知多郡
272	岡田村	権左衛門	1					1											知多郡
273	岡田村	仁兵衛	1					1											知多郡
274	岡田村	喜平治	1					1											知多郡
275	岡田村	喜次郎	1					1											知多郡
276	岡田村	平兵衛	1					1											知多郡
277	岡田村	仲右衛門	1					1			1								知多郡
278	岡田村	金右衛門	1					1											知多郡
279	岡田村	市右衛門	1					1											知多郡
280	岡田村	与三左衛門	1					1											知多郡
281	岡田村	忠兵衛	1					1											知多郡
282	岡田村	小左衛門	1					1											知多郡
283	岡田村	兵助	1					1											知多郡
284	岡田村	平之右衛門	1					1											知多郡
285	岡田村	金蔵	1					1											知多郡
286	岡田村	源助	1					1			1								知多郡
287	岡田村	両庄屋衆中	2		2			1									2		知多郡
288	岡田村	慈雲寺(臨済宗)	1				1	1									1		知多郡
289	鍛冶屋村	長左衛門	1	1				1	1						1	1			知多郡
290	鍛冶屋村	忠右衛門	1	1				1											知多郡
291	鍛冶屋村	喜左衛門	1					1							1	1			知多郡

292	鍛冶屋村	三右衛門	1					1											知多郡
293	鍛冶屋村	伝左衛門	1					1											知多郡
294	鍛冶屋村	円六	1					1											知多郡
295	鍛冶屋村	清次郎	1					1											知多郡
296	鍛冶屋村	助左衛門	1					1											知多郡
297	鍛冶屋村	九郎兵衛	1																知多郡
298	鍛冶屋村	弥三左衛門	1																知多郡
299	鍛冶屋村	九郎右衛門	1																知多郡
300	羽根村	庄屋茂右衛門	1		1			1							1	1			知多郡
301	羽根村	源右衛門	1					1											知多郡
302	羽根村	伝右衛門	1					1											知多郡
303	羽根村	市左衛門	1					1											知多郡
304	羽根村	安右衛門	1					1											知多郡
305	羽根村	安蔵	1					1											知多郡
306	羽根村	惣右衛門	1					1											知多郡
307	羽根村	太兵衛	1					1											知多郡
308	羽根村	常重	1					1											知多郡
309	大光寺村（大興寺村）	孫兵衛	1	1				1							1	1			知多郡
310	大光寺村（大興寺村）	半兵衛	1	1				1											知多郡
311	北粕屋村	吉左衛門	1					1							1	1			知多郡
312	北粕屋村	長左衛門	1					1											知多郡
313	北粕屋村	藤兵衛	1					1											知多郡
314	南粕屋村	長右衛門	1					1		1					1	1			知多郡
315	南粕屋村	庄屋江端長兵衛	1		1			1							1	1			知多郡
316	南粕屋村	庄助	1					1		1									知多郡
317	南粕屋村	源六	1					1											知多郡
318	南粕屋村	佐兵衛	1					1		1									知多郡
319	南粕屋村	久次郎	1					1											知多郡

320	南粕屋村	半右衛門	1					1											知多郡
321	南粕屋村	嘉左衛門	1					1		1									知多郡
322	南粕屋村	伝蔵	1					1											知多郡
323	南粕屋村	庄六	1					1											知多郡
324	南粕屋村	庄三郎	1					1		1									知多郡
325	南粕屋村	善兵衛	1					1											知多郡
326	南粕屋村	清右衛門	1					1											知多郡
327	南粕屋村	喜兵衛	1					1											知多郡
328	南粕屋村	平七	1					1											知多郡
329	南粕屋村	重兵衛	1					1		1									知多郡
330	矢田村	平左衛門	1	1				1		1					1	1			知多郡
331	矢田村	忠左衛門	1					1											知多郡
332	矢田村	銀右衛門	1					1											知多郡
333	矢田村	源右衛門	1					1		1									知多郡
334	矢田村	元右衛門	1					1		1									知多郡
335	矢田村	若左衛門	1					1		1									知多郡
336	矢田村	伝七	1					1											知多郡
337	矢田村	善兵衛	1					1		1									知多郡
338	矢田村	佐兵衛	1					1		1									知多郡
339	矢田村	勘兵衛	1					1		1									知多郡
340	矢田村	佐右衛門	1					1											知多郡
341	矢田村	長九郎	1					1		1									知多郡
342	矢田村	佐助	1					1											知多郡
343	矢田村	仁兵衛	1					1		1									知多郡
344	矢田村	久次郎	1					1		1									知多郡
345	矢田村	八左衛門	1					1		1									知多郡
346	矢田村	義右衛門	1					1											知多郡
347	矢田村	善右衛門	1					1											知多郡
348	矢田村	伝兵衛	1					1		1									知多郡
349	矢田村	玉右衛門	1					1		1									知多郡

350	矢田村	太蔵	1					1		1									知多郡
351	小倉村	助重	1	1				1	1						1				知多郡
352	小倉村	与右衛門	1					1							1	1			知多郡
353	小倉村	惣助	1					1											知多郡
354	小倉村	杉三郎	1					1											知多郡
355	小倉村	茂右衛門	1					1											知多郡
356	小倉村	権左衛門	1					1											知多郡
357	小倉村	万右衛門	1					1											知多郡
358	小倉村	元吉	1					1											知多郡
359	小倉村	源重郎	1					1											知多郡
360	小倉村	和右衛門	1					1											知多郡
361	小倉村	弥左衛門	1					1											知多郡
362	小倉村	孫右衛門	1					1											知多郡
363	小倉村	甚右衛門	1					1											知多郡
364	小倉村	嘉七	1					1											知多郡
365	小倉村	伊右衛門	1					1											知多郡
366	小倉村	助右衛門	1					1	1										知多郡
367	小倉村	弥平	1					1											知多郡
368	小倉村	長五郎	1					1											知多郡
369	小倉村	善三郎	1					1											知多郡
370	小倉村	丈右衛門	1					1											知多郡
371	小倉村	助左衛門	1	1															知多郡
372	宮山村	長兵衛	1	1				1						1	1	1			知多郡
373	宮山村	松右衛門	1					1											知多郡
374	宮山村	新右衛門	1					1							1	1			知多郡
375	宮山村	久兵衛	1					1											知多郡
376	宮山村	与右衛門	1					1											知多郡
377	宮山村	惣右衛門	1					1											知多郡
378	宮山村	熊蔵	1					1											知多郡
379	宮山村	茂平	1					1											知多郡

380	宮山村	清観寺	1				1	1											知多郡
381	宮山村	八郎左衛門	1					1											知多郡
382	宮山村	市左衛門	1					1											知多郡
383	宮山村	八左衛門	1					1											知多郡
384	宮山村	林右衛門	1					1											知多郡
385	宮山村	庄右衛門	1					1											知多郡
386	宮山村	善蔵	1					1											知多郡
387	宮山村	長四郎	1					1											知多郡
合計			391人	15軒	10人	2人	5軒	358枚	23本	35枚	7枚	1枚	8本	9	29本	33膳	8本	8状	

⑸立山曼荼羅『坪井家A本』の軸裏の墨書銘文より

この史料の詳細は、拙著『立山信仰と立山曼荼羅』（八九～一一四頁）を参照していただきたい。以下、この史料の軸裏銘文に見られる村名をあげておく。

尾張国知多郡の岡田村・大野村・多屋村・常滑町・樽見村・武豊港・古場・鍛冶屋村・犬山新田・名和村、尾張国海東郡の堀之内村・砂子村。

⑹弘化三年（一八四六）の『立山御嬶尊別当奉加勧進記』より

この史料の詳細は、拙著『立山信仰と布橋大灌頂法会』（一九六～二二九頁）と表9を参照していただきたい。尾張国知多郡の各村が配札地とされ、信徒数は三九三人、一二団体、受納額は四六両二分一朱一四二八文・布団二枚・幕一張となっている（白布二五〇・五〇反を含む）。

表9　芦峅寺日光坊の『立山御嬶尊別当奉加勧進記』（弘化3年）の内容

No.	信徒名	人数	団体寄進	講元	庄屋	住所	該当国郡	白布	両	分	朱	疋	疋（青銅）	文	銅	布団	備考
1	久田平左衛門	1				阿野村	知多郡	2									
2	浜嶋彦四郎	1		1		阿野村	知多郡				2						講元

3	栄蔵・源右衛門	2				阿野村	知多郡	1.5									
4	五良右衛門・藤吉	2				阿野村	知多郡	1.5									
5	友右衛門・善三郎	2				阿野村	知多郡	1.5									
6	又右衛門	1				阿野村	知多郡	0.5									
7	甚右衛門	1				阿野村	知多郡	0.5									
8	作右衛門・八良右衛門	2				阿野村	知多郡	1.5									
9	定助	1				阿野村	知多郡	0.5									
10	久田四郎左衛門	1				阿野村	知多郡	0.5									
11	五右衛門・紋右衛門・憶右衛門	3		3		阿野村	知多郡	2									講元中
12	儀兵衛・甚吉	2				阿野村	知多郡	1									
13	市兵衛・治右衛門	2				阿野村	知多郡	1									
14	吉左衛門・佐次右衛門	2				阿野村	知多郡	1									
15	三良左衛門・彦左衛門	2				阿野村	知多郡	1									
16	村内志集		1			阿野村	知多郡	35					160	33			世話方若連中
17	忠右衛門	1				熊野村	知多郡	1									
18	半右衛門	1				熊野村	知多郡	1									
19	作右衛門	1				熊野村	知多郡	0.5									
20	吉右衛門	1				熊野村	知多郡	0.5									
21	庄兵衛	1				熊野村	知多郡	0.5									
22	甚吉	1				熊野村	知多郡	0.5									
23	藤右衛門	1				熊野村	知多郡	0.5									
24	儀右衛門	1				熊野村	知多郡	0.5									
25	孫右衛門	1				熊野村	知多郡	0.5									
26	藤左衛門	1				熊野村	知多郡	0.5									
27	久右衛門	1				熊野村	知多郡	0.5									

28	村内志集		1			熊野村	知多郡	5					10				世話方若連中
29	伝兵衛・甚左衛門・卯吉・為吉	4				熊野村	知多郡	1									
30	定右衛門	1		1		古場村	知多郡	1									午年講元
31	市兵衛	1				古場村	知多郡	0.5									
32	藤右衛門	1				古場村	知多郡	1									
33	喜左衛門	1				古場村	知多郡	1									
34	三右衛門	1				古場村	知多郡	1									
35	甚右衛門	1				古場村	知多郡	1									
36	善四良	1				古場村	知多郡	1									
37	利兵衛	1				古場村	知多郡	1									
38	喜作	1				古場村	知多郡	1									
39	松蔵	1				古場村	知多郡	1									
40	万蔵	1				古場村	知多郡	1									
41	七右衛門	1				古場村	知多郡	1.5									
42	岩吉	1				古場村	知多郡	1									
43	栄蔵	1				古場村	知多郡	1									
44	弥平次	1				古場村	知多郡	1									
45	重吉	1				古場村	知多郡	0.5									
46	八左衛門	1				古場村	知多郡	0.5									
47	忠左衛門	1				古場村	知多郡	0.5									
48	作右衛門	1				古場村	知多郡	0.5									
49	友吉	1				古場村	知多郡	0.5									
50	利兵	1				古場村	知多郡	0.5									
51	作左衛門	1				古場村	知多郡	0.5									
52	常助	1				古場村	知多郡	0.5									
53	利右衛門・喜曾右衛門・友七	3				古場村	知多郡	1									

54	六左衛門・仲右衛門・松右衛門・治兵衛	4				古場村	知多郡	1									
55	武右衛門・治左衛門・七兵衛	3				古場村	知多郡	1									
56	徳左衛門	1				古場村	知多郡	0.5									
57	徳右衛門	1				古場村	知多郡	0.5									
58	村内志集		1			古場村	知多郡	5					50	14			世話方十八組同行中但午年参詣衆
59	岩川儀右衛門	1				檜原村	知多郡	2									
60	岩川久左衛門	1				檜原村	知多郡	2									
61	入山金右衛門	1				檜原村	知多郡	2									
62	岩川治右衛門	1				檜原村	知多郡	1									
63	太郎左衛門	1				檜原村	知多郡	0.5									
64	岩川藤左衛門	1				檜原村	知多郡	1									
65	岩川利助	1				檜原村	知多郡	1									
66	岩川藤助	1				檜原村	知多郡	0.5									抹消
67	岩川勘九良	1				檜原村	知多郡	0.5									抹消
68	入山金左衛門	1				檜原村	知多郡	0.5									
69	小西善六	1				檜原村	知多郡	0.5									抹消
70	岩川源左衛門	1				檜原村	知多郡	0.5									
71	入山弥吉	1				檜原村	知多郡	0.5									
72	岩川新右衛門	1				檜原村	知多郡	0.5									
73	杉山茂左衛門	1				檜原村	知多郡	0.5									
74	入山利七（和義女）	1				檜原村	知多郡	1									
75	小西善右衛門	1				檜原村	知多郡	0.5									
76	田中治郎右衛門	1				檜原村	知多郡	0.5									

77	小西庄左衛門（登義女）	1				檜原村	知多郡	1									
78	田中重兵衛	1				檜原村	知多郡	0.5									
79	田中治左衛門	1				檜原村	知多郡	1									
80	久松伊助	1				檜原村	知多郡	1									抹消
81	岩川源蔵	1				檜原村	知多郡	1									
82	勘三良	1				檜原村	知多郡	0.5									
83	勘六	1				檜原村	知多郡	0.5									
84	清右衛門	1				檜原村	知多郡	1									
85	岩川吉左衛門	1				檜原村	知多郡	1									
86	小西庄右衛門	1				檜原村	知多郡	1									
87	清吉	1				檜原村	知多郡	0.5									
88	平三良	1				檜原村	知多郡	0.5									
89	入山新助	1				檜原村	知多郡	0.5									
90	小西五良左衛門	1				檜原村	知多郡	0.5									
91	岩川丹蔵	1				檜原村	知多郡	1									
92	小西伴左衛門	1				檜原村	知多郡	1									
93	小西権右衛門・岩川甚六・岩川治平	3				檜原村	知多郡	1									
94	岩川甚八	1				檜原村	知多郡	0.5									
95	小西武左衛門・田中甚七・岩川作右衛門	3				檜原村	知多郡	1									
96	林吉	1				檜原村	知多郡	0.5									
97	儀平	1				檜原村	知多郡						30				
98	清左衛門	1				檜原村	知多郡						40				
99	小西兵左衛門	1				檜原村	知多郡	0.5									
100	小西伝左衛門	1				檜原村	知多郡				2						
101	村内志集		1			檜原村	知多郡						170	34			世話方若連中

102	伝右衛門	1				苅屋村	知多郡	1									
103	與右衛門	1		1		苅屋村	知多郡	1									山光池川庵主丑年参詣講元
104	市左衛門	1				苅屋村	知多郡	1									
105	八兵衛	1				苅屋村	知多郡	1									
106	平左衛門	1				苅屋村	知多郡	1									
107	庄次左衛門	1				苅屋村	知多郡	1									
108	善右衛門	1				苅屋村	知多郡	1									
109	善三良	1				苅屋村	知多郡	1									
110	甚兵衛	1				苅屋村	知多郡	0.5									
111	甚吉	1				苅屋村	知多郡	0.5									
112	治左衛門	1				苅屋村	知多郡	1									
113	新左衛門	1				苅屋村	知多郡	1									
114	金兵衛	1				苅屋村	知多郡	1									
115	孫八	1				苅屋村	知多郡	1									
116	庄右衛門	1		1		苅屋村	知多郡	1									後講元
117	喜左衛門・宇兵衛	2				苅屋村	知多郡	1									
118	権右衛門	1				苅屋村	知多郡	1									
119	喜右衛門	1				苅屋村	知多郡	1									血盆経奉納
120	長右衛門	1				苅屋村	知多郡	1									
121	要助	1				苅屋村	知多郡	1									
122	甚八・新右衛門	2				苅屋村	知多郡	1									
123	利左衛門・佐平	2				苅屋村	知多郡	1									
124	徳左衛門・助左衛門	2				苅屋村	知多郡	1									
125	茂兵衛・文七	2				苅屋村	知多郡	1									

126	庄助・庄左衛門・源吉	3				苅屋村	知多郡	1									
127	七蔵・惣左衛門・甚左衛門・長左衛門	4				苅屋村	知多郡	1									
128	金右衛門・五右衛門・作右衛門・佐次右衛門	4				苅屋村	知多郡	1									
129	佐吉・庄兵衛・伝吉・利右衛門	4				苅屋村	知多郡	1									
130	文右衛門・六助・市蔵・吉弥	4				苅屋村	知多郡	1									
131	治三良・文四良・林助・幸八	4				苅屋村	知多郡	1									
132	六右衛門・権兵衛・三次良・文六	4				苅屋村	知多郡	1									
133	利助・清右衛門・作左衛門・甚作	4				苅屋村	知多郡	1									
134	長三良・平助・清兵衛・浅七・半左衛門・孫右衛門	6				苅屋村	知多郡	1									
135	善四郎・市右衛門・茂吉・為蔵	4				苅屋村	知多郡	1									
136	三州長左衛門	1				苅屋村	知多郡	1									
137	六良兵衛・彦右衛門・市良平・善七	4				苅屋村	知多郡	1									
138	権左衛門・庄吉・四良右衛門・久三良	4				苅屋村	知多郡	1									
139	竹蔵・久左衛門・勝五良・武右衛門	4				苅屋村	知多郡	0.5									

140	村内志集		1			苅屋村	知多郡	記載なし									世話方丑年参詣同行十四人組
141	冨松九兵衛	1				広目村	知多郡	1									秋山道湖庵主
142	茂平次	1				広目村	知多郡	1									
143	庄右衛門	1				広目村	知多郡	1									
144	彦右衛門	1				広目村	知多郡	1									
145	忠右衛門	1				広目村	知多郡	1									忠山了源庵主
146	兵右衛門	1				広目村	知多郡	1									
147	卯兵衛	1				広目村	知多郡	1									
148	彦左衛門	1				広目村	知多郡	1									
149	助右衛門	1				広目村	知多郡	1									
150	清右衛門	1				広目村	知多郡	0.5									
151	佐四郎	1				広目村	知多郡	0.5									
152	権九良	1				広目村	知多郡	0.5									
153	吉右衛門	1				広目村	知多郡	0.5									
154	孫右衛門	1				広目村	知多郡	0.5									
155	和吉	1				広目村	知多郡	0.5									
156	源蔵	1				広目村	知多郡	0.5									
157	源兵衛	1				広目村	知多郡	0.5									
158	万蔵	1				広目村	知多郡	0.5									
159	岩吉	1				広目村	知多郡	0.5									
160	吉蔵	1				広目村	知多郡	0.5									
161	藤右衛門	1				広目村	知多郡	0.5									
162	佐次右衛門	1				広目村	知多郡	0.5									
163	七左衛門	1				広目村	知多郡	0.5									

164	村内志集		1			広目村	知多郡						100	61			世話方同行之内 茂平次・彦左衛門
165	大崎藤吉	1			1	上野間村	知多郡					200					
166	青木小右衛門	1			1	北奥田村	知多郡					100	40				
167	畑中吉六	1			1	柿並村	知多郡			2							
168	盛田久左衛門	1		1		小鈴谷村	知多郡	2									講元
169	松田宮太夫・盛田太吉・組頭貳人・村内志集	4	1			小鈴谷村	知多郡		1		2		730	82			世話方若連中
170	中野七右衛門	1			1	東大高村	知多郡										御幕1張
171	定右衛門	1			1	市原村	知多郡										
172	治右衛門	1			1	大足村	知多郡					100					
173	田中九右衛門	1				富貴村市場	知多郡	1									
174	田中平右衛門	1				富貴村市場	知多郡	1									
175	田中伝三良	1				富貴村市場	知多郡	1									
176	田中長四良	1				富貴村市場	知多郡	1									
177	中村清兵衛	1				富貴村市場	知多郡	1									
178	田中新兵衛	1				富貴村市場	知多郡	1									

179	田中伝右衛門	1				富貴村市場	知多郡	1									
180	田中儀右衛門	1				富貴村市場	知多郡	1									
181	田中久助	1				富貴村市場	知多郡	1									
182	田中七郎平	1				富貴村市場	知多郡	1									
183	田中庄蔵	1				富貴村市場	知多郡	1									
184	田中長右衛門	1				富貴村市場	知多郡	1									
185	森田善吉	1				富貴村市場	知多郡	1									
186	新美新吉	1				富貴村市場	知多郡	1									
187	田中善左衛門	1				富貴村市場	知多郡	1									
188	柴田清六	1				富貴村市場	知多郡	1									
189	柴田利右衛門	1				富貴村市場	知多郡	1									
190	田中甚七	1				富貴村市場	知多郡	1									
191	籾山六次良	1				富貴村市場	知多郡	1									
192	田中忠兵衛	1				富貴村市場	知多郡	1									
193	田中金作（猶右衛門内）	1				富貴村市場	知多郡	1									
194	勘六	1				富貴村市場	知多郡	1									

195	平四郎	1				富貴村市場	知多郡	1									
196	田中惣左衛門	1				富貴村市場	知多郡	1									
197	田中伝九良	1				富貴村市場	知多郡	1									
198	森田作治良	1				富貴村市場	知多郡	1									
199	せ□（1字難読）女	1				富貴村市場	知多郡	1									
200	喜平・亀吉・去方	3				富貴村市場	知多郡	1									
201	田中弥左衛門	1				富貴村市場	知多郡	0.5									
202	田中正右衛門・田中正助	2				富貴村市場	知多郡	1									
203	森田嘉四良・森田作平	2				富貴村市場	知多郡	1									
204	杢右衛門・民蔵・栄助	3				富貴村市場	知多郡	1									
205	森田仲蔵	1				富貴村市場	知多郡	0.5									
206	田中長兵衛	1				富貴村市場	知多郡	0.5									
207	ちゑ女	1				富貴村市場	知多郡	0.5									
208	松助・太右衛門	2				富貴村市場	知多郡	0.5									
209	彦三良	1				富貴村市場	知多郡	0.5									
210	甚平・弥七・定右衛門	3				富貴村市場	知多郡	1									

211	し奈女・清蔵・治左衛門	3				富貴村市場	知多郡	1									
212	紋右衛門・与之右衛門・直吉・与右衛門・定助・仲三良・孫右衛門	7				富貴村市場	知多郡	1									
213	弥右衛門・浅蔵・兵蔵・忠次良・喜三次・治良右衛門・文次良・弥惣左衛門	8				富貴村市場	知多郡	1									
214	猶右衛門・□(1字難読)免女・菊蔵・丹蔵・喜三良・仁右衛門	6				富貴村市場	知多郡	1									
215	久四良・甚六・藤右衛門・藤七・惣三郎・栄助	6				富貴村市場	知多郡	1									
216	久三良・五右衛門・久兵衛・政右衛門・孫兵衛・和助・皆蔵	7				富貴村市場	知多郡	1									
217	志		1			富貴村市場	知多郡	1									
218	弥七	1				内扇村	知多郡	1									
219	作右衛門	1				内扇村	知多郡	0.5									
220	金蔵	1				内扇村	知多郡	0.5									
221	清六	1				内扇村	知多郡	0.5									
222	半七	1				内扇村	知多郡	0.5									
223	五平	1				内扇村	知多郡	0.5									
224	伊助	1				内扇村	知多郡	0.5									
225	百合草莪左衛門	1				内扇村	知多郡	1									

226	野村藤十良	1				一色村	知多郡					100					舩玉安全
227	野村藤次良	1				一色村	知多郡					100					舩玉家全禱長遠
228	中村六良兵衛	1				一色村	知多郡					100					
229	陸井太右衛門	1			1	坂井村	知多郡		1								
230	久海東五右衛門	1				坂井村	知多郡	1									
231	智孝尼	1				富貴村市場	知多郡									1	
232	田中伝右衛門	1				富貴村市場	知多郡									1	
233	清水治右衛門	1				大足村	知多郡					50					
234	市右衛門・源左衛門・半兵衛	3				大谷村	知多郡	1									
235	森田甚左衛門	1		1		大谷村	知多郡	1									講元
236	明壁庄左衛門	1				大谷村	知多郡	0.5									
237	明壁三郎左衛門	1				大谷村	知多郡	0.5									
238	千賀喜代七	1				大谷村	知多郡	0.5									
239	嶋仲志集		1			大谷村	知多郡					300	450		12		
240	竹内佐五右衛門	1		1		大谷村	知多郡	1									奥条講元
241	大岩嘉平次	1			1	大谷村	知多郡	0.5									
242	明壁甚八	1				大谷村	知多郡	1									
243	明壁佐兵衛・竹内庄左衛門	2				大谷村	知多郡	1									
244	大岩弥平次	1				大谷村	知多郡					50					
245	嶋中志集		1			大谷村	知多郡				2		480				
246	村内安全		1			常滑奥条村	知多郡					200					

247	大善院・安左衛門・林助・惣吉・善次郎・茂八・藤左衛門・喜八・幸吉・孫六・伝右衛門・善六・角左衛門・弥七・利右衛門	15				常滑奥条村	知多郡					200	50				
248	長三良	1				常滑奥条村	知多郡	1									
249	甚左衛門	1			1	常滑奥条村	知多郡	1									
250	後講中		1			常滑奥条村	知多郡				2		90		29		
251	銀蔵	1				多屋浦方	知多郡	1									
252	半四良	1				多屋浦方	知多郡	1									
253	與治兵衛	1				多屋浦方	知多郡	1									
254	源治郎	1				多屋浦方	知多郡	1									
255	九平	1				多屋浦方	知多郡	1									
256	善九良	1				多屋浦方	知多郡	0.5									
257	伊助	1				多屋浦方	知多郡	0.5									
258	甚兵衛	1				多屋浦方	知多郡	0.5									
259	太郎佐	1				多屋浦方	知多郡	0.5									

260	半右衛門	1				多屋浦方	知多郡	1									
261	忠右衛門	1				多屋浦方	知多郡	1									
262	佐右衛門	1				多屋浦方	知多郡	1									
263	半六	1				多屋浦方	知多郡	1									
264	與三兵衛	1				多屋浦方	知多郡	1									
265	彦八	1				多屋浦方	知多郡	1									
266	三右衛門	1				多屋浦方	知多郡	1									
267	與治兵衛	1				多屋浦方	知多郡	1									
268	清治良	1				多屋浦方	知多郡	0.5									
269	甚兵衛	1				多屋浦方	知多郡	0.5									
270	林内入維	1				多屋浦方	知多郡		1		2		50				未四月松栄寺へ御差送ニ付右寺ニテ
271	銀蔵	1			1	多屋浦方	知多郡		1				60		63		
272	石垣三六	1				名古屋	愛知郡					100					
273	小林三郎兵衛・新海八兵衛	2				越後国新潟	越後国					100					

274	岡屋利兵	1				加賀国金沢	加賀国					100					
合計		393人	12団体	10人	10人			250.5疋	4両	2分	12朱	1800疋	2510疋	224文	104銅	2枚	
								46両2分1朱1428文・布団2枚									

(7)元治二年（一八六五）の「芦峅寺日光坊火災類焼に付き再建奉加帳」より

芦峅寺宮之坊は、安政二年（一八五五）三月一三日の夜四ツ半時に火災を起こし、その際、芦峅寺村内の実相坊・泉蔵坊・教蔵坊・日光坊・一相坊などが類焼した(8)。

日光坊所蔵のこの奉加帳には表題は見られないが、巻頭に記された下記の勧進文言から、火災で類焼した日光坊の本堂の再建に関わる奉加帳であることがわかる。形態は冊子である。その具体的な内容は表10に示すとおりである。この奉加帳の対象者は尾張国知多郡の各村の信徒たちで、寄進者数は五五六人、講中は二五団体、受納額は一五六両一分二五〇疋五〇〇文となっている。

表10　芦峅寺日光坊の「芦峅寺日光坊火災類焼に付き再建奉加帳」（元治２年）の内容

No.	信徒名	人数	講中	世話方	住所	江戸時代該当国郡	現在該当行政区	両	分	朱	疋	文
1	清水庄蔵（宮栄丸・宮宝丸・宮喜丸）	1			北条村	知多郡	常滑市	3				
2	瀧田金左衛門（宝周丸・栄周丸・福周丸）	1			北条村	知多郡	常滑市	3				
3	村田安五郎（福吉丸・福栄丸）	1			北条村	知多郡	常滑市	1				
4	瀧田圓四郎（幸寿丸・幸周丸）	1			北条村	知多郡	常滑市	1				
5	森下定助	1			北条村	知多郡	常滑市				100	
6	山本元右衛門	1			北条村	知多郡	常滑市				100	
7	瀧田幸重	1			北条村	知多郡	常滑市				200	
8	稲葉金治郎	1			北条村	知多郡	常滑市				50	

9	長尾四郎右衛門(母)	1			笹間村	不明	不明				100	
10	長尾四郎右衛門(梅枝)	1			笹間村	不明	不明				100	
11	長尾四郎右衛門	1			笹間村	不明	不明				100	
12	桑山茂左衛門	1			宮山新田	知多郡	常滑市				100	
13	角野万助	1			宮山新田	知多郡	常滑市				100	
14	桑山三右衛門	1			宮山新田	知多郡	常滑市				100	
15	蟹江仁右衛門	1			名和(明和)前新田	知多郡	常滑市	1	2			
16	蟹江仁右衛門●	1			名和(明和)前新田	知多郡	常滑市	1	2			
17	石田新右衛門	1			名和(明和)前新田	知多郡	常滑市				100	
18	石田源右衛門	1			名和(明和)前新田	知多郡	常滑市				100	
19	小兵衛・弥四郎	2			名和(明和)前新田	知多郡	常滑市				100	
20	傳右衛門・兵蔵	2			常滑山方	知多郡	常滑市				100	
21	想左衛門・岩治郎	2			常滑山方	知多郡	常滑市				100	
22	弥三左衛門	1			常滑山方	知多郡	常滑市				100	
23	正法院	1			常滑山方	知多郡	常滑市				100	
24	長蔵・甚助・萬右衛門	3			常滑山方	知多郡	常滑市				100	
25	文六・大和屋	2			常滑山方	知多郡	常滑市				100	
26	藤助・想吉	2			常滑山方	知多郡	常滑市				100	
27	平蔵	1			常滑山方	知多郡	常滑市				100	
28	講中志		1		常滑山方	知多郡	常滑市	1				
29	肥田想右衛門	1			常滑山方	知多郡	常滑市		1	2		
30	木田久蔵	1			常滑山方	知多郡	常滑市				100	
31	伊藤弥之右衛門	1			常滑町方	知多郡	常滑市				100	
32	萩原重兵衛	1			常滑町方	知多郡	常滑市				100	
33	大田六兵衛	1			常滑町方	知多郡	常滑市				50	
34	弥助	1			常滑町方	知多郡	常滑市			3		
35	中野新助	1			常滑町方	知多郡	常滑市				200	
36	肥田磯吉	1			常滑山方	知多郡	常滑市			2		
37	谷川富蔵(富中丸)	1			樽水村	知多郡	常滑市				100	
38	中野善九郎	1			樽水村	知多郡	常滑市				100	

39	中野文七	1			樽水村	知多郡	常滑市				100	
40	山田庄八郎	1			樽水村	知多郡	常滑市				200	
41	薪川久蔵	1			樽水村	知多郡	常滑市				100	
42	山田恒三郎	1			樽水村	知多郡	常滑市				100	
43	竹内助左衛門	1			樽水村	知多郡	常滑市				50	
44	磯村源蔵	1			樽水村	知多郡	常滑市				100	
45	磯村吉左衛門	1			樽水村	知多郡	常滑市				50	
46	磯村吉三郎	1			樽水村	知多郡	常滑市				50	
47	磯村善治郎	1			樽水村	知多郡	常滑市				100	
48	沢田忠吉(伊勢丸)	1			樽水村	知多郡	常滑市				100	
49	中野庄右衛門	1			樽水村	知多郡	常滑市				50	
50	間野庄左衛門	1			樽水村	知多郡	常滑市				50	
51	講中(善吉・武右衛門、取次)		1		樽水村	知多郡	常滑市				100	
52	講中(庄右衛門・庄左衛門、取次)		1		樽水村	知多郡	常滑市				100	
53	講中(兵左衛門・九兵衛、取次)		1		樽水村	知多郡	常滑市				50	
54	講中(甚四郎・仁右衛門、取次)		1		樽水村	知多郡	常滑市				100	
55	中野善吉・沢田甚四郎	2			樽水村	知多郡	常滑市				50	
56	沢田茂右衛門・谷川仁右衛門	2			樽水村	知多郡	常滑市				50	
57	谷川兵左衛門・濱田九兵衛	2			樽水村	知多郡	常滑市				50	
58	中野太源治・磯村善兵衛	2			樽水村	知多郡	常滑市				50	
59	谷川太兵衛	1			樽水村	知多郡	常滑市				100	
60	土井又兵衛	1			樽水村	知多郡	常滑市				50	
61	沢田三郎兵衛	1			樽水村	知多郡	常滑市				50	
62	磯村善五郎	1			樽水村	知多郡	常滑市				100	
63	講中(講元：利兵衛・庄蔵)		1		樽水村	知多郡	常滑市				100	
64	仙三郎・伊三郎・友右衛門	3			樽水村	知多郡	常滑市				100	
65	忠左衛門・喜三治	2			樽水村	知多郡	常滑市				50	
66	久助・清七	2			樽水村	知多郡	常滑市				50	
67	庄吉・利右衛門・想助	3			樽水村	知多郡	常滑市			3		

68	菱や又右衛門	1			樽水村	知多郡	常滑市				50	
69	武蔵屋武吉	1			樽水村	知多郡	常滑市				50	
70	瀧田辰蔵	1			北条村	知多郡	常滑市	7	2			
71	久田栄蔵	1			西阿野村	知多郡	常滑市				200	
72	濱田(嶋)彦四郎	1			阿野村	知多郡	常滑市				100	
73	講中(濱島彦左衛門)		1		阿野村	知多郡	常滑市				100	
74	久田源右衛門	1			阿野村	知多郡	常滑市				50	
75	豊田又右衛門	1			阿野村	知多郡	常滑市				50	
76	久田友右衛門	1			阿野村	知多郡	常滑市				50	
77	久田平左衛門	1			阿野村	知多郡	常滑市				200	
78	久田善三郎	1			阿野村	知多郡	常滑市				50	
79	久田奥右衛門	1			阿野村	知多郡	常滑市				50	
80	半月八郎右衛門	1			阿野村	知多郡	常滑市				50	
81	久田太左衛門	1			阿野村	知多郡	常滑市				50	
82	久田作右衛門	1			阿野村	知多郡	常滑市				100	
83	久田藤吉	1			阿野村	知多郡	常滑市				50	
84	久田五郎右衛門	1			阿野村	知多郡	常滑市				50	
85	久田市兵衛	1			阿野村	知多郡	常滑市				50	
86	森田甚吉	1			阿野村	知多郡	常滑市				50	
87	三郎左衛門・甚右衛門	2			阿野村	知多郡	常滑市				50	
88	五右衛門・七郎兵衛	2			阿野村	知多郡	常滑市				50	
89	弥吉・佐助	2			阿野村	知多郡	常滑市				50	
90	茂兵衛・四郎右衛門	2			阿野村	知多郡	常滑市				50	
91	理左衛門・甚兵衛	2			阿野村	知多郡	常滑市				50	
92	吉左衛門・佐治右衛門	2			阿野村	知多郡	常滑市				50	
93	講中(甚右衛門・三郎左衛門、取次)		1		阿野村	知多郡	常滑市				100	
94	新左衛門・孫左衛門	2			阿野村	知多郡	常滑市				100	
95	高松嘉吉	1			熊野村	知多郡	常滑市				50	
96	平野忠右衛門	1			熊野村	知多郡	常滑市				100	

97	森下孫右衛門(順養丸)	1			熊野村	知多郡	常滑市				200	
98	講中(為吉・藤右衛門、取次)		1		熊野村	知多郡	常滑市				50	
99	為吉・五郎左衛門	2			熊野村	知多郡	常滑市				50	
100	中野藤右衛門	1			熊野村	知多郡	常滑市				50	
101	後藤徳左衛門	1			古場村	知多郡	常滑市				100	
102	講中		1		古場村	知多郡	常滑市				100	
103	後藤徳右衛門	1			古場村	知多郡	常滑市			3		
104	後藤理兵	1			古場村	知多郡	常滑市				100	
105	沢田増左衛門・山本六右衛門	2			古場村	知多郡	常滑市				100	
106	岩川吉右衛門・後藤友吉・仲野勘左衛門・仲野治左衛門	4			古場村	知多郡	常滑市				100	
107	仲野藤右衛門・藍田七右衛門・夏目重吉・山本兵左衛門	4			古場村	知多郡	常滑市				100	
108	中野藤三郎・山本又左衛門・山本岩吉・山本定右衛門	4			古場村	知多郡	常滑市				100	
109	中沢三右衛門・中野友七・吉川作左衛門・沢田儀三郎	4			古場村	知多郡	常滑市				100	
110	山本忠左衛門・夏目喜左衛門・沢田儀平治・松下源吉	4			古場村	知多郡	常滑市				100	
111	吉川庄蔵	1			苅屋村	知多郡	常滑市				100	
112	古川与右衛門	1			苅屋村	知多郡	常滑市				100	
113	吉川清左衛門	1			苅屋村	知多郡	常滑市				200	
114	講中(講元：喜三郎)		1		苅屋村	知多郡	常滑市			1	300	500
115	岩田喜三郎	1			苅屋村	知多郡	常滑市				50	
116	講中		1		苅屋村	知多郡	常滑市	1	1	3		
117	松田金兵衛・古川甚八・沢田五右衛門・岩田喜左衛門	4			苅屋村	知多郡	常滑市				100	
118	前田久左衛門・古川庄兵衛・前田忠右衛門・山本文右衛門	4			苅屋村	知多郡	常滑市				100	
119	講中(講元：平六)		1		大谷村	知多郡	常滑市				200	
120	講中(講元：甚左衛門)		1		大谷村	知多郡	常滑市				200	

121	明壁三郎左衛門	1			大谷村	知多郡	常滑市				100	
122	森田平六	1			大谷村	知多郡	常滑市				100	
123	森田甚左衛門	1			大谷村	知多郡	常滑市				100	
124	大岩金蔵	1			大谷村	知多郡	常滑市				50	
125	竹内甚九郎	1			大谷村	知多郡	常滑市				50	
126	岡本儀兵衛	1			旗屋町	愛知郡	名古屋市熱田区				100	
127	松井又左衛門	1			旗屋町	愛知郡	名古屋市熱田区				100	
128	水谷源七	1			旗屋町	愛知郡	名古屋市熱田区				100	
129	岡本作左衛門	1			旗屋町	愛知郡	名古屋市熱田区				100	
130	小野田吉兵衛	1			旗屋町	愛知郡	名古屋市熱田区				100	
131	盛田久左衛門	1			小鈴谷村	知多郡	常滑市				200	
132	盛田太助	1			小鈴谷村	知多郡	常滑市				100	
133	盛田孫助	1			小鈴谷村	知多郡	常滑市				50	
134	岩宝市右衛門	1			甚兵衛新田	愛知郡	名古屋市港区				100	
135	岩宝勘左衛門	1			甚兵衛新田	愛知郡	名古屋市港区				200	
136	岩宝忠左衛門	1			甚兵衛新田	愛知郡	名古屋市港区				100	
137	鬼頭勘六	1			三十壹番割	不明	不明				100	
138	講中		1		坂井村	知多郡	常滑市				200	
139	大崎治郎右衛門	1			上野間村	知多郡	知多郡美浜町				100	
140	大崎東吉	1			上野間村	知多郡	知多郡美浜町				100	
141	近藤金三郎	1			上野間村	知多郡	知多郡美浜町				100	
142	近藤藤吉	1			上野間村	知多郡	知多郡美浜町				100	
143	天木弥治右衛門	1			上野間村	知多郡	知多郡美浜町				100	
144	中野想八	1			上野間村	知多郡	知多郡美浜町				100	
145	谷川松右衛門	1			上野間村	知多郡	知多郡美浜町				100	
146	天木太郎右衛門・大崎半三郎・大岩長右衛門	3			上野間村	知多郡	知多郡美浜町				100	
147	僧兵衛・蜜四郎・圓右衛門	3			上野間村	知多郡	知多郡美浜町				100	
148	半右衛門・孫兵衛・国助	3			上野間村	知多郡	知多郡美浜町				100	
149	講中		1		柿並村	知多郡	知多郡美浜町				200	

150	畑中弥三右衛門	1			柿並村	知多郡	知多郡美浜町				100	
151	講中		1		広目村	知多郡	常滑市				200	
152	吉沢新右衛門	1			市原村	知多郡	知多郡武豊町				100	
153	講中		1		市原村	知多郡	知多郡武豊町				300	
154	中村清兵衛(久吉丸・久吉丸)	1			冨貴村市場	知多郡	知多郡武豊町	2				
155	田中忠兵衛(栄力丸・栄昌丸・尾栄丸)	1			冨貴村市場	知多郡	知多郡武豊町	2				
156	中村弥七	1			冨貴村市場	知多郡	知多郡武豊町	2				
157	籾山松助(清久丸)	1			冨貴村市場	知多郡	知多郡武豊町	1				
158	田中甚七	1			冨貴村市場	知多郡	知多郡武豊町	1				
159	森田嘉四郎(元吉丸・元吉丸)	1			冨貴村市場	知多郡	知多郡武豊町				200	
160	田中平右衛門(日吉丸)	1			冨貴村市場	知多郡	知多郡武豊町	1				
161	田中傳右衛門(栄寿丸)	1			冨貴村市場	知多郡	知多郡武豊町	1				
162	田中庄蔵	1			冨貴村市場	知多郡	知多郡武豊町	1				
163	田中九右衛門	1			冨貴村市場	知多郡	知多郡武豊町	1				
164	川合佐治左右衛門	1			冨貴村市場	知多郡	知多郡武豊町	1				
165	川合七蔵(栄吉丸)(弥七、取次)	1			冨貴村市場	知多郡	知多郡武豊町				200	
166	岩川久左衛門	1			檜原村	知多郡	常滑市				100	
167	講中		1		檜原村	知多郡	常滑市				200	
168	稲源六	1			奥条村	知多郡	常滑市				100	
169	長三郎・甚左衛門	2			奥条村	知多郡	常滑市				100	
170	善治郎	1			奥条村	知多郡	常滑市				100	
171	講中		1		奥条村	知多郡	常滑市				100	
172	世話方			1	奥条村	知多郡	常滑市				100	
173	鯉江伊三郎	1			瀬木村	知多郡	常滑市				200	
174	高清新左衛門・森下想右衛門・赤井弥左衛門・森下杢治郎	4			瀬木村	知多郡	常滑市				100	
175	中井和助	1			瀬木村	知多郡	常滑市				100	
176	芝山勘三郎(幸寿丸)	1			瀬木村	知多郡	常滑市				200	
177	伊藤太七	1			瀬木村	知多郡	常滑市				100	

178	鯉江佐治右衛門	1			瀬木村	知多郡	常滑市				100	
179	鯉江佐平治	1			瀬木村	知多郡	常滑市				100	
180	鯉江佐之右衛門	1			瀬木村	知多郡	常滑市				100	
181	芝山平右衛門	1			瀬木村	知多郡	常滑市				100	
182	水上八右衛門	1			瀬木村	知多郡	常滑市				100	
183	山本善兵衛	1			瀬木村	知多郡	常滑市				100	
184	杉江金左衛門・八木弥七・鯉江梅吉・杉江庄六	4			瀬木村	知多郡	常滑市				100	
185	水上重右衛門･杉江金兵衛･赤江甚蔵･水上与□(1字難読)	4			瀬木村	知多郡	常滑市				100	
186	八木忠右衛門(徳久丸･宮子丸)	1			瀬木村	知多郡	常滑市	1	2			
187	松本佐右衛門(幸新丸)	1			瀬木村	知多郡	常滑市				200	
188	井上銀蔵	1			瀬木村	知多郡	常滑市				100	
189	伊藤清三郎	1			瀬木村	知多郡	常滑市				50	
190	杉江半三郎	1			瀬木村	知多郡	常滑市				200	
191	杉江善兵衛(宝住丸)	1			瀬木村	知多郡	常滑市				200	
192	井上新助	1			瀬木村	知多郡	常滑市				50	
193	源治郎(清宝丸)	1			瀬木村	知多郡	常滑市				200	
194	九平(栄久丸)	1			瀬木村	知多郡	常滑市				200	
195	半右衛門	1			瀬木村	知多郡	常滑市				200	
196	長蔵(宮福丸)	1			瀬木村	知多郡	常滑市				200	
197	与三兵衛(宝冨丸)	1			瀬木村	知多郡	常滑市				200	
198	講中		1		瀬木村山方	知多郡	常滑市				100	
199	稲葉九郎右衛門	1			瀬木村山方	知多郡	常滑市				100	
200	井上嘉右衛門	1			瀬木村山方	知多郡	常滑市				100	
201	講中		1		瀬木村山方	知多郡	常滑市	2	2			
202	山方村中		1村中		瀬木村山方	知多郡	常滑市	5				
203	新海二郎兵衛	1			岡田村	知多郡	知多市	1				
204	竹内丈右衛門	1			岡田村	知多郡	知多市				200	
205	竹内治郎平	1			岡田村	知多郡	知多市				100	
206	竹内治郎左衛門	1			岡田村	知多郡	知多市				100	

207	竹内仁右衛門	1			岡田村	知多郡	知多市				100	
208	竹内弥吉	1			岡田村	知多郡	知多市				200	
209	安藤条左衛門	1			岡田村	知多郡	知多市				100	
210	加藤東三郎	1			岡田村	知多郡	知多市				100	
211	赤見孫太郎	1			岡田村	知多郡	知多市				100	
212	中嶋宇右衛門	1			岡田村	知多郡	知多市				200	
213	竹内勘右衛門	1			岡田村	知多郡	知多市				200	
214	竹之内源助	1			岡田村	知多郡	知多市				200	
215	中嶋七右衛門	1			岡田村	知多郡	知多市				200	
216	伊井伊右衛門	1			岡田村	知多郡	知多市				100	
217	竹内彦助	1			岡田村	知多郡	知多市				100	
218	安嶋徳右衛門	1			岡田村	知多郡	知多市				100	
219	竹内仲右衛門	1			岡田村	知多郡	知多市				200	
220	竹内勘三郎・竹内与左衛門	2			岡田村	知多郡	知多市				100	
221	竹内重兵衛	1			岡田村	知多郡	知多市				100	
222	小嶋茂兵衛	1			松原村	知多郡	知多市				100	
223	小嶋平八	1			松原村	知多郡	知多市				100	
224	竹内栄吉	1			松原村	知多郡	知多市				100	
225	尾内作右衛門	1			松原村	知多郡	知多市				100	
226	小嶋理兵衛	1			松原村	知多郡	知多市				50	
227	竹内銀右衛門	1			松原村	知多郡	知多市				50	
228	友田仙右衛門・早川甚三郎・小嶋平吉・尾之内吉右衛門	4			松原村	知多郡	知多市				100	
229	青木梶右衛門・青木源兵衛・青木善六・青木政右衛門	4			松原村	知多郡	知多市				100	
230	林弥市・小嶋吉蔵・尾之内宗七・尾之内彦右衛門	4			松原村	知多郡	知多市				100	
231	小嶋万右衛門・尾之内茂八・小嶋丈右衛門・小嶋甚平	4			松原村	知多郡	知多市				100	
232	竹内銀蔵・橋本和七	2			松原村	知多郡	知多市				100	
233	竹内甚三郎	1			岡田村	知多郡	知多市				50	

234	竹内喜代八・竹内藤太夫・竹内幸八・竹内佐治兵衛	4			岡田村	知多郡	知多市				100	
235	九郎右衛門・佐太郎・平左衛門	3			岡田村	知多郡	知多市			3	50	
236	中嶋庄六	1			大里村	知多郡	東海市				100	
237	神野新左衛門	1			大里村	知多郡	東海市				100	
238	佐治又右衛門	1			大里村	知多郡	東海市				100	
239	作兵衛・源兵衛	2			大里村	知多郡	東海市				100	
240	権平・六右衛門	2			大里村	知多郡	東海市				100	
241	吉右衛門・又左衛門・与八	3			大里村	知多郡	東海市				100	
242	伴右衛門・伴左衛門	2			大里村	知多郡	東海市				100	
243	庄治郎・金蔵	2			大里村	知多郡	東海市				100	
244	岡右衛門・清斎・新三郎・与七	4			大里村	知多郡	東海市				100	
245	佐平・忠四郎・清四郎・太郎兵衛	4			大里村	知多郡	東海市				100	
246	久三郎・六兵衛	2			大里村	知多郡	東海市				100	
247	勘七・重郎右衛門・清重・□(1字難読)九郎	4			大里村	知多郡	東海市				100	
248	善助・嘉兵衛・甚重・甚左衛門	4			大里村	知多郡	東海市				100	
249	圓六・兵作・平兵衛	3			大里村	知多郡	東海市				100	
250	清水屋久左衛門	1			小鈴谷村	知多郡	常滑市				100	
251	守田屋善作・和泉屋久治郎	2			小鈴谷村	知多郡	常滑市				100	
252	盛田弥吉	1			小鈴谷村	知多郡	常滑市				100	
253	盛田忠兵衛・作右衛門	2			小鈴谷村	知多郡	常滑市				50	
254	講中		1		小鈴谷村	知多郡	常滑市				350	
255	村中		1村中		細目村	知多郡	知多郡美浜町	1				
256	中村六郎兵衛	1			一色村	知多郡	知多郡美浜町				100	
257	皆川平左衛門	1			矢田村	知多郡	常滑市				100	
258	村上八左衛門	1			矢田村	知多郡	常滑市				100	
259	村上善兵衛	1			矢田村	知多郡	常滑市				100	
260	村上元右衛門	1			矢田村	知多郡	常滑市				100	
261	森田長九郎	1			矢田村	知多郡	常滑市				100	
262	皆川久治郎	1			矢田村	知多郡	常滑市				100	

263	村上若左衛門	1			矢田村	知多郡	常滑市				100	
264	皆川佐助	1			矢田村	知多郡	常滑市				100	
265	村上佐兵衛	1			矢田村	知多郡	常滑市				100	
266	村上傳右衛門	1			矢田村	知多郡	常滑市				100	
267	村上仁兵衛	1			矢田村	知多郡	常滑市				100	
268	冨田勘兵衛	1			矢田村	知多郡	常滑市				100	
269	皆川国右衛門	1			矢田村	知多郡	常滑市				100	
270	皆川弾之右衛門	1			矢田村	知多郡	常滑市				100	
271	冨田太蔵	1			矢田村	知多郡	常滑市				100	
272	江端長兵衛	1			南粕屋村	知多郡	知多市・常滑市				100	
273	冨田嘉左衛門	1			南粕屋村	知多郡	知多市・常滑市				100	
274	冨田長右衛門	1			南粕屋村	知多郡	知多市・常滑市				100	
275	早川庄三郎	1			南粕屋村	知多郡	知多市・常滑市				100	
276	石井佐兵衛	1			南粕屋村	知多郡	知多市・常滑市				100	
277	水野庄助	1			南粕屋村	知多郡	知多市・常滑市				100	
278	鈴木重平	1			南粕屋村	知多郡	知多市・常滑市				100	
279	中井茂右衛門	1			羽根村	知多郡	知多市				200	
280	戸田長左衛門	1			鍛治屋村	知多郡	知多市				100	
281	橋本弥七	1			大野町	知多郡	常滑市				200	
282	杉山理兵衛	1			大野町	知多郡	常滑市	1				
283	中村権右衛門	1			大野町	知多郡	常滑市				200	
284	冨田文六	1			大野町	知多郡	常滑市				200	
285	江端吉蔵	1			大野町	知多郡	常滑市				100	
286	濱嶋店	1			大野町	知多郡	常滑市				100	
287	森田喜助	1			大野町	知多郡	常滑市				100	
288	柴田市左衛門	1			大野町	知多郡	常滑市				100	
289	林勘助	1			大野町	知多郡	常滑市				100	
290	吉田林左衛門	1			大野町	知多郡	常滑市				200	
291	平野清助	1			大野町	知多郡	常滑市				100	
292	萩原宗平	1			大野町	知多郡	常滑市				100	
293	清水治兵衛	1			大野町	知多郡	常滑市				200	

294	神野佐吉	1			熱田新田二十七番割	愛知郡	名古屋市				200	
295	鬼頭栄助	1			熱田新田二十七番割	愛知郡	名古屋市				100	
296	鬼頭万右衛門	1			熱田新田二十七番割	愛知郡	名古屋市				50	
297	栄四郎・作蔵	2			茶屋後新田	海東郡	名古屋市緑区				100	
298	孫左衛門	1			茶屋後新田	海東郡	名古屋市緑区				100	
299	儀左衛門	1			茶屋後新田	海東郡	名古屋市緑区				100	
300	庄兵衛	1			茶屋後新田	海東郡	名古屋市緑区				100	
301	与右衛門	1			茶屋後新田	海東郡	名古屋市緑区				100	
302	松三郎・為吉	2			茶屋後新田	海東郡	名古屋市緑区				100	
303	吉田清右衛門	1			茶屋後新田	海東郡	名古屋市緑区				300	
304	勇右衛門・彦蔵	2			茶屋後新田	海東郡	名古屋市緑区				100	
305	吉田清左衛門	1			茶屋後新田	海東郡	名古屋市緑区				200	
306	鰐部与三郎	1			佐布里村	知多郡	知多市				100	
307	鰐部庄治郎	1			佐布里村	知多郡	知多市				100	
308	加藤与兵衛	1			佐布里村	知多郡	知多市				100	
309	加藤喜四郎・加藤西右衛門・新海又助・新海又蔵	4			佐布里村	知多郡	知多市				100	
310	新海又右衛門・新海杢右衛門・安井想左衛門・安井想七	4			佐布里村	知多郡	知多市				100	
311	濱嶋想兵衛・濱嶋浅右衛門・真田松右衛門・真田清八	4			佐布里村	知多郡	知多市				100	
312	蟹井源三郎・蟹井想三郎・蟹井想吉・蟹井松左衛門	4			佐布里村	知多郡	知多市				100	
313	蟹井清三郎・蟹井清蔵・新海津右衛門・加藤冨平	4			佐布里村	知多郡	知多市				100	
314	伊藤吉兵衛	1			佐布里村	知多郡	知多市				100	
315	伊藤金蔵	1			佐布里村	知多郡	知多市				100	
316	伊藤金三郎	1			佐布里村	知多郡	知多市				100	
317	伊藤佐兵衛	1			佐布里村	知多郡	知多市				100	
318	伊藤藤右衛門	1			佐布里村	知多郡	知多市				100	
319	阿知波兵助・伊藤六兵衛	2			佐布里村	知多郡	知多市				100	
320	伊藤清左衛門・深谷平蔵・伊藤仁右衛門・阿知波徳三郎	4			佐布里村	知多郡	知多市				100	

321	伊藤多助・伊藤治三郎・伊藤重兵衛・伊藤安三郎	4			佐布里村	知多郡	知多市				100	
322	新海繁左衛門・伊藤才兵衛	2			佐布里村	知多郡	知多市				50	
323	小西周九郎	1			佐布里村	知多郡	知多市				100	
324	加藤伊右衛門	1			佐布里村	知多郡	知多市				100	
325	加藤忠三郎・橋爪善右衛門	2			佐布里村	知多郡	知多市				100	
326	小西彦助・小西忠左衛門	2			佐布里村	知多郡	知多市				100	
327	小西文平	1			佐布里村	知多郡	知多市				50	
328	小西亀助・伊藤藤三郎	2			佐布里村	知多郡	知多市				50	
329	浅井想兵衛	1			込高新田	知多郡	名古屋市緑区				100	
330	久野甚四郎	1			込高新田	知多郡	名古屋市緑区				100	
331	久野伊左衛門・早川平右衛門	2			込高新田	知多郡	名古屋市緑区				50	
332	野村藤重郎・野村藤治郎★	2			一色村	知多郡	知多郡美浜町					
333	田中忠蔵	1			冨貴村市場	知多郡	知多郡武豊町				200	
334	田中徳太郎	1			冨貴村市場	知多郡	知多郡武豊町				200	
335	籾山太右衛門	1			冨貴村市場	知多郡	知多郡武豊町				100	
336	坂浦武助	1			冨貴村市場	知多郡	知多郡武豊町				100	
337	田中清吉(伊勢丸)	1			冨貴村市場	知多郡	知多郡武豊町				100	
338	田中藤右衛門(福徳丸)	1			冨貴村市場	知多郡	知多郡武豊町				200	
339	田中藤右衛門	1			冨貴村市場	知多郡	知多郡武豊町				200	
340	田中勘左衛門(住吉丸)	1			冨貴村市場	知多郡	知多郡武豊町				100	
341	田中源助(大徳丸)	1			冨貴村市場	知多郡	知多郡武豊町				100	
342	田中吉左衛門	1			冨貴村市場	知多郡	知多郡武豊町				100	
343	田中庄右衛門	1			冨貴村市場	知多郡	知多郡武豊町				100	
344	中村甚右衛門	1			冨貴村市場	知多郡	知多郡武豊町				100	
345	田中喜平	1			冨貴村市場	知多郡	知多郡武豊町				100	
346	竹内理兵衛	1			冨貴村市場	知多郡	知多郡武豊町				100	
347	田中庄左衛門	1			冨貴村市場	知多郡	知多郡武豊町				200	
348	森田作治郎	1			冨貴村市場	知多郡	知多郡武豊町				100	
349	中村源六	1			冨貴村市場	知多郡	知多郡武豊町				200	
350	田中儀右衛門	1			冨貴村市場	知多郡	知多郡武豊町				100	

351	田中新兵衛	1			冨貴村市場	知多郡	知多郡武豊町				100	
352	新左衛門・政右衛門・長右衛門・藤兵衛	4			冨貴村市場	知多郡	知多郡武豊町				100	
353	田中政平	1			冨貴村市場	知多郡	知多郡武豊町				100	
354	田中清蔵・田中甚七(隠居)	2			冨貴村市場	知多郡	知多郡武豊町				100	
355	永田甚蔵	1			冨貴村市場	知多郡	知多郡武豊町				100	
356	森田庄右衛門	1			冨貴村市場	知多郡	知多郡武豊町				100	
357	森田条三郎	1			冨貴村市場	知多郡	知多郡武豊町				100	
358	片山孫右衛門	1			冨貴村市場	知多郡	知多郡武豊町				100	
359	原田理助	1			冨貴村市場	知多郡	知多郡武豊町				100	
360	鈴木六右衛門	1			冨貴村市場	知多郡	知多郡武豊町				100	
361	森田弥治左衛門	1			冨貴村市場	知多郡	知多郡武豊町				100	
362	森田吉右衛門	1			冨貴村市場	知多郡	知多郡武豊町				100	
363	森田新作	1			冨貴村市場	知多郡	知多郡武豊町				100	
364	森田八兵衛	1			冨貴村市場	知多郡	知多郡武豊町				200	
365	松崎久左衛門	1			冨貴村市場	知多郡	知多郡武豊町				100	
366	森田万右衛門・永田与治右衛門	2			冨貴村市場	知多郡	知多郡武豊町				100	
367	田中傳兵衛	1			冨貴村市場	知多郡	知多郡武豊町				100	
368	森田清七	1			笠松(冨貴村)	知多郡	知多郡武豊町				200	
369	永田熊蔵	1			本□(1字難読)	不明	不明				100	
370	井田新蔵	1			新田(冨貴村)	知多郡	知多郡武豊町				100	
371	永田清助	1			本田(冨貴村)	知多郡	知多郡武豊町				100	
372	小笠原磯右衛門・森田市兵衛	2			本田(冨貴村)	知多郡	知多郡武豊町				100	
373	森田重助・森田仲八	2			本田(冨貴村)	知多郡	知多郡武豊町				100	
374	森田理兵衛	1			本田(冨貴村)	知多郡	知多郡武豊町				100	
375	森田三右衛門	1			本田(冨貴村)	知多郡	知多郡武豊町				50	
376	新海亀吉	1			冨貴村市場	知多郡	知多郡武豊町				50	
377	森田太左衛門	1			本ご (冨貴村本郷か?)	知多郡	知多郡武豊町				100	
378	植田由蔵	1			本ご (冨貴村本郷か?)	知多郡	知多郡武豊町				50	

379	岡井儀助	1			大高村	知多郡	知多郡武豊町				100	
380	田中友右衛門	1			大高村	知多郡	知多郡武豊町				200	
381	重野治右衛門	1			大高村	知多郡	知多郡武豊町				100	
382	中野傳吉	1			大高村	知多郡	知多郡武豊町				100	
383	寺本新六	1			大高村	知多郡	知多郡武豊町				100	
384	重野庄三郎	1			大高村	知多郡	知多郡武豊町				100	
385	中野儀右衛門	1			大高村	知多郡	知多郡武豊町				100	
386	久田茂兵衛	1			大高村	知多郡	知多郡武豊町				100	
387	百子味清右衛門	1			大高村	知多郡	知多郡武豊町				100	
388	小坂伊右衛門	1			大高村	知多郡	知多郡武豊町				100	
389	久田理左衛門	1			大高村	知多郡	知多郡武豊町				100	
390	重野和助	1			大高村	知多郡	知多郡武豊町				100	
391	中野磯七・小坂仁左衛門	2			大高村	知多郡	知多郡武豊町				100	
392	中野定右衛門	1			大高村	知多郡	知多郡武豊町				100	
393	中野七右衛門	1			大高村	知多郡	知多郡武豊町				100	
394	江本藤治郎・江本藤右衛門	2			大高村	知多郡	知多郡武豊町				100	
395	重野治右衛門	1			大高村	知多郡	知多郡武豊町				100	
396	戸田和兵衛	1			大高村	知多郡	知多郡武豊町				100	
397	重野庄助	1			大高村	知多郡	知多郡武豊町				50	
398	森田猶右衛門	1			冨貴村	知多郡	知多郡武豊町				100	
399	森田源右衛門	1			冨貴村	知多郡	知多郡武豊町				50	
400	伊藤市右衛門	1			大足村	知多郡	知多郡武豊町				100	
401	加藤九郎右衛門	1			大足村	知多郡	知多郡武豊町				200	
402	清水治右衛門	1			大足村	知多郡	知多郡武豊町				200	
403	中野善蔵	1			大足村	知多郡	知多郡武豊町				100	
404	小出甚左衛門	1			大足村	知多郡	知多郡武豊町				100	
405	伊藤傳右衛門	1			大足村	知多郡	知多郡武豊町				100	
406	中野傳四郎	1			大足村	知多郡	知多郡武豊町				100	
407	中野久左衛門	1			大足村	知多郡	知多郡武豊町				100	
408	高津九兵衛	1			大足村	知多郡	知多郡武豊町				100	
409	出口又右衛門	1			大足村	知多郡	知多郡武豊町				100	

410	出口又兵衛	1			大足村	知多郡	知多郡武豊町				100	
411	長田藤八郎	1			大足村	知多郡	知多郡武豊町				100	
412	沢田傳七	1			大足村	知多郡	知多郡武豊町				100	
413	清水治兵衛	1			大足村	知多郡	知多郡武豊町				100	
414	清水佐治兵衛	1			大足村	知多郡	知多郡武豊町				100	
415	中野金右衛門・沢田利右衛門	1			大足村	知多郡	知多郡武豊町				100	
416	入山金右衛門	1			楢原村	知多郡	常滑市				200	
417	岩川儀右衛門	1			楢原村	知多郡	常滑市				200	
418	岩川藤助	1			楢原村	知多郡	常滑市				100	
419	岩川丹蔵	1			楢原村	知多郡	常滑市				100	
420	小西善六	1			楢原村	知多郡	常滑市				100	
421	岩川勘九郎	1			楢原村	知多郡	常滑市				100	
422	岩川吉左衛門	1			楢原村	知多郡	常滑市				100	
423	小西五郎左衛門	1			楢原村	知多郡	常滑市				100	
424	田中治左衛門	1			楢原村	知多郡	常滑市				100	
425	田中治郎右衛門	1			楢原村	知多郡	常滑市				100	
426	小西権右衛門	1			楢原村	知多郡	常滑市				100	
427	小西伴左衛門	1			楢原村	知多郡	常滑市				100	
428	小西庄右衛門	1			楢原村	知多郡	常滑市				100	
429	岩川清右衛門	1			楢原村	知多郡	常滑市				100	
430	小西兵左衛門	1			楢原村	知多郡	常滑市				100	
431	岩川新右衛門	1			楢原村	知多郡	常滑市				100	
432	小西傳蔵	1			楢原村	知多郡	常滑市				100	
433	岩川治右衛門	1			楢原村	知多郡	常滑市				100	
434	小西庄左衛門	1			楢原村	知多郡	常滑市				100	
435	入山金左衛門	1			楢原村	知多郡	常滑市				100	
436	小西傳左衛門	1			楢原村	知多郡	常滑市				50	
437	恒川儀兵衛	1			服部村	海東郡	名古屋市中川区				50	
合計		556人	25講中	1人				43両	12分	20朱	43850疋	500文
								156両	1分		250疋	500文

〔凡例〕信徒名の項目における「●」印は、同一人物を示す。「★」印は寄進額が無記載の信徒を示す。

〔史料5〕巻頭の勧進文言

夫本院造立は、四梵福の其一にて、生天の功徳二世諸願悉知の根本也。是故に十二頭陀経いわく、無量の功徳皆由是生、亦増一阿含経いわく、古寺修補、則大梵天守護其人無量の福を与ひ給故に梵福と名く。于茲去ル卯年拙坊配札留守中ニ、弥生十三日夜戌刻、大風盛の最中に近寺之出火、火急の事故に本尊位牌霊簿取出のみにて、其余本［以下、部分欠損］無残処暫時ニ灰塵となり、嗟は悲哉、本尊安置する所なく仮に茅屋をしツらい、斬は艱難を凌といへとも、風雨烈く立入、本尊ヲ奉始諸尊の供物等時々塵垢に穢し奉累事冥慮誠に恐あり。殊に神器法俱ともに焼亡によつて、自然と御供養に怠り殆崇敬粗略になり、冥罰の恐怖弥増、依て身を抛骨を削共、以前に替らず。柱礎全の再建仕何卒法器を使ひ朝暮仏神供養の勤行廻向等、連続の意願昼夜に不止無量の辛苦に心を砕くといへとも、元より良財なく仍之草法を儲けて、永代大護摩講を企、諸人の懇志を請、以て半貨は加賀大守公の寺社奉行所に差上、其利金を以て護摩修行仕、其半財を以一宇再建仕度心願を発起して梵天の守護を祈求、于茲抑護摩供は、毘盧遮那仏と阿弥陀仏と両躰の如来をはしめ、金胎両部・明王・諸天の秘密奥蔵の法文にて、護摩修法の時にハ、必ず金剛部の聖尊護法の至て、諸〻の善神其道場に降臨ましまして、行者を加持し玉ふ。かかるゆへに、百由旬の内をして、悪魔を退散し、諸〻の不吉の裏なく、清浄の霊地となり、あらゆる大地微塵数の蟲けらをして、安穏をいせしめ玉ふ。況や法筵に連り、合掌瞻礼する衆生は、悪魔の障礙なく、悪病も立処に平癒し、怨敵の災なく、火難水難の恐怖を除き、現世の意願速に成就するの法文なり。亦復五穀成就家内安全にハ此法にすぎたるハなし。寔に、護摩の煙は百億無量の功徳聚にして、天上界に立上りてハ五色の慶雲と変じ、其中に七宝の楼閣を現じ、或は化して、百宝の蓮華を涌出ず。その蓮台に厳身妙相の盧遮那仏現し玉ふて、般若微妙の法を宜説し給ふ。その威相の光明は、百千の日月照すが如く、展転として十方浄土を赫奕し、あまねく行者を讃歎し、施主を護持し、結縁の衆生を廻向し玉ふ。ア丶尊哉、梵音和雅の御声高く、広大甚遠の廻向にあツかる事、皆是護摩の功徳にあらずや。或は一道の煙、地獄にいたりてハ、あらゆる地獄の罪人も苦痛をまぬがるるに、護摩の功徳は、万法の中に高く現世の利益無辺なり。復後世菩提の追福には、無量の功徳あり。しかれとも、秘密最上乗の法なれば、□(難読)に演がたし。是故に纔に海水の一滴をも記しがたし。か丶る大善功徳最尊無上の法なりと云云。爰に越中国立山ハ、本朝無双の霊山にて、仏神常に影向し玉ふ。故に汚穢ふ浄の人、禅定を許左須。悪業深重の人、登山叶わず。是則ち仏神集会し給ふの故なり。此霊山道場にして、往昔開祖の尊祖をはしめ代々の賢哲等護摩修行をなし玉ふ時には、諸仏の来迎その壇上に降臨し玉ふ。此故に豙素より、永代護摩修行の心願ありといへとも、余財なくして、徒に光陰ヲ送る。此度本堂再建につき大願を起［欠損］仰願は、十方の善男善女信心発起の浄罪を棄施し玉ハヾ、其志に随而、御名前戒名をしるして、御家運長久息災安全の御祈禱怠なく、永代修行侍流事なり。されハ万代ふ易の祈禱先祖累世の追善現当二世子孫繁栄の祈求何事か是如ん。我亦広く十方の檀信を勧て、一字を再建は大善施主と倶に大梵天王の守護を得て、速に大願成就を願のみ。

元治二丑歳

越中立山

日光坊（印）

十方信心之施主（印）

(8) 大正時代の檀那帳より

この檀那帳の詳細は、拙著『近世立山信仰の展開』（一〇二頁～一一一頁）で取り上げており、同著では明治時代の成立と位置づけている。しかし、最近その内容を再検討すると、本文中に「大正二年参詣」の文字注記が見られ、大正時代の頃のものと推測される。この史料のおもな内容は表11に示すとおりである。尾張国の愛知郡・海東郡・海西郡・知多郡、伊勢国の桑名郡などの各村が配札地とされ、信徒数は九九〇人、宿数は四二軒となっている。

表11　芦峅寺日光坊の檀那帳（大正時代）に見る尾張国・伊勢国の檀那場

No.	配札地	該当国郡	人数	宿数
1	牧野	愛知郡	1	
2	鳥森	愛知郡	20	2
3	万町	愛知郡	5	
4	八田村	愛知郡	4	
5	則武	愛知郡	14	
6	上中村	愛知郡	2	
7	栄村	愛知郡	9	
8	南押切村	愛知郡	1	
9	荒子村	愛知郡	6	1
10	中島新田	愛知郡	10	1
11	中郷村	愛知郡	14	2
12	熱田新田27～28番	愛知郡	19	1
13	古山新田	愛知郡	3	
14	甚兵衛後新田	愛知郡	4	1
15	熱田新田西組	愛知郡	3	
16	茶屋新田小賀須	海東郡	17	1
17	藤高新田	海東郡	4	
18	知多郡屋敷	不明	6	1
19	七反野	海東郡	5	
20	川原	不明	7	
21	春ダン野（春田か）	海東郡	1	
22	西福田村	海東郡	18	
23	茶屋後新田	海東郡	24	
24	小川新田　天目	海東郡	2	
25	藤高新田	海東郡	4	
26	船入町	愛知郡	2	
27	蟹江新田	海東郡	4	
28	大野村	海東郡	2	1
29	竹田新田	海西郡	4	1
30	亀ヶ池新田	海西郡	1	1
31	四郎兵衛	海西郡	1	
32	東蜆村	海西郡	3	
33	孫宝	海西郡	1	
34	神戸新田	海西郡	16	1
35	末広新田	海西郡	2	
36	大宝新田	海西郡	9	1
37	飛島新田	海西郡	17	
38	三重県伊勢国桑名郡福豊新田	伊勢国桑名郡	13	
39	坂中地村	海西郡	14	1
40	新家村	海東郡	9	1
41	秋竹村	海東郡	6	1
42	桂村	海東郡	1	
43	三本木村	海東郡	3	
44	堀ノ内村	海東郡	7	1
45	馬島村	海東郡	13	
46	東条村	海東郡	14	
47	北間島村	海東郡	5	
48	六石新田	海東郡	1	

No.	配札地	該当国郡	人数	宿数
49	砂子村	海東郡	2	
50	千音寺	海東郡	5	
51	伏屋村	海東郡	15	
52	甚目寺町	海東郡	25	1
53	土田村	海東郡	5	
54	花正村	海東郡	3	
55	熱田町籠屋町	愛知郡	2	1
56	須賀町	愛知郡	3	
57	伝馬町角	愛知郡	1	1
58	伝馬町	愛知郡	1	
59	熱田西町25番地	愛知郡	1	1
60	知多郡 上野村 字 犬山新田	知多郡	23	1
61	大高町	知多郡	3	1
62	一番畑村	知多郡	12	1
63	大里村	知多郡	2	
64	八幡村 字 佐布里村	知多郡	48	1
65	岡田村	知多郡	41	2
66	梶屋村（鍛冶屋村）	知多郡	5	1
67	日長村 字 松原	知多郡	43	
68	大野町	知多郡	1	
69	多屋村 後	知多郡	30	1
70	多屋村 浦方	知多郡	57	

No.	配札地	該当国郡	人数	宿数
71	常滑町 字 北条	知多郡	52	1
72	瀬木	知多郡	39	1
73	山方	知多郡	35	1
74	樽水村	知多郡	1	
75	熊野村	知多郡	1	1
76	古場村	知多郡	3	
77	大谷村	知多郡	33	
78	檜原村	知多郡	50	1
79	武豊港 字 大足	知多郡	31	1
80	富貴村	知多郡	19	
81	市場	知多郡	8	
82	広目村	知多郡	12	1
83	矢田村	知多郡	18	1
84	新知村	知多郡	1	
85	愛知町 大字 日置 字 石ヶ坪32番地	愛知郡	1	1
86	出先27番地	不明	1	
87	町田23番地	不明	1	
88	巡間口27番地（迫間町）	愛知郡	1	
89	名古屋市中区梅川町8番地	愛知郡	1	
90	桑名町	愛知郡	2	
91	大須門より東1丁目南側	愛知郡	1	
			990人	42軒

2 芦峅寺日光坊と関わった檀那場の人々

(1) 知多郡小鈴谷村の盛田家

尾張国知多郡小鈴谷村の盛田家は、江戸時代をとおして代々同村の庄屋を勤めた家で、歴代当主は「久左衛門」を名乗っている。江戸時代のなかばより、家業として酒・味噌・醤油の醸造を営んできた。いわゆる造り酒屋である。

盛田家は前掲の日光坊の弘化三年（一八四六）『立山御嫗尊別当奉加勧進記』と元治二年（一八六五）「芦峅寺日光坊火災類焼に付き再建奉加帳」の両帳に、いずれも寄進者の一人として、小鈴谷村の「盛田久左衛門」（表10 No.131）の名前で記載されており、日光坊と師檀関係を結んでいたことがわかる。

盛田家には、盛田久左衛門著・延宝四年（一六七六）『三禅定之通』や、元禄二年（一六八九）「富士・白山両先達争論につき書状（三通）」など、三禅定に関わる史料が数点残っている。[9]

⑵知多郡松原村の小島家

知多郡松原村の小島家は代々同村の庄屋を勤めた家である。同家には小島茂兵衛信英著・明治四年（一八七一）『三禅定道中記』[10]が残っている。この三禅定道中記は明治四年、当時の小島家当主茂兵衛信英が、青木梶右衛門・青木忠左衛門・友田光五郎とともに、同年六月一二日から七月一八日まで約三六日をかけて三禅定を行った際の記録であるが、立山山麓では芦峅寺の宿坊で宿泊している。ただしこの道中記には宿泊先の宿坊名は記されていない。

この史料とは別に、小島家には芦峅寺日光坊との師檀関係をうかがわせる古文書や護符が残っている。古文書には左記に示すとおり、日光坊から小嶋茂兵衛及び松原村の立山講中に宛てた初穂の催促状（史料6）や皆済状（史料7）が見られる。

〔史料6〕

覚

一金弐両

内弐分弐朱　申十月請取
壱両　　　戌二月請取
引壱分弐朱
右之通リ請取、残り壱分弐朱
当暮迄ニ奉納被下様頼入候。以上。
戌二月四日
立山
日光坊
松原村
庄屋
小嶋茂兵衛様
講中様方
（裏面に「立山請取書付」の記載がある）

〔史料7〕
覚
一金弐両皆相済、右ハ慥ニ請取申候。
先ハ御同行中様方偏忝奉存候。
亥年

正月九日

立山

日光坊

小嶋茂兵衛様

また、明治一五年(一八八二)四月一五日付けの、知多郡日長村の人々を対象とした「立山講社入社証」が多数残されている。

さらに、小島家には「立山御媽尊　日光坊」や「(種子：キリーク)立山大宮供諸願成就祈所　芦峅寺日光坊」、「御祈禱之牘　日光坊」などの護符が束で残っており、同家は、日光坊が当地で廻檀配札活動を行う際には、檀家の中核的な存在としての役割を果たしていたものと思われる。

ところで、本章三節一項(7)で、安政二年(一八五五)三月一三日に芦峅寺宮之坊からの出火で、日光坊も類焼した件について触れたが、この火災に対する日光坊の元治二年(一八六五)「芦峅寺日光坊火災類焼に付き再建奉加帳」には、明治四年(一八七一)に三禅定を行った小島家当主茂兵衛(表10No.222)をはじめ、同行の青木梶右衛門(表10No.229)と友田仙右衛門(表10No.228)や、出立の際に見送った茂兵衛の兄平八(表10No.223)の名前が記載されている。

一方、この火災に対する小島家側の書類と推測される万延元年(一八六〇)『越中立山日光坊焼失ニ付伽藍再建勧化帳』[11]が、同家に残っている。

この他、本章三節一項(8)で触れた日光坊の大正時代の檀那帳には、三禅定を行った小島茂兵衛や青木忠左衛門・青木梶右衛門・友田光五郎、出立を見送った小島平八や林弥市の名前が記載されている。

以上の状況から、日光坊と彼らは師檀関係を結んでいたと考えられる。

⑶知多郡佐布里村の伊藤家

知多市歴史民俗博物館所蔵の知多郡佐布里村「伊藤家文書」には、伊藤藤右衛門著・文政一〇年（一八二七）『三禅定道中記』、明治一三年（一八八〇）『三禅定道中確』（著者は伊藤徳太郎と推測されている）[12]、伊藤孝義著・明治四〇年『三山道中日記』の三冊の三禅定道中記が収められている。

このうち、文政一〇年（一八二七）『三禅定道中記』は、当時の伊藤家当主藤右衛門（生没不明）が同年六月一九日から三五日をかけて三禅定を行った際の記録であるが、立山山麓では芦峅寺の宮之坊に宿泊している。宮之坊は江戸時代後期、尾張国に檀那場を形成し廻檀配札活動を行っていた。ただし宮之坊に関するまとまった古文書史料は残っておらず、その具体的な廻檀配札地域や活動実態などは不明であるが、前述の道中記が記された文政期頃、同坊と伊藤家とが師檀関係を結んでいた可能性もあろう。

これに対して、明治一三年（一八八〇）『三禅定道中確』と明治四〇年『三山道中日記』を見ていくと、立山山麓では芦峅寺の日光坊に宿泊している。伊藤家と日光坊の関係については、本章三節一項⑺で触れた日光坊の元治二年（一八六五）「芦峅寺日光坊火災類焼に付き再建奉加帳」（芦峅寺日光坊所蔵）に伊藤家の当時の当主藤右衛門（文政五年〔一八二二〕生まれ[13]。文政一〇年『三禅定道中記』を記した藤右衛門の息子。名前を世襲したもの。表10 No.318）が寄進者のひとりとして記載されており、この頃には伊藤家は日光坊と師檀関係を結んでいたものと推測される。また、本章三節一項⑻で触れた日光坊の大正時代の檀那帳には、伊藤家の当時の当主徳太郎（文久二年〔一八六二〕生まれ[14]）が宿家として記載されており、前述のとおり彼が明治一三年『三禅定道中確』を記したものと推測されている。さらに、明治四〇年『三山道中日記』を記した伊藤孝義（明治一九年生まれ[15]）は伊藤徳太郎の息子である。

以上見てきたとおり、江戸時代幕末期から大正時代までは、知多郡佐布里村の伊藤家は三代にわたって芦峅寺日光坊と継続的に師檀関係を結んでいたと推測される。

ところで、文政期頃、伊藤家と師檀関係を結んでいたと推測される宮之坊は、安政二年(一八五五)三月一三日に火災を起こしており、その際、芦峅寺村内の実相坊・泉蔵坊・教蔵坊・日光坊・一相坊などが類焼している(16)。この火災が原因で、火元であった宮之坊の家勢が著しく衰え、尾張国での廻檀配札活動が停滞したものと推測される。一方そのときの火災で類焼はしたものの再建と廻檀配札活動を行うことができた日光坊が(17)、同じ尾張国を檀那場とし、しかもお互いの檀那場が近接する宿坊家として、宮之坊にかわって伊藤家を廻檀するようになったとも考えられるのである。

四　芦峅寺宮之坊の檀那場

宮之坊が安政二年(一八五五)三月一三日に火災を起こしたことは前述のとおりである。それに関する一連の文書のなかに「火之元人宮之坊義、尾張国配札ニ罷越候ニ付(18)」とあり、当時、宮之坊が具体的な村々は不明だが、尾張国のいずれかの地域に檀那場を形成し、廻檀配札活動を行っていたことがわかる。

五　芦峅寺宝龍坊の檀那場

尾張国知多郡緒川村の日高利兵衛家は、近世中期頃より豪農として知られ、庄屋を勤めたりもしている。また金融業も営んでいたようである。日高利兵衛家文書のなかに、日高利兵衛ら四人から芦峅寺宝龍坊に宛てられた「預り申金子の事」と題する天保七年（一八三六）一〇月付けの証文[19]や、宝龍坊から日高利兵衛に宛てられた同坊の緒川村辺りでの配札活動に対する協力依頼の年次未詳の書状が見られる[20]。特に後者の文書からは、宝龍坊の廻檀配札活動が毎年恒例として行われていることや、宝龍坊が配札地に赴くにあたり、事前に荷物が芦峅寺の同坊から日高家に送られ、預け置かれていたことがわかる。

この他にも、宝龍坊と日高家との密接な関係をうかがわせる次の文書[21]が残っている。

〔史料8〕

為之、乍末筆、

御講中御一統江、宜敷本文之趣御伝達被成候様奉願上候。

今般御参詣之便宜を以一簡致啓上候、時々ハ酷暑之砌ニ御座候処、弥其御表御同家為御揃益御安康被成御座攸然之至ニ奉存候頃ニ、拙僧無事ニ修法仕候間、左様ニ思召被下候。然者毎度飛錫之節御別懇被仰下、万端御世話ニ相成、帰山之上無忘失難有奉謝候。扨当年者御村方ゟ御参詣之御面々可有之哉与相待候処、御人少之御様子ニ而、当夏御差止ニ相成之趣、村木御同行之申聞、残捻至極ニ奉存候。何分明年者無間違御参詣自今奉待入候。

一、自坊義、先年致焼失永年仮坊ニ而在住罷在候処、拙僧抽丹誠各々様方之御陰尓て、両三年以前本堂再建成就仕、此上ハ造作等相加へ修理第一与奉存罷在候之処、拙僧之不運永当春隣寺善照坊ゟ致出火拙寺類焼仕、殊更拙僧留主中、在山老隠小僧迄ニ而諸道具之取片付も急火ニ而出来兼、漸々本尊幷ニ過去帳迄取出し而已、拙僧帰山之上焼跡見聞落涙仕候。各々様方も定而御落力被為遊候哉与相察、猶以再建之節ゟ今以其御村御講中御参詣も無之先早焼仕候様申上候儀万円之事ニ付、不審敷被思召候哉与存付、今以御沙汰も不仕候得共、此度隣村ゟ御登山御見使被下候事故、前件奉申上候。実ニ後悔無限事ニ候得共、不及是非御慈察被為下度候御事申上度候得共、彼是取紛乍残捻文略仕候条巻、当冬出錫斯拝謁万噺演置仕度右伝便を以得其意度如斯御座候。早々致言。

六月廿六日　　宝龍坊

日高理兵衛様

被下

以下、この文書の内容を見ておきたい。この文書には、弘化二年（一八四五）正月四日の芦峅寺善照坊からの出火、及び宝龍坊の類焼[22]についての記載が見られ、この文書が同年のこととして、六月二六日付けで作成されているので、弘化二年（一八四五）六月二六日付けで宝龍坊から日高理兵衛に宛てられたことがわかる。

内容を追っていくと、宝龍坊が弘化元年（一八四四）に日高家が所在する知多郡緒川村（現在の愛知県知多郡東浦町緒川）で廻檀配札活動を行った際、日高が懇ろに対応してくれたので、それに対する謝意を述べている。さらに宝龍坊は、弘化二年夏の立山登拝シーズンに入っても緒川村からの立山登拝者が少ないことを述べ、一方、緒川村の隣村の村木村（現在の愛知県知多郡東浦町森岡）からの立山登拝者たちが同行として立山にやって来たとき、彼らから、今シーズンは緒川村からの立山登拝が中止になったことを聞いて、大変残念な思いでいることを日高に述べている。

さて、ここで興味深いのは、村木村から同行として立山登拝にやって来ている点である。次章で触れるが[23]、現在、森岡村の村木神社には、享保三年（一七一八）八月から明治三三年（一九〇〇）八月までの年号を持つ二四基の三禅定関係石造物が残っている。また、緒川に三基、緒川新田の山神神社に二基、石浜に二基と、このように東浦町には合わせて三一基もの三禅定関係石造物が残っている。さらに、東浦町緒川の善導寺（浄土宗）には檀家からの寄進品として、富士山・立山・白山の本地仏や開山者を描いた掛軸式絵画が残っている。したがって、今回示す宝龍坊から日高理兵衛に宛てられた書簡や、東浦町に残る三禅定関係石造物、あるいは三禅定関係絵画から、この辺りに宝龍坊の檀那場や、あるいは大仙坊の檀那場が形成されており、地元では立山講の組織が結成されていたことがわかる。[24]

文書の内容説明に戻ると、宝龍坊は今回の類焼（弘化二年（一八四五）正月四日の善照坊からの出火による類焼）以前に、文化四年（一八〇七）三月二三日にも、門前百姓与三右衛門家からの出火によって類焼したのだという。近年復興してきてようやく本堂の再建が成就し、追加の造作や修理を行っていこうとしていた矢先に、また今回の善照坊の出火によって被災してしまったというのである。火災当時、宝龍坊の当主である本人は留守にしており（おそらく廻檀配札活動に出かけていたと考えられる）、隠居の老僧と小僧が諸道具を避難させようとしたが、火の回りが速く、辛うじて本尊と過去帳を持ち出すのが精一杯だったという。当主本人が芦峅寺に帰り、自坊の焼け跡を眺め、そのときの状況説明を聞いていると、残念で涙がこぼれてきたという。[25]

ところで宝龍坊が類焼して再建中なので檀那場の立山講の人々の立山登拝が止まり、停滞しているという風評が広まり、また未だ藩の指示もなく、檀那場では不審に思っている人々もあるだろうが、今回、村木村の同行たちが立山登拝の際に、立山登拝が可能な状況を見ていっただけに、それ以前の檀那場での宝龍坊の被災状況の説明が不十分で、今シーズンの立山登拝者の数が減少したことはたいへん残念であるというのである。そこで、宝龍坊としては今年の冬の廻檀配札活動の際に、日高に直接会っていろいろ話をさせていただきたいというものである。

六　芦峅寺泉蔵坊の檀那場

(1) 知多郡亀崎村の梶川家

尾張国知多郡亀崎村は、海沿いの急斜面に集落を形成する漁村であり、港町の様相を示している。[26] 同村の梶川権左衛門家は、今はなくなっているが、かつては魚問屋を続けた名家であった[27]。同家には、芦峅寺泉蔵坊と関わる古文書として「百万遍数珠寄進状」（元治元年〔一八六四〕四月一五日）[28]や「立山泉蔵坊百万遍数珠受取状」（元治元年四月一五日）、「立山泉蔵坊香炉台受取状」（明治二年〔一八六九〕一二月）[29]、さらには泉蔵坊が頒布した護符「立山宮五穀成就守護所　芦峅寺泉蔵坊」や「（梵字）奉修護摩供祈所　火災除　越中立山」、「雷様之宝」、「火の用心　芦峅　印（禅定教会所火章）」など[30]が残されており、泉蔵坊と梶川家との師檀関係がうかがわれる。

(2) 知多郡乙川村の松本家

半田市立博物館が所蔵する半田市乙川高良町の松本家の文書群のなかに、泉蔵坊の文政三年（一八二〇）『立山御嬶尊別当奉加帳』[31]が見られることなどから、おそらく泉蔵坊は当時、この半田村の辺りに檀那場を形成し活動していたものと思われる。同じく同家文書群のなかには、石川磯太郎が元治元年（一八六四）五月に、三禅定に関わる諸経費について記した『三山入用附込帳』[32]も見られる。この文書の石川磯太郎（天保一四年〔一八四三〕〜大正三年〔一九一四〕）は、乙川村で代々「石川藤八」を当主名として続いた家の出身で、第六代目の石川藤八である。のちに松本家へ養子に入り、松本市松を名乗った。その関係で石川家の古文書が松本家に継承され、さらにそれが現在は半田市立博物館に収蔵されている。

(3) 知多郡半田村の田中家

半田市立博物館が所蔵する半田の田中酒造家（近世から続く。天保六年〔一八三五〕に開業し「清正」「白楽天」の銘柄で知られていたが、平成一三年〔二〇〇一〕三月三〇日で廃業した。半田市南本町二丁目）の資料のなかに、大正一三年（一九二四）八月一一日付けの文書で、立山泉蔵閣（芦峅寺泉蔵坊のこと）が、知多郡半田村の田中清八に宛てた、打敷料五円の寄進に対する感謝状が見られ[33]、泉蔵坊の半田村の辺りでの檀那場形成と廻檀配札活動はこの頃も続いていたことがわかる。

⑷ 知多郡緒川新田村の戸田家

緒川新田の戸田万助家は代々万助を襲名しており緒川新田の素封家である。酒造も営んだ(34)。同家には、三禅定に関する史料として、宝永七年(一七一〇)「三禅定道中覚帳」(表紙に「白山大権現　立山大権現　富士山大権現　宝永七年と正月吉日」とある)(35)や安政二年(一八五五)『道中賃(尾張国知多郡衣ヶ浦緒川村の万控帳)(36)』、同年『三禅定見舞受納帳幷ニ日光山江戸鎌倉八幡江野嶋弁天　乙安政弐年卯六月二日門出(37)』などが残っている。

このうち、安政二年(一八五五)の三禅定で要した諸経費を記した『道中賃』を見ていくと、立山山麓では芦峅寺の泉蔵坊が対応しており、同坊と戸田家が師檀関係を結んでいた可能性もある。

七　芦峅寺宿坊家の尾張国における檀那場形成状況

本章の第一節から第六節で指摘した各宿坊家のうち、尾張国の檀那場の村々を地図上に示して図1を作成した。その際、データの基となる江戸時代後期から大正時代までの檀那帳の成立年代や各村の時期ごとの信徒数は一切考慮せず、檀那場村の分布だけを提示した。なお、「▲」印は福泉坊の檀那場村、「■」印は大仙坊の檀那場村、「媼」印は日光坊の檀那場村、「▼」印は宝龍坊の檀那場村、「◆」印は泉蔵坊の檀那場村を示している。

以下、各宿坊家の檀那場形成状況を指摘しておきたい。

福泉坊については、名古屋城下以南に檀那場は形成されておらず、現在地域名で示すと、名古屋市の北区・守山区、尾張旭市、瀬戸市、一宮市北部や、江南市北部、岐阜県多治見市、八百津町などの地域に檀那場が見られる。概括的に見ると尾張国の中心部と北西部・北東部に檀那場が形成されているといった状況である。

大仙坊については、一宮市、稲沢市、岩倉市、小牧市、津島市、名古屋市天白区、大府市、東浦町、半田市、武豊町、美浜町、南知多町などの地域に檀那場が見られる。概括的に見ると名古屋市や尾張国の北部、さらに特に知多半島では知多湾岸に沿って、半島の先端まで檀那場が形成されているといった状況である。

日光坊については、稲沢市西部、一宮市南部、江南市、扶桑町、名古屋市中区・中村区・西区・中川区・熱田区・南区・天白区・港区、七宝町、大治町、蟹江町、飛鳥村、弥富市などに檀那場村が見られる。また、東海市、知多市、常滑市、美浜町の伊勢湾側に檀那場村が見られる。この他、武豊町にも檀那場村が見られる。概括的に見ると、尾張国の西部から南部、また特に知多半島では武豊町は例外であるが、伊勢湾岸に沿って檀那場が形成されているといった状況である。

宝龍坊については、東浦町に一軒の檀家(日高利兵衛家)が見られる。泉蔵坊については半田市に二軒の檀家(梶川権左衛門家・松本家)が見られる。宮之坊の檀那場については未詳である。

ところで、各宿坊家の檀那場は近接して形成されている地域もあるが、檀那場村が村単位で重なることはなかったようである。やはり宿坊家ごとの縄張りが徹底されていたようである。

尾張国では、慶長期に尾張国や美濃国・三河国での檀那場形成が確認できる日光坊が、他の福泉坊や大仙坊などの宿坊家よりも早く檀那場を開拓していたと考えられ、他の宿坊家は、日光坊の檀那場を避けるように、自坊の檀那場を開拓しているように思われる。

図１：芦峅寺宿坊家の尾張国における檀那場形成状況

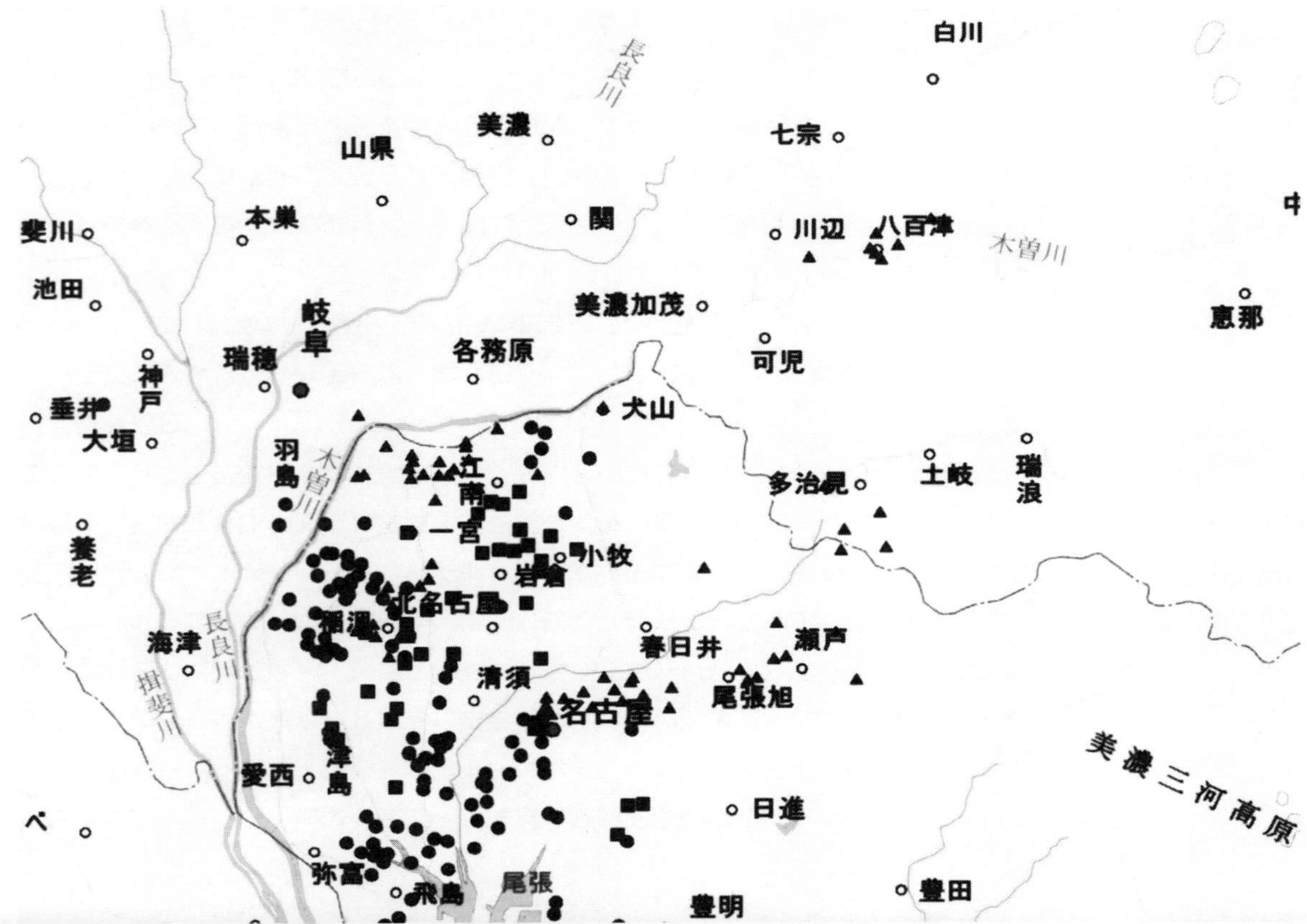

〔凡例〕本図は本章の第1節～第3節、第6節で指摘した芦峅寺各宿坊家の檀那場の村々を地図上に示したものである。「▲」印は福泉坊の檀那場和示す。「■」印は大仙坊の檀那場を示す。「●」印は日光坊の檀那場を示す。「▼」印は宝龍坊の檀那場を示す。「◆」印は泉蔵坊の檀那場を示す。

八　芦峅寺善道坊の檀那帳に見る三河国の檀那場

富山県［立山博物館］には、芦峅寺善道坊文書の史料群に含まれる檀那帳や勧進記として、寛政五年（一七九三）の『諸檀那御祈禱之覚帳』、文化二年（一八〇五）の『永代過去帳』、天保二年（一八三一）の『立山御媼尊布橋大灌頂勧進記』、嘉永三年（一八五〇）の『御祈禱檀那覚帳』、安政二年（一八五五）の『御祈禱檀那帳』、元治元年（一八六四）の『御祈禱檀那帳』、明治二二年（一八八九）の『御祈禱檀那巡廻簿並禅定講社』、明治二五年の『立山下禅定講巡廻簿』、明治三〇年の『立山祈禱禅定講檀那巡回記』を所蔵している。以上はいずれも、三河国の檀那場を対象としたものである。

これらのなかで、特に嘉永三年（一八五〇）の『御祈禱檀那覚帳』の内容に基づいて、善道坊の檀那場の状況を見ておきたい。この檀那帳のおもな内容は表12に示すとおりである。三河国の額田郡・幡豆郡・宝飯郡・渥美郡・八名郡・設楽郡、その他尾張国中島郡、飛驒国の益田郡の各村が配札地とされ、村数は重複する場合も含め延べ約一八〇村で、信徒数は一四八七人、滞在中の宿数は八七軒となっている。

表12　芦峅寺善道坊の『御祈禱檀那覚帳』（嘉永３年）の内容

No.	配札地	該当郡	人数	宿数
1	下呂森	飛驒国益田郡	3	0
2	少ヶ野村	飛驒国益田郡	3	0
3	岡崎祐金町	額田郡	2	2
4	土呂中村	額田郡	2	0
5	上室	幡豆郡	1	1
6	東城村	中島郡	1	0
7	駮馬村	幡豆郡	1	0
8	横須賀吹抜町	幡豆郡	2	0
9	友国村	幡豆郡	7	1
10	中嶋村	幡豆郡	2	0

11	八幡村	幡豆郡	14	0
12	西戸城村	幡豆郡	1	0
13	欠村	幡豆郡	2	0
14	中門内村	幡豆郡	4	0
15	中村	幡豆郡	9	0
16	門内村	幡豆郡	1	1
17	寺部村	幡豆郡	9	1
18	桑畑村	幡豆郡	13	0
19	上畑村	幡豆郡	30	3
20	小見行村	幡豆郡	20	0
21	六栗村	幡豆郡	3	0
22	森村	幡豆郡	17	1
23	中柴村	幡豆郡	14	0
24	彦田村	幡豆郡	3	0
25	谷村	幡豆郡	22	2
26	山口村	幡豆郡	42	3
27	中浜村	幡豆郡	10	0
28	須崎村	幡豆郡	30	1
29	西浦大戸	幡豆郡	1	0
30	西浦村龍田	宝飯郡	35	1
31	西浦村知柄	宝飯郡	53	1
32	篠田村	宝飯郡	23	1
33	馬場村	宝飯郡	12	0
34	鹿島村	宝飯郡	1	0
35	中畑村	幡豆郡	25	0
36	深溝村 海谷村	額田郡	2	0
37	本光寺門前	額田郡	1	1
38	六栗村	幡豆郡	1	0
39	森中屋敷	幡豆郡	6	0
40	中浜村	幡豆郡	14	0
41	上ケ	不明	11	3
42	松葉村	額田郡	5	0
43	本新屋村	宝飯郡	20	1
44	牧山村	宝飯郡	36	1
45	平田村	宝飯郡	5	0
46	水竹村	宝飯郡	13	0
47	清田村	宝飯郡	3	0
48	五井村	宝飯郡	6	0
49	灰野新村	宝飯郡	5	1
50	森下村	宝飯郡	14	2
51	広石村	宝飯郡	11	0
52	御馬村	宝飯郡	1	0
53	西方村	宝飯郡	1	0
54	為当村	宝飯郡	8	0
55	下佐脇村	宝飯郡	11	2
56	上佐脇村	宝飯郡	9	1
57	森村	宝飯郡	1	0
58	三相村	渥美郡	10	1
59	馬見塚村	渥美郡	3	0
60	高須新田村	渥美郡	10	0
61	吉川村	渥美郡	2	0
62	新田村	渥美郡	14	1
63	羽田村	渥美郡	48	1
64	牟呂東脇村	渥美郡	35	1
65	外神	不明	3	0
66	公介	不明	15	0

67	大海津	不明	2	0
68	坂津	不明	15	0
69	大西村	不明	13	1
70	中村	渥美郡	4	0
71	市場村	渥美郡	11	1
72	草間村	渥美郡	3	0
73	西植田村	渥美郡	1	0
74	東植田村	渥美郡	11	1
75	高足村	渥美郡	1	0
76	小池村	渥美郡	6	1
77	高塚村	渥美郡	1	0
78	花ヶ崎村	渥美郡	45	1
79	下地村	渥美郡	1	0
80	横須賀村	渥美郡	1	0
81	吉田宿札木町	渥美郡	3	0
82	吉田宿本町	渥美郡	4	0
83	吉田宿上伝馬町	渥美郡	2	0
84	吉田宿西町	渥美郡	5	0
85	吉田宿萱町	渥美郡	2	1
86	吉田宿西宿町	渥美郡	5	0
87	吉田宿新銭町	渥美郡	5	0
88	吉田宿中柴町	渥美郡	1	0
89	吉田宿垉六町	渥美郡	2	0
90	吉田宿魚町	渥美郡	2	0
91	吉田宿紺屋町	渥美郡	1	0
92	吉田宿利町	渥美郡	1	0
93	吉田宿元鍛冶町	渥美郡	2	0
94	吉田宿呉服町	渥美郡	2	0
95	吉田宿曲尺手町	渥美郡	2	0
96	吉田宿御城内八丁	渥美郡	3	0
97	吉田宿御城内新丁	渥美郡	6	0
98	吉田宿御城内代友丁	渥美郡	3	0
99	吉田宿御城内土手丁	渥美郡	3	0
100	吉田宿御城内川毛丁	渥美郡	1	0
101	吉田宿御城内内袋小路	渥美郡	2	0
102	吉田宿御城内八幡小路	渥美郡	1	0
103	吉田宿御城内外袋小路	渥美郡	1	0
104	吉田宿御城内神明小路	渥美郡	2	0
105	吉田宿御城内天王小路	渥美郡	2	0
106	下条村	八名郡	1	1
107	浪之上村	八名郡	1	0
108	西島村	宝飯郡	6	0
109	瀬木村	宝飯郡	1	0
110	牧野村	宝飯郡	21	1
111	三橋村	宝飯郡	3	0
112	土筒村	宝飯郡	3	0
113	当古村	宝飯郡	8	0
114	雨谷村	宝飯郡	1	0
115	谷川村	宝飯郡	15	1
116	篠田村	宝飯郡	25	1
117	楠木村	宝飯郡	13	1
118	楽筒村	宝飯郡	2	0
119	麻生田村	宝飯郡	26	1
120	橋尾村	宝飯郡	5	1
121	中島村	宝飯郡	2	0
122	日下部村	宝飯郡	22	1
123	松原村	宝飯郡	4	0
124	北岡村	宝飯郡	1	0

125	東上村	宝飯郡	16	0
126	一鍬田村	八名郡	3	0
127	庭野村	八名郡	9	1
128	石田村	設楽郡	1	1
129	東矢部村	設楽郡	3	1
130	牛倉村	設楽郡	2	0
131	黒口村	設楽郡	5	1
132	真国村	設楽郡	1	0
133	常延村	設楽郡	1	1
134	森長村	設楽郡	3	0
135	名高田村	設楽郡	2	0
136	須長村	設楽郡	6	1
137	浅木村	設楽郡	7	3
138	谷下村	設楽郡	9	1
139	出沢村	設楽郡	6	1
140	横山村	設楽郡	10	0
141	徳定村	設楽郡	4	1
142	東杉山	設楽郡	1	0
143	西杉山	設楽郡	1	0
144	稲木村	設楽郡	6	1
145	本宮長山村	宝飯郡	8	1
146	足山田村	宝飯郡	10	1
147	大木	宝飯郡	14	1
148	一之宮村	宝飯郡	14	0
149	篠田村	宝飯郡	8	1
150	西原村	宝飯郡	6	1
151	上千両村	宝飯郡	1	0
152	下千両村	宝飯郡	4	1
153	長草村	宝飯郡	8	0
154	六角村	宝飯郡	1	0
155	大崎村	宝飯郡	8	1
156	北金屋村	宝飯郡	7	1
157	豊川村	宝飯郡	1	0
158	牛久保長山村	宝飯郡	17	4
159	市田村	宝飯郡	11	0
160	野口村	宝飯郡	4	0
161	財賀村	宝飯郡	2	1
162	平尾村	宝飯郡	29	2
163	八幡村	宝飯郡	3	0
164	白鳥村	宝飯郡	32	1
165	久保村	宝飯郡	1	0
166	御油宿	宝飯郡	3	1
167	赤坂宿	宝飯郡	1	0
168	長沢村	宝飯郡	15	0
169	本宿村	額田郡	1	0
170	鉢地村	額田郡	17	1
171	羽栗村	額田郡	3	3
172	保母村	額田郡	1	0
173	大幡村	額田郡	2	0
174	田原新町	渥美郡	2	0
175	萱町	渥美郡	1	0
176	古田村之内折立村	渥美郡	3	3
177	名古屋西在小池正妙寺村	中島郡	32	1
178	新城下モ町	設楽郡	7	0
179	吉田宿新町	渥美郡	2	0
180	谷川村（血盆経1本）	渥美郡	6	0
181	住所不明	不明	26	0
			1487人	87軒

ところで、前章でとりあげた嘉永二年(一八四九)『山禅定道中記』の所持者牧野栄助の住所は三河国幡豆郡西幡豆掛村(掛ヶ村)であるが、この檀那帳(善道坊・嘉永三年『御祈禱檀那覚帳』)から、善道坊が掛ヶ村にも廻檀配札に訪れていたことがわかる。ただし同坊の明治時代の各檀那帳には、西幡豆の村々に「牧野」姓の人物は多数記載されるが、「牧野栄助」の名前そのものは見当たらない。

九　芦峅寺泉蔵坊の三河国の檀那場

(1) 芦峅寺泉蔵坊と岩津天満宮

愛知県岡崎市岩津町に所在する岩津天満宮は岩津天神・芭蕉天満宮とも呼ばれ、祭神に菅原道真を祀っている。同町東山には、浄土宗の信光明寺が所在するが、岩津天満宮は宝暦九年(一七五九)、信光明寺第二二代の一誉が伊豆国の芭蕉天神ないし相模国の荏柄天神を同寺に勧請したことが起源とされている。明治初年の神仏分離令によって岩津天満宮は信光明寺の所管を外れ、岩津村の現在の地に引っ越し、その後は同村の人々によって管理された。ところが、明治一二年(一八七九)、岩津天満宮は火災により堂宇の全てを失ってしまった。

さて、以下は岩津天満宮の社伝によるところである[38]。ちょうどその頃、三河国で立山信仰の勧進布教活動を行っていた芦峅寺泉蔵坊の住職(大阿闍梨)佐伯鏗禅が同宮を訪れた際、その荒れ果てた状況を憂い、また同宮の濃密な霊気を感じ、その復興を決意したという。

当時、佐伯鏗禅は三河国で勧進布教活動を行う際には、同国碧海郡棚尾村(現在の愛知県碧南市棚尾)の土木技術者・実業家の服部長七(一八四〇〜一九一九)の碧南郡新川(現在の碧南市新川)の邸宅を定宿としていたという。そこで佐伯は、服部長七に岩津天満宮の復興援助を依頼し、社殿を再建した。服部は単に資金援助にとどまらず、佐伯とともに奔走、途中からは自らも同宮に住み込み、同宮の再興におよそ二〇年にわたって尽力した。その結果、明治四四年（一九一一）に本殿が、さらに大正八年（一九一九）には現在の拝殿が造営された。なお、岩津天満宮には、大正九年頃、三河国布教の折に同宮を訪れた佐伯鑁禅と後に同宮の名誉宮司となる童子姿の服部貞弘が一緒に写った写真が残っている。

以上、岩津天満宮の復興に関する社伝から、明治期に芦峅寺泉蔵坊の佐伯鑁禅が、具体的な場所は不明であるが、三河国の碧海郡で檀那場を形成し、廻檀配札活動を行っていたことがわかる。

⑵芦峅寺泉蔵坊と三河国碧海郡鷲塚村の檀那場

明治二二年（一八八九）九月二五日付けの『金城新報』[39]に、立山登拝中に起きた事故に関する、次の記事が見られる。

〔史料9〕

●立山の絶頂より転落す。三州碧海郡鷲塚村の小林弥吉（四十八才）は、去月の中旬同信者数百名と倶に国を発し、越中の立山へ参詣に出発し、道の困難を侵し日を経て同山の麓へ到達せし。其夜八里登り室堂に一泊し、翌日有名なる地獄谷を巡り、同夜又一泊の上、翌日本殿へ登り、絶頂より各々足を爪立つつに、一目に見ゆる国々をふりさけ望み見居た内、如何なしけん、小林弥吉は断岸の涯を踏辷らすや数千仭の谷底へ堕落なしたる大珍事に、数百の同行は途方を失ひ、急ぎ一里八丁を下り詰め合の人々に此事を語りしに、同詰合人も打驚き、当山開闢の以来絶頂より堕落せしなどなど未だ有ざる珍事なりとて、麓なる泉蔵寺へ通じ、同行及び土地の人々大勢夜通し捜索なせば、あはれや弥吉は或る谷間に微塵となりて死し居たるにぞ、同行涙と倶に死骸を舁つれ、芦沢寺村にて懇ろなる葬儀を行ひ、遺物を筐として帰国なせしは、此頃の事にてありしと。

（句読点は引用者）

右の内容を概略しておきたい。三河国碧海郡鷲塚村から信徒数一〇〇人（立山講社の講社員と考えられる）が立山参詣にやって来たが、そのなかの小林弥吉なる人物が雄山山頂から転落して行方不明になった。同行たちは山麓の芦峅寺に戻り、泉蔵寺（泉蔵坊）を通じて捜索隊を出した。残念ながら小林弥吉は死体となって発見されたので、芦峅寺で荼毘に付して葬儀を行い、遺物を郷里に帰した。

さて、この新聞記事から三州碧海郡鷲塚村の人々と芦峅寺泉蔵坊との関係がうかがわれる。すなわちそれは、転落事故への対応として、まず麓の芦峅寺では泉蔵寺（泉蔵坊）が中心となって捜索隊が出されたことに表れている。おそらく泉蔵坊は当時、鷲塚村辺りで檀那場を形成しており、同地で勧進・布教活動を行っていたと考えられる。

ところで、芦峅寺の墓地には、「釋立頂」の碑文を持つ板石標(40)が立てられているが、その右側面には「八月廿日」、正面には「釋立頂　三河鷲塚　小林弥吉」の銘文が見られ、この石標が、前掲新聞記事の小林弥吉の遭難事件と一連のものであることがわかる。また、芦峅寺閻魔堂に置かれている香呂の側面には、「三河国碧海郡　鷲塚村　同行中製造方　太田八兵衛」の銘文が見られ、やはり、鷲塚村と芦峅寺との関係の深さがうかがわれる。

一〇　芦峅寺吉祥坊の檀那帳に見る美濃国の檀那場

芦峅寺吉祥坊の安政三年（一八五六）『本堂再建奉納帳(41)』より、同坊が美濃国で形成していた檀那場の状況がうかがわれる。この史料の主な内容は表13に示すとおりである。

表13　芦峅寺吉祥坊の『本堂再建奉納帳』(安政3年)の内容

No.	信徒名	人数	世話人	住所	該当国郡	両	朱	疋	文	匁
1	中村庄治郎	1		篠塚村(篠束村)	三河国宝飯郡	1				
2	中村又治郎	1		篠塚村(篠束村)	三河国宝飯郡	1				
3	中村庄三郎	1		篠塚村(篠束村)	三河国宝飯郡			100		
4	中村与三郎	1		篠塚村(篠束村)	三河国宝飯郡	1				
5	鈴木権左衛門	1		篠塚村(篠束村)	三河国宝飯郡			100		
6	中村又右衛門	1		篠塚村(篠束村)	三河国宝飯郡	1				
7	林繁右衛門	1		名古屋巾下紙漉町	尾張国愛知郡			100		
8	広瀬庄右衛門	1		名古屋巾下中戸田通	尾張国愛知郡	2				
9	酢屋伝左衛門	1		名古屋市下袋町	尾張国愛知郡	1				
10	水野八十七	1		末森村	尾張国愛知郡			100		
11	西尾太兵衛	1		岩崎村	尾張国愛知郡			200		
12	山本九左衛門	1		岩崎村	尾張国愛知郡			50		
13	清水仁左衛門	1		岩崎村	尾張国愛知郡			50		
14	牧藤重	1		岩崎村	尾張国愛知郡			50		
15	市川源四郎	1		野方村	尾張国愛知郡			100		
16	太田庄蔵	1		紙野村(上野村)	美濃国武儀郡			100		
17	太田茂左衛門	1		紙野村(上野村)	美濃国武儀郡			100		
18	太田儀三郎	1		上野村	美濃国武儀郡			100		
19	太田嘉七	1		上野村	美濃国武儀郡			50		
20	太田平吉	1		上野村	美濃国武儀郡			50		
21	太田伝蔵	1		上野村	美濃国武儀郡			50		
22	辻村源左衛門	1		上野村	美濃国武儀郡			50		
23	太田多左衛門	1		上野村	美濃国武儀郡			50		
24	太田想兵衛	1		上野村	美濃国武儀郡			50		
25	太田文左衛門	1		上野村	美濃国武儀郡			50		
26	太田佐右衛門	1		上野村	美濃国武儀郡			50		
27	井上佐内	1		上野村	美濃国武儀郡			50		

28	太田吉兵衛	1		上野村	美濃国武儀郡			50		
29	石原長治郎	1		上野村	美濃国武儀郡			50		
30	太田与左衛門	1		上野村	美濃国武儀郡			50		
31	太田善右衛門	1	1	上野村	美濃国武儀郡			150		
32	太田孫六	1		上野村	美濃国武儀郡			50		
33	太田善九郎	1		上野村	美濃国武儀郡			50		
34	太田治良左衛門	1		上野村	美濃国武儀郡			50		
35	石原幸四郎	1		上野村	美濃国武儀郡			50		
36	辻村齊治郎	1	1	上野村	美濃国武儀郡			100		
37	太田伊兵衛	1		上野村	美濃国武儀郡					3
38	且野辰蔵	1	1	羽道村（半道村）	美濃国武儀郡			100		
39	奥田直蔵	1		羽道村（半道村）	美濃国武儀郡			50		
40	奥田庄六	1	1	羽道村（半道村）	美濃国武儀郡			50		
41	野倉佐代吉	1	1	羽道村（半道村）	美濃国武儀郡			100		
42	市原喜八	1	1	羽道村（半道村）	美濃国武儀郡					5
43	劔由兵衛	1		羽道村（半道村）	美濃国武儀郡			100		
44	劔治三郎	1		羽道村（半道村）	美濃国武儀郡			50		
45	北村徳兵衛	1	庄屋	羽道村（半道村）	美濃国武儀郡			200		
46	北村茂三郎	1		羽道村（半道村）	美濃国武儀郡			100		
47	市原常吉	1		羽道村（半道村）	美濃国武儀郡			50		
48	市原龍左衛門	1		羽道村（半道村）	美濃国武儀郡			50		
49	野倉多助	1		羽道村（半道村）	美濃国武儀郡			50		
50	奥田仁助	1		羽道村（半道村）	美濃国武儀郡			50		
51	野倉清三郎	1		羽道村（半道村）	美濃国武儀郡			50		
52	野倉彦蔵	1		羽道村（半道村）	美濃国武儀郡			50		
53	奥田文蔵	1		羽道村（半道村）	美濃国武儀郡					3
54	市原孫三郎	1		羽道村（半道村）	美濃国武儀郡			50		
55	野倉伊三郎	1		羽道村（半道村）	美濃国武儀郡					3
56	市原龍左衛門	1		羽道村（半道村）	美濃国武儀郡			100		
57	兜山半四郎	1		御手洗村	美濃国武儀郡			100		

58	幅村源兵衛	1	1	御手洗村	美濃国武儀郡			150		
59	幅村定七	1		御手洗村	美濃国武儀郡			100		
60	幅村宇吉	1		御手洗村	美濃国武儀郡			50		
61	幅村唯四郎	1		御手洗村	美濃国武儀郡			100		
62	辻村良祐	1		御手洗村	美濃国武儀郡			150		
63	幅村勝蔵	1		御手洗村	美濃国武儀郡			100		
64	幅村治良兵衛	1		御手洗村	美濃国武儀郡			100		
65	辻村孫市	1		御手洗村	美濃国武儀郡			100		
66	幅村市右衛門	1		御手洗村	美濃国武儀郡			100		
67	幅村五兵衛	1		御手洗村	美濃国武儀郡			50		
68	辻村多蔵	1		御手洗村	美濃国武儀郡			100		
69	佐藤与之右衛門	1		御手洗村	美濃国武儀郡			50		
70	佐藤源太郎	1		御手洗村	美濃国武儀郡			100		
71	山口常吉	1		御手洗村	美濃国武儀郡			100		
72	古田茂七	1		御手洗村	美濃国武儀郡			100		
73	幅村伝左衛門	1		御手洗村	美濃国武儀郡			100		
74	佐藤清四郎	1		御手洗村	美濃国武儀郡			100		
75	佐藤竹三郎	1		御手洗村	美濃国武儀郡			100		
76	佐藤常蔵	1		御手洗村	美濃国武儀郡			50		
77	佐藤彦四郎	1		御手洗村	美濃国武儀郡			100		
78	家田嘉兵衛	1		御手洗村	美濃国武儀郡			50		
79	家田与七	1		御手洗村	美濃国武儀郡			50		
80	庄田想七	1		御手洗村	美濃国武儀郡			100		
81	幅村源左衛門	1		御手洗村	美濃国武儀郡			100		
82	庄司亀八	1		御手洗村	美濃国武儀郡			100		
83	兜山佐吉	1		御手洗村	美濃国武儀郡			100		
84	庄司長治郎	1		御手洗村	美濃国武儀郡			100		
85	家田清六	1		御手洗村	美濃国武儀郡			150		
86	幅村彦左衛門	1		御手洗村	美濃国武儀郡			50		
87	幅村仁右衛門	1		御手洗村	美濃国武儀郡			50		

88	家田嘉助	1		御手洗村	美濃国武儀郡			100		
89	佐藤彦八	1		御手洗村	美濃国武儀郡			50		
90	幅村市右衛門	1	1	御手洗村	美濃国武儀郡			50		
91	幅村与右衛門	1		御手洗村	美濃国武儀郡			50		
92	松岡清六	1	1	小倉村	美濃国武儀郡			200		
93	山田伝左衛門	1	1	小倉村	美濃国武儀郡			100		
94	後藤右四郎	1		小倉村	美濃国武儀郡			50		
95	後藤伊左衛門	1		小倉村	美濃国武儀郡			50		
96	山田□(1字難読)蔵	1		小倉村	美濃国武儀郡			50		
97	山田藤右衛門	1		小倉村	美濃国武儀郡			50		
98	山田彦七	1		小倉村	美濃国武儀郡			20青		
99	村井久治郎	1		小倉村	美濃国武儀郡			50		
100	村井勝蔵	1		小倉村	美濃国武儀郡					3
101	村井源六	1		小倉村	美濃国武儀郡			50		
102	松岡善左衛門	1		小倉村	美濃国武儀郡			50		
103	後藤市右衛門	1		小倉村	美濃国武儀郡			50		
104	児山助蔵	1		小倉村	美濃国武儀郡			50		
105	後藤市蔵	1		小倉村	美濃国武儀郡			50		
106	児山長助	1		小倉村	美濃国武儀郡					3
107	佐藤伝左衛門	1	1	神洞村	美濃国武儀郡			150		
108	山田権兵衛	1	1	神洞村	美濃国武儀郡			100		
109	影山武兵衛	1		神洞村	美濃国武儀郡			100		
110	臼井藤助	1		神洞村	美濃国武儀郡			50		
111	岩原□(1字難読)八	1		神洞村	美濃国武儀郡			150		
112	岩原半四郎	1		神洞村	美濃国武儀郡			100		
113	佐藤武右衛門	1		神洞村	美濃国武儀郡			100		
114	中嶋孫治郎	1		神洞村	美濃国武儀郡			50		
115	岩原源左衛門	1		神洞村	美濃国武儀郡			100		
116	佐藤伊左衛門	1		神洞村	美濃国武儀郡			100		
117	山田利兵衛	1		神洞村	美濃国武儀郡			50		

118	高橋宇兵衛	1		神洞村	美濃国武儀郡			50		
119	河村万兵衛	1		西田原村	美濃国加茂郡			100		
120	若井秋助	1	1	西田原村	美濃国加茂郡			100		
121	川村伝兵衛	1		西田原村	美濃国加茂郡			100		
122	若井助三郎	1		西田原村	美濃国加茂郡			100		
123	若井和蔵	1		西田原村	美濃国加茂郡			50		
124	宮坂左七	1		西田原村	美濃国加茂郡			100		
125	若井松五郎	1		西田原村	美濃国加茂郡					3
126	渡辺政五郎	1		西田原村	美濃国加茂郡					3
127	兵蔵	1		西田原村	美濃国加茂郡					3
128	渡辺助治郎	1		西田原村	美濃国加茂郡		1			
129	川村吉兵衛	1		西田原村	美濃国加茂郡					3
130	川村門三郎	1		西田原村	美濃国加茂郡			100		
131	安蔵	1		西田原村	美濃国加茂郡					3
132	川村忠蔵	1		西田原村	美濃国加茂郡					3
133	川村□(1字難読)司	1		西田原村	美濃国加茂郡			50		
134	塚原伴治郎	1		西田原村	美濃国加茂郡					3
135	川村善吉	1		西田原村	美濃国加茂郡					3
136	川村文左衛門	1		西田原村	美濃国加茂郡		1			
137	和兵衛	1		西田原村	美濃国加茂郡					3
138	小瀬木太良兵衛	1		西田原村	美濃国加茂郡			50		
139	吉田佐七	1		西田原村	美濃国加茂郡		1			
140	山本金五郎	1		西田原村	美濃国加茂郡					3
141	吉田文太郎	1		西田原村	美濃国加茂郡			50		
142	吉田辰蔵	1		西田原村	美濃国加茂郡					3
143	吉田市三郎	1		西田原村	美濃国加茂郡			50		
144	山本条蔵	1		西田原村	美濃国加茂郡			50		
145	喜助	1		西田原村	美濃国加茂郡					3
146	小瀬木善吉	1		西田原村	美濃国加茂郡					3
147	川村丈助	1		西田原村	美濃国加茂郡			100		

148	川村利八	1		西田原村	美濃国加茂郡					3
149	川村□(1字難読)蔵	1		西田原村	美濃国加茂郡			50		
150	川村嘉兵衛	1		西田原村	美濃国加茂郡			50		
151	若井宮蔵	1		西田原村	美濃国加茂郡					3
152	長蔵	1		西田原村	美濃国加茂郡					3
153	太兵衛	1		西田原村	美濃国加茂郡					3
154	庄助	1		西田原村	美濃国加茂郡					3
155	若井与市	1	1	西田原村	美濃国加茂郡			100		
156	河村源助	1		西田原村	美濃国加茂郡					3
157	西部儀作	1		中生櫛村	美濃国武儀郡			50		
158	中田弥兵衛	1		中生櫛村	美濃国武儀郡			100		
159	土屋三四郎	1	1	三橋村	三河国宝飯郡			50		
160	仲山嘉助	1	1	三橋村	三河国宝飯郡			50		
161	土屋六兵衛	1		三橋村	三河国宝飯郡		1			
162	土屋忠右衛門	1		三橋村	三河国宝飯郡					3
163	土屋長太郎	1		三橋村	三河国宝飯郡					3
164	土屋喜右衛門	1		三橋村	三河国宝飯郡		1			
165	土屋文六	1		三橋村	三河国宝飯郡					3
166	土屋孫十	1		三橋村	三河国宝飯郡			50		
167	土屋九良左衛門	1		三橋村	三河国宝飯郡					3
168	権八	1		三橋村	三河国宝飯郡					3
169	九十	1		三橋村	三河国宝飯郡					3
170	忠五郎	1		三橋村	三河国宝飯郡					3
171	甚右衛門	1		三橋村	三河国宝飯郡					3
172	中村和三良	1		篠束村	三河国宝飯郡			50		
173	中村勘右衛門	1		篠束村	三河国宝飯郡			100		
174	橋本仁三郎	1		篠束村	三河国宝飯郡			50		
175	伊藤佐治郎	1		篠束村	三河国宝飯郡			50		
176	伊藤源吉	1		篠束村	三河国宝飯郡			100		
177	鈴木藤作	1		篠束村	三河国宝飯郡			100		

178	大林吉左衛門	1		篠東村	三河国宝飯郡			50		
179	山内金太郎	1		篠東村	三河国宝飯郡			100		
180	鈴木忠右衛門	1		篠東村	三河国宝飯郡			100		
181	山内伊太郎	1		篠東村	三河国宝飯郡			100		
182	児山助蔵(重複記載)	0		小倉村	美濃国武儀郡			0		
183	後藤市蔵(重複記載)	0		小倉村	美濃国武儀郡			0		
合計		181人	16人			7両	5朱	10720文	0文	101匁
						34両1朱200文			1両3分2朱3.5匁	
						合計　35両3分3朱200文3.5匁				

それによると、吉祥坊は、三河国宝飯郡の篠塚村・三橋村、尾張国愛知郡の名古屋巾下・末森村・岩崎村・野方村、美濃国武儀郡の上野村・半道村・御手洗村・小倉村・神洞村・中生櫛村、美濃国加茂郡の西田原村など、合計一六村で廻檀配札活動を行っていた。帳面に記載された信徒総数は一八三人で、そのうち世話人が一六人であった。そしてこの奉納帳における勧進金額は三五両三分三朱二〇〇文三・五匁であった。

一一　芦峅寺宿坊家の美濃国各務郡芥見村の檀那場

芦峅寺雄山神社所蔵の古文書史料群のなかに、江戸時代幕末期、芦峅寺宿坊家の等覚坊と大仙坊が、美濃国各務郡芥見村の檀那場所有を巡って争ったことに関する文書が見られる(42)。その一件は次のとおりである。

等覚坊が檀縁のない美濃国各務郡芥見村の野村組に属する大仙坊の檀家亀山文右衛門宅を訪れ勧化を行ったが、それに対し大仙坊衆徒由道が芦峅寺一山役寮に等覚坊の規約違反を訴えた。一山では評定を行い、その結果、野村組での配札権は一山が一度引き揚げ、改めて大仙坊に引き渡した。また、大仙坊が同地域において旧来から廻檀配札を行っていたその他の村方についても、八村を一山に一度引き揚げ、野村組と合わせて九村を改めて大仙坊に引き渡した。なお、この九村については、等覚坊に永代立入禁止を申し渡した。さらに、等覚坊が大仙坊の檀家をかすめ取っての違法な配札活動で得た収益については、等覚坊から大仙坊に一両と幡一流、布木綿七八端分の儲けのうち金子で三両二朱三三八文が支払われた。なお、同地域で大仙坊の檀那場ではなかった小倍村と小嶋村での配札活動で得た毛綿三反の収益については、等覚坊の利益としてそのまま認められた。

以上、この一件から、この地域が大仙坊や等覚坊の檀那場であったことがうかがわれる。

一二　美濃国加茂郡廿屋村天池家の文書に含まれた『立山御孀尊布橋寄進帳』

岐阜県美濃加茂市廿屋村のかつての庄屋天池家の古文書群に、芦峅寺相真坊の寛政七年（一七九五）『立山御孀尊布橋寄進帳』(43)が含まれている。天池家文書にはこの文書以外に立山信仰に関するものは見られず、また記載内容から検討しても、相真坊と廿屋村、あるいは天池家との関係を具体的にうかがうことができない。したがって、この勧進記がどのような経緯で天池家にもたらされたのかは今のところ不明であるが、相真坊がこの界隈で廻檀配札活動を行っていた可能性もありえよう。

一三　芦峅寺一山における三禅定の意味

江戸時代の延宝期には、三禅定の道者を迎える側の立山衆徒にも、すでに三禅定に対する意識があった。「芦峅寺文書」の『一山旧記控』(44)によると、延宝二年（一六七四）、芦峅寺一山の衆徒・神主は支配藩の加賀藩に自山の由緒を説明したが、その際、「芦峅之庄立山中宮媼堂と申は日本三禅定之一山」と表現している。また、同史料によると延宝五年、岩峅寺一山の衆徒も加賀藩に自山の由緒を説明したが、その際、立山を「日本三禅定之峯」と表現している。このように立山衆徒たちは支配藩の加賀藩に対して、自山が富士山や白山とともに三禅定の一霊場であることを自分たちの権威付けに活用しているのである。

時期は一挙に飛ぶが、芦峅寺一山が天保四年（一八三三）に、同組織の掟として護符等の文言を定め記した『立山衆徒諸国旦那持御札守等調筆方掟書誓条連判状　芦峅寺宝庫』(45)（形態は冊子、芦峅寺一山会所蔵）に、「三社託謹」と称して、立山・富士山・白山の三山の神号を版木で摺り込んだか、もしくは手書きした書の存在が示されている。その文言は以下のとおりである。

〔史料10〕

種子（十一面観世音菩薩）　白山妙理大権現

種子（阿弥陀如来）　立山和光大権現

種子（胎蔵界大日如来）　冨士浅間大菩薩

さらに、この文言を使用する場合には、「筆写誰レ謹書ト可記、必ズ寺号坊名ハ不可書事」と註書きがされている。

この史料から、芦峅寺衆徒が、三禅定が慣行されていた尾張国などの檀那場で廻檀配札活動を行った際に、その地域の人々の需要にあわせて三山の神号を記した書を発行していたことが推測される。この書に寺号坊名を絶対入れないのは、おそらくその地域で芦峅寺衆徒と同様に檀那場を形成し勧進活動を行っていた白山御師や富士御師に対して、「白山妙理大権現」や「冨士浅間大菩薩」の用語の使用権を巡って、争論が起きるのを避けてのことであろう。

この三山の神号を記した書は、掛軸形式のものが、愛知県東浦町緒川の水野家や加藤家、前述の戸田家で見つかっている。三作品とも、本紙に芦峅寺一山の印判(朱印)(46)が認められ、芦峅寺衆徒によって檀那場にもたらされたものであることがわかる。なお、戸田家の作品については、前掲『立山衆徒諸国旦那持御札守等調筆方掟書誓条連判状』に見られた「筆写誰レ謹書ト可記、必ズ寺号坊名ハ不可書事」の規約に基づいて、押印とともに寺号坊名は入れずに「大乗沙門勝龍」の記名だけがなされている。これらの事例から、江戸時代後期には、芦峅寺衆徒は三禅定が慣行されていた檀那場での廻檀配札活動において、現地の人々の立山参詣を誘うため、立山参詣も含む三禅定を積極的に勧めていたと考えられるのである。

さらに、こうした檀那場での三禅定に関する喧伝が明治時代にも行われていたことは、富山県［立山博物館］が所蔵する、芦峅寺福泉坊の佐伯音男が使用していた「三社託諠」の版木(〔中央〕立山和光大権現・〔右〕富士浅間大菩薩・〔左〕白山妙理大権現、寸法：縦六四・二×横二八・三×厚さ二・〇センチメートル)からもうかがわれる。現在のところ、白山御師や富士御師の側に、「三社託諠」のような摺り物や書画は見られない。本来なら、各霊山御師の間で他山の神号を勝手に用いることは憚られることなのであろう。しかし、それを芦峅寺衆徒は敢えて行い、三禅定が慣行されていた檀那場で、三禅定としての立山参詣を喧伝しながら布教・勧進活動を行っていたのである。

ところで前述のとおり、東浦町緒川の浄土宗善導寺には檀家から寄進された三禅定に関する一幅物の掛軸式絵画が所蔵されている。縦長の画面には上から順に、木版の「富士山牛王」の図柄(富士信仰)、木版の「立山来迎引接図」の図柄(立山信仰)、木版の「白山三所権現守護札」の図柄(白山信仰)の三点が刷り込まれ、それらに彩色が施されたものである。

一方、三禅定そのものの絵画とは言えないが、同じ木版を活用して制作した作品が緒川村の各家に見られる。前掲の加藤家には、画面の上から順に木版の「白山三所権現守護札」の図柄と木版の「立山来迎引接図」の図柄の二点を刷り込んだ単色の掛軸式絵画が所蔵されている。また「日高理兵衛家文書」(東浦町緒川)のなかには、木版の「立山来迎引接図」の図柄だけを刷り込んだ単色の掛軸式絵画(縦三八・四×横二二・〇センチメートル)が収められている。さらに前掲の水野家には、木版の「富士山牛王」だけを刷り込んだ単色の掛軸式絵画が所蔵されている。

こうした作品状況から察すると、右記の一連の掛軸式絵画は、富士山・立山・白山の三霊山の御師の勧進活動の影響のもと、御師の側ではなく、檀那場の檀家の側で制作されていたと考えられる。特に緒川村については本章五節で述べたように、芦峅寺宝龍坊と庄屋日高家との密接な関係や立山講の存在がうかがわれ、村全体が立山信仰の影響を比較的強く受けていたことから、作品が多く残っているのであろう。

なお、富山県［立山博物館］には、この一連の掛軸式絵画で用いられる立山来迎引接図の版木と同種類のものが三点所蔵されている。一点目は寸法が縦二八・〇×横二一・二×厚二・六センチメートルで、裏面に「芦峅寺善道坊用」と墨書が見られる。二点目は寸法が縦三〇・九×横二二・七×厚一・五センチメートルで、裏面に「第日本 北陸道 富山県 越中国 立山麓 芦峅寺村 佐伯寛徹」と墨書が見られる。いずれもかつては芦峅寺善道坊(三河国を檀那場としていた)が所蔵していたものである。三点目は寸法が縦三九・一×横二二・〇×厚三・三センチメートルで、芦峅寺宝泉坊の所蔵である。現在は立山博物館に寄託されている。

さて、立山・富士山・白山の三山に関わる御師のうち、三禅定が東海地方の道者の誘引に大きな意味を持っていたのは、おそらく芦峅寺衆徒であっただろう。

白山参詣や富士山参詣を行う場合は、東海地方からだと、経路や距離、交通の面で、それぞれの霊山参詣だけを行えばそれで十分事足り、白山と富士山の御師は自山への参詣をどうしても三禅定のなかに組み込まれなければならない必然性はなかった。東海地方から遠距離の立山だけが、東海地方の道者を誘引するにあたって、三禅定の三山を一巡りするかたちが大きな意味を持つのである。

なお、以上指摘した芦峅寺衆徒の都合と、本章で示してきたように、三禅定関係史料の多くが芦峅寺宿坊家の檀那場から発見されていることとは、いたって辻褄が合っているように思う。

おわりに

芦峅寺宿坊家のなかで、尾張国に檀那場を保持していたのは、福泉坊・大仙坊・日光坊・宮之坊・宝龍坊・泉蔵坊である。このうち福泉坊・大仙坊・日光坊について、江戸時代後期から大正時代にかけての尾張国の檀那場を対象とした檀那帳や奉加帳を分析し、各宿坊家の檀那場の形成状況を指摘した。その概況は先に詳しく指摘してきたので、ここでは簡略に述べるが、芦峅寺宿坊家の尾張国の檀那場は、宿坊家ごとの縄張りがほぼ定められたかたちで、同国内の広範囲に形成されていた。その際、図の内容が示すように、芦峅寺宿坊家の尾張国の檀那場は、知多郡の伊勢湾側の村々や中島郡の村々を檀那場とした日光坊が先行的に開拓し、さらにその後、空白域に福泉坊や大仙坊などが、日光坊の縄張りを避けながら開拓を進めていったものと推測される。

さて、これまでに発見された三禅定に関する道中記は、日光坊や大仙坊の檀那場が濃密に形成されていた知多郡の村々に多く残っている。例えば、小鈴谷村の盛田家、松原村の小島家、佐布里村の伊藤家、長尾村の三井家、緒川新田村の戸田家、大府村の平七家などのものである。それらの家々には芦峅寺宿坊家と、師檀関係などの直接的な関係を持っていた場合も見られる。こうした道中記史料の残存状況やその関連史料から、知多郡は三禅定がきわめて盛んな地域であったことがうかがわれる。

現在のところ、江戸時代前期以降の三禅定の展開については、ある程度わかってきているが、三禅定の起源についてはよくわかっていない。三禅定が、宗教者やその組織によって、彼らの修行の一環として行われるようになったとも考えられるが、その実態を具体的に示す史料はまだ見つかっていない。

筆者は、三禅定に関する従来の史料を管見する限り、江戸時代前期までには、当時すでに芦峅寺日光坊と関係があった尾張国知多郡小鈴谷の庄屋盛田家の延宝四年(一六七六)『三禅定之通』が示すように、特に知多郡辺りでは豪農の間で三禅定が行われるようになっており、さらに中期から後期へと時代が進むにつれ、下層の農民たちの間でも慣行されるようになっていったと考えている。すなわち、筆者は、近世における三禅定の主体者を、東海地方の場合は宗教者ではなく当初から在地の農民層であったと考えている。具体的には、富士御師や白山御師が同一地域で檀那場形成及び勧進布教活動を行っていたところに、のちに日光坊などの芦峅寺衆徒も進出して檀那場形成及び勧進布教活動を行うようになり、ある程度、各霊山の山岳信仰が地域に受容され根づいたなかで、農民たちの欲求や御師の利益に基づいて、当初は農民たちが各霊山の御師の先達を得ながら三禅定を成立させていったものと考えている。

この推察を成り立たせるには、まだいくつかの検証が必要だが、いずれにしろ、尾張国では、三禅定関係史料の多くが、芦峅寺宿坊家のかつての檀那場で見つかっていることは紛れもない事実であり、芦峅寺衆徒にとって、三禅定が、自山への道者の誘引で案外大きな意味を持っていたと考えてよいであろう。今後、芦峅寺宿坊家の檀那場と同様に、富士御師や白山御師の檀那場及び廻檀配札活動の実態などを丹念に調査していけば、三禅定の起源や本質の解明にも近づけるものと考えている。

註

（1）拙稿「尾張国の立山信仰—芦峅寺福泉坊と日光坊が尾張国で形成した檀那場について—」（拙著『近世立山信仰の展開—加賀藩芦峅寺衆徒の檀那場形成と配札—』七一頁～一二九頁、岩田書院、二〇〇二年）。その他、拙稿「芦峅寺日光坊の嬶堂別当及び布橋大灌頂法会開催に関わる勧進活動—日光坊所蔵の立山御嬶尊別当奉加勧進記（弘化三年）を中心に—」（拙著『立山信仰と布橋大灌頂法会—加賀藩芦峅寺衆徒の宗教儀礼と立山曼荼羅—』一九六頁～二二九頁、桂書房、二〇〇六年）などがある。

（2）日本福祉大学知多半島総合研究所歴史・民俗部編「愛知県武豊町・三井伝左衛門家文書目録中巻」（武豊町〔武豊町歴史民俗資料館〕、一九九六年）。

（3）「立山御祈禱之牘　芦峅寺大仙坊」（木版）（三井伝左衛門家文書二〇—一六—一）。「御祈禱之牘　立山大仙坊」（木版）（三井伝左衛門家文書二〇—一六—二）。「御祈禱之札　立山大仙坊」（木版）（三井伝左衛門家文書二〇—一六—三）。「立山御奉嬶尊　大仙坊」（木版）（三井伝左衛門家文書二〇—七三）。「従立山」（包紙）（大仙坊→長尾村・三井伝左衛門様）（三井伝左衛門家文書五四—三四一—一九）。以上の史料は個人所蔵・豊町歴史民俗資料館寄託資料。

（4）「書簡、参詣札・面談依頼ほか」（大仙坊→三井伝左衛門様、申七月六日）（三井伝左衛門家文書六一—六三）。

（5）三井伝左衛門著・享和元年（一八〇一）『三禅定道中覚帳』（個人所蔵・武豊町歴史民俗資料館寄託資料）。「三井伝左衛門家文書」通番号九一九、史料番号五八—四一。

（6）文化六年（一八〇九）『道中みちやどのおぼえ』（個人所蔵・武豊町歴史民俗資料館寄託資料）。「三井伝左衛門家文書」通番号九二一、史料番号五五—一二三。

（7）「芦峅寺日光坊文書」（『立山町史　別冊』三頁、立山町、一九八四年）。

（8）高瀬保編『越中立山古記録 第二巻』（一三七頁～一四〇頁、立山開発鉄道、一九九〇年）。「安政二年（一八五五）三月十三日、夜四ツ半時、宮之坊出火ニ付」「火之元人宮之坊義、尾張国配札ニ罷越候ニ付」。

（9）『盛田家文書』XⅥ二六『三禅定之通　延宝四年六月吉日　盛田久左衛門』（延宝四年〔一六七六〕）、『盛田家文書』XV一二「富士・白山両先達争論につき書状」（元禄二年〔一六八九〕五月四日、阿野村高讃寺→大谷・小鈴谷同道衆中）。『盛田家文書』XV一三「覚、富士・白山両先達争論につき願上」（元禄二年七月、知多郡大野村松栄寺→本寺密蔵院）。『盛田家文書』XV一四「富士・白山両先達につき争論」（元禄二年八月、天台宗高讃寺）、いずれの史料も愛知県常滑市の鈴渓資料館所蔵。これらの史料の詳細は、拙稿「富士山・立山・白山の三山禅定と芦峅寺宿坊家の檀那場形成過程」（『富山県［立山博物館］研究紀要』一〇号、三頁～四五頁、二〇〇三年）を参照のこと。

（10）松下孜編「尾張国知多郡松原村　小島家文書（小島家文書　第一集）」（発行：小島保幸、二〇〇九年）。

（11）万延元年（一八六〇）『越中立山日光坊焼失ニ付伽藍再建勧化帳』（小島家文書、知多市・故人所蔵）。

（12）～（15）伊藤昭正「三代の三禅定道中記」（同『古文書と絵図の語る村と人々』二一一頁～二一八頁、知多市歴史民俗博物館、二〇〇二年）。

（16）註（8）『越中立山古記録　第二巻』（一三七頁～一四〇頁）。

（17）本章三節一項(7)で取り上げた元治二年（一八六五）「芦峅寺日光坊火災類焼に付き再建勧進記」（芦峅寺日光坊所蔵）などによる。

（18）註（8）『越中立山古記録　第二巻』（一三七頁～一四〇頁）。

（19）「預り申金子の事」（日高利兵衛家文書　二―九四）『新編　東浦町誌　資料編四　近世』（四二五頁、二〇〇四年）。日高利兵衛家文書〔九〕ＹＢ二一―九四）（うのはな館〔東浦町郷土資料館〕所蔵）。

(20) 日高利兵衛家文書(二一五)YB二二一—五七五)(うのはな館所蔵)。
(21) 日高利兵衛家文書(№四六三)(うのはな館所蔵)。
(22) 註(8)『越中立山古記録　第二巻』(九三頁・九六頁)。
(23) 第四章一節。
(24) 本章二節一項(3)・本章二節二項(2)。
(25) 芦峅寺宝龍坊はおそらく文化四年(一八〇七)にも類焼している。三月二三日に門前百姓与三右衛門家より出火。芦峅寺衆徒・社人三八軒のうち三五軒が類焼している。「芦峅寺文書　一二五」『越中立山古文書』(五九頁・六〇頁)。
(26) 『愛知県の地名(日本歴史地名大系　第二三巻)』(五六一頁・五六二頁、平凡社、一九八一年)。
(27) 『新修半田市誌　上巻』(六〇〇頁〜六〇五頁、一九八九年)。
(28)〜(30) いずれも「梶川家文書」(半田市立博物館所蔵)。註(1)拙著『立山信仰と布橋大灌頂法会』(二三〇頁〜二四三頁)。
(31)(32) いずれも「松本家文書」(半田市立博物館所蔵)。
(33) 立山泉蔵閣(泉蔵坊)が大正一三年(一九二四)八月一一日付けで知多郡半田村の田中清八に宛てた打敷料五円の寄進に対する感謝状(半田市立博物館所蔵)。

證

一金五円

為先祖代々霊(「蓮台」の印)

右者打敷料トシテ御寄附

相成御奇特之段忝ク奉厚謝候依而請證如件

大正拾三年八月十一日

立山泉蔵閣(「立山泉蔵閣印」)

愛知県知多郡半田村(町)

田中清八殿

(34) 東浦町誌編さん委員会『新編 東浦町史 本文編』(二七九頁〜二八一頁、愛知県知多郡東浦町、一九九八年)。

(35)〜(37) いずれも「戸田家文書」(うのはな館所蔵)。

(38) 岩津天神(愛知県岡崎市岩津町字東山五三)公式サイト「信仰と眺望の霊山　岩津天神」(URLはwww.iwazutenjin.or.jp/about/)。

(39) 『金城新報』(明治一九年三月一日〜明治二六年二月三日)はのちに『名古屋新聞』となり、さらに『新愛知新聞』と合併し、現在の『中日新聞』となった。

(40) 『立山中宮寺跡石造物分布調査報告書』(一〇頁・一一頁、富山県［立山博物館］、一九九三年)。

(41) 芦峅寺吉祥坊の安政三年(一八五六)『本堂再建奉納帳』(芦峅寺大仙坊所蔵)。

(42) 註(1)拙著『近世立山信仰の展開』(四五一頁〜四八一頁)。

(43) 芦峅寺相真坊の寛政七年(一七九五)『立山御媼尊布橋寄進帳』(「天池家文書」所収、岐阜県歴史資料館所蔵)。

(44) 『一山旧記控』(廣瀬誠編『越中立山古記録 第一巻』二三頁・二七頁、立山開発鉄道、一九八九年)。

(45)(46) 『立山衆徒諸国旦那持御札守等調筆方掟書誓条連判状　芦峅寺宝庫』(『越中立山古記録 第一巻』二〇四頁)。水野家の「三社託宣」には「仏法僧宝」の丸印(朱印)が見られる。その印鑑の実物は富山県［立山博物館］に収蔵されている。加藤家の「三社託宣」には「立山中宮」の角印(朱印)が見られる。その印鑑の実物は立山博物館に収蔵されている。戸田家の「三社託宣」には「キリーク宝印」の朱印や「立山中宮」の角印(朱印)、「仏法僧宝」の丸印(朱印)が見られる。それらの印鑑の実物は富山県［立山博物館］に収蔵されている。

第四章　石造物資料に見る江戸時代の三禅定

はじめに

三禅定を成就した人々が立てた石塔・石碑などの石造物を、ここでは三禅定石造物としておく。それには、富士山・立山・白山の三禅定だけを刻むものと、三禅定と他の霊場を併刻するものとがある。三禅定に併刻される霊場としては、四国八十八ヶ所霊場、西国三十三観音霊場、板東三十三ヶ所観音霊場、秩父三十四札所、熊野、大峰山上、吉野山、高野山、出羽三山（月山・湯殿山・羽黒山）、金華山、出雲大社などが見られる。

本章では、立山に他の霊場名が併刻された石造物の分布状況に着目し、江戸時代における三禅定の様相について、若干の検討を試みたい。

一　愛知県・岐阜県における三禅定関係併刻石造物の分布状況

名古屋市の研究者津田豊彦氏(1)の調査・研究により、愛知県や岐阜県で多くの三禅定関係併刻石造物が確認されている。それらの分布は、前章で指摘した芦峅寺宿坊家の檀那場と概ね重なっている。以下、三禅定関係併刻石造物の分布状況を表1に一覧しておきたい。

表１　三禅定に関する石造物及び立山を含む併刻石造物の分布状況

No.	県	市町村	寺社名	宗派	年(和暦)月	(西暦)	内容	＊1	＊2
1①	愛知県	知多郡東浦町森岡	村木神社		享保３年８月	1718	立山大権現(左)　富士浅間大菩薩(中央)　白山妙理大権現(右)	●	
1②	愛知県	知多郡東浦町森岡	村木神社		延享元年	1744	奉拝　白山大権現(左)　富士大権現供養塔(中央)　立山大権現(右)	●	
1③	愛知県	知多郡東浦町森岡	村木神社		明和５年８月	1768	立山大権現(左)　富士浅間大菩薩(中央)　白山比売神社(右)	●	
1④	愛知県	知多郡東浦町森岡	村木神社		寛政元年６月	1789	立山大権現(左)　富士浅間大菩薩(中央)　白山妙理大権現(右)	●	
1⑤	愛知県	知多郡東浦町森岡	村木神社		寛政９年６月	1797	立山大権現(左)　富士浅間大菩薩(中央)　白山妙理大権現(右)	●	
1⑥	愛知県	知多郡東浦町森岡	村木神社		文化２年	1805	立山和光大権現(左)　富士浅間大菩薩(中央)　白山妙理大権現(右)	●	
1⑦	愛知県	知多郡東浦町森岡	村木神社		文化２年６月	1805	立山大権現(左)　富士浅間大菩薩(中央)　白山妙理大権現(右)	●	
1⑧	愛知県	知多郡東浦町森岡	村木神社		文化６年	1809	立山和光大権現(左)　富士浅間大権現(中央)　白山妙理大権現(右)	●	
1⑨	愛知県	知多郡東浦町森岡	村木神社		文化６年６月	1809	富士浅間大菩薩(左)　立山和光大権現(中央)　白山妙理大権現(右)	●	●
1⑩	愛知県	知多郡東浦町森岡	村木神社		文政３年８月	1820	立山大権現(左)　富士浅間大菩薩(中央)　白山大権現(右)	●	
1⑪	愛知県	知多郡東浦町森岡	村木神社		文政６年８月	1823	立山大権現(左)　富士浅間大菩薩(中央)　白山大権現(右)	●	
1⑫	愛知県	知多郡東浦町森岡	村木神社		文政７年６月	1824	立山大権現(左)　富士浅間大菩薩(中央)　白山大権現(右)	●	
1⑬	愛知県	知多郡東浦町森岡	村木神社		天保５年２月	1834	立山和光大権現(左)　富士浅間大菩薩(中央)　白山妙理大権現	●	
1⑭	愛知県	知多郡東浦町森岡	村木神社		天保６年	1835	立山大権現(左)　富士浅間大菩薩(中央)　白山大権現(右)	●	

1⑮	愛知県	知多郡東浦町森岡	村木神社		嘉永２年	1849	白山妙理大権現(左)　富士浅間大菩薩(中央)　立山和光大権現(右)	●	
1⑯	愛知県	知多郡東浦町森岡	村木神社		文久２年６月	1862	三山大権現	●	
1⑰	愛知県	知多郡東浦町森岡	村木神社		明治２年６月	1869	三山大権現	●	
1⑱	愛知県	知多郡東浦町森岡	村木神社		明治５年８月	1872	三山大権現	●	
1⑲	愛知県	知多郡東浦町森岡	村木神社		明治７年	1874	三山大権現	●	
1⑳	愛知県	知多郡東浦町森岡	村木神社		明治11年８月	1878	三山神社	●	
1㉑	愛知県	知多郡東浦町森岡	村木神社		明治16年	1883	三山神社	●	
1㉒	愛知県	知多郡東浦町森岡	村木神社		明治29年８月	1896	三山神社	●	
1㉓	愛知県	知多郡東浦町森岡	村木神社		明治33年８月	1900	三山神社	●	
1㉔	愛知県	知多郡東浦町森岡	村木神社		年次未詳		富士浅間神社(左)　立山雄山神社(中央)　白山比売神社(右)	●	●
2①	愛知県	知多郡東浦町緒川富士塚			年次未詳		白山妙理大権現(左)　富士浅間大菩薩(中央)　立山和光大権現(右)	●	
2②	愛知県	知多郡東浦町緒川富士塚			年次未詳		立山和光大権現(左)　富士浅間大菩薩(中央)　白山妙理大権現(右)	●	
2③	愛知県	知多郡東浦町緒川富士塚			年次未詳		立山和光大権現(左)　富士浅間大菩薩(中央)　白山妙理大権現(右)	●	
3①	愛知県	知多郡東浦町石浜	稲荷神社		寛政９年８月	1797	白山大権現(左)　立山大権現(中央)　富士大権現(右)　15人	●	●
3②	愛知県	知多郡東浦町石浜	稲荷神社		天保３年６月	1832	立山大権現(左)　富士大権現(中央)　白山大権現(右)　33人	●	
4①	愛知県	知多郡東浦町緒川新田	山神社		文化４年８月	1807	白山妙理大権現(左側面)　南無立山大権現(正面)　富士浅間(右側面)「小川新田村　同行中文化四卯年　八月吉日」	●	●
4②	愛知県	知多郡東浦町緒川新田	山神社		安政２年	1855	白山妙理大権現(左)　南無立山大権現(中央)富士浅間大菩薩(右)「六右衛門・万助・仁三郎・定治郎」	●	●
5	愛知県	半田市宮路町住吉神社境内　住吉稲荷社の横	住吉神社		天保６年６月	1835	冨士浅間大権現(左) 立山和光大権現(中央)白山妙理大権現(左)	●	●
6①	愛知県	大府市桃山公園			文化10年	1813	立山大権現　富士山浅間大□□　白山妙理大権現	●	

6②	愛知県	大府市桃山公園			文政６年	1823	白山妙理大権現(左)　富士浅限(ママ)大菩薩(中央)　立山和光大権現(右)　13人	●	
7①	愛知県	大府市桃山公園西側(桃山町2)	行者堂		大正６年２月	1917	種子(中央の上)　白山神社(左)　富士浅間神社(中央)　立山神社(右)	●	
7②	愛知県	大府市桃山公園西側(桃山町2)	行者堂		大正10年８月	1921	白山比咩神社(左)　冨士浅間神社(中央)　立山雄山神社(右)	●	
8	愛知県	東海市荒尾字泉	泉柳寺	曹洞宗	正徳３年	1713	〔表〕熊野山白山立山富士山(左)　奉供養四国西国坂東秩父百八十八所(中央)　湯殿三山大峯山上十三度(右)〔裏〕正徳三癸巳年権大僧都正圓院義安賢□(清？)居士		
9	愛知県	名古屋市瑞穂区津賀田	秋葉社		寛延４年	1751	「立山大権現」「富士山浅間」「白山大権現」	●	●
10	愛知県	名古屋市守山区城西2丁目10(旧・牛牧村)	白山神社		安永３年８月	1774	白山妙理大権現(左)　立山和光大権現(中央)　富士浅間大菩薩(右)	●	●
11	愛知県	尾張旭市狩宿	白山社		天明２年９月	1782	白山妙理大権現(左)　立山和光大権現(中央)　富士浅間大菩薩(右)	●	●
12	愛知県	一宮市浅野	禅林寺	曹洞宗	元治２年４月	1865	白山(左)　立山(中央)　富士(右)　三禅定供養	●	●
13	愛知県	春日井市内津	見性寺	曹洞宗	宝暦４年６月	1754	〔正面〕南無大慈大悲観世音菩薩(中央)〔側面〕富士浅間大菩薩(左)　北国立山大権現(中央)　白山妙理大権現(右)〔対面〕奉納、西国・四国・秩父・板東・東国巡礼、諸神諸仏供養塔		●
14	愛知県	小牧市小牧	宝樹山西林寺	浄土宗	寛延４年	1751	〔中央〕南無阿弥陀仏　日月清明　左一之宮江三里〔左側面〕三禅定　法光院ほか〔右側面〕天下和順　右當国五番観音江八町		
15	愛知県	犬山市塔野地・大師堂	大師堂		天保15年３月	1844	供養塔　西国四国　三ツ山禅定		
16	愛知県	豊田市綾渡	平勝寺	曹洞宗	天明５年11月	1785	庚申　白山(左)　富士山(中央)　立山(右)	●	
17	愛知県	豊田市綾渡町西組			大正３年10月	1914	奉参拝　白山富士山日光山　出雲大社金比羅神宮　立山御嶽山大峰山		
18	愛知県	豊田市四ツ松町・十明山山頂			年次未詳		富士の山霊神の碑　白之大明神の碑　立山霊神の碑		
19	愛知県	岡崎市羽栗町池尻の路傍(未確認、『岡崎の石仏』より)			安永３年６月	1774	阿弥陀如来・聖観世音菩薩・勢至菩薩の三尊形式。　＊碑文未確認	●	

20	愛知県	岡崎市梅園町2	燕岡山春谷寺	浄土宗	明治10年９月	1877	諸国神社仏閣　富士山・白山・立山・御嶽山巡拝大願成就塔　春谷庵鴉水　明治十年丁丑九月		
21①	愛知県	西尾市東幡豆町(山口組)　養寿院行者堂	養寿院行者堂				(役行者坐像・丸彫)　大峯奥通供養　三禅定供養　西国四国供養　梅田文左衛門		
21②	愛知県	西尾市吉良町饗庭白山(『吉良ふるさとのきらめき』『古き佳き吉良の民俗』『金蓮寺物語』『ふる里饗庭の伝説と昔話』)	白山神社　吉良町饗庭白山の山中		文政７年８月	1824	白山：(吉良町饗庭白山の白山神社) 立山：〔正面〕「立山両権現」「行者　若連中」〔右面〕「文政七申年　八月吉日」 富士山：〔正面〕「冨士山浅間大菩薩」〔右面〕「村中安全　文政七年甲申年　八月吉日」		
22	岐阜県	各務原市須衛町2丁目385(『各務原市史　考古・民俗編 民俗』)	宝善寺		天保３年３月	1832	〔上段〕国土安穏白山(左)　奉巡拝冨士山(中央)　天下泰平立山(右)　〔中段〕(左から)諸国神社仏閣、秩父三十四所、板東三十三所、西国三十三所、四国八十八所　〔下段〕供養塔		
23	岐阜県	各務原市鵜沼古市場3丁目　公民館東側(『各務原市史　考古・民俗編 民俗』)			年次未詳		(順拝供養塔)奉供養　西国四国白山秩父板東立山　右犬山 向うぬま宿 向ぎふ 左ぜんじの		
24	岐阜県	関市神野・大仏山山頂付近			宝暦９年８月	1759	白山大権現(左)　立山大権現(中央)　富士山大権現(右)「奉山禅定供養」「宝暦九卯八月　安田政儀」	●	●
25	神奈川県	横浜市緑区大曽根台	大乗寺	曹洞宗	文政12年２月	1829	白山・富士山・立山、羽黒山・湯殿山・月山、秩父・西国・坂東		
26	千葉県	我孫子市根戸	東陽寺	真言宗	大正８年12月	1919	〔左面〕富士山・立山・白山・登山　〔正面〕湯殿山・月山・羽黒山、秩父・西国・坂東、四国八十八所・百番供養塔・金華山		
27①	千葉県	我孫子市根戸新田	水神社		文久３年４月	1863	〔左側面〕白山(左)　富士山(中央)　立山(右)〔正面〕羽黒山・湯殿山・月山・西国板東秩父百番供養塔		
27②	千葉県	我孫子市根戸新田	水神社		大正14年９月	1925	〔正面〕白山・富士山・立山、羽黒山・月山・湯殿山、登拝　〔左面〕秩父・西国・坂東、西国霊場・吉野山、供養塔		
28	千葉県	柏市北柏			昭和４年12月	1929	〔右面〕秩父・西国・坂東、西国霊場・高野山、供養塔　〔正面〕白山・富士山・立山、羽黒山・月山・湯殿山、登拝		

参考	岐阜県	揖斐郡揖斐川町谷汲穂積23	谷汲山華厳寺（西国三十三番満願霊場）	天台宗	明治41年３月	1908	（諸国神社仏閣巡拝記念奉納額）富士山御嶽山(2回)、立山白山(3回)、西国三十三ヶ所(17回)ほか 森卯八郎・中川喜三郎。	

〔凡例〕　＊１：三禅定のみ　＊２：立山が中央

これらのうち富士山・立山・白山の三霊山だけが対象とされているのが、№１～７・９～12・16・19・24で、それ以外は他の霊場が併刻されているもので、そのうち№23は、西国や四国、秩父・板東とともに、白山と立山の霊場名は見られるが、富士山は見られない。

なお№１⑨㉔、３①、４①②、５、９～13、24は、富士山・立山・白山の三権現のうち「立山大権現」が中央に配置されたものである。

現存する三禅定関係石像物のうち、最古のものは№８愛知県東海市荒尾字泉の泉柳寺（曹洞宗）の供養塔で、正徳三年（一七一三）の成立である。最新のものは、28千葉県柏市北柏の昭和四年（一九二九）の石造物である。ただし、富士山・立山・白山の三霊山だけを対象とする三禅定石造物については、最古のものは１①愛知県知多郡東浦町森岡・村木神社の享保三年（一七一八）八月の石造物であり、最新のものは７②愛知県大府市桃山公園西側行者堂の大正一〇年（一九二一）八月の石造物である。

二　愛知県西尾市吉良町饗庭の三山城巡り

愛知県西尾市吉良町饗庭白山地区では、起源は明らかでないが、戦前まで「三山城巡り」と称する行事が行われていた。ここで言う「三山城」とは、饗庭白山の白山神社を起点に、同神社とその他に饗庭山中の二箇所に建てられた「立山両大権現」と「冨士浅間大菩薩」の石碑を、日本三霊山の白山・立山・富士山に見立てたものである（表1のNo.21②）。饗庭の人々が大晦日にその三霊山を巡拝したので「三山城巡り」と称された。

おそらく、「三禅定」の用語に対して、その発音から「山禅定」、さらに「三山城」へと漢字が当てられていったものと思われる。

地元の文献資料[2]などによると、「三山城巡り」の具体的な行事内容は次のとおりである。毎年大晦日の夜に、三〇人から四〇人ほどの老若男女の人々が吉良町饗庭の饗庭神社に集まり、籠もり修行をする。その際、過去一年間の無事のお礼と来る日の無事を祈りながら、般若心経を唱えたという。やがて一二時を過ぎると、若者たちは四、五人のグループで饗庭神社を出発して八幡社と白山社を訪れ、用意して持っていった切り餅を供えて参拝を済ませ、次の立山へと道すがら焚火をし、暖を取りながら真っ暗な道をさ迷い、次々と進んで最後の富士山（小山田地蔵尊勝楽寺北東山頂）へと向かい、そこでも参拝を済ませたあと、小山田のお地蔵さんへと山を下って朝を迎えた。

さて近年、伴野義広氏の現地調査により、前述の「立山両大権現」と「冨士浅間大菩薩」の石碑の存在が確認されている。いずれも文政七年（一八二四）八月の建立である。前者には正面に「立山両大権現」、「行者　若連中」、右面に「村中安全」、左面に「文政七申歳　八月吉日」と刻文が見られる。一方、後者の「冨士浅間大菩薩」の石碑は、文政七年当時のものと、その後新たに建立されたと思われる、「冨士浅間大菩薩」の刻文だけを持つものの二基が見られる。文政七年の石碑には、正面に「冨士山浅間大菩薩」、右面に「村中安全　文政七年甲申年　八月吉日」の刻文が見られる。

三　芦峅寺宿坊家の檀那帳に見る房総半島の檀那場

芦峅寺宿坊家の檀那帳のうち、房総半島を対象とするものには、安政三年（一八五六）の芦峅寺福泉坊の『安房国上総国旧配札簿』（大仙坊所蔵）と、同時期の同坊のものと推測される檀那帳（芦峅寺雄山神社所蔵）の二冊がある。両冊のうち、特に『安房国上総国旧配札簿』から房総半島の檀那場の状況を見ておきたい。この檀那帳に記載された配札地の村数は八九村で、信徒数は三八三人、滞在中の宿数は一八軒である。

檀那場のおもな村々とその信徒数は次のとおりである。なお、人数が示されていない村々は全て一人である。

木更津（三人）、以上、上総国望陀郡。

中野村、不明村（三人）、下湯江村（一〇人）、本郷村（六人）、以上、上総国周淮郡。

相野谷村（三人）、障子谷村（二人）、上村、北上村、佐貫町、湊村（二人）、竹岡村（二人）、荻生村（五人）、金谷村（三人）、以上、上総国天羽郡。

元名村（一三人）、保田村、本郷村（三人）、大帷子村（二人）、小保田村（三人）、中佐久間村（三人）、上佐久間村（七人）、川上村、平久里村（七人）、山田村（一二人）、以上、安房国平郡。

御子神村、川谷村、石堂村（七人）、珠師ヶ谷村（一三人）、西原村、岩糸村（一三人）、白子村（六人）、川合村、下瀬戸村（一二人）、上瀬戸村（七人）、牧田村、北朝夷村、南朝夷村（八人）、平舘村（五人）、忽戸村、川口村、平磯村（一一人）、千田村（八人）、大川村（八人）、海発村（五人）、松田村（四人）、沼村（四人）、小戸村（二人）、西白渚村（二人）、東白渚村（二一人）、真浦村（一〇人）、下三原村、和田村、花園村（二人）、小川村（六人）、小向村（六人）、上三原村（二八人）、黒岩村(二人)、布野村一一人)、磑森村(一一人)、五十蔵村(一七人)、大井村(一一人)、以上、安房国朝夷郡。金束村、以上、安房国長狭郡。小倉村(二人)、中倉村、御代原村、亀沢村(二人)、関村、大田和村、大川崎村、大和田村、田倉村、以上、上総国天羽郡。鹿野山宿、草牛村、尾車村、皿引村、大山野村、宮下村、常代村(二人)、杢師村(四人)、外簑輪村、三直村、練木村(二人)、籾山村、原村、中島村、額田村、大井村(二人)、以上、上総国周淮郡。矢那村(一一人)、以上、上総国望陀郡。

ところで、この檀那帳に記された上佐久間村の徳右衛門については、帳面に「先年参詣」の文言も付記され、同氏が立山参詣を行っていることがわかる。

また先に述べたが、この檀那帳と同時期の同坊のものと思われるもう一冊の檀那帳の内容を見ていくと、荻生村から儀兵衛・源太郎、本郷村之内遺水から忠左衛門・半左衛門、小保田村から伊左兵衛、岩糸村から安政二年(一八五五)に元右衛門・五兵衛・庄兵衛・与右衛門・徳兵衛、白子村から三治兵衛、平礒村から山口善右衛門・勘兵衛・與左衛門・弥曽左衛門・清左衛門・清右衛門・五三郎・七兵衛・利左衛門・嘉兵衛、大井村から小兵衛、以上の人々が立山参詣を行っていることがわかる。

この他、前掲の嘉永五年(一八五二)芦峅寺玉仙坊の『房州禅定人姓名記帳　越中立山宿院芦峅寺玉仙坊』によると、安房国朝夷郡宮下村の仁左衛門・佐五右衛門・周蔵、川谷村の紋右衛門が嘉永五年六月一七日に立山登山を行っている。また同年六月二三日には、安房国安房郡山名村の市右衛門・武兵衛・定右衛門・治右衛門・武右衛門・六郎右衛門・六兵衛・杢右衛門・久左衛門・戸右衛門が立山登山を行っていることがわかる。

一方、千葉県鋸南町の研究者・對馬郁夫氏[3]の調査・研究により、房総半島の人々と立山信仰を結びつける地元(檀那場側)の史料が紹介されている。千倉町北朝夷の山口勘解由家には福泉坊が配った御符「御祈禱之札　立山福泉坊」が残されている。また、千倉町の坂本忠一家には立山や各地霊山を巡拝したときの納経帳が残されている。對馬氏の調査によると、この納経帳は、所蔵者の先祖坂本忠兵衛が、大川村の鈴木政兵衛・早川甚右衛門・坂本八郎右衛門・川上権四郎ら同行五人で連れ立ち、寛政一二年(一八〇〇)閏四月朔日より七月二九日に及ぶ四箇月間にわたって坂東三十三番の札所をはじめ、恐山・出羽三山・越中立山・信州戸隠山等々を巡拝納経した「御朱印帳」であるという。そしてこの巡拝に関わる供養塔が次項の表2№5の事例である。

このように、幕末期には、房総半島から遙々、立山参詣に訪れた人々が多数確認できるのである。

四　房総半島における出羽三山・立山関係併刻石造物の分布状況

對馬郁夫氏の調査・研究により、江戸時代後期、芦峅寺福泉坊が房総半島で形成していた檀那場には、出羽三山信仰と立山信仰の併刻石造物が一〇数基確認されている[4]。それらを一覧すると表2のとおりである。

これらのうち、№1~3・9~11・15・16は出羽三山と立山だけが対象とされているが、それ以外は他の霊場が併刻されているものである。現存する出羽三山・立山関係併刻石造物のうち、№3千葉県千倉町千田の照明院(真言宗)境内の明和八年(一七七一)のものが最古である。

表2　房総半島における出羽三山・立山関係併刻石造物の分布状況

No.	県	市町村	寺社名	宗派	年（和暦）月	（西暦）	内容
1	千葉県	館山市宝貝	覚性寺	真言宗	天保3年2月	1832	羽黒山・湯殿三・月山、立山
2	千葉県	館山市宝貝	覚性寺	真言宗	天保3年2月	1832	羽黒山・湯殿三・月山、立山
3	千葉県	千倉町千田	照明院	真言宗	明和8年12月	1771	立山・湯殿三・月山・羽黒山
4	千葉県	千倉町千田	長性寺	真言宗	寛政2年5月	1790	羽黒山・湯殿山・月山、坂東・西国・秩父・越中三山
5	千葉県	千倉町千田の虚空蔵墓地			寛政13年3月	1801	越中立山、羽黒山・湯殿山・月山・恐山、坂東・秩父・西国、四国八拾八所（刻文は誤り。正しくは享和元年3月）
6	千葉県	千倉町平磯の共同墓地			安永5年6月	1776	羽黒山・湯殿山・月山、秩父・坂東・西国、立山大権現
7	千葉県	千倉町平磯	観養院	真言宗	寛政4年4月	1792	羽黒山・湯殿山・月山、立山大権現、秩父・坂東・西国
8	千葉県	千倉町平磯の共同墓地			文政13年3月	1830	羽黒山・湯殿山・月山、秩父・坂東・西国、立山大権現
9	千葉県	千倉町大貫	大滝寺	真言宗	天保9年10月	1838	羽黒山・湯殿山・月山、越中立山
10	千葉県	千倉町大貫の真楽寺集会所横の墓地			年次未詳		羽黒山・湯殿山・月山、立山
11	千葉県	千倉町平舘の川口旅館脇路傍			文化14年9月	1817	羽黒山・湯殿山・月山、越中立山
12	千葉県	三芳村山名	智光寺	真言宗	明治21年3月	1888	羽黒山・月山・湯殿山、立山神社、金花山神
13	千葉県	丸山町珠師ヶ谷の路傍			文政4年2月	1821	羽黒山・湯殿山・月山、立山、坂東・秩父・西国
14	千葉県	丸山町珠師ヶ谷の路傍			文久4年2月	1864	羽黒山・湯殿山・月山、立山、坂東・秩父・西国
15	千葉県	丸山町安馬谷の墓地			弘化5年2月	1848	羽黒山・湯殿山・月山、立山
16	千葉県	市原市椎津の八坂神社裏供養塚			大正10年10月	1921	湯殿山神社・月山神社・羽黒山神社、立山登山宇田川孫吉

五　その他の地域における出羽三山・立山関係併刻石造物の分布状況

房総半島以外の地域における出羽三山・立山関係併刻石造物の分布状況について、西海賢二氏・早川典江氏が作成した「東日本の民間信仰―出羽三山の石造物造立をめぐって―」(5)第一報～第三報を活用し、抜粋・一覧すると表3のとおりである。

表 3　房総半島以外の地域における出羽三山・立山関係併刻石造物の分布状況

No.	県	市町村	寺社名	宗派	年（和暦）月	（西暦）	内容
1	埼玉県	狭山市南入曽	御嶽山延命寺金剛院	真言宗	文政11年	1828	「富士・浅間・立山　三山供養塔」。他の霊場として西国・秩父・坂東・湯殿三・羽黒山・月山が併刻。
2	埼玉県	狭山市入間川	慈眼寺	曹洞宗	天保11年２月	1840	「富士山・浅間山・戸隠・御裏山立山・金花山・筑波山」。他の霊場として湯殿三・月山・羽黒山が併刻。
3	埼玉県	所沢市三ヶ島			元治２年	1865	「立山」。他の霊場として湯殿三・月山・羽黒山・秩父・坂東・西国が併刻。
4	埼玉県	狭山市青柳の新屋敷バス亭付近三叉路			明治26年９月	1893	「立山神社」。他の霊場として月山・羽黒山・湯殿山・富士獄神社・黄金山神社が併刻。
5	埼玉県	川越市大袋新田	福昌寺	曹洞宗	年次未詳		「立山大権現」。他の霊場として湯殿山・月山・羽黒山が併刻。
6	東京都	清瀬市下清戸	長命寺	浄土宗	元治２年２月	1865	「立山」。他の霊場として湯殿山・月山・羽黒山・浅間・七峯・米山・富士山・金華山・像頭山・平石弥陀が併刻。
7	東京都	あきる野市戸倉			弘化４年８月	1847	「立山」。他の霊場として金華山・湯殿山・月山・羽黒山・四国・西国・坂東・秩父が併刻。
8	神奈川県	横浜市緑区市ヶ尾	庚申堂		文政８年７月	1825	「越中立山」。他の霊場として月山・湯殿山・羽黒山が併刻。
9	神奈川県	小田原市久野の諏訪ノ原上バス亭前			慶応４年11月	1868	「立山」。他の霊場として月山・湯殿山・羽黒山が併刻。（刻文は誤り。正しくは明治元年11月）
10	群馬県	沼田市善桂寺町の善桂寺八幡宮付近			嘉永４年10月	1851	「湯殿山　富士山立山　百八十八番供養」。この石造物は個人所蔵。
11	東京都	羽村市羽西の石田良實家			天保12年	1841	「（表面）月山　湯殿山　羽黒山　（裏面）越中立山」
12	東京都	羽村市羽加美の一峰院	一峰院	臨済宗	天保12年	1841	「（表面）月山　湯殿山　羽黒山　（裏面）越中立山」
13	新潟県	柏崎市西長鳥山本村			嘉永７年	1854	「立山」。他の霊場として富士山・月山・湯殿山・羽黒山・大峰山・妙光山・四国八十八・西国・秩父・板東・神社仏閣名蹟が併刻。

六　三禅定関係併刻石造物と出羽三山・立山関係併刻石造物の分布状況

近年、小嶋博巳氏は『廻国供養塔データベース（CD-ROM形式）』を自主制作し、そのなかで廻国供養塔について、一四世紀の登場、一八世紀初頭の大量出現と一九世紀半ばまでの盛行という年代的な推移状況を指摘している（確認個体数七六七一件のうち六八四七件の造立年代が判明しているという）。さらに一七〇〇～一八六〇年代（すなわち江戸時代中後期）の造立件数は九七％を占めるとする。

さて、三禅定関係併刻石造物と出羽三山・立山関係併刻石造物について、それらが見られるようになる時期は、ともに小嶋氏が指摘する盛行時期にあてはまっている。ちなみに、三禅定関係併刻石造物の現存最古の個体は、正徳三年（一七一三）愛知県東海市荒尾字泉の泉柳寺（曹洞宗）のものであり、一方、出羽三山・立山関係併刻石造物の現存最古の個体は、明和八年（一七七一）千葉県千倉町千田の照明院（真言宗）のものである。

三禅定関係併刻石造物の分布状況を見ると、圧倒的に多く分布しているのは尾張国であり、次いで三河国や美濃国である。東限は近代の事例も含めば、表1№26・27千葉県我孫子市、及び28千葉県柏市の事例だが、江戸時代では、25文政一二年（一八二九）神奈川県横浜市の事例である。なお、これについては他の霊場として月山・湯殿山・羽黒山・坂東・西国・秩父が併刻されている。北限は24宝暦九年（一七五九）岐阜県関市の事例である。三禅定のみで他の霊場を併刻しない石造物は、全て尾張国と三河国・美濃国のうちに所在する。こうした分布状況からすると、江戸時代後期においては、三禅定の習俗は、概ね尾張国・三河国・美濃国の人々によって成り立っていたといえるのではないだろうか。

一方、関東地方では、立山は、出羽三山・立山関係併刻石造物として分布が見られる。房総半島の先端に比較的多く見られ、立山と出羽三山が併刻され、さらにその他、西国・秩父・坂東などが併刻される場合もある。武蔵国にも数件の事例が見られるが、西限は表3№9明治元年(一八六八)神奈川県小田原市の事例であり、北限は13嘉永七年(一八五四)新潟県柏崎市の事例である。

ところで興味深いのは、併刻される霊場名の選択のされ方である。西からの視点で見ていくと、相模国辺りで、白山が見られなくなり、富士山・立山・白山の三禅定併刻石造物、及び三禅定を含む併刻石造物が見られなくなっていく。その代わりに、出羽三山と立山が併刻され、それに富士山や坂東・西国・秩父などが併刻されるパターンが多くなるのである。

以上を概略すると、関東では、立山は出羽三山や富士山と相性が良く、石造物にセットで併刻され、さらに坂東・西国・秩父などがそれに組み込まれている。白山は入らないことが多い。

七　加賀藩領内に見られない三禅定関係史料や三禅定関係併刻石造物

延宝期における三禅定の道者数が推測できる史料として、「宝幡坊文書」(岐阜県白鳥町長滝・宝幡坊所蔵)所収「長瀧寺真鏡正編　下巻」の「荘厳講執事帳」延宝八年(一六八〇)の条[6]があげられる。それによると、同年中、七月二三日までに白山を参詣した道者は、三河国・尾張国からの道者で白山参詣のみの者が一二〇〜一三〇人、遠江国からの三禅定道者が一五〇人、その他三河国・尾張国からの三禅定道者も多数見られ、これらを合わせて三五〇人余であったという。この事実からすると、当時すでに東海地方の人々の間で三禅定の習俗が定着していたことがわかる。

また、「経聞坊文書」(岐阜県白鳥町長滝・経聞坊所蔵)所収の宝永元年(一七〇四)~延享四年(一七四七)『白山御参詣之帳』(7)には、三禅定に関わる記載が多数見られる。同帳によると、三禅定については宝永三年(一七〇六)六月の事例を最初として、延享四年(一七四七)七月の事例を最後に、四一年間で三二件が記載されている。同帳にはこの他、白山と立山の二禅定に関わる記述も二件見られる。

これらの三禅定道者の出身地を整理してみると、尾張国・三河国・美濃国・遠江国の四箇国のいずれかであり、具体的には尾張国愛知郡名古屋、三河国碧海郡刈谷、尾張国知多郡鳴海・卯之山村・布土村・久村・岩屋寺村・片名村・古布村・東端村・西端村、美濃国武儀郡神淵郷(中切村・万場村・奥田村)、美濃国武儀郡松森村・関村・津保谷上之保・同下之保、遠江国敷知郡(浜松)大久保村・向宿村、遠江国敷知郡大福寺村、遠江国豊田郡鷺坂上村(向坂上村)などとなっている。

こうした東海地方おける三禅定の習俗の定着状況に対し、三禅定の霊山のうち、立山と白山の二霊山を有する加賀藩領では、これまでのところ、三禅定に関わる道中記や里程帳、その他の記録、あるいは三禅定関係併刻石造物などが全くと言ってよいほど見つかっていない(8)。加賀藩領内の人々の間では三禅定を行う習俗がなかったと思われる。

その原因として考えられるのは、加賀藩農政の基本制度である「改作法」の影響である。それは、加賀藩五代藩主前田綱紀の後見役として藩政を執った前田利常(綱紀の祖父)が、寛永(一六二四~一六四四)の凶作以来深刻化している農村の荒廃と年貢未進によって財政難となっている給人窮乏という矛盾を解決するため、慶安四年(一六五一)から明暦二年(一六五六)にかけて行った農政改革をいう。

さらにこの改作法と加賀藩の関所の成立との影響関係について、富山の歴史学者水島茂氏は次のように指摘している(9)。本稿では特に重要な内容なので、長文だが引用しておく。

加賀藩が領民の出国手続きを明示し制度化したのは万治年間であったし、境関所通行規定の最も古いものは万治三年より寛文六年まで境関所奉行であった渡辺八右衛門在役当時のものであった。また境関所人員も万治年間から寛文六年までに整備固定されていた。東猪谷関所でも、近世を通じて適用された関所規定は、万治三年より寛文元年まで新川郡奉行であった山本清三郎在役に定められたものである。近世的な関所が整備固定化されたと考えられる万治年間とは、加賀藩が農政を確立したとされる「改作法」直後である。改作法とは言うまでもなく、三代藩主利常が慶安四年より施行した農政改革であり明暦二年に一応完成したものであった。一言で言えば、農民の最低生活を保証する一方、最大限の収奪を行うと言う近世農政の基本政策を確立したものと言える。しかし、明暦二年で改作法体制は完結したのではない。以後、万治年間から寛文年間にかけて、その体制の整備補強が続けられ、完備固定化したのは寛文十年頃である。寛文十年に、村御印(明暦二年の)を改訂し、改めて村御印を下付したことは、その完結を物語っている。関所も、右の改作法体制整備確立の一環として再編成された。年貢の確保のため百姓数の保持は絶対に必要である。領民の出国制度を明確化すると共に、領民の逃亡を監視する国境の検察体制を整備しなければならない。境関所規定が完備固定化したのも、村御印を下付した翌年の寛文十一年のことである。関所は万治～寛文年間に、改作法体制の整備の一環として新しく近世的関所として成立したものと言うべきであろう。そこでは領民の領外逃亡の監視が主要任務とされる。

以上の水島氏の指摘内容からすると、加賀藩領内の農民は江戸時代前期には改作法と関所制度によって、きわめて強く地元に縛られた状況にあり、他国への移動が困難であったと考えられる。したがって、全国的に人の移動が活発になってきても、加賀藩では、入るには入れるが出にくいといった状況や、藩の外にはそれほど積極的には出ようとしない風潮が生まれていたのではないかと思われる。

おわりに

三禅定関係併刻石造物の分布状況から見る限り、江戸時代中期以降の三禅定は、尾張国・三河国・美濃国などの人々の間で比較的盛んに行われた習俗であったように思われる。そしてその際、芦峅寺宿坊家の尾張国・三河国・美濃国などの檀那場での廻檀配札活動が、同地の三禅定の習俗に大きな影響を与えていたものと思われる。

一方、関東地方では、近代のものを除いて三禅定関係併刻石造物はほとんど見られず、むしろ立山と出羽三山が併刻された石造物が、房総半島などに比較的多く分布している。この地域では、芦峅寺宿坊家の福泉坊が檀那場を形成し、廻檀配札活動を行っていた。関東地方では、立山と富士山が併刻され、それとともに出羽三山と秩父・坂東・西国が併刻されることが多い。その際、白山は入らない。

三禅定関係併刻石造物と出羽三山・立山関係併刻石造物が交わる地域は、分布調査からすると武蔵国や相模国である。三禅定のうちの白山と立山を有する加賀藩では、東海地方とは異なり、三禅定の痕跡がまるで見あたらない。これについては、加賀藩農政の基本制度である「改作法」や加賀藩の関所制度の影響で領民の他国への移動が制限されたためと考えられる。

註

（1）　津田豊彦「尾張地方の立山信仰」（『霊山巡詣　立山にみる遊・憂・悠』所収、二頁・三頁、富山県［立山博物館］、一九九五年）。同「知多地方の立山信仰」（『研究紀要』二一〇号、八頁～一六頁、半田市立博物館、一九九九年）。

（2） 糟谷富平『ふる里饗庭の伝説と昔話』（八頁、印刷・コーセー社、一九九〇年）。十日会編『古き佳き吉良の民俗』（九六頁・九七頁、十日会、一九九八年）。浅井光雄編著『郷土史研究ノート 吉良の歴史』（一〇三頁・一三五頁～一三八頁、二〇〇三年）。国宝金蓮寺弥陀堂奉賛会『金蓮寺物語』（二二頁・二三頁、国宝金蓮寺弥陀堂奉賛会、二〇〇九年）。吉良町総務部企画課編『吉良　ふるさとのきらめき』（一五四頁、印刷・コーセー社、愛知県幡豆郡吉良町、二〇一一年）。吉良町役場が一九六五年に発行した二万五千分の一の『吉良町全図』に、吉良町饗庭で行われていた「三山城巡り」の風習を示唆する、「白山」「立山」「鳶が峰」の地名が記載されている。なお、同図の現図は、一九五六年に中日本国土測量株式会社が、吉良町の責任のもと、一万二千分の一で製作した地形図である。

（3）（4） 對馬郁夫「安房の出羽三山塔に見る重層信仰について」（『房総の石仏』九号、一八頁～二五頁、房総石造文化財研究会、一九九三年）。

（5） 西海賢二・早川典江「東日本の民間信仰—出羽三山の石造物造立をめぐって—第一報」（『東京家政学院大学紀要』四五号、一三頁～三二頁、二〇〇五年）。同「東日本の民間信仰—出羽三山の石造物造立をめぐって—第二報」（『東京家政学院大学紀要』四六号、一頁～一六頁、二〇〇六年）。同「東日本の民間信仰—出羽三山の石造物造立をめぐって—第三報」（『東京家政学院大学紀要』四七号、一頁～三〇頁、二〇〇七年）。

（6） 『白山史料集　下巻』（二一二頁、石川県立図書館協会、一九八七年）。

（7） 『白山御参詣之帳』（『白鳥町史 史料編』一〇七頁～一二七頁、白鳥町教育委員会、白鳥町、一九七三年）。

（8） 小嶋博巳制作『廻国供養塔データベース（CD-ROM形式）』（二〇一〇年）によると、かつての加賀藩領である富山県と石川県における廻国供養塔の数がきわめて少ないことがわかる。富山県は九件（越中九件）、石川県は四件（加賀二件・能登二件）でいずれも一桁の軒数である。加賀藩領の人々の間では、巡礼はあまり盛んでなかったということであろう。

（9） 水島茂『加賀藩・富山藩の社会経済史研究』（三一六頁・三一七頁、文献出版、一九九〇年）。

第五章　芦峅寺宿坊家が東海道筋に形成した檀那場

—特に駿河国と横浜の事例をとりあげて—

はじめに

江戸時代、立山信仰の拠点村落であった北アルプス立山山麓の芦峅寺と岩峅寺（ともに富山県立山町）には、かつて芦峅寺宿坊家の衆徒や岩峅寺宿坊家の衆徒たちが使用した檀那帳や廻檀日記帳、各種勧進記が数多く残されている。(1) また、この他にも栃木県文書館所蔵・大島延次郎家文書には、岩峅寺の中道坊と般若院の檀那帳や印鑑帳が収められている。筆者はこれまで、それらの史料を順次解読・分析し、加賀藩領国内外で芦峅寺宿坊家衆徒と岩峅寺宿坊家衆徒が形成した檀那場の実態や、そこで彼らが行った廻檀配札活動の実態について検討を試みてきた。(2)

本章では、そうした研究の一環として芦峅寺宿坊家が東海道筋に形成した檀那場について、特に駿河国の檀那場に関する檀那帳と横浜の檀那場に関する檀那帳などの史料を用いて若干の検討を試みたい。

一　芦峅寺宿坊家が形成した駿河国の檀那場

芦峅寺雄山神社所蔵の古文書群に表題のない大型の檀那帳が含まれている（写真1）。寸法は縦一六・三×横四一・

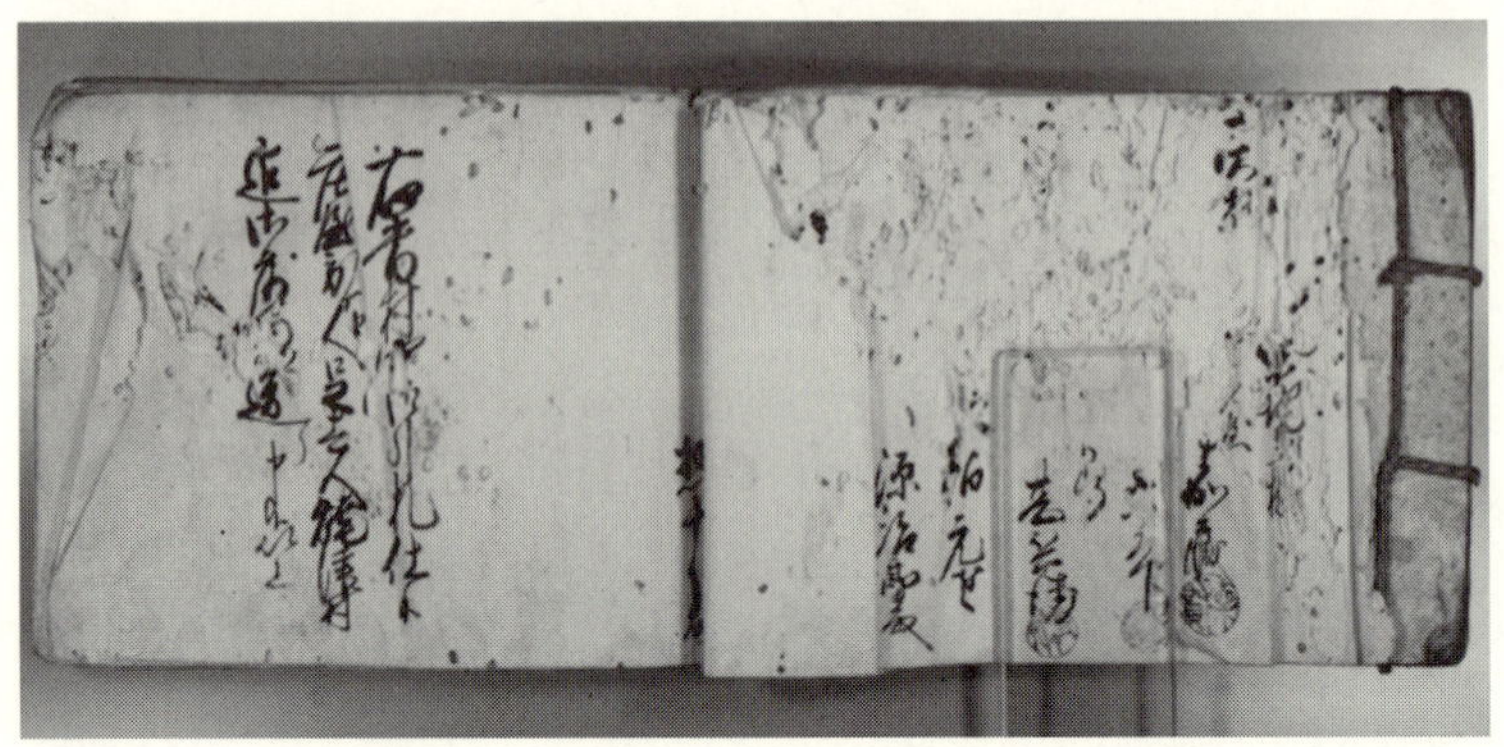

写真１－１　「駿河国檀那帳」（表紙）（芦峅寺雄山神社所蔵）

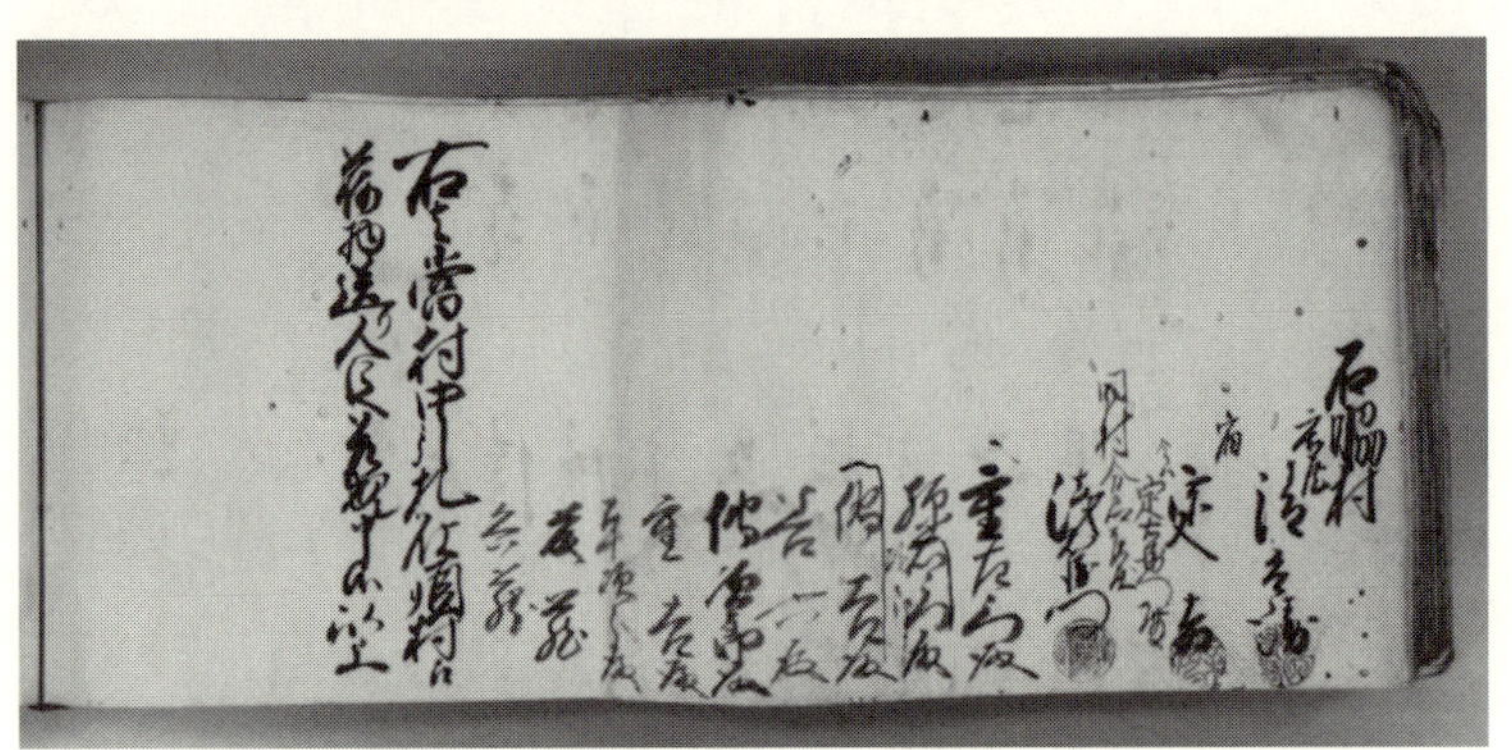

写真１－２　「駿河国檀那帳」（部分）（芦峅寺雄山神社所蔵）

七センチメートルで、長帳の形態をとっている。長帳の檀那帳としては管見の限りこれが最大のものである。内容を通覧すると、そこに記載されている地名から、駿河国の檀那場に関するものであることがわかる。

この檀那帳を所持・使用していた宿坊家については、それをうかがわせるような記載が見られず、不明である。成立年代についても、それを直接的にうかがわせるような記載は見られない。わずかに駿河国志太郡三輪村友右衛門の条に、「酉八月十九日」の日付が記載されている程度である。

ひとつだけ手がかりがあるとすれば、本紙の間に、「下海道下肥田村車屋忠助　同土岐口村茂兵衛　嘉永二年酉七月廿八日参詣いたし」と記された一〇センチメートル四方ほどの一紙が挟み込まれており、おそらく、前述の「酉八月十九日」の日付と併せて推測すると、この檀那帳は嘉永二年（一八四九）頃、すなわち江戸時代後期頃に作成・使用されていたものであろう。

この檀那帳の内容を分析するためにデータベース表（表1）を作成した。以下、これに基づいて檀那場の実態を見ておきたい。

表1　「駿河国檀那帳」の内容

No.	配札地	信徒名	人数	抹消	宿	名主	庄屋	年寄	組頭	百姓代	世話方	該当国郡	該当市町
1	欠損不明	嘉蔵	1									不明	不明
2	柳新屋村	伊左衛門	1				1					駿河国志太郡	焼津市
3	柳新屋村	六平	1					1				駿河国志太郡	焼津市
4	柳新屋村	甚兵衛	1					1				駿河国志太郡	焼津市
5	柳新屋村	伯元左	1									駿河国志太郡	焼津市
6	柳新屋村	源治郎	1									駿河国志太郡	焼津市
7	柳新屋村	六左衛門	1									駿河国志太郡	焼津市
8	柳新屋村	常右衛門	1									駿河国志太郡	焼津市
9	小土村	友右衛門	1				1					駿河国志太郡	焼津市
10	小土村	惣八	1				1					駿河国志太郡	焼津市
11	小土村	善蔵	1					1				駿河国志太郡	焼津市
12	小土村	金三郎	1									駿河国志太郡	焼津市
13	小土村	政右衛門	1									駿河国志太郡	焼津市
14	小土村	藤七	1									駿河国志太郡	焼津市
15	小土村	長兵衛	1									駿河国志太郡	焼津市
16	小土村	半六	1									駿河国志太郡	焼津市
17	不明	欠損	1									不明	不明
18	不明	善次郎	1				1					不明	不明
19	不明	半蔵	1				1					不明	不明
20	不明	甚介	1									不明	不明

21	不明	惣□（1字欠損）郎	1									不明	不明
22	不明	茂兵衛	1									不明	不明
23	不明	儀右衛門	1									不明	不明
24	不明	欠損	1									不明	不明
25	不明	小右衛門	1		1							不明	不明
26	不明	惣治郎	1		1							不明	不明
27	不明	小吉	1		1							不明	不明
28	不明	喜太夫	1									不明	不明
29	不明	勘右衛門	1									不明	不明
30	不明	茂右衛門	1									不明	不明
31	不明	伝吉	1									不明	不明
32	三ヶ名村	惣右衛門	1			1						駿河国志太郡	焼津市
33	三ヶ名村	惣吉	1					1				駿河国志太郡	焼津市
34	三ヶ名村	佐七	1					1				駿河国志太郡	焼津市
35	三ヶ名村	伝右衛門	1									駿河国志太郡	焼津市
36	三ヶ名村	友右衛門	1									駿河国志太郡	焼津市
37	三ヶ名村	重左衛門	1									駿河国志太郡	焼津市
38	三ヶ名村	重次郎	1									駿河国志太郡	焼津市
39	三ヶ名村	惣十郎	1									駿河国志太郡	焼津市
40	塩津村	甚四郎	1				1退					駿河国益津郡	焼津市
41	塩津村	伊左衛門	1				1					駿河国益津郡	焼津市
42	大村新田村	善右衛門	1				1					駿河国志太郡	焼津市
43	大村新田村	与右衛門	1				1					駿河国益津郡	焼津市
44	大村新田村	善左衛門	1					1				駿河国益津郡	焼津市
45	大村	作右衛門	1				1					駿河国益津郡	焼津市
46	中村	清治	1				1					駿河国益津郡	焼津市
47	中村	安五郎	1				1					駿河国益津郡	焼津市
48	中村	五左衛門	1									駿河国志太郡	焼津市
49	中村	庄蔵	1									駿河国益津郡	焼津市
50	中村	伊惣五郎	1									駿河国益津郡	焼津市

51	中村	安右衛門	1									駿河国益津郡	焼津市
52	焼津北村	治右衛門	1			1						駿河国益津郡	焼津市
53	焼津北村	平右衛門	1		1		1					駿河国志太郡	焼津市
54	焼津北村	平五郎	1									駿河国益津郡	焼津市
55	焼津北村	伊八	1									駿河国益津郡	焼津市
56	焼津北村	甚右衛門	1									駿河国益津郡	焼津市
57	新屋村	万右衛門	1			1						駿河国志太郡	焼津市
58	新屋村	武右衛門	1									駿河国益津郡	焼津市
59	新屋村	久右衛門	1									駿河国益津郡	焼津市
60	新屋村	常右衛門	1									駿河国益津郡	焼津市
61	焼津村	重兵衛	1			1退						駿河国益津郡	焼津市
62	焼津村	喜左衛門	1			1						駿河国益津郡	焼津市
63	焼津村	宇兵衛	1			1						駿河国益津郡	焼津市
64	北新田村	九郎左衛門	1			1						駿河国益津郡	焼津市
65	城之腰村	紋助	1			1						駿河国益津郡	焼津市
66	城之腰村	与左衛門	1									駿河国志太郡	焼津市
67	城之腰村	山口勘七	1									駿河国益津郡	焼津市
68	城之腰村	徳岡甚五郎	1									駿河国益津郡	焼津市
69	城之腰村	山中友右衛門	1									駿河国益津郡	焼津市
70	城之腰村	山中三郎左衛門	1									駿河国益津郡	焼津市
71	城之腰村	糀屋宗平	1									駿河国益津郡	焼津市
72	城之腰村	西東重右衛門	1									駿河国益津郡	焼津市
73	城之腰村	松村惣五郎	1									駿河国益津郡	焼津市
74	鰯ヶ島村	惣治郎	1									駿河国益津郡	焼津市
75	小川村	弥惣	1			1						駿河国志太郡	焼津市
76	小川村	惣右衛門	1									駿河国志太郡	焼津市
77	小川村	善右衛門	1									駿河国志太郡	焼津市
78	小川村	兵左衛門	1	1								駿河国志太郡	焼津市
79	小川村	勝右衛門	1									駿河国志太郡	焼津市
80	小川村	藤七	1		1							駿河国志太郡	焼津市

81	与惣次村	金治郎	1				1退					駿河国志太郡	焼津市
82	与惣次村	長七	1				1					駿河国志太郡	焼津市
83	石津村	作右衛門	1				1					駿河国志太郡	焼津市
84	石津村	善右衛門	1				1					駿河国志太郡	焼津市
85	祢宜島村	喜兵衛	1			1						駿河国志太郡	焼津市
86	道原村	彦右衛門	1				1					駿河国志太郡	焼津市
87	下小田村	甚兵衛	1				1					駿河国志太郡	焼津市
88	北新田村	善右衛門	1				1					駿河国志太郡	焼津市
89	田尻北村	六左衛門	1				1					駿河国志太郡	焼津市
90	田尻北村	忠八（No.101）		1	1							駿河国志太郡	焼津市
91	田尻北村	与次右衛門（No.102）		1	1							駿河国志太郡	焼津市
92	田尻北村	三郎左衛門（No.104）		1								駿河国志太郡	焼津市
93	田尻北村	惣右衛門（No.100）		1								駿河国志太郡	焼津市
94	田尻北村	十郎左衛門（No.106）		1								駿河国志太郡	焼津市
95	田尻北村	藤次郎（No.103）		1	1							駿河国志太郡	焼津市
96	田尻北村	丈右衛門（No.107）		1								駿河国志太郡	焼津市
97	田尻北村	只七（No.108）		1								駿河国志太郡	焼津市
98	田尻北村	久兵衛（No.99、109）		1								駿河国志太郡	焼津市
99	田尻村	久兵衛（No.98、109）	1				1					駿河国志太郡	焼津市
100	田尻村	惣右衛門（No.93）	1				1					駿河国志太郡	焼津市
101	田尻村	忠八（No.90）	1		1							駿河国志太郡	焼津市
102	田尻村	与治右衛門（No.91）	1		1							駿河国志太郡	焼津市
103	田尻村	藤次郎（No.95）	1									駿河国志太郡	焼津市
104	田尻村	三郎左衛門（No.92）	1									駿河国志太郡	焼津市
105	田尻村	惣左衛門	1									駿河国志太郡	焼津市
106	田尻村	重郎左衛門（No.94）	1									駿河国志太郡	焼津市
107	田尻村	丈右衛門（No.96）	1									駿河国志太郡	焼津市
108	田尻村	只七（No.97）	1									駿河国志太郡	焼津市
109	田尻村	久兵衛（No.98、97）		1								駿河国志太郡	焼津市
110	一色村	良□(印と重なり１字難読)	1			1						駿河国志太郡	焼津市

111	惣右衛門村	九右衛門	1				1					駿河国志太郡	焼津市
112	惣右衛門村	惣十郎	1		1							駿河国志太郡	焼津市
113	大島村	伝右衛門	1				1					駿河国志太郡	焼津市
114	上小田村	政助	1			1						駿河国志太郡	焼津市
115	上小田村	勘兵衛	1		1							駿河国志太郡	焼津市
116	上小田村	次兵衛	1									駿河国志太郡	焼津市
117	上小田村	治左衛門	1									駿河国志太郡	焼津市
118	上小田村	善右衛門	1									駿河国志太郡	焼津市
119	上小田村	三郎兵衛	1									駿河国志太郡	焼津市
120	上小田村	金次郎	1									駿河国志太郡	焼津市
121	上小田村	善太夫	1									駿河国志太郡	焼津市
122	上小田村	六郎左衛門	1									駿河国志太郡	焼津市
123	上小田村	完右衛門	1	1								駿河国志太郡	焼津市
124	三郎兵衛新田	三郎兵衛	1				1					駿河国志太郡	焼津市
125	治兵衛長次右衛門請所新田	金治郎	1				1					駿河国志太郡	焼津市
126	本中根村	五郎兵衛	1			1						駿河国志太郡	焼津市
127	本中根村	定右衛門	1		1							駿河国志太郡	焼津市
128	本中根村	長右衛門	1									駿河国志太郡	焼津市
129	本中根村	儀右衛門	1									駿河国志太郡	焼津市
130	本中根村	五左衛門	1									駿河国志太郡	焼津市
131	本中根村	八十七	1									駿河国志太郡	焼津市
132	本中根村	五郎兵衛	1									駿河国志太郡	焼津市
133	本中根村	伝右衛門	1									駿河国志太郡	焼津市
134	中根村	平六	1				1					駿河国志太郡	焼津市
135	三郎兵衛新田	清左衛門	1				1					駿河国志太郡	焼津市
136	大住村	権八郎	1				1					駿河国志太郡	焼津市
137	小柳津村	藤次郎	1				1					駿河国志太郡	焼津市
138	横須賀藩領　高柳村	与兵衛	1		1		1					駿河国志太郡	藤枝市
139	横須賀藩領　高柳村	利右衛門	1				1					駿河国志太郡	藤枝市
140	横須賀藩領　高柳村	吉左衛門	1		1						1	駿河国志太郡	藤枝市

141	田中藩領　高柳村	市兵衛	1		1		1					駿河国志太郡	藤枝市
142	田中藩領　高柳村	笹右衛門	1				1					駿河国志太郡	藤枝市
143	田中藩領　高柳村	市郎兵衛	1		1			1				駿河国志太郡	藤枝市
144	田中藩領　高柳村	伝助	1				1					駿河国志太郡	藤枝市
145	田中藩領　高柳村	伝六	1				1					駿河国志太郡	藤枝市
146	田中藩領　兵太夫新田	善太夫	1		1		1					駿河国志太郡	藤枝市
147	田中藩領　兵太夫新田	八郎左衛門	1		1		1					駿河国志太郡	藤枝市
148	田中藩領　兵太夫新田	甚八	1		1			1				駿河国志太郡	藤枝市
149	田中藩領　兵太夫新田	吉太夫	1		1			1				駿河国志太郡	藤枝市
150	田中藩領　兵太夫新田	久三郎	1		1						1	駿河国志太郡	藤枝市
151	田中藩領　兵太夫新田	幸右衛門	1				1					駿河国志太郡	藤枝市
152	田中藩領　兵太夫新田	東五郎	1				1					駿河国志太郡	藤枝市
153	田中藩領　兵太夫新田	吉太夫	1					1				駿河国志太郡	藤枝市
154	田中藩領　兵太夫新田	弥兵衛	1					1				駿河国志太郡	藤枝市
155	田中藩領　兵太夫新田	重次郎	1					1				駿河国志太郡	藤枝市
156	田中藩領　兵太夫新田	久次郎	1		1							駿河国志太郡	藤枝市
157	田中藩領　与左衛門新田	半右衛門	1				1					駿河国志太郡	藤枝市
158	田中藩領　与左衛門新田	市五郎	1					1				駿河国志太郡	藤枝市
159	田中藩領　与左衛門新田	伊兵衛	1					1				駿河国志太郡	藤枝市
160	田中藩領　中新田村	与左衛門	1		1		1					駿河国志太郡	藤枝市
161	田中藩領　中新田村	茂右衛門	1					1				駿河国志太郡	藤枝市
162	田中藩領　中新田村	半五郎	1					1				駿河国志太郡	藤枝市
163	田中藩領　中根新田	伊之助	1		1		1					駿河国志太郡	藤枝市
164	田中藩領　中根新田	仁左衛門	1					1				駿河国志太郡	藤枝市
165	田中藩領　中根新田	金七	1					1				駿河国志太郡	藤枝市
166	田中藩領　前嶋新田	善兵衛	1				1					駿河国志太郡	藤枝市
167	田中藩領　前嶋新田	嘉七	1					1				駿河国志太郡	藤枝市
168	田中藩領　前嶋新田	宇右衛門	1					1				駿河国志太郡	藤枝市
169	田中藩領　土瑞村	甚蔵	1				1					駿河国志太郡	藤枝市
170	田中藩領　弥左衛門新田	仁兵衛	1				1					駿河国志太郡	藤枝市

171	田中藩領　弥左衛門新田	金兵衛	1									駿河国志太郡	藤枝市
172	田中藩領　弥左衛門新田	又右衛門	1									駿河国志太郡	藤枝市
173	田中藩領　弥左衛門新田	伝兵衛	1		1							駿河国志太郡	藤枝市
174	田中藩領　弥左衛門新田	善助	1									駿河国志太郡	藤枝市
175	田中藩領　弥左衛門新田	長蔵	1									駿河国志太郡	藤枝市
176	田中藩領　弥左衛門新田	太右衛門	1									駿河国志太郡	藤枝市
177	田中藩領　弥左衛門新田	伊左衛門	1									駿河国志太郡	藤枝市
178	田中藩領　弥左衛門新田	久兵衛	1									駿河国志太郡	藤枝市
179	田中藩領　弥左衛門新田	仁右衛門	1									駿河国志太郡	藤枝市
180	田中藩領　弥左衛門新田	善兵衛	1									駿河国志太郡	藤枝市
181	田中藩領　弥左衛門新田	長右衛門	1									駿河国志太郡	藤枝市
182	田中藩領　弥左衛門新田	清吉	1									駿河国志太郡	藤枝市
183	田中藩領　弥左衛門新田	友右衛門（友蔵）	1									駿河国志太郡	藤枝市
184	田中藩領　弥左衛門新田	惣次郎	1									駿河国志太郡	藤枝市
185	上新田村	勝兵衛	1			1						駿河国榛原郡	大井川町
186	上小杉村	武右衛門	1			1						駿河国榛原郡	大井川町
187	下小杉村	重郎左衛門	1			1						駿河国榛原郡	大井川町
188	下小杉村	玄碩老	1		1							駿河国榛原郡	大井川町
189	下小杉村	九郎右衛門	1									駿河国榛原郡	大井川町
190	下小杉村	太郎八	1									駿河国榛原郡	大井川町
191	下小杉村	七郎右衛門	1									駿河国榛原郡	大井川町
192	下小杉村	三郎右衛門	1									駿河国榛原郡	大井川町
193	下小杉村	三郎兵衛	1									駿河国榛原郡	大井川町
194	藤守村	権右衛門	1				1					駿河国榛原郡	大井川町
195	藤守村	文平	1									駿河国榛原郡	大井川町
196	吉永村	喜右衛門	1									駿河国榛原郡	大井川町
197	吉永村	き八	1									駿河国榛原郡	大井川町
198	吉永村	喜平	1									駿河国榛原郡	大井川町
199	藤守村	徳次郎	1			1						駿河国榛原郡	大井川町
200	宗高村	信徒名の記載なし	1									駿河国榛原郡	大井川町

201	吉永高新田	瀧右衛門	1			1						駿河国榛原郡	大井川町
202	吉永利衛門分	瀬平	1		1		1					駿河国榛原郡	大井川町
203	吉永村	奥右衛門	1				1					駿河国榛原郡	大井川町
204	吉永村	藤左衛門	1				1					駿河国榛原郡	大井川町
205	吉永村	清左衛門	1		1		1					駿河国榛原郡	大井川町
206	吉永村	宇右衛門	1		1							駿河国榛原郡	大井川町
207	吉永村	弥市兵衛	1									駿河国榛原郡	大井川町
208	吉永村	喜右衛門	1									駿河国榛原郡	大井川町
209	吉永村	喜兵衛	1									駿河国榛原郡	大井川町
210	吉永村	喜八	1									駿河国榛原郡	大井川町
211	吉永村	治郎左衛門	1		1							駿河国榛原郡	大井川町
212	飯淵新田村	善左衛門	1			1						駿河国榛原郡	大井川町
213	飯淵村	五郎左衛門	1			1						駿河国榛原郡	大井川町
214	中嶋村	庄右衛門	1			1						駿河国榛原郡	大井川町
215	西嶋村	幸治郎	1			1						駿河国榛原郡	大井川町
216	下江富村	弥治兵衛	1				1					駿河国榛原郡	大井川町
217	相川村	太左衛門	1						1			駿河国榛原郡	大井川町
218	上泉村	善三郎	1			1						駿河国榛原郡	大井川町
219	上泉村	長八郎	1		1							駿河国榛原郡	大井川町
220	上泉村	金左衛門	1		1							駿河国榛原郡	大井川町
221	上泉村	喜重	1									駿河国榛原郡	大井川町
222	上泉村	武七	1									駿河国榛原郡	大井川町
223	上泉村	喜右衛門	1									駿河国榛原郡	大井川町
224	善左衛門新田村	半蔵	1				1退					駿河国榛原郡	藤枝市
225	善左衛門新田村	善右衛門	1			1						駿河国榛原郡	藤枝市
226	善左衛門新田村	覚右衛門	1			1						駿河国榛原郡	藤枝市
227	忠兵衛新田	藤右衛門	1				1					駿河国志太郡	藤枝市
228	五平村	五平	1				1					駿河国志太郡	藤枝市
229	源助村	吉太夫	1			1						駿河国志太郡	藤枝市
230	細嶋村	市郎左衛門	1			1退						駿河国志太郡	島田市

231	細嶋村	金四郎	1		1							駿河国志太郡	島田市
232	細嶋村	作右衛門	1				1					駿河国志太郡	島田市
233	御請新田	為助	1		1		1					駿河国志太郡	島田市
234	道悦嶋村	藤蔵	1			1						駿河国志太郡	島田市
235	阿知ヶ谷村	信徒名の記載なし	1									駿河国志太郡	島田市
236	岸村	三郎左衛門	1				1					駿河国志太郡	島田市
237	岸村	丈右衛門	1		1							駿河国志太郡	島田市
238	庄九郎新田	庄九郎	1				1					駿河国志太郡	島田市
239	庄九郎新田	善右衛門	1		1							駿河国志太郡	島田市
240	庄九郎新田	文助	1									駿河国志太郡	島田市
241	庄九郎新田	銀蔵	1									駿河国志太郡	島田市
242	庄九郎新田	忠兵衛	1									駿河国志太郡	島田市
243	庄九郎新田	弥平	1									駿河国志太郡	島田市
244	庄九郎新田	嘉平	1									駿河国志太郡	島田市
245	庄九郎新田	久治郎	1									駿河国志太郡	島田市
246	庄九郎新田	円蔵	1									駿河国志太郡	島田市
247	庄九郎新田	伊平	1									駿河国志太郡	島田市
248	庄九郎新田	銀助	1									駿河国志太郡	島田市
249	庄九郎新田	伝吉	1									駿河国志太郡	島田市
250	庄九郎新田	伝八	1									駿河国志太郡	島田市
251	庄九郎新田	久左衛門	1									駿河国志太郡	島田市
252	庄九郎新田	新八	1									駿河国志太郡	島田市
253	庄九郎新田	作右衛門	1									駿河国志太郡	島田市
254	庄九郎新田	清左衛門	1									駿河国志太郡	島田市
255	庄九郎新田	与五十	1									駿河国志太郡	島田市
256	庄九郎新田	弥助	1									駿河国志太郡	島田市
257	庄九郎新田	宗治郎	1									駿河国志太郡	島田市
258	庄九郎新田	文左衛門	1									駿河国志太郡	島田市
259	庄九郎新田	小治郎	1									駿河国志太郡	島田市
260	庄九郎新田	吉兵衛	1									駿河国志太郡	島田市

261	庄九郎新田	与右左衛門	1								駿河国志太郡	島田市
262	庄九郎新田	仙次郎	1								駿河国志太郡	島田市
263	庄九郎新田	清十	1								駿河国志太郡	島田市
264	庄九郎新田	伝左衛門	1								駿河国志太郡	島田市
265	庄九郎新田	源太郎	1								駿河国志太郡	島田市
266	内瀬戸村	七郎右衛門	1				1				駿河国志太郡	藤枝市
267	内瀬戸村	杢右衛門	1				1				駿河国志太郡	藤枝市
268	上青嶋村	三右衛門	1				1				駿河国志太郡	藤枝市
269	久兵衛市右衛門請新田	久兵衛	1				1				駿河国志太郡	藤枝市
270	下青嶋村	五郎左衛門	1				1				駿河国志太郡	藤枝市
271	下青嶋村	清太夫	1					1			駿河国志太郡	藤枝市
272	下青嶋村	藤蔵	1					1			駿河国志太郡	藤枝市
273	下青嶋村	治郎三	1							1		駿河国志太郡	藤枝市
274	下青嶋村	伝蔵	1							1		駿河国志太郡	藤枝市
275	下青嶋村	市五郎	1		1							駿河国志太郡	藤枝市
276	前嶋村	吉左衛門	1			1						駿河国志太郡	藤枝市
277	前嶋村	喜左衛門	1						1			駿河国志太郡	藤枝市
278	前嶋村	七五郎	1						1			駿河国志太郡	藤枝市
279	前嶋村	宇八	1							1		駿河国志太郡	藤枝市
280	前嶋村	半七（半左衛門）	1									駿河国志太郡	藤枝市
281	前嶋村	青地半三	1		1	1						駿河国志太郡	藤枝市
282	瀬戸新屋村	権四郎	1				1					駿河国志太郡	藤枝市
283	瀬戸新屋村	半右衛門	1		1		1					駿河国志太郡	藤枝市
284	瀬戸新屋村	庄次郎	1									駿河国志太郡	藤枝市
285	瀬戸新屋村	半介	1									駿河国志太郡	藤枝市
286	瀬戸新屋村	弥次右衛門	1									駿河国志太郡	藤枝市
287	瀬戸新屋村	銀蔵	1									駿河国志太郡	藤枝市
288	水上村	惣左衛門	1				1					駿河国志太郡	藤枝市
289	水上村	平三郎	1					1				駿河国志太郡	藤枝市
290	水上村	善右衛門	1					1				駿河国志太郡	藤枝市

291	水上村	惣兵衛	1		1							駿河国志太郡	藤枝市
292	南新屋村	庄兵衛	1		1		1					駿河国志太郡	藤枝市
293	南新屋村	半十郎	1					1				駿河国志太郡	藤枝市
294	南新屋村	喜八	1					1				駿河国志太郡	藤枝市
295	青木村	治右衛門	1				1					駿河国志太郡	藤枝市
296	青木村	佐七	1					1				駿河国志太郡	藤枝市
297	青木村	伊左衛門	1					1				駿河国志太郡	藤枝市
298	志太村	弥七	1				1					駿河国志太郡	藤枝市
299	瀬古村	吉五郎	1				1					駿河国志太郡	藤枝市
300	瀬古村	冨右衛門	1		1							駿河国志太郡	藤枝市
301	原村	七右衛門	1		1		1					駿河国志太郡	藤枝市
302	原村	嘉兵衛	1									駿河国志太郡	藤枝市
303	原村	藤七	1									駿河国志太郡	藤枝市
304	原村	甚右衛門	1									駿河国志太郡	藤枝市
305	原村	庄兵衛	1									駿河国志太郡	藤枝市
306	原村	吉兵衛	1									駿河国志太郡	藤枝市
307	原村	甚太郎	1									駿河国志太郡	藤枝市
308	稲葉堀内村	惣十	1			1退						駿河国志太郡	藤枝市
309	稲葉堀内村	藤六	1			1退						駿河国志太郡	藤枝市
310	稲葉堀内村	栄蔵	1	1								駿河国志太郡	藤枝市
311	稲葉堀内村	次左衛門	1									駿河国志太郡	藤枝市
312	稲葉堀内村	幸吉	1			1						駿河国志太郡	藤枝市
313	稲葉堀内村	平兵衛	1			1						駿河国志太郡	藤枝市
314	谷稲葉村	弥右衛門	1				1					駿河国志太郡	藤枝市
315	谷稲葉村	嘉七	1						1			駿河国志太郡	藤枝市
316	寺嶋村	八右衛門	1		1		1					駿河国志太郡	藤枝市
317	助宗村	市五郎	1			1						駿河国志太郡	藤枝市
318	宮原村	弥兵衛	1			1						駿河国志太郡	藤枝市
319	宮原村	孫四郎	1						1			駿河国志太郡	藤枝市
320	滝沢村	瀬右衛門	1				1					駿河国志太郡	藤枝市

321	瀬戸谷村	七右衛門	1				1退					駿河国志太郡	藤枝市
322	瀬戸谷村	六郎兵衛	1			1						駿河国志太郡	藤枝市
323	西方村	孫左衛門	1			1						駿河国志太郡	藤枝市
324	西方村	権左衛門	1			1						駿河国志太郡	藤枝市
325	西方村	喜左衛門	1		1				1			駿河国志太郡	藤枝市
326	西方村	仁兵衛	1									駿河国志太郡	藤枝市
327	北方村	東作	1			1						駿河国志太郡	藤枝市
328	下中郷村	喜右衛門	1			1						駿河国志太郡	藤枝市
329	上中郷村	次兵衛	1			1						駿河国志太郡	藤枝市
330	花倉村	源兵衛	1			1						駿河国志太郡	藤枝市
331	花倉村	甚兵衛	1									駿河国志太郡	藤枝市
332	下ノ郷村	六郎右衛門	1									駿河国志太郡	藤枝市
333	上藪田村	九郎左衛門	1				1					駿河国志太郡	藤枝市
334	中藪田村	与八	1				1					駿河国志太郡	藤枝市
335	下藪田村	源次郎	1				1					駿河国志太郡	藤枝市
336	時ヶ谷村	弥兵衛	1				1					駿河国志太郡	藤枝市
337	五十梅村	権平	1				1					駿河国志太郡	藤枝市
338	市部村	又吉	1				1					駿河国志太郡	藤枝市
339	郡村	小左衛門	1				1					駿河国益津郡	藤枝市
340	郡村	長吉□(以下1文字欠損)	1									駿河国益津郡	藤枝市
341	保福嶋村	三郎兵衛	1				1					駿河国志太郡	藤枝市
342	平嶋村	十次郎	1				1					駿河国益津郡	藤枝市
343	平嶋村	伊右衛門	1		1							駿河国益津郡	藤枝市
344	平嶋村	惣次郎	1									駿河国益津郡	藤枝市
345	平嶋村	円十	1									駿河国益津郡	藤枝市
346	平嶋村	三郎兵衛	1									駿河国益津郡	藤枝市
347	平嶋村	忠七	1									駿河国益津郡	藤枝市
348	平嶋村	六左衛門	1									駿河国益津郡	藤枝市
349	平嶋村	彦兵衛	1					1				駿河国益津郡	藤枝市
350	平嶋村	万右衛門	1									駿河国益津郡	藤枝市

351	平嶋村	善右衛門	1				1					駿河国益津郡	藤枝市
352	平嶋村	四郎兵衛	1									駿河国益津郡	藤枝市
353	平嶋村	武八	1									駿河国益津郡	藤枝市
354	平嶋村	紋次郎	1									駿河国益津郡	藤枝市
355	平嶋村	彦左衛門	1									駿河国益津郡	藤枝市
356	平嶋村	久舟右衛門	1									駿河国益津郡	藤枝市
357	平嶋村	久三郎	1									駿河国益津郡	藤枝市
358	平嶋村	角兵衛	1				1					駿河国益津郡	藤枝市
359	平嶋村	庄治郎	1									駿河国益津郡	藤枝市
360	平嶋村	佐吉	1									駿河国益津郡	藤枝市
361	平嶋村	清太夫	1									駿河国益津郡	藤枝市
362	大覚寺村	清兵衛	1				1					駿河国益津郡	焼津市
363	八楠村	栄治郎	1				1					駿河国益津郡	焼津市
364	八楠村	小右衛門	1		1							駿河国益津郡	焼津市
365	八楠村	源右衛門	1									駿河国益津郡	焼津市
366	八楠村	伝右衛門	1									駿河国益津郡	焼津市
367	八楠村	庄八	1									駿河国益津郡	焼津市
368	八楠村	平十郎	1									駿河国益津郡	焼津市
369	八楠村	甚右衛門	1									駿河国益津郡	焼津市
370	中里村	伝八	1				1					駿河国益津郡	焼津市
371	中里村	与蔵	1									駿河国益津郡	焼津市
372	中里村	藤八	1									駿河国益津郡	焼津市
373	中里村	喜右衛門	1									駿河国益津郡	焼津市
374	中里村	五右衛門	1									駿河国益津郡	焼津市
375	中里村	孫右衛門	1									駿河国益津郡	焼津市
376	中里村	吉右衛門	1									駿河国益津郡	焼津市
377	中里村	新右衛門	1									駿河国益津郡	焼津市
378	中里村	清左衛門	1									駿河国益津郡	焼津市
379	岡当目村	善左衛門	1				1					駿河国益津郡	焼津市
380	浜当目村	廉五郎	1				1					駿河国益津郡	焼津市

381	小浜村	与惣治	1		1		1					駿河国益津郡	焼津市
382	小浜村	作五郎	1		1							駿河国益津郡	焼津市
383	野秋村	善右衛門	1				1退					駿河国益津郡	焼津市
384	野秋村	庄三郎	1		1							駿河国益津郡	焼津市
385	野秋村	孫助	1				1					駿河国益津郡	焼津市
386	稲川村	瀬右衛門	1				1					駿河国志太郡	藤枝市
387	益津下村	弥右衛門	1				1					駿河国益津郡	藤枝市
388	石脇村	清兵衛	1				1					駿河国益津郡	焼津市
389	石脇村	定吉	1		1							駿河国益津郡	焼津市
390	石脇村	浅右衛門	1				1					駿河国益津郡	焼津市
391	石脇村	重左衛門	1									駿河国益津郡	焼津市
392	石脇村	孫右衛門	1									駿河国益津郡	焼津市
393	石脇村	伝吉	1									駿河国益津郡	焼津市
394	石脇村	善六	1									駿河国益津郡	焼津市
395	石脇村	伝次郎	1									駿河国益津郡	焼津市
396	石脇村	重吉	1									駿河国益津郡	焼津市
397	石脇村	平次郎	1									駿河国益津郡	焼津市
398	石脇村	藤蔵	1									駿河国益津郡	焼津市
399	石脇村	兵蔵	1									駿河国益津郡	焼津市
400	越後嶋村	伊三郎	1				1					駿河国益津郡	焼津市
401	坂本村	五左衛門	1		1							駿河国益津郡	焼津市
402	方野上村	太郎	1				1					駿河国益津郡	焼津市
403	方野上村	清八	1		1							駿河国益津郡	焼津市
404	方野上村	藤八	1									駿河国益津郡	焼津市
405	関方村	利右衛門	1				1					駿河国益津郡	焼津市
406	策牛村	佐四郎	1				1					駿河国益津郡	焼津市
407	三輪村	久右衛門	1				1					駿河国志太郡	岡部町
408	三輪村	小左衛門	1									駿河国志太郡	岡部町
409	三輪村	善八	1									駿河国志太郡	岡部町
410	三輪村	弥市	1									駿河国志太郡	岡部町

411	三輪村	清吉	1		1							駿河国志太郡	岡部町
412	三輪村	次右衛門	1									駿河国志太郡	岡部町
413	三輪村	友右衛門	1									駿河国志太郡	岡部町
414	三輪村	平五郎	1									駿河国志太郡	岡部町
415	三輪村	清平	1									駿河国志太郡	岡部町
416	三輪村	弥太夫	1									駿河国志太郡	岡部町
417	三輪村	久左衛門	1									駿河国志太郡	岡部町
418	三輪村	常右衛門	1									駿河国志太郡	岡部町
419	三輪村	惣右衛門	1									駿河国志太郡	岡部町
420	三輪村	嘉兵衛	1									駿河国志太郡	岡部町
421	三輪村	新右衛門	1									駿河国志太郡	岡部町
422	三輪村	源五郎	1									駿河国志太郡	岡部町
423	内谷村	忠右衛門	1			1						駿河国志太郡	岡部町
424	内谷村	長次郎	1		1							駿河国志太郡	岡部町
425	岡部新町（岡部宿）	大久保長次郎	1		1							駿河国志太郡	岡部町
426	河原町（岡部宿）	藤吉	1									駿河国志太郡	岡部町
427	河原町（岡部宿）	義八	1									駿河国志太郡	岡部町
428	横内村	忠蔵	1			1						駿河国志太郡	藤枝市
429	下当間村	喜右衛門	1			1						駿河国益津郡	藤枝市
430	下当間村	与惣次	1		1							駿河国益津郡	藤枝市
431	下当間村	浄右衛門	1									駿河国益津郡	藤枝市
432	下当間村	忠五郎	1									駿河国益津郡	藤枝市
433	下当間村	庄屋	1				1					駿河国益津郡	藤枝市
434	上当間村	吉左衛門	1				1退					駿河国志太郡	藤枝市
435	上当間村	八右衛門	1		1							駿河国志太郡	藤枝市
436	上当間村	十右衛門	1									駿河国志太郡	藤枝市
437	上当間村	伝治郎	1									駿河国志太郡	藤枝市
438	上当間村	忠左衛門	1									駿河国志太郡	藤枝市
439	上当間村	庄屋	1				1					駿河国志太郡	藤枝市
440	上当間村	儀左衛門	1				1					駿河国志太郡	藤枝市

No.	村	人名	450人	13人	60軒	46人	115人	29人	6人	3人	2人	国郡	現在
441	上当間村	儀兵衛	1				1					駿河国志太郡	藤枝市
442	水守村	勘右衛門	1				1					駿河国志太郡	藤枝市
443	水守村	善右衛門	1				1					駿河国志太郡	藤枝市
444	鬼嶋村	吉左衛門	1				1					駿河国志太郡	藤枝市
445	八幡村	清吉	1				1					駿河国志太郡	藤枝市
446	潮村	作右衛門	1				1					駿河国志太郡	藤枝市
447	潮村	与七	1		1							駿河国志太郡	藤枝市
448	潮村	与八	1									駿河国志太郡	藤枝市
449	潮村	常右衛門	1									駿河国志太郡	藤枝市
450	潮村	惣右衛門	1									駿河国志太郡	藤枝市
451	八幡村	兵右衛門	1									駿河国志太郡	藤枝市
452	八幡村	与八	1									駿河国志太郡	藤枝市
453	八幡村	利右衛門	1									駿河国志太郡	藤枝市
454	八幡村	□(1字欠損)四郎	1									駿河国志太郡	藤枝市
455	八幡村	五郎兵衛	1									駿河国志太郡	藤枝市
456	子持坂村	市右衛門	1									駿河国志太郡	藤枝市
457	楊子村	喜三郎	1									遠江国敷知郡	浜松市
458	藤枝宿	嘉右衛門	1									駿河国志太郡	藤枝市
459	藤枝宿	弁蔵	1									駿河国志太郡	藤枝市
460	藤枝宿	伝左衛門	1									駿河国志太郡	藤枝市
			450人	13人	60軒	46人	115人	29人	6人	3人	2人		

〔凡例〕 No.90～104、106～109は、抹消によるための重複記載で、（　）内の人物と同一人である。

まず、檀那場の対象地を示しておきたい。一部の信徒については檀那帳の欠損などにより所在地が不明な場合もあるが（一六人分が不明）、概ね駿河国の志太郡（現在の焼津市・藤枝市・島田市など）、益津郡（現在の焼津市など）、榛原郡（現在の焼津市・藤枝市など）、遠江国の敷知郡（楊子村の一村のみ）などの地域に檀那場が形成されている。

檀那場だった村々は、志太郡では、柳新屋村、小土村、三ヶ名村、大村新田村、新屋村、小川村、与惣次村、石津

村、祢宜島村、道原村、下小田村、北新田村、田尻北村、田尻村、一色村、惣右衛門村、大島村、上小田村、三郎兵衛新田、治兵衛長次右衛門請所新田、本中根村、中根村、大住村、小柳津村、横須賀藩領高柳村、田中藩領高柳村、田中藩領兵太夫新田、田中藩領与左衛門新田、田中藩領中新田村、田中藩領中根新田、田中藩領前嶋新田、田中藩領土瑞村、田中藩領弥左衛門新田、忠兵衛新田、五平村、源助村、細嶋村、御請新田、道悦嶋村、阿知ヶ谷村、岸村、庄九郎新田、内瀬戸村、上青嶋村、久兵衛市右衛門請新田、下青嶋村、前嶋村、瀬戸新屋村、水上村、南新屋村、青木村、瀬古村、原村、稲葉堀内村、谷稲葉村、寺嶋村、助宗村、宮原村、滝沢村、瀬戸谷村、西方村、北方村、下中郷村、上中郷村、花倉村、上藪田村、中藪田村、下藪田村、時ヶ谷村、五十梅村、市部村、保福嶋村、稲川村、三輪村、内谷村、岡部新町（岡部宿）、河原町（岡部宿）、横内村、上当間村、水守村、鬼嶋村、八幡村、潮村、子持坂村、藤枝宿、下ノ郷村など、以上八六村である。

益津郡では、塩津村、大村、中村、焼津北村、焼津村、北新田村、城之腰村、鰯ヶ島村、郡村、平嶋村、大覚寺村、八楠村、中里村、岡当目村、浜当目村、小浜村、野秋村、益津下村、石脇村、越後嶋村、坂本村、方野上村、関方村、策牛村、下当間村など、以上二五村である。

榛原郡では、上新田村、上小杉村、下小杉村、藤守村、吉永村、宗高村、吉永高新田、吉永利衛門分、吉永村、飯淵新田村、飯淵村、中嶋村、西嶋村、下江富村、相川村、上泉村、善左衛門新田村など、以上一七村である。この他、遠江国敷知郡の楊子村が記載されている。

次に、信徒数や宿数などの実態を見ておきたい。

記載された信徒の総数は四六〇人である。ただし、志太郡田尻村の信徒が重複して記載されており（表1 90～104、106～109）、それを整理すると、実際の信徒数は四五〇人である。檀那場で衆徒の宿を担った家は六〇軒であるが、これも田尻村の信徒の重複記載を整理すると、実際の宿数は五八軒である。信徒の役職については、名主が四六人、庄屋が一一五人で、そのうち六人が退役している。この他、年寄二九人、組頭六人、百姓代三人、世話方二人となっている。

檀那帳に記された文言からわかる範囲で、廻檀配札活動の実態を見ておきたい。まず本文中からそれがうかがわれる主な箇所を抽出したい。

①柳新屋村の条「一　大札　柳新屋村伊左衛門」

②焼津村の条「右、当村御札引仕、名主方ゟ人足壱人、北新田村江御荷物相送り申候。小札弐十軒斗り、宗祖八十軒斗り、大札五軒ト村役人」

③小川村の条「右、当村引札仕、名主方より人足壱人、与惣次村江御荷物相送り申候。右役人様へ大札引也」

④横須賀領高柳村の条「右、当村中御引札仕候。庄屋方ゟ人足壱人、同村田中領江御荷物送り申上候。家弐百軒斗」

⑤道悦嶋村の条「右者当村中引札仕候。順村江荷物御送人足壱人差出申候。以上。小札六拾枚ト預ヶ置」

⑥青木村から志太村の条「右者当村中引札仕候。順村江御荷物送り人足差出し申候。以上。右当村辰年治右衛門ゟ米弐升分取可也」

⑦滝沢村の条「右当村者弐百文取引札不仕候。右者当村引札仕、送り人足壱人差出申候」

⑧市武村の条「右当者百文初尾村中引札不仕候。右者当村中引札仕順村へ御荷物送り人足差出申候。以上」

以上の内容から、檀那場では牛玉宝印「立山之宝」の小札と大札や、宗祖である慈興上人像の絵札などの護符が頒布されていたことがわかる。一般的に頒布されるのは小札であったが、実質的な護符の頒布で世話になる名主などの村役人には、特別に大札が頒布されている。また、檀那場の村では衆徒は名主に護符の実質的な頒布を委せており、衆徒が名主宅でその村に必要なだけの枚数の護符を抜くと、残りの護符については名主が雇った人足が、次に衆徒が訪れる予定の村（村々を廻っていく際の順番が決まっていたようであり、本文中には「順村」の用語が見られる）に、事前に送っていたことがわかる。村によっては護符の頒布が行われず、初尾として一〇〇文や二〇〇文を差し出してくれる場合もあった。

二　芦峅寺の日光坊と宝泉坊が形成した横浜の檀那場

立山信仰に関する各種史料群のうち、横浜を対象としたものはきわめて少なく、①明治二年（一八六九）「武州横浜配札議定之通　書合」（個人所蔵〔芦峅寺旧宝泉坊所蔵〕）、②明治二年・芦峅寺日光坊と芦峅寺宝泉坊の『横浜連名帳』（芦峅寺雄山神社所蔵）、③明治元年・芦峅寺日光坊の『武州横浜檀那帳』（個人所蔵〔芦峅寺旧日光坊所蔵〕）、④明治二年・芦峅寺宝泉坊の『武州横浜檀那帳』（芦峅寺雄山神社所蔵）の四点が見られるのみである。したがって本節では、これらの史料を主な分析対象として検討を進めていきたい。

なおこれらの史料のうち、特に芦峅寺日光坊の『武州横浜檀那帳』については、昭和五三年（一九七八）三月四日の『北日本新聞』に、「文字は語る」と題する連載記事の第五九回目として、富山県内の歴史学研究者高瀬保氏によって、芦峅寺日光坊所蔵の『武州横浜檀那帳』として紹介されている[3]。その記事の見出しは「立山信仰の外人1号　武州横浜檀那帳が示す」であった。しかし、この見出しが示すように、記事の中心的な内容は、檀那帳に外国人の名前が記されていたことであった。そこで、この檀那帳に含まれている他の情報についても紹介していきたい。

1　「武州横浜配札議定之通　書合」（写真2）

芦峅寺の日光坊と宝泉坊が明治初期に横浜で檀那場を形成していたことを端的に示す史料として、「武州横浜配札議定之通書合」がある。

それは「武州横浜配札議定之通　書合　日光坊」と書かれた折封（縦二五・二×横四・九センチメートル）に入れられた一紙文書（縦二五・〇×横三三・八センチメートル）で、内容は次のとおりである。

〔史料1〕

今般、武州横浜開港ニ付、立山宿坊両寺ニ相究候ニ付、当所市中不残永後配札等之儀、貴坊等示談和銅之上、配札可致事ニ取究候間、為後日、依而一札如件。

明治二己巳年四月八日定

立山日光坊

現住弘円（花押）

立山宝泉坊様

△私記右之通日光坊へ指上置候事。現住泰音

この議定書によって、明治二年（一八六九）当時、芦峅寺の日光坊（当主弘円）と宝泉坊（当主泰音）は、具体的な実態までは読

写真2　「武州横浜配札議定之通　書合」（明治2年）（個人所蔵）

み取れないが、ともに横浜で檀那場を形成しており、両坊家間で合議して取り決めをしながら配札活動を行っていたことがわかる。また、この議定書は日光坊弘円から宝泉坊泰音へ宛てられたものだが、逆に、おそらく同じような内容の文書が、宝泉坊泰音から日光坊弘円へも宛てられたようである。

2　日光坊と宝泉坊の『横浜連名帳』（写真3）

横浜連名帳は芦峅寺雄山神社に所蔵されている。形態は横帳で寸法は縦一二・五×横一七・一センチメートルである。表紙には「明治二己巳年三月　横浜連名帳　立山日光坊・宝泉坊　扣」と記されている。以下、この帳冊の内容を翻刻しておきたい。

〔史料2〕

武州横浜

名主

木札　太田町壱丁目

午王　太田屋源左衛門殿

茶

盃壱ツ

さと

支配所

太田町　壱丁目

弐丁目
三丁目
四丁目
五丁目
入船町通り
末広町通り
駒形町通り
新浜町通り
緑町通り
真砂子町通り
若松町通り
馬車道通り
〆外ニ自身番
近場等玄関同断
□□□（難読）
本町名主
同　小野兵助殿
支配所　壱丁目

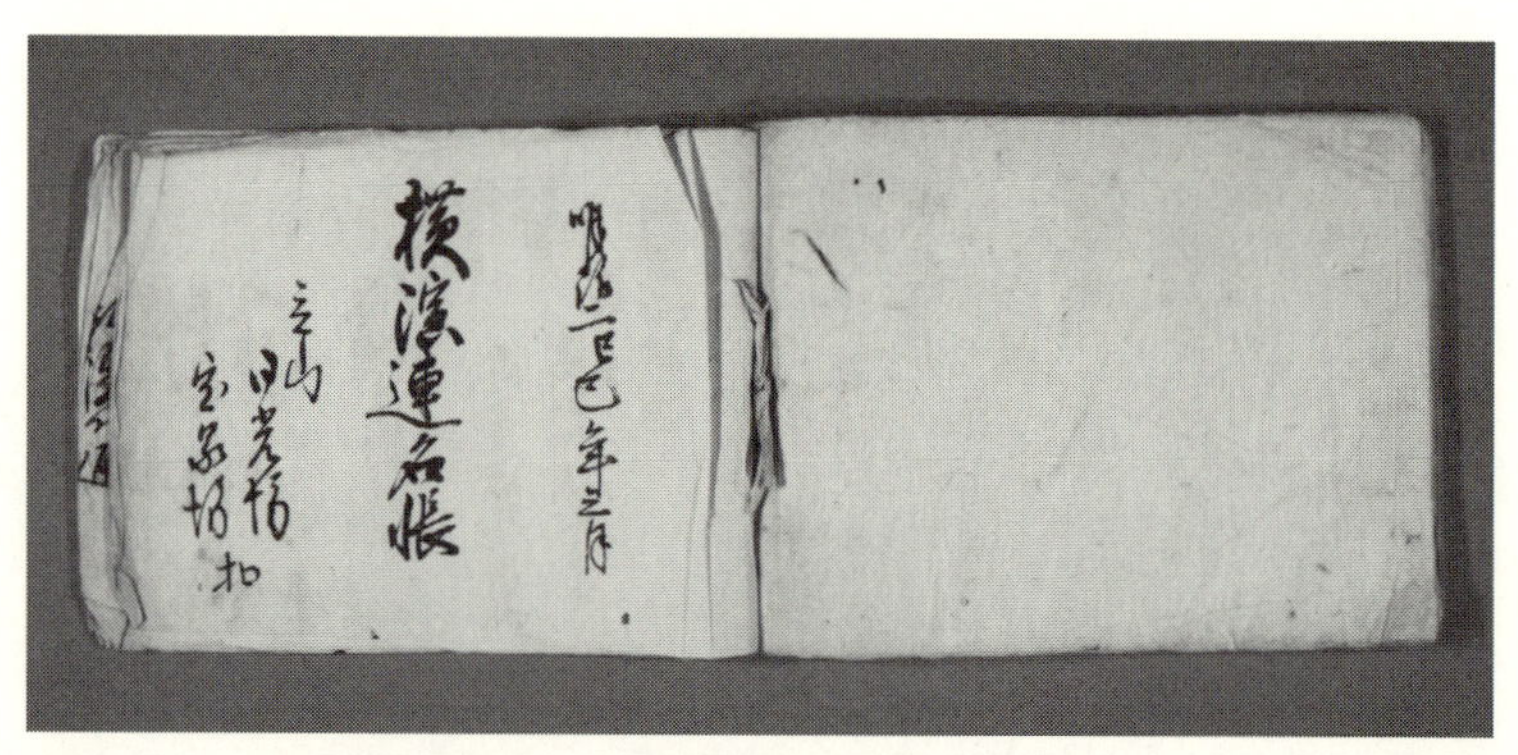

写真３－１　日光坊と宝泉坊の『横浜連名帳』(表紙) (明治２年)（芦峅寺雄山神社所蔵）

弐丁目
三丁目
四丁目
五丁目
〆外
自身番弐ヶ所
近場
同断

一、元町　石川半右衛門殿
木札二午王・盃弐ツ上ル
壱朱　御初穂
右八年々町中配札之砌達置御含被置候事。
自身番江右之趣申進置候事。御礼并盃弐ツル候事。
木・午・茶　壱丁目　石川為五郎殿
盃弐ツ　壱丁目　柳川市五郎殿

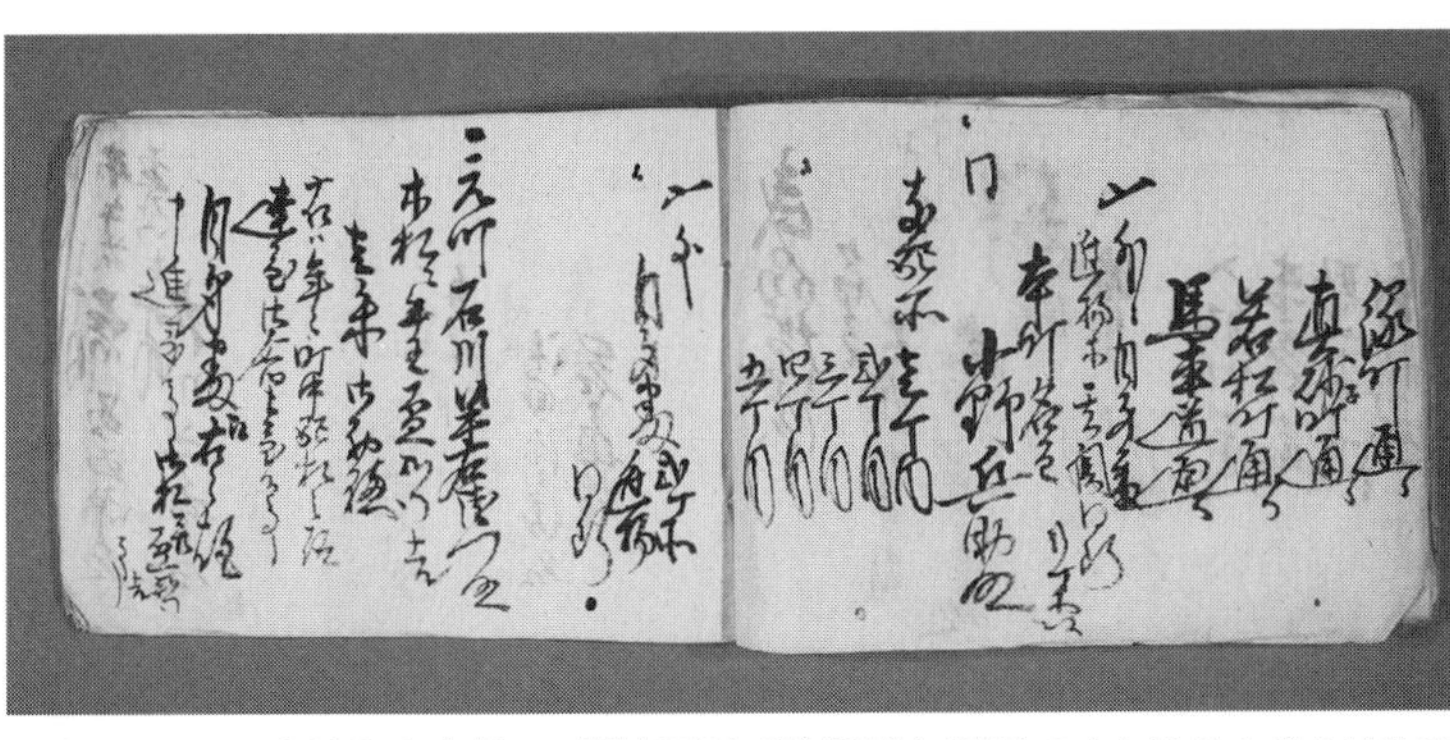

写真3－2　日光坊と宝泉坊の『横浜連名帳』(部分)(明治2年)(芦峅寺雄山神社所蔵)

吉原町
名主
福田源兵衛殿
岩亀楼

吉田新田
名主
吉田勘兵衛殿
手代
市右衛門殿

御初穂
一、金弐朱　太田屋源左衛門殿
一、金壱分　元村　水屋久　御初穂料
な美
一、拾三貫三百文　弁天通辺り
一、金弐朱　異人等ゟ御初穂
一、拾六貫八百文　三月廿九日、本町通り等

一、五貫弐百文　　三月朔日

一、二月二日　金壱分　初尾　吉田新田　元友殿

一、四月三日　金三分　蔦屋庄次郎殿

一、金壱分外ニ壱朱　吉原道　尾張屋礪次郎殿

一、金百疋　新浜町

相模屋

井上小左衛門殿

一、金百疋　真砂町　勝左衛門殿

とう二や作治郎殿

一、金百疋　元町　石川為五郎殿

一、金壱朱　同　柳川市五郎

一、金壱朱　元町　石川半右衛門様

名主様

一、金弐朱　海岸壱丁目

丹羽誠五郎殿

一、金弐分　太田町壱丁目　茂蔵殿

一、金弐朱　吉田新田　勘兵衛様前

石井太郎右衛門殿

一、壱朱　　太田陣屋
　　　　　　岡田小源太殿

一、

駿州藤枝宿
　　鍵屋又助殿
知多郡岡田村
　　　太右衛門殿

三月九日
一、六貫文　　　勝左衛門殿江かし
三月朔日
一、拾五貫文　　同かし
〆弐両三分かし分ニ相成申候。

さて、この帳冊は日光坊と宝泉坊の連名で作成されている。しかし、そこに記されている内容について両坊が実際にどのように関わっていたのかは読み取ることができない。例えば、檀那場での廻檀配札活動をどのように分担していたのか、あるいは、巻末にあげられている初穂料は両坊でどのように扱われていたのかといった点である。帳冊自体は連名でできているものの、実際にはどちらか一方の宿坊家の廻檀配札活動を反映したものではないかと考えられる。

以下、この帳冊の内容を若干分析していきたい。

日光坊と宝泉坊の衆徒は、横浜の檀那場では配札を名主などの町の有力者に委託していたようである。具体的に見ていくと、太田町一丁目の名主太田屋源左衛門や、本町の名主小野兵助、元町の石川半右衛門、吉原町の名主福田源兵衛、吉田新田の名主吉田勘兵衛らに、それぞれの支配所における配札を委ねている。

配札対象町村は太田町一丁目～五丁目、入船町通り、末広町通り、駒形町通り、新浜町通り、緑町通り、真砂子町通り、若松町通り、馬車道通り、本町一丁目～五丁目、元町、吉原町、吉田新田である。

日光坊と宝泉坊の檀那場での頒布品には木札や牛玉札が見られ、信徒への土産には茶や砂糖、盃などが見られる。

初穂料の実態を見ていくと、檀那帳の本文中に、「御初穂」と題して檀那場のそれぞれの信徒から得た初穂料が記載されているが、それらを合計すると、金二両二分三朱三〇〇疋、三四貫一三〇〇文を得ている。このなかで特に興味深いのは、異人館からも金二朱の初穂料を得ている点である。

日光坊と宝泉坊は、ときには信徒に、お金を貸すこともあったようで、信徒である真砂町の勝左衛門殿に二両三分を貸している。

3　日光坊の『武州横浜檀那帳』(写真4)

檀那帳は芦峅寺の旧日光坊に所蔵されている。形態は横帳で寸法は縦一七・〇×横八・六センチメートルである。

表紙には「[摩耗]治元　戊　武州横浜檀那帳　[張り紙で「第六十号」]入十日　立山日光坊　(朱印)(「日光坊山議

写真 4－1
『武州横浜檀那帳』(表紙)(個人所蔵)

写真 4－2　『武州横浜檀那帳』(部分)(個人所蔵)

写真 4－3　『武州横浜檀那帳』(部分)(個人所蔵)

書」)」と記されている。

まずは、檀那帳に記された年次についてであるが、元号の表記の一部に摩耗が見られ、推測するしかない。これまで、この檀那帳について言及してきた先学諸氏の間では、元号は幕末の「元治元年(一八六四)」と判断されてきているが、それであれば干支は「甲」である。しかし、横浜が開港した安政六年(一八五九)以後、元号に「治」が記され、かつ「戊」の干支が入っているのは明治元年(一八六八)だけである。したがってこの檀那帳は明治元年に成立したものである。

この檀那帳に記された信徒名や、それに対する断片的な所在地の記載については、別に第三節で見ていきたい。信徒に対する頒布品については、本文中に「木」「木上」「壱」「二」「三」などの文言が見られる。「木」は通常用の木札を示し、「木上」はそれよりも上等な木札を示すものであろう。「壱」「二」「三」は衆徒が頒布した木札の枚数と思われる。

この檀那帳の本文の具体的な内容については次の表2を参考のこと。

表2　芦峅寺日光坊と芦峅寺宝泉坊の『武州横浜檀那帳』(明治元年)の内容

No.	信徒名(日光坊・明治元年)	町名(明治元年)	人数	頒布品(明治元年)	掲載順	信徒名(宝泉坊・明治2年)	町名(明治2年)	人数	頒布品(明治2年)
1	太田屋勝左衛門(宿)	新浜町	1		1	太田屋勝左衛門(宿)	新浜町	1	
2	鍋屋権六		1		2	鍋屋権六		1	
3	梅松屋仙助	弁天通	1	2木、牛	3	梅松屋仙助	弁天通り壱丁目	1	2木、牛
4	鈴木屋善蔵	弁天通	1	1木	4	鈴木屋善蔵		1	
5	伊豆屋金太郎		1		5	伊豆屋金太郎		1	
6	三河屋喜平	弁天通	1		6	三河屋喜平		1	

7	山廉屋栄蔵	弁天通	1		7	山廉屋栄蔵		1	
8	髪結藤		1	1木	8	髪結藤		1	1木
★9	上野屋忠作(商人録5頁)		1	2木	★9	上野屋忠作		1	2木
10	ゑびす屋藤吉		1	2木	10	ゑびす屋藤吉		1	3木
11	小杉屋庄兵衛		1		11	小杉屋小兵衛		1	
12	諏屋喜平次		1		12	諏屋喜平治		1	
13	ます屋店		1		13	ます店		1	
14	森田屋安右衛門		1		14	森田屋安右衛門		1	
15	伊勢屋梅吉		1	2木	15	伊勢屋梅吉		1	2木
16	岩田屋万吉		1	2木	16	岩田屋万吉		1	2木
17	丸太屋吉右衛門		1	1木	17	丸太屋吉右衛門		1	1木
★18	中村屋儀兵衛(紀要148頁・131頁)(商人録16頁)		1		★18	中村屋儀兵衛		1	
19	相模屋梶三郎		1	木(1束)	19	相模屋梶三郎		1	1木
20	八木屋重兵衛		1	1木	20	八木屋重兵衛		1	1木
21	松葉屋乙治郎		1	1木	21	松葉屋乙治郎		1	1木
22	をかべ屋弥市		1	1木	22	をかべ屋弥市		1	1木
23	伊勢屋万五郎		1	1木	23	伊勢屋万五郎		1	1木
24	いち屋勘兵衛		1		24	いちや勘兵衛		1	
★25	大和屋三郎兵衛(商人録23頁・大和屋三蔵の項目)		1		★25	大和屋三郎兵衛		1	
26	いし栄宗栄		1		26	いしや栄宗		1	
27	大村屋仙蔵		1		27	大村屋仙蔵		1	
28	中村屋善助		1	1木	28	中村屋善助		1	
29	江州屋茂吉		1		29	江州屋茂吉		1	
★30	松木屋久七(商人録20頁・松木屋清六の項目)		1		★30	松木屋久七		1	
★31	さわら屋伝之助(商人録12頁・佐原屋重兵衛の項目)	三丁目	1		★031	佐原屋伝之助	三丁目	1	
32	おうさみ屋(近江屋)喜八	三丁目	1	1木	32	江近屋(近江屋)喜八		1	1木

33	三浦屋秀治郎	三丁目	1	1木	33	三浦屋秀治郎		1	1木
34	林屋喜八	三丁目	1		34	林屋喜八		1	
★35	亀屋善三郎（商人録8頁）	三丁目	1	1木	★35	亀屋善三郎		1	1木
36	伊勢屋竹治郎	三丁目	1		36	伊勢屋竹治郎		1	
※37	新□□（２字難読）も		1		※				
38	伊勢屋孫七		1		37	伊勢屋孫七		1	
39	新川屋愁吉・源兵衛	三丁目	2	3木	38	新川屋源兵衛		1	3木
40	長崎屋弥三郎	三丁目	1		39	長崎屋弥三郎		1	
41	駿河屋梅吉	三丁目	1		40	駿河屋梅吉		1	
42	大和屋善七●	三丁目	1	1木	41	大和屋善吉●		1	1木
★43	植木屋与七（商人録5頁）	三丁目	1	1木	★42	植木屋与七		1	1木
44	信濃屋忠三郎		1	1木	43	信濃屋忠三郎		1	1木
45	永喜屋久兵衛		1	1木	44	永喜屋久兵衛		1	1木
46	太田屋伊助		1	1木	45	太田屋伊助		1	1木
47	定飛脚出張所		1	1木	46	定飛脚出張所		1	1木
48	小町屋清右衛門		1	1木	47	小町屋清右衛門		1	1木
49	大津屋嘉助		1	1木	48	大津屋嘉助		1	1木
50	糸屋利平		1		49	糸屋利平		1	
51	山田屋保助		1	1木	50	山田屋保助		1	1木
★52	野沢屋忠兵衛（商人録17頁）		1	2木	★51	野沢屋忠兵衛		1	2木
53	和泉屋松五郎		1		52	和泉屋松五郎		1	1木
54	廉馬村亀吉		1		53	鹿嶋屋亀吉		1	
55	松田屋清兵衛		1	2木	54	松田屋清兵衛		1	2木
56	大黒屋勝五郎		1		55	大黒屋勝五郎		1	
★57	吉村屋幸兵衛（商人録23頁）	四丁目	1	1木	★56	吉村屋幸兵衛	四丁目	1	1木
★58	丸岡屋幸治郎（丸岡屋幸次郎）（紀要147頁・128頁）（商人録20頁）		1	1木	★57	丸岡屋幸治郎		1	1木
59	野沢屋庄兵衛		1		58	野沢屋庄兵衛		1	
60	伊勢屋平多		1		59	伊勢屋平多		1	

★61	福井屋八右衛門（商人録19頁・福井屋弥兵衛の項目）		1		★60	福井屋八右衛門		1	
62	大坂屋長兵衛		1	1木	61	大坂屋長兵衛		1	1木
63	伊豆屋乙吉		1	1木	62	伊豆屋乙吉		1	1木
64	はつしろ屋国治郎		1	1木	63	はつしろ屋国治郎		1	1木
65	湊屋幸助		1		64	湊屋幸助		1	
66	山形屋甚助		1	1木	65	山形屋甚助		1	1木
★67	下田屋文吉（紀要149頁・134頁）（商人録13頁）		1	1木	★66	下田屋文吉		1	1木
68	駿河屋幾五郎		1	1木	67	駿河屋幾五郎		1	1木
69	高野屋亀治郎		1	1木	68	高野屋亀治郎		1	1木
70	家主幸助		1	1木	69	家主幸助		1	1木
71	長谷川屋源治郎		1	1木	70	長谷川屋源治郎		1	1木
72	桑名屋半六		1	1木	71	桑名屋半六		1	1木
73	大黒屋善兵衛		1	1木	72	大黒屋善兵衛		1	2木
74	和泉屋藤兵衛		1		73	和泉屋藤兵衛（善兵衛）		1	
★75	大黒屋六助（大国屋六助）（商人録15頁）		1	2木	★74	大黒屋六助		1	
76	馬具屋庄吉		1	1木	75	馬具屋庄吉		1	1木
77	若松屋安兵衛		1	1木	76	若松屋安兵衛		1	1木
※78	水木屋利平・Mr Smith		2	木（1束）	※77	水木屋利平		1	
79	坂木屋平治郎		1	2木	78	坂本屋平治郎		1	2木
80	藤屋善治郎		1	1木	79	藤屋善治郎		1	1木
★81	立野屋源助（紀要148頁・133頁）（商人録15頁）		1		★80	立野屋源助		1	
82	江一屋嘉助		1	1木	81	江一屋嘉助		1	1木
83	塚本屋藤三郎		1	1木	82	塚本屋藤三郎		1	1木
84	村田屋武右衛門		1	1木	83	村田屋武右衛門		1	1木
85	橘屋吉太郎		1	1木	84	橘屋吉太郎		1	1木

★86	橋本屋弥平（橋本屋弥兵衛）（商人録17頁・橋本屋忠兵衛の項目）		1		★85	橋本屋弥平		1	
87	せき屋甚七		1	1木	86	せき屋甚七		1	1木
88	門屋幸之助		1		87	門屋幸之助		1	
89	ふぢの屋元三郎		1	1木	88	ふじ屋元三郎		1	1木
90	末広屋惣右衛門		1	1木	89	末広屋惣右衛門		1	1木
★91	かもい屋平治郎（鴨井屋平次郎・商人録8頁）		1	2木	★90	かもへ屋平治郎		1	2木
92	橘屋惣兵衛		1	2木	91	橘屋惣兵衛		1	2木
93	上田屋忠兵衛		1	2木	92	上田屋忠兵衛		1	2木
94	大和屋清右衛門		1		93	大和屋清右衛門		1	1木
★95	綿屋政吉（商人録24頁・綿屋政吉の項目）		1	2木	★94	綿屋政吉		1	2木
96	越前屋惣兵衛		1	1木	95	越前屋惣兵衛		1	1木
97	山形屋平兵衛		1	1木	96	山形屋平兵衛		1	1木
98	富屋源七		1	1木	97	富屋源七		1	1木
99	伊勢屋和助		1	1木	98	伊勢屋和助		1	1木
100	釘屋慶治郎		1	1木	99	釘屋慶治郎		1	1木
101	青木屋重兵衛		1		100	青木屋重兵衛		1	
★102	師岡屋伊平（師岡屋伊兵衛）（商人録22頁）		1	1木	★101	師岡屋伊平		1	1木
103	伊勢屋忠兵衛		1	1木	102	伊勢屋忠兵衛		1	2木
104	湊屋吉兵衛		1	1木	103	湊屋吉兵衛		1	1木
105	小嶋屋房治郎		1		104	小嶋屋房治郎		1	
106	江州忠兵衛		1		105	江州屋忠兵衛		1	
107	長嶋屋利平		1	1木	106	長嶋屋利平		1	1木
108	京屋生兵衛	太田町	1		107	京屋生兵衛	太田町	1	
109	丸屋藤五郎	浜町	1		108	丸屋藤五郎	浜町	1	
110	伊勢屋文四郎		1	1木	109	伊勢屋文四郎		1	1木

111	石川屋市三郎		1	1木	110	石川屋市三郎		1	1木
112	堂崎屋藤三郎		1	1木	111	堂のさき屋藤三郎		1	1木
113	山佐屋新吉		1	1木	112	山佐屋新吉		1	1木
114	鳶頭政五郎		1	3木	113	鳶頭政五郎		1	3木
115	橘屋熊蔵		1	1木	114	橘屋熊蔵		1	1木
116	岐阜屋伊助		1		115	岐阜屋伊助		1	
117	鴨亀		1	3木	116	鴨屋亀		1	3木
★118	和泉屋金五郎(商人録4頁)		1	1木	★117	和泉屋金五郎		1	1木
119	錺屋徳太郎		1		118	錺屋徳太郎		1	
120	小西屋伝蔵		1	2木	119	小西屋伝蔵		1	2木
121	高砂屋茂平		1		120	高砂屋茂平		1	
122	大竹屋		1		121	大竹屋		1	
123	仲屋与平		1	1木	122	中屋与平		1	1木
124	和泉福三郎		1		123	和泉屋福三郎		1	
★125	石川屋又四郎(紀要152頁・144頁)(商人録2頁)		1		★124	石川屋又四郎		1	
※126	すずしろう屋吉蔵		1		※				
127	湯屋	本町南中通	1		125	湯屋	本町南中通り	1	
128	湊屋惣七		1	1木	126	湊屋惣七		1	1木
129	朝倉屋忠兵衛		1	1木	127	朝倉屋忠兵衛		1	1木
★130	梶屋万治郎(鍛冶屋万次郎)(紀要150頁・139頁)(商人録7頁)		1	1木	★128	かじや万治郎		1	1木
131	富士屋伝四郎		1	1木	129	藤屋伝四郎		1	1木
132	三河屋庄七		1	1木	130	三河屋庄七		1	1木
★133	山木屋芳兵衛(商人録22頁)		1	2木	★131	山木屋芳兵衛		1	2木
134	田口屋常七		1	1木	132	田口屋常七		1	1木
135	長谷川屋源蔵		1		133	長谷川屋源蔵		1	
★136	遠州屋与平(商人録6頁・遠州屋嘉兵衛の項目)		1	1木	★134	遠州屋与平		1	1木
137	伊勢屋宗兵衛		1		135	伊勢屋惣兵衛		1	

138	大黒屋庄兵衛		1	1木	136	大黒屋庄兵衛		1	1木
139	金子屋元兵衛		1	2木	137	金子屋元兵衛		1	2木
140	田中屋与兵衛		1		138	田中屋与平		1	1木
141	荏原屋源蔵		1	2木	139	荏原屋源蔵		1	2木
142	肴屋万吉		1	1木	140	肴屋万吉		1	1木
143	豆腐屋宗吉		1	4木	141	豆腐屋宗吉		1	4木
144	米屋善助		1	3木	142	米屋善助		1	3木
145	大和屋市兵衛		1		143	大和屋市兵衛		1	
146	つくゐ屋書林堂		1	2木	144	つくい屋書林堂		1	2木
147	伊豆屋徳太郎		1	1木	145	伊豆屋徳太郎		1	1木
148	藤本屋源兵衛		1	1木	146	藤本屋源兵衛		1	1木
149	西村屋喜三郎		1		147	西村屋喜三郎		1	
150	下蔵屋大治郎		1	1木	148	下倉屋大治郎		1	1木
151	髪結所美之助	本町五丁目	1	3木〔上〕	149	髪結所美之助	本町五丁目	1	3木〔上〕
152	飯田屋七助	本町五丁目	1	2木	150	飯田屋七助		1	2木
153	藤木屋幾太郎		1	1木	151	藤木屋幾太郎		1	1木
154	松屋伊助		1		152	松屋伊助		1	
155	大倉屋喜八		1	2木	153	大倉屋喜八		1	2木
156	松川屋弥三郎		1	1木	154	松川屋弥三郎		1	2木
157	柳田屋為吉		1	1木	155	柳田屋為五郎		1	1木
158	油屋万治郎		1	1木	156	油屋万治郎		1	1木
159	湯屋長右衛門		1	1木	157	湯屋長右衛門		1	1木
160	長谷川屋治平		1	1木	158	長谷川屋治平		1	1木
161	伊勢屋安吉		1	1木	159	伊勢屋安吉		1	1木
162	喜木屋伊三郎		1	1木	160	喜木屋伊三郎		1	
163	福田屋半七		1		161	福田屋半七		1	
164	左官捨五郎		1		162	左官捨五郎		1	
165	をねみ屋(をみね屋)安兵衛		1	1木	163	大岺屋安兵衛		1	1木
166	谷川屋富吉		1	1木	164	谷川屋富吉		1	
167	菓子屋清三郎		1	1木	165	菓子屋清三郎		1	1木

168	小嶋屋		1	1木	166	小嶋屋		1	1木
169	大野屋平三郎		1	1木	167	大野屋平三郎		1	1木
170	沢田屋重助		1	1木	168	沢田屋重助		1	1木
171	駿府屋貞太郎	本町	1	1木	169	駿河屋貞太郎	本町	1	1木
172	大和屋庄八		1	1木	170	大和屋庄八		1	1木
173	なるい民蔵		1		171	なるい屋民蔵		1	
174	柳川屋勝治郎		1		172	柳川屋勝治郎		1	
175	佐野屋真助		1		173	左野屋猶助		1	
176	松前屋清兵衛		1		174	松前屋清兵衛		1	
★177	肥前屋七右衛門（商人録18頁・肥前屋小助の項目）		1		★175	肥前屋七右衛門		1	
★178	常盤屋音治郎（常磐屋音次郎）（商人録16頁・常磐屋安蔵の項目）		1		★176	常磐屋音治郎		1	
179	鈴城屋吉蔵		1	2木	177	鈴城屋吉蔵		1	2木
180	鈴木屋兼吉		1	1木	178	鈴木屋兼吉		1	1木
181	鈴木屋美蔵		1		179	鈴木屋美蔵		1	
182	かねよし屋庄兵衛		1		180	金由屋庄兵衛		1	
※183	Brun Palonzip（Musician）	Rome ローマ	1		※				
184	織崎屋甚右衛門		1		181	織崎屋甚右衛門		1	
※185	Lemuil Lorel （もしくはSorel）	フランス	1		※				
186	大川屋源兵衛		1	1木	182	小川屋源兵衛		1	1木
187	中野屋吉右衛門		1		183	中野屋吉右衛門		1	1木
★188	万屋伊兵衛（商人録23頁・万屋源兵衛の項目）		1		★184	万屋伊平		1	
189	糸屋万之助		1		185	糸屋万之助		1	
190	郡内屋和助		1	1木	186	郡内屋和助		1	1木
★191	郡内屋四郎左衛門（商人録10頁）		1	1木	★187	郡内屋四郎左衛門		1	1木
★192	甲州屋忠右衛門（紀要150頁・136頁）（商人録10頁）		1		★188	甲州屋忠右衛門		1	

★193	小松屋平兵衛(商人録11頁)		1		★189	小松屋平兵衛		1	
★194	三井屋八郎右衛門(商人録21頁)		1	2木	★190	三井屋八郎右衛門		1	2木
195	岩田屋伊兵衛		1	2木	191	岩田屋伊兵衛		1	2木
★196	武蔵屋定治郎(商人録21頁)		1	2木	★192	武蔵屋定治郎		1	2木
197	信州屋又左衛門		1		193	信州屋又左衛門		1	
198	古木屋甚七		1		194	古木屋甚七		1	
199	小橋屋林左衛門		1		195	小橋屋林左衛門		1	
200	左野屋庄兵衛		1		196	左野屋庄兵衛		1	
201	せき屋庄兵衛		1	1木	197	せき屋庄兵衛		1	1木
★202	三川屋喜三郎(三河屋喜三郎)(商人録20頁)		1	2木	★198	三河屋喜三郎		1	2木
203	中川屋竹治郎		1	1木	199	中川屋竹治郎		1	1木
204	中川屋太一郎		1	1木	200	中川屋太一郎		1	1木
205	長岡屋金蔵		1	1木	201	長岡屋金蔵		1	1木
206	やじま屋新治郎		1	1木	202	やじま屋新治郎		1	1木
207	信州屋		1		203	信州屋		1	
208	杉村屋		1		204	杉村屋		1	
★209	岡野屋利平(岡野屋利兵衛・商人録7頁)		1		★205	岡野屋利平		1	
210	三河屋		1	2木	206	三河屋		1	2木
211	酒名屋貞治郎		1	1木	207	肴屋貞治郎		1	1木
212	小野屋庄兵衛		1	2木	208	小野屋庄兵衛		1	2木
★213	油屋伊平(油屋伊兵衛)(商人録1頁・油屋市太郎の項目)		1	1木	★209	油屋伊平		1	1木
214	石灰屋秀治郎		1		210	石炭屋秀治郎		1	
215	浦賀屋		1		211	浦賀屋		1	
216	鈴木屋利平★(鈴木屋利兵衛・商人録13頁・鈴木屋六之助の項目)		1		212	鈴木屋利平		1	

★217	木村屋文治郎（木村屋文次郎・商人録9頁）●		1	2木〔上〕	★213	木村屋伝治郎●		1	2木
218	石川屋松五郎		1	2木〔上〕	214	石川屋松五郎		1	2木〔上〕
★219	杉本屋長治郎（杉本屋長次郎・商人録13頁）		1	1木	★215	杉本屋長治郎		1	1木
220	松屋永治郎		1	1木	216	松屋伊治郎		1	1木
221	丸太屋	異人館より北仲通り五丁目	1		217	丸屋	異人館より北仲通り五丁目	1	
222	和泉屋		1		218	和泉屋		1	
223	左官吉兵衛		1		219	左官吉兵衛		1	
224	伊勢屋藤兵衛★（商人録3頁）		1	2木〔上〕	220	伊勢屋藤兵衛		1	2木〔上〕
225	山形屋		1	2木〔上〕	221	山形屋		1	2木〔上〕
226	御千屋宗治郎		1	2木〔上〕	222	ご千屋惣治郎		1	2木〔上〕
227	ともいや友治郎		1		223	ともへ屋友治郎		1	
228	八木屋徳三郎		1	1木	224	八木屋徳三郎		1	1木
229	大黒屋貞治郎		1	1木	225	大黒屋貞治郎		1	1木
★230	江川屋林平（商人録5頁）		1		★226	江川屋林平		1	
231	多嶋屋伊平		1	1木	227	たじま屋伊平		1	1木
232	三浦屋林之助		1	1木	228	三浦屋林之助		1	1木
233	古泉屋孝兵衛		1	1木	229	古和泉屋孝兵衛		1	1木
234	江近屋藤兵衛（近江屋藤兵衛）		1	1木	230	大み屋藤兵衛		1	1木
235	江戸屋清治郎		1	1木	231	江戸屋清治郎		1	1木
236	辰巳屋庄之助		1	3木	232	辰巳屋庄之助		1	3木
237	藤屋勘兵衛		1		233	藤屋勘兵衛		1	
238	元町人足方佐兵衛		1		234	元町人足方佐兵衛		1	
239	越後屋清治郎		1		235	越後屋清治郎		1	
240	いなき屋伊三郎		1	1木	236	いなき屋伊三郎		1	1木
241	石工豊吉		1	1木	237	石工豊吉		1	1木
242	□（1字難読）賀屋倉吉		1	1木	238	□（1字難読）賀屋倉吉		1	1木
243	近江屋千助		1	1木	239	あふみや千助		1	1木

244	青木屋		1		240	青木屋		1	
245	増田屋伝兵衛		1	1木	241	枡田屋伝兵衛		1	
246	鶴屋清兵衛		1		242	鶴屋清兵衛	芝居町	1	
247	初五郎		1		243	初五郎		1	
248	釜屋吉兵衛		1		244	釜屋吉兵衛		1	
249	掛塚屋吉兵衛		1		245	掛塚屋吉兵衛		1	
250	小橋屋源助		1		246	小橋屋源助		1	
251	中笹屋長吉		1	1木	247	中笹屋長吉		1	1木
252	長浜屋藤蔵		1	2木	248	長浜屋藤蔵		1	2木
253	相模屋藤五郎		1	1木	249	相模屋藤五郎		1	1木
254	相模屋惣兵衛		1		250	相模屋惣兵衛		1	
255	阿波屋伊蔵　※休		1	1木	251	阿波屋伊蔵(休息)		1	2木
256	高橋屋善兵衛	本町海岸通二丁目	1		252	高橋屋善兵衛	本町海岸通り二丁目	1	
257	中屋常治郎		1		253	中屋常治郎		1	
258	新助		1	1木	254	新助		1	1木
259	三河屋伊之助		1		255	三河屋猪之助		1	
※260	Ochille de Stra…t….	ベルギー	1		※				
261	上野屋弥兵衛	三丁目	1	1木	256	上野屋与兵衛	海岸三丁目	1	1木
★262	駿河屋茂兵衛(商人録14頁)		1	1木	★257	駿河屋茂平		1	1木
263	松尾屋徳蔵		1	1木	258	松尾屋徳蔵		1	1木
264	本牧屋卯之助		1	2木	259	本牧屋卯之助		1	2木
265	八幡屋七右衛門	四丁目	1	1木	260	八幡屋七右衛門	海岸四丁目	1	1木
266	鈴木屋清蔵		1	1木	261	鈴木屋清蔵		1	1木
267	加野屋茂平		1	1木	262	加野屋茂平		1	2木
268	駿河屋半兵衛		1	1木	263	駿河屋半兵衛		1	1木
269	八幡屋宇吉		1		264	八幡屋宇吉		1	
270	表具師万五郎		1	1木	265	表具師万五郎		1	1木
271	上総屋市蔵		1	2木	266	上総屋市蔵		1	2木
272	穀屋吉右衛門		1	1木	267	穀屋吉右衛門(ぎやまん頂)		1	

273	駿州屋平助		1	1木	268	駿州屋平助		1	2木
274	石河屋岩吉		1	1木	269	石川屋岩吉		1	1木
275	駿河屋重助		1	1木	270	駿河屋重助		1	2木
276	東城屋喜助		1	1木	271	東城屋喜助		1	1木
277	茶屋甚之助		1	1木	272	茶屋甚之助		1	1木
278	髪結慶蔵		1	2木	273	髪結慶蔵		1	2木
★279	伊勢屋善四郎(紀要152頁・143頁)(商人録3頁)		1		★274	伊勢屋善四郎	海岸五丁目	1	
280	河内屋半平		1	1木	275	河内屋半平		1	1木
281	運送方中嶋屋喜助(慶治郎分)(花　先々)			1木	276	運送方中嶋屋喜助・慶治郎		1	2木
282	冨士屋久之助		1	2木	277	富士屋久之助		1	2木
283	田中屋兼治郎		1		278	田中屋兼治郎		1	
284	髪結六治郎		1	1木	279	髪結六治郎		1	2木
★285	和泉屋安兵衛(商人録4頁・和泉屋甚右衛門の項目)		1	1木	★280	和泉屋安兵衛		1	1木
286	和し屋八兵衛		1	1木	281	わしや八兵衛		1	1木
287	岡島屋弥八		1	1木	282	岡島屋弥八		1	1木
★288	諏訪屋金治郎(諏訪屋金次郎・紀要149頁・133頁)(商人録14頁)●		1	1木	★283	諏訪屋金蔵●		1	1木
289	指屋伊助		1	1木	284	指屋伊助		1	1木
290	中沢屋五兵衛		1	1木	285	中沢屋五兵衛		1	1木
291	駿州屋甚右衛門		1	2木	286	駿州屋甚右衛門		1	2木
292	村田屋文助		1		287	村田屋文助		1	
293	和泉屋庄右衛門		1	1木	288	和泉屋庄右衛門		1	1木
294	平野屋新右衛門		1	1木	289	平野屋新右衛門		1	1木
※295	和泉屋和助		1		※				
★296	高須清兵衛(高須屋清兵衛)(紀要148頁・133頁)(商人録14頁)		1		★290	高須清兵衛		1	

297	越後屋富治郎	入船町	1		291	越後屋富治郎	入船町	1	
298	へつい屋捨治郎		1	2本	292	へつい屋捨治郎		1	2本
299	儀右衛門		1		293	儀右衛門		1	
300	穀屋半兵衛		1		294	穀屋半兵衛		1	
301	今福屋愁蔵		1		295	今福屋秀（愁）蔵		1	
302	芋屋定吉		1	1本	296	芋屋定吉		1	1本
303	あさい屋金助		1	1本	297	浅屋金助	中浜町	1	1本
304	嶋屋藤治郎		1	1本	298	嶋屋藤治郎		1	1本
305	三河屋弥助		1	1本	299	三河屋弥助		1	1本
306	藤屋定助		1		300	藤屋定助		1	
307	清助		1		301	清助		1	
308	尾張屋元治郎		1		302	尾張屋元治郎		1	
309	池野屋佐吉		1	1本	303	池野屋佐吉		1	1本
310	管野幸治		1		304	管野屋幸治		1	
311	鈴木屋善蔵		1	1本	305	鈴木屋善蔵		1	1本
312	江近屋（近江屋）善八		1	1本	306	江近屋（近江屋）善八		1	1本
313	大万屋		1		307	大万屋		1	
314	桶屋宗吉		1		308	桶屋惣吉		1	
315	栗屋伊助		1	1本	309	伊助		1	1本
316	ほり口屋徳治郎		1		310	堀口屋徳治郎		1	1本
★317	柏屋政吉（商人録7頁）		1		★311	柏屋政吉		1	
318	関根善右衛門		1	1本	312	関根善右衛門		1	1本
319	高橋屋小兵衛		1		313	高橋屋小兵衛		1	
320	松屋染三郎●		1		314	松屋勘三郎●		1	
321	両国屋直吉		1	1本	315	両国屋猶吉		1	1本
322	大黒屋		1		316	大黒屋		1	
323	駿河屋文左衛門		1		317	駿河屋文左衛門		1	
324	伊勢屋儀兵衛		1		318	伊勢屋儀兵衛		1	
325	三河屋徳治郎		1	1本	319	三河屋徳治郎		1	1本
326	和田屋源治郎		1		320	和田屋源治郎		1	

327	いらす屋周助		1	1木	321	いらず屋周助		1	
★328	河内屋万蔵(紀要150頁)(商人録9頁)		1	1木	★322	河内屋万蔵		1	1木
329	桂屋		1	1木	323	桂屋		1	
★330	川口屋新兵衛(川口屋新兵衛・商人録9頁)		1	1木	★324	川口屋新兵衛		1	1木
331	松岩楼	太田町一丁目	1		325	松岩楼	太田町壱丁目	1	
332	彦蔵		1		326	彦蔵		1	
333	万屋与平		1		327	万屋与平		1	
334	広瀬宗元		1	1木	328	廣瀬宗元		1	1木
335	鈴木屋新吉	二丁目	1		329	鈴木屋新吉	二丁目	1	
336	大和屋新助		1	1木	330	大和屋新助		1	1木
337	大和屋伊兵衛		1	2木	331	大和屋伊平		1	2木
338	八木屋鉄蔵		1		332	八木屋鉄蔵		1	
339	嶋屋仙吉		1		333	嶋屋仙吉		1	
340	新吉		1	1木	334	新吉		1	1木
341	尾張屋金治郎		1	1木	335	尾張屋金治郎(うなぎや)		1	1木
342	弥助		1		336	弥助		1	
★343	伊勢屋宇兵衛(紀要143頁)	四丁目	1		★337	伊勢屋宇兵衛		1	
344	伊勢屋大蔵		1	1木	338	伊勢屋大蔵	四丁目	1	1木
345	和泉屋就八		1	1木	339	和泉屋就八		1	
346	大坂屋源十郎		1	1木	340	大坂屋源重郎		1	1木
347	大坂屋平六		1	1木	341	大坂屋平六		1	1木
348	柏屋福太郎		1	1木	342	柏屋福太郎		1	1木
349	畳屋与八		1	2木	343	畳屋与八		1	2木
350	小倉屋清兵衛		1		344	小倉屋清兵衛		1	
351	福嶋屋嘉助	五丁目より	1		345	福嶋屋嘉助	五丁目より	1	
352	鈴村屋卯之助		1		346	鈴村屋宇之助		1	
353	石川屋安五郎		1	1木	347	石川屋安五郎		1	1木
354	清水屋金蔵		1	1木	348	清水屋金蔵		1	1木

355	山形屋安兵衛		1		349	山形屋安兵衛		1	
356	大和屋久治郎		1		350	大和屋久治郎	水浜町	1	
357	浜田屋喜蔵		1		351	浜田屋嘉蔵		1	
358	指物屋勘治郎		1	1木	352	指物屋勘治郎		1	
359	大橋屋	東浜町	1		353	大橋屋	東浜町	1	
360	金蔵		1		354	金蔵		1	
361	鍋屋喜市郎		1		355	鍋屋喜市郎		1	
362	嶋田屋忠蔵		1		356	嶋田屋忠蔵		1	
363	松五郎		1		357	松五郎		1	
364	伊勢屋		1		358	伊勢屋		1	
365	富士屋半兵衛		1		359	藤屋半兵衛		1	
366	小竹屋仁兵衛		1		360	小竹屋仁兵衛		1	
367	伊東虎之助		1		361	伊藤虎之助		1	
368	嶋田屋吉兵衛		1		362	嶋田屋吉兵衛		1	
369	新吉松藤吉		1		363	新吉松藤吉		1	
370	福嶋屋勘吉		1		364	福嶋屋勘吉		1	
371	高田屋熊三郎		1		365	高田屋熊三郎		1	
372	谷上屋三蔵		1		366	谷上屋三蔵		1	
★373	越前屋源太郎(商人録6頁)		1		★367	越前屋源太郎		1	
374	山本屋徳兵衛		1		368	山本屋徳兵衛		1	
375	大川屋増蔵	元町	1		369	大川屋増蔵	元町	1	
376	田辺屋源蔵		1		370	田辺屋源蔵		1	
377	川崎屋久蔵		1	2木	371	川嶋屋久蔵		1	
378	伊沢屋太吉		1		372	いざわ屋太吉		1	
379	清兵衛		1		373	清兵衛		1	
380	門屋清吉		1		374	門屋清吉		1	
381	治右衛門		1		375	治右衛門		1	
382	大河屋		1		376	大川屋		1	
383	魚屋清吉		1		377	魚屋清吉		1	
384	尾張屋権蔵		1		378	尾張屋権蔵		1	

385 神田屋		1		379 神田屋		1	
386 仁右衛門		1		380 仁右衛門		1	
387 飴屋四郎左衛門		1		381 飴屋四郎右衛門		1	
388 田沢屋瀬平		1		382 田沢屋瀬平		1	
合計				389人		382人	

〔凡例〕 ★※は本書321ページ参照。「●」が付けられている信徒は、家が代替わりしたと考えられる。

4　宝泉坊の『武州横浜檀那帳』（写真5）

檀那帳は芦峅寺雄山神社に所蔵されている。形態は横帳で寸法は縦一七・三×横一二・四センチメートルである。表紙には「明治二己年　武州横浜檀那帳　四月吉日　立山宝泉坊」と記されている。帳冊の巻末には、次のような記載が見られる。

〔史料3〕

太田町名主

木茶　　　三丁目太田屋源左衛門殿

午盃壱

さと上ル

太田町壱丁目・弐丁目・三丁目・四丁目・五丁目・入船町通り、末広町通り、駒形町通り、新浜町通り、緑町通り、真砂町通り、若松町通り、馬車道通り、外に自身番三ヶ所有之盃弐ツ、御札等上り候事。

本町名主小野兵助殿

支配所本町壱丁目・弐丁目・三丁目・四丁目・五丁目、自身番両弐ヶ所有之候事。

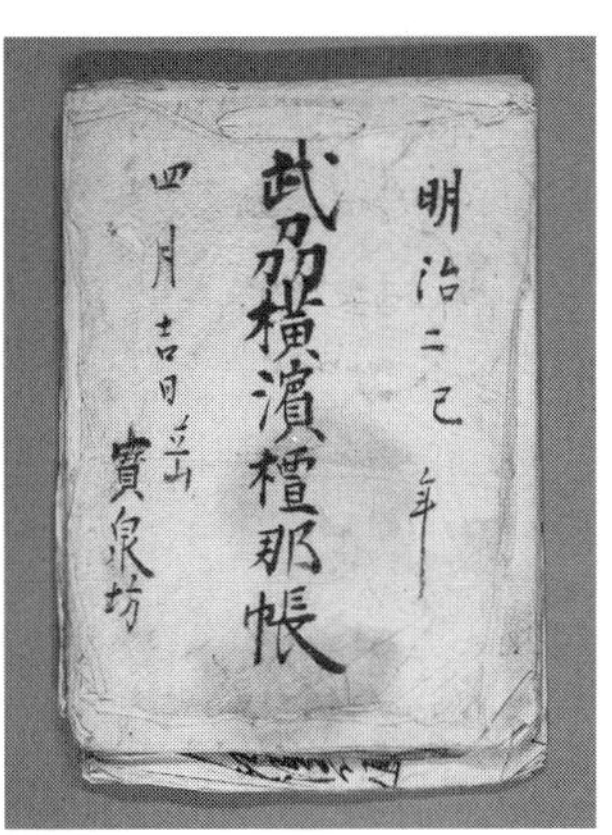

写真５－１　宝泉坊の『武州横浜檀那帳』(明治２年)(表紙)
(芦峅寺雄山神社所蔵)

写真５－２　宝泉坊の『武州横浜檀那帳』(明治２年)(部分)

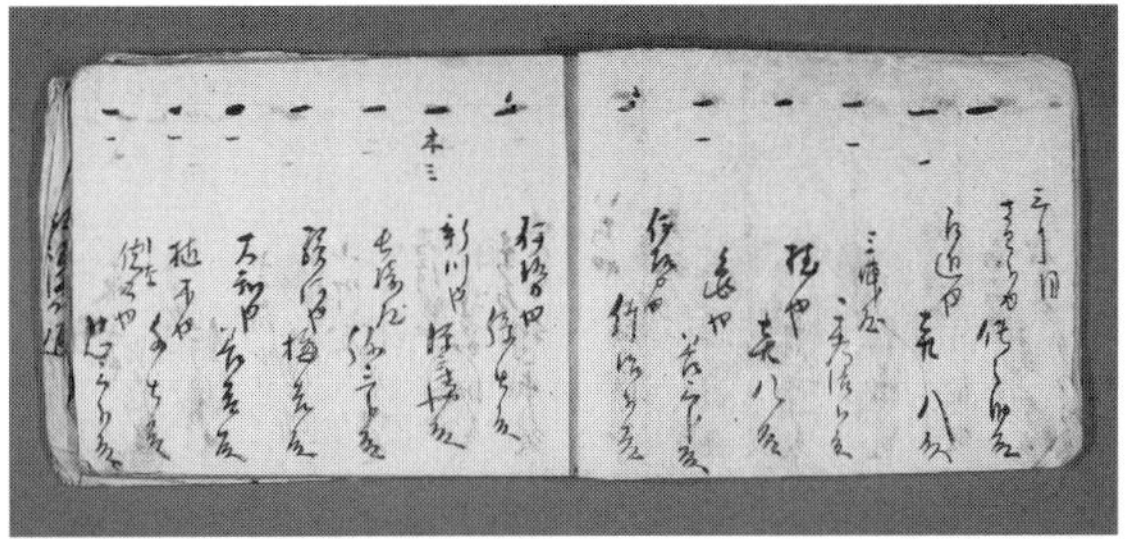

写真５－３　宝泉坊の『武州横浜檀那帳』(明治２年)(部分)

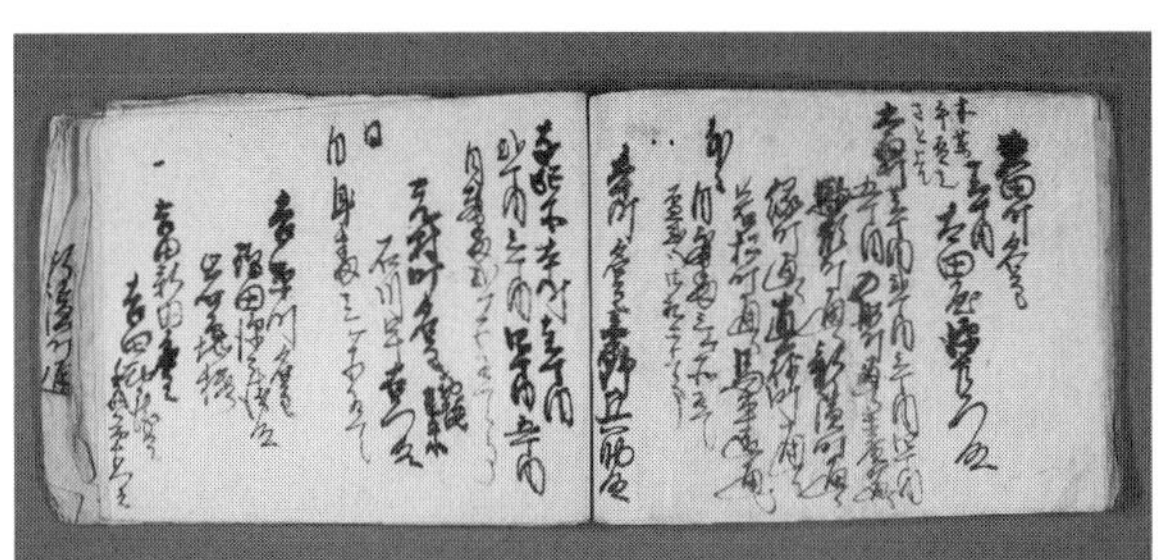

写真５－４　宝泉坊の『武州横浜檀那帳』(明治２年)(部分)

元村町名主初穂壱束
石川半右衛門殿
同、自身番壱ヶ所有之、
吉原町名主
嶋田源兵衛殿
岩亀楼
一、吉田新田名主
吉田勘兵衛殿
手代市右衛門殿

以上の内容は、3項の日光坊の『武州横浜檀那帳』の内容と一致するものである。檀那帳の本文の具体的な内容については表2を参考のこと。

三　日光坊と宝泉坊の『武州横浜檀那帳』に見られる人々

芦峅寺日光坊の『武州横浜檀那帳』（明治元年）と芦峅寺宝泉坊の『武州横浜檀那帳』（明治二年）の二冊の檀那帳の内容を分析するためにデータベース表を作成した。なお、作成作業の過程で、両方の檀那帳の内容が概ね合致していることに気づき、両冊を合わせて表2を作成した。まず、両方の檀那帳に記されている信徒名を掲載順に示し、次に各信徒の所在地や、各信徒に対する木札（例えば「1木」は木札一枚を示す）や牛玉札などの頒布品を示した。

日光坊の『武州横浜檀那帳』を見ていくと、掲載されている信徒の数は三八九人であり、頒布品は木札が二六一本と二束、木札の上等なものは一三本、他に牛玉札一枚となっている。一方、宝泉坊の『武州横浜檀那帳』では三八二人であり、頒布品は、木札が二六五本、木札の上等なものは一一本、他に牛玉宝印が一枚となっている。

両冊の信徒数に七人の差があるが、表2中、掲載順の項目に「※」印が付されている七人の信徒がそれである。そのなかには、国籍不明のMr Smithや、ローマ人で音楽家のBrun Palonzip フランス人のLemuil Lorel（もしくはSorel）、ベルギー人のOchille de Stra…t の四人の外国人が含まれている。

両冊における檀那場としての対象地は、前節2項から4項で指摘した町村と考えられる。ただし各信徒の所在地については、両冊とも断片的に記載されている。

表中に示した信徒のうち、「★」印が付られた人物は「横浜町商人録」[4]（『横浜市史　第二巻』所収）や「開港時の横浜商人一覧」[5]（『横浜開港資料館紀要』二〇号所収）に掲載されている商人であり、前掲資料に基づいて所在町名や業種なども示した。掲載者は以下のとおりである（数字は表2のうち「日光坊」の掲載順を示す）。

9上野屋忠作　本町二丁目、生糸・真綿。

18中村屋儀兵衛　横浜町三丁目弁天通南側、荒物・酒・喰料・糸類・薬種・乾物・塩干魚・粉名・水油・生絹糸。

25大和屋三郎兵衛（商人録、一三頁、大和屋三蔵の項目）　本町五丁目続坂下町、太物・呉服・小間物・荒物・乾物・薬種・革類・茶・生糸・水油・蠟。

80松木屋久七（商人録、二〇頁、松木屋清六の項目）　本町三丁目、酒・呉服他、異人食料。

31さわら屋伝之助（商人録、一一頁、佐原屋重兵衛の項目）　本町（南仲通）三丁目、生糸・繭種。

35亀屋善三郎　弁天通三丁目、生糸。

43植木屋与七　弁天通三丁目、荒物・乾物・繰綿・茶紙・麻・畳表・薬種。

52野沢屋忠兵衛　本町三丁目、生糸・繭種。

57吉村屋幸兵衛　弁天通四丁目、生糸・繭種。

58丸岡屋幸治郎（丸岡屋幸次郎）　横浜町四丁目弁天通南側、旅人宿・料理茶屋。

61福井屋八右衛門（商人録、一九頁、福井屋弥兵衛の項目）　弁天通四丁目、瀬戸物・呉服・糸類・荒物・薬種・油・小間物・金物・煎茶・青物・乾物。

67下田屋文吉　横浜町二丁目海岸新道北側・大通東側角・海岸通南側・東横町・海岸、人形芝居・曲馬・角力・手踊・髪結床、浄瑠璃・操人形・茶番狂言、湯屋男女風呂。

75大黒屋六助（大国屋六助）　本町四丁目、生糸・繭種。

81立野屋源助　横浜町五丁目弁天通北側、塗物・瀬戸物・呉服・糸類・小間物・紙・茶・乾物・水油・蠟燭・雑穀・金物。

86橋本屋弥平（橋本屋弥兵衛）（商人録、一七頁、橋本屋忠兵衛の項目）　弁天通五丁目、食料・生糸・呉服・太物・雑穀・小間物・荒物・金物・水油。

91かもい屋平治郎（鴨井屋平次郎）　本町五丁目、生糸・繭種。

95綿屋政吉（商人録、二四頁、綿屋政吉の項目）　弁天通五丁目。

102師岡屋伊平（師岡屋伊兵衛）　弁天通五丁目、小間物・荒物・乾物・絵双紙。

118和泉屋金五郎　弁天通五丁目、水・桝酒・塩物・砂糖・荒物・小間物・乾物・金物・春米。

125石川屋又四郎　横浜町五丁目南仲通南側、運送方・金物・雑穀・炭薪・春米・粉名・荒物・石炭・材木・異人食料。

130梶屋万治郎（鍛治屋万次郎）　二丁目弁天通横町新道東側、酒・煮売・鍛冶・鉄物・漬物・鍛冶職。

133山木屋芳兵衛　本町三丁目、生糸・繭種。

136遠州屋与平（商人録、六頁、遠州屋嘉兵衛の項目）　弁天通三丁目、荒物・太物・紙・綿・炭、蠟・蒟蒻粉、瀬戸物・乾物、パン・蒸菓子。

177肥前屋七右衛門（商人録、一八頁、肥前屋小助の項目）　本町四丁目、陶器・乾物・油・畳表・麻苧・糸類・干魚・雑穀・綿・蠟・煙草・紙・傘・茶・石炭・海苔類・樟脳・織物・金物・塗物・銅類・薬種・炭薪・両替・材木・石。

178常盤屋音治郎（常盤屋音次郎）（商人録、一六頁、常盤屋安蔵の項目）　南仲通五丁目、塗物・傘、木綿・薬種・乾物・荒物・鉄物・小間物・瀬戸物・革・綿・煙草。

188万屋伊兵衛（商人録、一三頁、万屋源兵衛の項目）　弁天通二丁目、大道具・小道具・銅器類・雑穀・油・乾物。

191郡内屋四郎左衛門　本町二丁目、生糸。

192甲州屋忠右衛門　横浜町二丁目大通南側、本町二丁目、海草・乾物・甲州産物一式・呉服・太物・茶・外国渡来品買取・菓子・俵物・生糸・塗物・薬種・銅器類・粉名、炭・薪・紙、異人食料・青物玉子・塩魚、材木・木具指物・衣類・洗濯・石炭、繭・蚕種。

193小松屋平兵衛　本町一丁目、生糸・真綿・薬品。

194三井屋八郎右衛門　本町二丁目、呉服・太物・両替。

196武蔵屋定治郎　本町二丁目、生糸・繭種。

202三川屋喜三郎（三河屋喜三郎）　本町三丁目、生糸・繭種。

209岡野屋利平（岡野屋利兵衛）　本町四丁目、生糸・繭種・茶。

213油屋伊平（油屋伊兵衛）（商人録、一頁、油屋市太郎の項目）　本町三丁目、乾物・青物・水菓子・鳥・煙草・材木・紙・玉子・水油・雑穀・搗米・塗物・道具・異人洗濯・茶・薬種・荒物。

217木村屋文治郎（木村屋文次郎）　本町五丁目、生糸・繭種。

219杉本屋長治郎（杉本屋長次郎）　本町五丁目、不明。

230江川屋林平　北仲町四丁目、味噌・漬物・醤油・粉・瀬戸物・蠟燭・油・金物・青物・植木・乾物・薬種・小間物・織物・

紙・塗物・茶・雑穀・手遊・糸類。

262駿河屋茂兵衛　海辺通三丁目、茶・紙・椎茸・海草。

279伊勢屋善四郎　横浜町五丁目海辺通南側・北側、運送小揚・日雇・車力・軽子・人足請負、運送方。

285和泉屋安兵衛（商人録、四頁、和泉屋甚右衛門の項目）　本町一丁目、酒・醤油・酢・味噌・白蠟・水油・糸類・茶・乾物・米・雑穀。

288諏訪屋金治郎（諏訪屋金次郎）　横浜町二丁目弁天通南側、呉服・太物・糸類・砂糖・米・雑穀・喰物・水油・荒物・小間物。

296高須清兵衛（高須屋清兵衛）　横浜町二丁目大通東側弁天通角・五丁目北仲通北側・同続東側、呉服・太物・糸・荒物・瀬戸物・紙・味噌・醤油・乾物・雑穀・鉄物・薬種・蠟油・茶・塗物・綿・麻苧・酒・材木。

317柏屋政吉　本町一丁目、生糸・繭種。

328河内屋万蔵　二丁目弁天通横町西側、生薬屋、薬種・瀬戸物・紙類・砂糖・茶。

330川口屋新兵衛（川口屋新兵衛）　海辺通二丁目、春米。

343伊勢屋宇兵衛　四丁目、本町壱丁目之分、薬種店。

373越前屋源太郎　本町五丁目、生糸・繭種。

おわりに

以上、本章では、芦峅寺宿坊家が東海道筋に形成した檀那場の対象地や対象信徒について、特に駿河国の檀那場に関する檀那帳と、横浜の檀那場に関する檀那帳などの史料を用いて、若干の検討を試みた。

その際、これまで元治元年（一八六四）の成立とされていた芦峅寺日光坊所蔵の『武州横浜檀那帳』は、表紙に記載された文言の再検討によって、明治元年（一八六八）に作成されたことがわかった。

さて、駿河国の檀那場については、江戸時代後期（推測）の状況として、志太郡・益津郡・榛原郡などの地域に、信徒数四五〇人、宿家五八軒ほどの規模で形成されている。そのうち、村役を担う者は名主が四六人、庄屋が一一五人であり、実質的な護符などの頒布方法は、従来の研究成果に見られるように、こうした在地の有力者である村役人に委託した形である。

芦峅寺の日光坊と宝泉坊の横浜の檀那場については、明治元年（一八六八）の状況として、横浜の太田町一丁目～五丁目、入船町通り、末広町通り、駒形町通り、新浜町通り、緑町通り、真砂子町通り、若松町通り、馬車道通り、本町一丁目～五丁目、元町、吉原町、吉田新田などの地域に信徒数約三八〇人から三九〇人ほどの規模で形成されている。ここでの実質的な護符の頒布は、やはり町名主などの在地の有力者に委託している。

註

（1）　具体的には、芦峅寺雄山神社中宮祈願殿や岩峅寺雄山神社前立社壇、芦峅寺や岩峅寺の旧宿坊家、富山県［立山博物館］などに所蔵されている。

（2）　拙著『立山信仰と立山曼荼羅―芦峅寺衆徒の肝心活動―』（岩田書院、一九九八年）、拙著『近世立山信仰の展開―加賀藩芦峅寺衆徒の檀那場形成と配札―』（岩田書院、二〇〇二年）、拙著『立山信仰と布橋大灌頂法会―加賀藩芦峅寺衆徒の宗教儀礼と立山曼荼羅―』（桂書房、二〇〇六年）、拙著『江戸城大奥と立山信仰』（法藏館、二〇一一年）、拙稿「立山信仰における木版文化と配札・立山曼荼羅」（『木版文化と立山』四九頁～五七頁、富山県［立山博物館］、二〇一二年）などの研究成果がある。

（3）北日本新聞（昭和五三年三月四日）掲載、高瀬保執筆「文字は語る…五九」。

「立山信仰の外人1号　武州横浜檀那帳が示す」

（前略）さて、写真で示した史料は、元治元年の日光坊の「武州横浜檀那帳」である。これによってペリー来航による開港間もない横浜の新浜町・寺町・中横町・大田町などに、同坊は約三百九十戸の信者を持っていたこと、信者は肴（さかな）屋の万吉、髪結いの貞之助、左官の吉兵衛、石工である豊吉などのごく一般市民で、寺町の穀屋吉右衛門はギヤマンを寄進したことがわかる。吉右衛門の寄進したギヤマンはどんなもので、今も日光坊に保存されているだろうか。しかし特記すべきは、この檀那帳に四人の西洋人が記されていることである。一人は新浜町のMr Smith他の三人は寺町のBron (christing) Palonzip Durel及びOchiff de Straboneで、墨筆をもって見事に記されていて、彼らの教養が知られる。うちパロンズップ・ローンはキリスト教者でブランという洗礼名をもっている。またオチフ・デ・ストラボンは筆がにが手であったのかOchiを鉛筆で書きff de straboneを鉛筆で記している。この四人の国籍は語調からアングロ系・北欧系・ゲルマン系・ベルギー系と想像されるのみで明らかでない。ともあれこの四人は立山信仰と結びついた第一号西洋人と認定してよいであろう。今から百十四年前の元治元年、キリスト教者でもあった青い目の四人はいったい、立山になにを求めたのであろうか。

（4）「付表　横浜町商人録」（『横浜市史　第二巻』横浜市、一九五九年）。

（5）斎藤多喜夫「別表①　開港時の横浜商人一覧」「開港時の横浜商人—御貿易場瓦版から—」（『横浜開港資料館紀要』二〇号、横浜開港資料館、二〇〇二年）。太田久好編・石井光太郎校訂『横浜沿革誌　全』（有隣堂、一九七〇年）。

第六章　芦峅寺衆徒が常陸国・上総国・下総国で形成した檀那場

―文献史料上最北の檀那場―

はじめに

北アルプス立山山麓の芦峅寺村に所在する芦峅寺雄山神社や旧宿坊家、富山県［立山博物館］には、かつて芦峅寺一山宿坊家の衆徒たちが使用した檀那帳や廻檀日記帳が数多く所蔵されている。

これらのうち、成立年代が表題などから直接確認できる最古のものは、芦峅寺権教坊の寛保三年（一七四三）の檀那帳[1]（芦峅寺雄山神社所蔵）であり、飛驒国・尾張国・遠江国・駿河国・相模国を対象としている。

一方、この檀那帳には、これとは別に常陸国・下総国・上総国を対象とする二冊の檀那帳（芦峅寺雄山神社所蔵）がくくりつけられている。一冊には、「加徒さ　下おさ　ほう志やう　ひたち留帳　札数　名主　組頭　百姓あらため写」と表題が記されているが、あとの一冊には表題は見られない。二冊とも、かつてそれを使用していた宿坊家や成立年代がわかるような内容は全く記されていない。

ところで、従来、芦峅寺宿坊家の檀那場の分布状況について、檀那場は日向国から陸奥国に至る日本国隅々の地域で形成されていたと指摘されてきた[2]。しかしその際、それを論証する史料は全く提示されていない。

筆者はこれに対して、文献史料から芦峅寺宿坊家衆徒が加賀藩領内（特に能登国）や尾張国・三河国・信濃国・駿河国・江戸・武蔵国・相模国・駿河国・上総国・安房国などで形成した檀那場の実態、及び当地で行った廻檀配札活動の実態を明らかにし（特に江戸時代中期以降）、さらに、その総体的な構造と衆徒の移動距離や活動日数、経済効果などの問題も考慮して従来説を再検討し、それが、文献史料を管見する限りではあるが、必ずしも適切ではないことを指摘した(3)。

こうしたなかで、前述の檀那帳や廻檀日記帳の史料群を管見する限り、上記二冊の檀那帳が対象としている檀那場の地域（常陸国）は、文献史料上、最北に当たる。

そこで、本章では以下、芦峅寺衆徒が形成した、最北の檀那場の実態を示す史料として、上記檀那帳の内容を紹介したい。なおその際、表題がある檀那帳を「檀那帳Ａ」、表題がない檀那帳を「檀那帳Ｂ」と仮称して進めていきたい。

一　檀那帳Ａ

⑴ 檀那帳Ａの書誌（写真1）

檀那帳の形態は長帳で、法量は縦一二・五×横三二・五センチメートルである。表紙に「加徒さ　下おさ　ほう志やう　ひたち留帳　札数　名主　組頭　百姓あらため写」と表題が記されている。裏表紙は上部から中央までの半分が現存しており、そこに「丑ノ十二月　越中国」と記されているが、以下は欠損し逸している。同帳が対象とする檀那場は、表題やそのなかに記載されている配札地名から、常陸国・上総国・下総国の村々であることがわかる。同帳の所蔵者や使用者、作成時期などを直接的に示すような記載は見られない。記載項目としては、配札地名や信徒名、頒布した

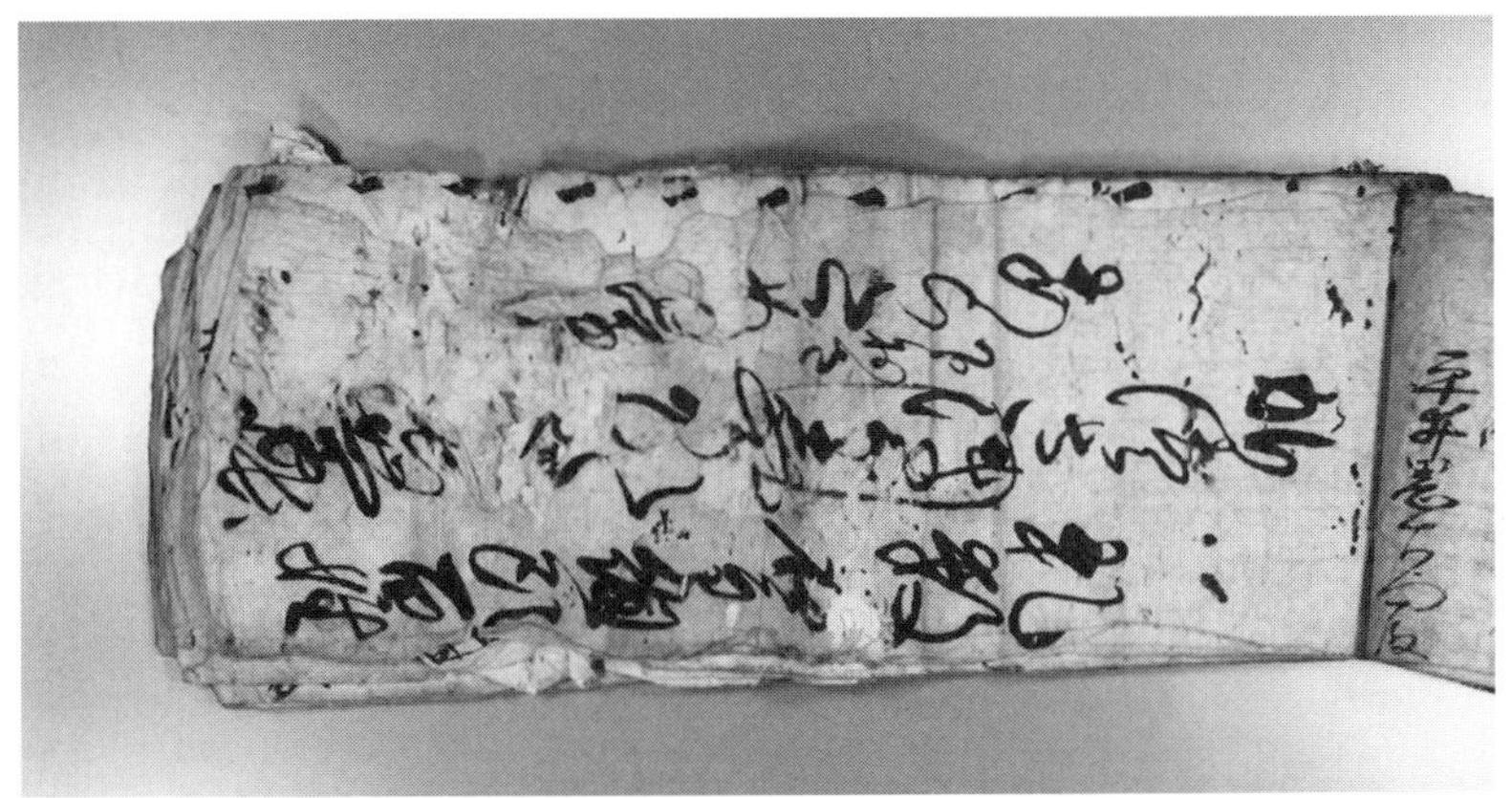

写真１－１　檀那帳Ａ（表紙）（芦峅寺雄山神社所蔵）

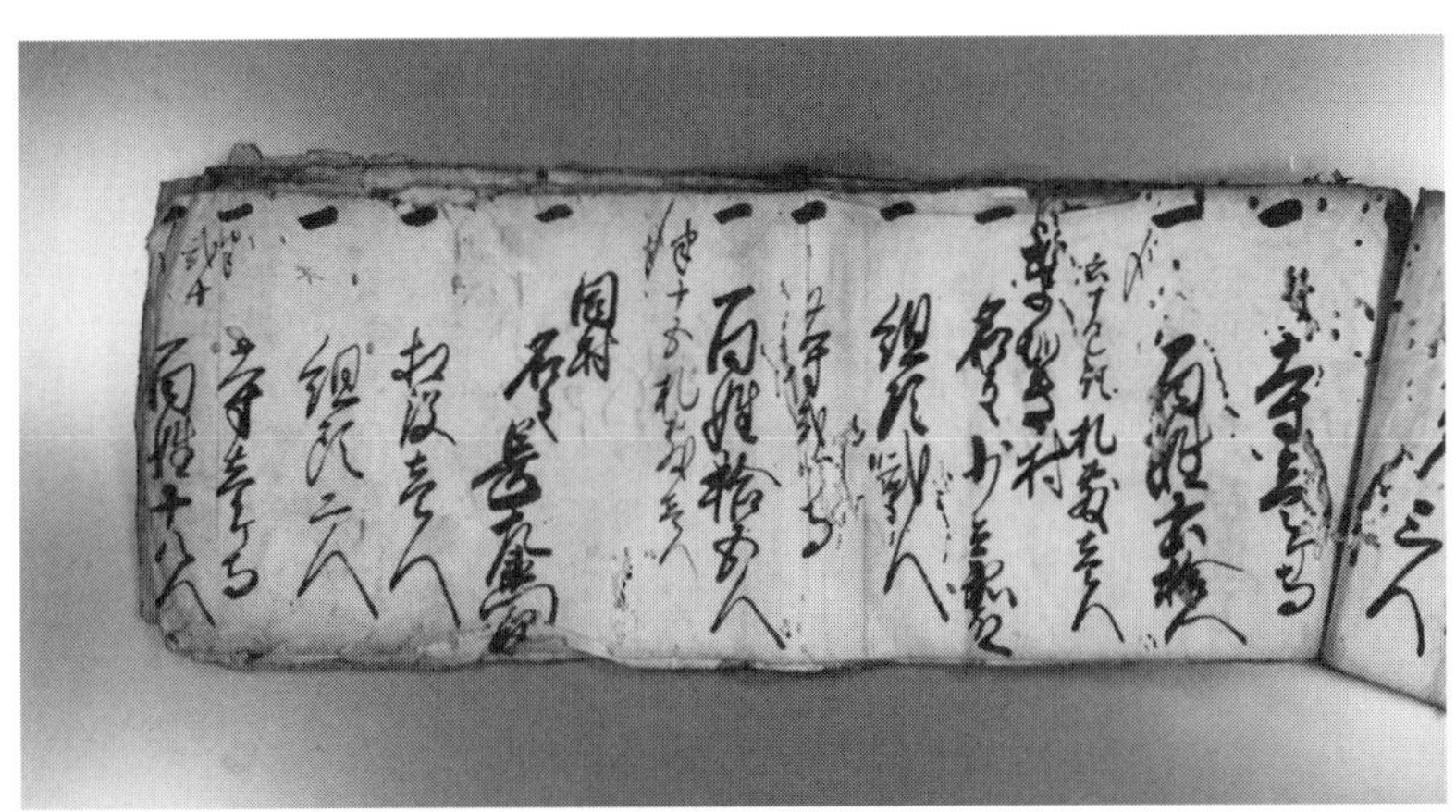

写真１－２　檀那帳Ａ（部分）（芦峅寺雄山神社所蔵）

札の種類やその数量、その村で関わりを持った寺院の軒数、あるいは寺院名そのものが見られる。また、信徒名に対しては「名主」や「組頭」など、村での役職が記されている場合もある。

(2) 檀那帳Aの内容

檀那帳の内容を分析するため、まず、檀那帳を解読し、その内容をもとにデータベース表を作成した。表1は、檀那帳に記載された配札地の村名を巻頭から巻末まで掲載順に書き出し、また、それぞれの村に対して檀那帳に記載された名主名やその人数、控役・組頭・百姓の人数、寺の軒数、配った札の枚数などを示したものである。さらに、各村に対しては、その江戸時代の該当国郡と現在の該当県市町村も示した。

表1　芦峅寺宿坊家の常陸国・上総国・下総国を対象とする檀那帳の内容(檀那帳A)

No.	配札地	信徒名	該当国郡	現在の該当地	村中	名主	控役	組頭	百姓	その他人数	寺	札数	村内の主な寺社
1	常陸国社村(八代村)	武兵衛(名)●	常陸国河内郡	茨城県龍ヶ崎市		1			欠損不明			7	星住院(天)・東光寺(天)・普門院(天)・桂昌寺(曹洞)・富士神社(神)・稲敷神社(神)
2	貸和田村(柏田村)	武右衛門	常陸国河内郡	茨城県稲敷郡牛久町						1	1		長泉寺(天)・観音院(天)・柏田神社(神)・日枝神社(神)・兜八幡宮(神)
3	上総国今津町(今津朝山村)	十左衛門(名)・六左衛門(名)	上総国市原郡	千葉県市原市		2	2	16	200		3		延命寺(真言)・能蔵院(真言)・明王院(真言)・金蔵院(真言)・鷲宮(神)・春日神社(神)
4	下総国平木村	勘兵衛(名)●	下総国匝瑳郡	千葉県八日市場市		1	1	3	80		4		観音寺(真言)・星宮神社(神)・熊野神社(神)

5	蛇そね村(蛇園村)	記載なし	下総国海上郡	千葉県海上郡海上町					25				普門院(真言)・還来寺(真言)・稲生神社(神)
6	常陸国安中　馬掛あたり	六兵衛(名)	常陸国信太郡	茨城県稲敷郡美浦村		1							
7	者とさき村(鳩崎村)	六左衛門(名)・五郎兵衛(名)	常陸国信太郡	茨城県稲敷郡江戸崎町		2	1	7	50		2		観音院(天)・鷲神社(神)
8	本蔵村(本倉村)茂呂あたり	長兵衛●	常陸国信太郡	茨城県稲敷郡美浦村	1					1			
9	な加徒な村(中砂村)宮地あたり	助右衛門(名)●	常陸国信太郡	茨城県稲敷郡美浦村		1			5				
10	す加村(須加)	彦兵衛(名)●	常陸国信太郡	茨城県稲敷郡美浦村		1			13				
11	よこう村(余郷入村)	庄右衛門(名)	常陸国信太郡	茨城県稲敷郡美浦村		1		1	14				
12	大田村(太田村)	少左衛門(名)●	常陸国信太郡	茨城県稲敷郡美浦村		1		2	17		1		
13	上光村(定光村)馬掛大地の西部	久兵衛(名)●	常陸国信太郡	茨城県稲敷郡美浦村		1			5				
14	木村　馬掛大地の西部	た兵衛(名)●	常陸国信太郡	茨城県稲敷郡美浦村		1		1	15				地蔵院(天)
15	まのふ村(間野村)	七兵衛(名)●	常陸国信太郡	茨城県稲敷郡美浦村		1			10				天神神社(神)
16	徒ちうら村(土浦村)	加け由(名)●	常陸国信太郡	茨城県稲敷郡美浦村		1		3	50		3		妙香寺(天)・清浄寺(天)・大宮神社(神)
17	まみ山村(馬見山村)	彦右衛門(名)●	常陸国信太郡	茨城県稲敷郡美浦村		1		2	10		1		三峰神社(神)
18	大山村	宗右衛門(名)●	常陸国信太郡	茨城県稲敷郡美浦村		1	4	3	60		1	1	薬王寺(天)・雁宮神社(神)・稲荷神社(神)
19	ま加き村(馬掛村)	少兵衛(名)●・長左衛門(名)●	常陸国信太郡	茨城県稲敷郡美浦村		2	1	4	33		3	1	成就院(天)・大聖寺(天)・不動堂(天)
20	うしこめ村(牛込村)	佐左衛門(名)	常陸国信太郡	茨城県稲敷郡美浦村			2	2	17		1		慶正寺(天)
21	ねひ村(根火村)	三右衛門(名)●・た右衛門(名)●	常陸国信太郡	茨城県稲敷郡美浦村		2		1	23				和光院(天)・観行院(天)

22	やいた村（八井田村）	長兵衛（名）●・権兵衛（名）●・次郎兵衛（名）●・権三郎（名）●	常陸国信太郡	茨城県稲敷郡美浦村		4			19				明鏡院（天）・観音寺（天）
23	山内村	市右衛門（名）●	常陸国信太郡	茨城県稲敷郡美浦村		1			10				延命院（天）
24	山野村（山王村）	忠右衛門（名）●	常陸国信太郡	茨城県稲敷郡美浦村		1			8				宝珠院（真言）・山王権現宮（神）・香取明神宮（神）・水塚権現宮（神）・拾二天宮（神）・観音堂・伊勢宮・薬師堂・市村権現・供養塚
25	やなが村（谷中村）	与兵衛（名）●	常陸国信太郡	茨城県稲敷郡美浦村		1			13				東寿院（天）
26	大塚村	十三郎（名）●	常陸国信太郡	茨城県稲敷郡美浦村		1			15		1		宝珠院（天）・無量院（天）
27	大塚と村	長左衛門（名）	常陸国信太郡	茨城県稲敷郡美浦村		1	1	6	50		3		
28	木原村	七右衛門（名）・権兵衛（名）・伝右衛門（名）	常陸国信太郡	茨城県稲敷郡美浦村		3		7	200		10	2	如来寺（天）・勝願寺（真言）・永厳寺（曹洞）・広徳寺（曹洞）・楯縫神社（神）・愛宕神社（神）・水神宮（神）
29	不さ村（布佐村）	た左衛門・次郎左衛門（名）	常陸国信太郡	茨城県稲敷郡美浦村		2	2	3	70		4		観音寺（真言）・真浄院（真言）・幡神神社（神）
30	後中村（郷中村か？）	次郎左衛門（名）●	常陸国信太郡	茨城県稲敷郡美浦村		1		7	70		5		
31	うけ里やう村（受領村）	十左衛門（名）●	常陸国信太郡	茨城県稲敷郡美浦村		1		4	30		1		寿量院（天）・八幡神社（神）
32	茂呂村	四郎右衛門（名）●	常陸国信太郡	茨城県稲敷郡美浦村		1	1	3	20		2		記載なし
33	不なこ村（舟子村）	次右衛門（名）	常陸国信太郡	茨城県稲敷郡美浦村		1		2	20				福聚院（天）・南蔵院（真言）・勝寿院（真言）・東福院（真言）・等正院（真言）・海源寺（曹洞）・鹿島神社（神）

34	志た村（信太村）	藤右衛門（名）●・（欠損）兵衛・市郎左衛門（名）●	常陸国信太郡	茨城県稲敷郡美浦村		2	3	10	60				普賢院（天）・慈眼院（天）・楯縫神社（神）
35	おきツ村（興津村）	権兵衛（名）●・た兵衛（名）●	常陸国信太郡	茨城県稲敷郡美浦村		2	1	2	37		2		西光寺（天）・宝蔵院（真言）・宝珠院（真言）・惣躰神社（神）
36	おや村（大谷村か？）	源兵衛（名）●	常陸国信太郡	茨城県稲敷郡美浦村		1			20				西福寺（天）・来迎寺（時）・鹿島神社（神）
37	加ま加やま村（蒲ヶ山村）	理左衛門（宿）●・名前の部分が欠損のため不明１人（名）・次郎右衛門（名）●	常陸国信太郡	茨城県稲敷郡江戸崎町		3	欠損不明	2	15		1		万福寺（天）・鹿島明神（神）
合計					1件	47人	19人	91人	1284人	2人	49軒	11枚	

〔凡例〕本表の信徒名の項目において、（名）と付られているのは、「名主」を表す。「●」印が付られている信徒は、「檀那帳B」にも記載が見られる。

さて、具体的にその内容を見ていきたい。あくまでも、欠損部分などを除いて数えられる分についてだけのデータであるが、この檀那帳に記載された各情報項目の総数を見ていくと、村数は三七村、名主は四七人、控役は一九人、組頭は九一人、百姓は一二八四人、寺は四九軒（蒲ヶ山村の天台宗万福寺を除き、いずれも寺院名は記されていない）、札数は一一枚、その他人数二人（名主や組頭などの記載なし）、村中の記載一件といった状況である。掲載順６以降の各村は全て江戸時代には常陸国信太郡に属している。すなわち現在においては稲敷郡美浦村の村域に当たる（鳩崎村と蒲ヶ山村は江戸崎町）。それ以外に、常陸国社村（八代村）と貸和田（柏田村）は常陸国河内郡、今津村は上総国市原郡、平木村は下総国匝瑳郡、蛇そね村（蛇園村）は同海上郡に属している。

なお、この檀那帳において主体部となっている信太郡関係の記載から、その檀那場の状況を見ておくと、村数は三二村、名主は四三人、控役は一六人、組頭は七二人、百姓は九七九人、寺は四一軒（蒲ヶ山村の天台宗万福寺を除き、いずれも寺院名は記されていない）、札数は四枚、その他人数一人（名主や組頭などの記載なし）、村中の記載一件といった状況である。

⑶ 頒布品

衆徒が頒布した護符については、本文中、八代村の信徒に対して唯一「大札」の文言が見られるだけで、それ以外の記載はない。護符以外の頒布品については、常陸国安中の名主六兵衛に対して「茶六ツほし花上ル也」の文言が見られ、その他、「者し山共ニ状遣ニ半包」「六十包預　札数壱人」「半十五　札数壱人」「半弐十」「半三十包預」「半包花」などの文言が所々見られる。これらについては、推測の域を出ないが、おそらく干した紅花（染料）を「者し山」と名付けられた何かとともに紙を使って袋状に包んで頒布したものであろう。

二　檀那帳B

⑴ 檀那帳Bの書誌（写真2）

檀那帳の形態は長帳で、法量は縦一二・五×横三二・五センチメートルである。表紙及び表題は見られない。同帳が対象とする檀那場は、表題やそのなかに記載されている配札地名から、下総国・上総国・常陸国の村々であることがわかる。同帳の所蔵者や使用者、作成時期などを直接的に示すような記載は見られない。記載項目としては、配札地名や信徒名などが見られる。さらに、信徒名に対しては名主の場合には「名主」、宿家の場合は「宿」と記載されている。

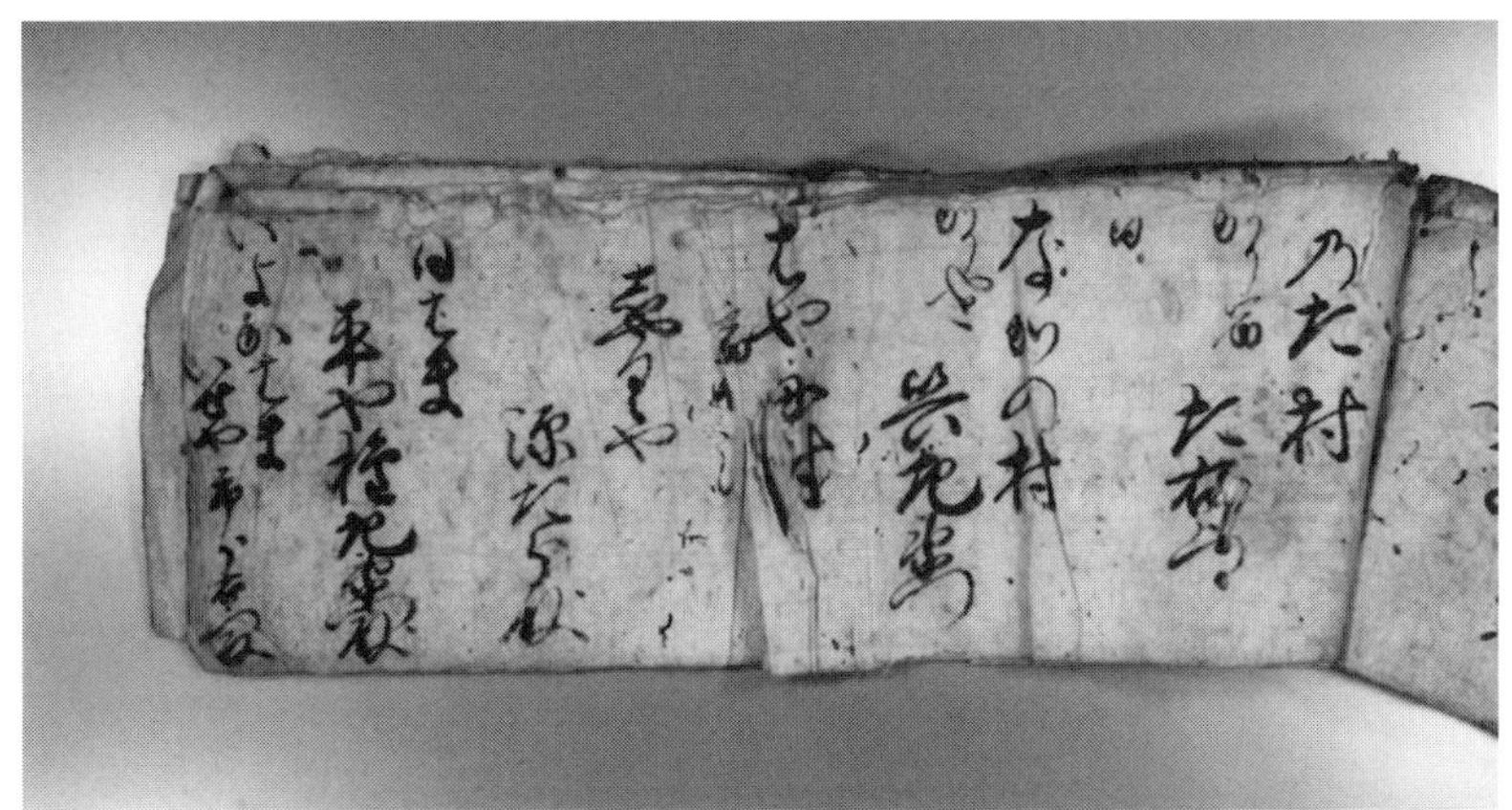

写真２－１　檀那帳Ｂ（部分・１丁表）（芦峅寺雄山神社所蔵）

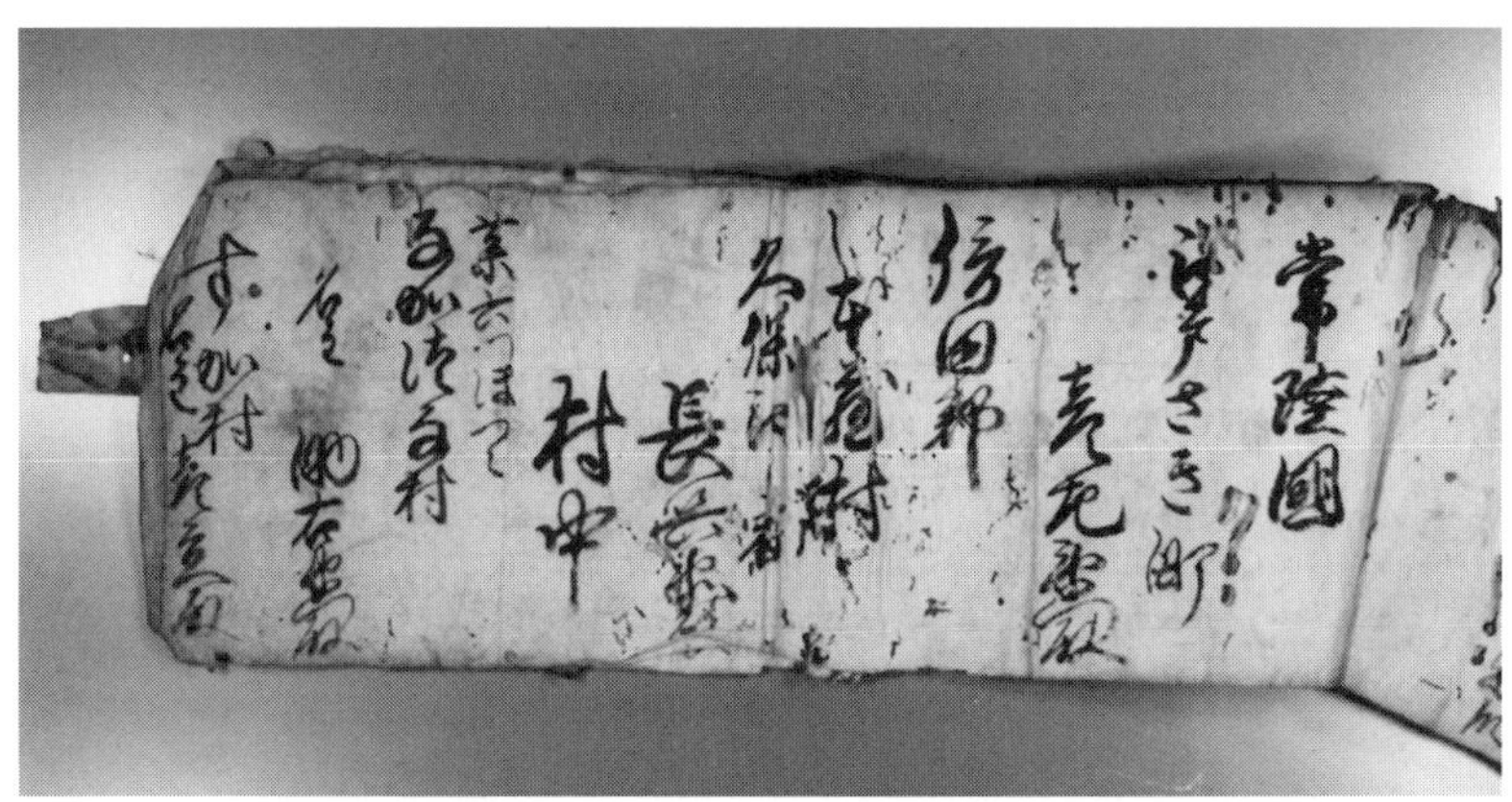

写真２－２　檀那帳Ｂ（部分）（芦峅寺雄山神社所蔵）

(2) 檀那帳Bの内容

檀那帳の内容を分析するため、まず、檀那帳を解読し、その内容をもとにデータベース表を作成した。表2は、檀那帳に記載された配札地の村名を巻頭から巻末まで掲載順に書き出し、また、それぞれの村に対して檀那帳に記載された信徒名や、それが名主であるか否か、あるいは定宿であるか否か、「村中」の記載の有無などを示した。さらに、各村に対しては、その江戸時代の該当国郡と現在の該当県市町村も示した。

次にデータベース表の内容をもとに、檀那場の地域における各村の分布状況を地図上に示したものが図1である。

表2　芦峅寺宿坊家の常陸国・上総国・下総国を対象とする檀那帳(檀那帳B)

No.	配札地	信徒名	人数	名主	寺院	村中	宿	該当国郡	現在の該当地	村内の主な寺院
1	乃た村(野田村)	た右衛門	1				1仮	下総国香取郡	千葉県香取郡小見川町	松林寺(真言)・稲生大神(神)
2	な加の村(中野村)	兵左衛門	1				1仮	下総国香取郡	千葉県香取郡大栄町	
3	者や舟村(早船村)	記載なし					1 めし	上総国武射郡	千葉県山武郡成東町	月蔵寺(天)・円福寺(天)・養福寺(天)・武射早尾神社(神)
4	平木村	勘兵衛(名)●	1	1			1	下総国匝瑳郡	千葉県八日市場市	観音寺(真言)・星宮神社(神)・熊野神社(神)
5	へひぞね村(蛇園村)	弥右衛門(名)・村中	1	1		1	1	下総国海上郡	千葉県海上郡海上町	普門院(真言)・還来寺(真言)・稲生神社(神)
6	行内村	佐右衛門(名)・権兵衛・六兵衛・縫右衛門	4	1			1	下総国海上郡	千葉県海上郡飯岡町	弥勒院(真言)・琴平神社(神)
7	同所者ま	とみきあみ徳右衛門	1					下総国海上郡	千葉県海上郡飯岡町	
8	平松浜	志や具や源た郎	1					下総国海上郡	千葉県海上郡飯岡町	善照寺(真言)・八幡神社(神)
9	同浜	平や権左衛門	1					下総国海上郡	千葉県海上郡飯岡町	
10	いよか浜	いせや市郎右衛門	1					不明	不明	

11	いよ加村	升田武兵衛	1					不明	不明	
12	ちやうしいぬま村(銚子飯沼村か？)	隠居様・新左衛門・ミなミ五左衛門・かしまや庄兵衛・たたみや□(1字欠損)左衛門・九兵衛・もりた彦兵衛・ひかし源之兵衛	8				1	下総国海上郡	千葉県銚子市	円福寺(真言)・清水庵(曹洞)・海静寺(浄土)・浅間神社(神)・漁運稲荷(神)・銚港神社(神)
13	あツ山いかいね	宗右衛門	1					不明	不明	
14	同所あらおい村(新生村)	小左衛門	1					下総国海上郡	千葉県銚子市	峯神社(神)
15	こふなき村(小船木村)	市郎兵衛	1				1	下総国海上郡	千葉県銚子市	東光寺(真言)・大杉神社(神)
16	小見河町(小見川村)	正福寺・御弟子信心坊・御弟子西順房	2		1			下総国香取郡	千葉県香取郡小見川町	正福寺(真言)・善光寺(天)・本願寺(浄土)・須賀神社(神)・妙剣神社(神)・金刀比羅神社(神)・稲荷神社(神)・姫宮神社(神)
17	さわら村(佐原村)	たけや長次郎	1				1仮	下総国香取郡	千葉県佐原市	
18	堀の内村(堀之内村)	佐左衛門	1					下総国香取郡	千葉県佐原市	福智院(真言)・八幡神社(神)・厳島神社(神)・浅間神社(神)・天神社(神)
19	あん者村(阿波村)	佐左衛門	1					常陸国河内郡	茨城県稲敷郡桜川村	安穏寺(天)・無量院(院)・海竜院(天)・本蔵院(天)・正福寺(天)・普賢院(天)・大杉明神(神、安穏寺境内地)
20	□(1字欠損)入村	午之兵衛	1					不明	不明	
21	常陸国江戸さき町(江戸崎村)	彦左衛門	1					常陸国信太郡	茨城県稲敷郡江戸崎町	管天寺(曹洞)・大念寺(浄土)・不動院(天)・瑞祥院(臨済)・顕声寺(時)・鹿島神社(神)・愛宕神社(神)・琴平神社(神)・浅間神社(神)
22	信田郡本蔵村(本倉村)茂呂のあたり	久保江長兵衛・村中●	1			1	1	常陸国信太郡	茨城県稲敷郡美浦村	
23	なか頭な村(中砂村)宮地のあたり	助右衛門(名)●	1	1			1	常陸国信太郡	茨城県稲敷郡美浦村	

24	す加村(須賀村)	彦兵衛(名)●	1	1				常陸国信太郡	茨城県稲敷郡美浦村	
25	よこ村(余郷村か?)	庄右衛門(名)●	1	1				常陸国信太郡	茨城県稲敷郡美浦村	
26	大田村(太田村)	少左衛門(名)●	1	1				常陸国信太郡	茨城県稲敷郡美浦村	
27	上光(定光)馬掛大地の西部	久兵衛・た兵衛(名)●	2	1				常陸国信太郡	茨城県稲敷郡美浦村	
28	木村　馬掛大地の西部	た兵衛(名)●	1	1				常陸国信太郡	茨城県稲敷郡美浦村	地蔵院(天)
29	まのふ村(間野村)	七兵衛(名)●	1	1				常陸国信太郡	茨城県稲敷郡美浦村	天神神社(神)
30	徒ちうら村(土浦村)	かげい(名)●	1	1			1	常陸国信太郡	茨城県稲敷郡美浦村	妙香寺(天)・清浄寺(天)・大宮神社(神)
31	まみやま村(馬見山村)	彦右衛門(名)●	1	1				常陸国信太郡	茨城県稲敷郡美浦村	善覚寺(天)・三峰神社(神)
32	大山(大山村)	惣右衛門(名)●	1	1				常陸国信太郡	茨城県稲敷郡美浦村	薬王院(天)・雁宮神社(神)・稲荷神社(神)
33	ま加き村(馬掛村)	少兵衛(名)●・長左衛門(名)●	2	2				常陸国信太郡	茨城県稲敷郡美浦村	成就院(天)・大聖寺(天)・不動堂(天)
34	うしこめ村(牛込村)	た郎兵衛(名)	1	1				常陸国信太郡	茨城県稲敷郡美浦村	慶正寺(天)・稲荷神社(神)
35	ねひ村(根火村)	三右衛門(名)●・た右衛門(名)●	2	2			1	常陸国信太郡	茨城県稲敷郡美浦村	和光院(天)・観行院(天)・弁天社(神)
36	やいた村(八井田村)	長兵衛(名)●・権兵衛(名)●・権三郎(名)●・次郎兵衛(名)●	4	4				常陸国信太郡	茨城県稲敷郡美浦村	明鏡院(天)・観音寺(天)
37	やまうち村(山内村)	市右衛門(名)●	1	1				常陸国信太郡	茨城県稲敷郡美浦村	延命院(天)・稲荷神社(神)・水神宮(神)・弁財天

38	さんわう村(山王村)	忠右衛門(名)●	1	1				常陸国信太郡	茨城県稲敷郡美浦村	延寿院(天)・宝珠院(真言)・山王権現宮(神)・香取明神宮(神)・水塚権現宮(神)・拾二天宮(神)・観音堂・伊勢宮・薬師堂・市村権現・供養塚
39	やな加村(谷中村)	与兵衛(名)●	1	1				常陸国信太郡	茨城県稲敷郡美浦村	東寿院(天)
40	大塚村(大塚村)	十三郎(名)●	1	1				常陸国信太郡	茨城県稲敷郡美浦村	宝珠院(天)・無量院(天)・厳島神社(神)・稲荷神社(神)
41	大す加と村(大須賀と村)	長左衛門(名)	1	1			1	下総国香取郡	千葉県佐原市・香取郡大栄村	
42	さわら村(佐原村)	権兵衛(名)・伝右衛門(名)	2	2				下総国香取郡	千葉県佐原市	延寿寺・持福院・観徳寺・竜雲寺・薬王院・吉祥院・清浄院・恵光院・安養院・宝樹院・持宝院・惣持院・荘厳寺・慈眼寺・勝徳寺(以上真言)・浄国寺(日)・法界寺(浄土)・常照寺(臨済)・浄土寺(浄土真)・
43	ふさ村(布佐村)	九兵衛(名)・た郎左衛門	2	1				常陸国信太郡	茨城県稲敷郡美浦村	観音寺(真言)・真浄院(真言)・幡神神社(神)・稲荷神社(神)
44	石川村	茂右衛門(名)	1	1				常陸国信太郡	茨城県稲敷郡阿見町	薬師寺(真言)・東光院(真言)・皇産霊神社(神)
45	上条村	善兵衛(名)・喜兵衛(名)	2	2				常陸国信太郡	茨城県稲敷郡阿見町	満蔵院(真言)・竜王院(天)・妙行寺(天)・鹿島神社(神)
46	若栗村	九兵衛(名)	1	1				常陸国信太郡	茨城県稲敷郡阿見町	善照寺(天)・鹿島神社(神)・天満神社(神)・八坂神社(神)
47	ごうな加村(郷中村)	次郎左衛門(名)●	1	1				常陸国信太郡	茨城県稲敷郡美浦村	
48	おき徒村(興津村)	次兵衛(名)・権兵衛(名)●・た兵衛(名)●	3	3				常陸国信太郡	茨城県稲敷郡美浦村	西光寺(天)・宝蔵院(真言)・宝珠院(真言)・惣躰神社(神)
49	志た村(信太村)	市郎左衛門(名)●・藤右衛門(名)●	2	2				常陸国信太郡	茨城県稲敷郡美浦村	普賢院(天)・慈眼院(天)・楯縫神社(神)
50	者とざき村(鳩崎村)	市左衛門(名)	1	1				常陸国信太郡	茨城県稲敷郡江戸崎町	観音院(天)・鷲神社(神)

51	尾や村（大谷村か？）	次右衛門（名）・源兵衛（名）●・次郎兵衛（名）	3	3				常陸国信太郡	茨城県稲敷郡美浦村	西福寺（天）・来迎寺（時）・鹿島神社（神）
52	もろ村（茂呂村）	四郎右衛門●	1	1				常陸国信太郡	茨城県稲敷郡美浦村	記載なし。
53	うけ里やう村（受領村）	十左衛門●	1	1				常陸国信太郡	茨城県稲敷郡美浦村	寿量院（天）・八幡神社（神）
54	みや志村（宮地村）	記載なし				1		常陸国信太郡	茨城県稲敷郡美浦村	蔵勝寺（浄土）・
55	加ま加やま村（蒲ヶ山村）	理左衛門●・万福寺●・弥兵衛（名）・次郎右衛門●・伝兵衛（名）・た志□（かすれて難読）	6	2	1		1	常陸国信太郡	茨城県稲敷郡江戸崎町	万福寺（天）・鹿島明神（神）
56	お具原村（奥原村）	小兵衛（名）	1	1			1	常陸国信太郡	茨城県稲敷郡牛久町	願名寺（時）・鹿島神社（神）
57	や四ろ村（八代村）	寺嶋武兵衛（名）●	1	1				常陸国川内郡	茨城県竜ヶ崎市	星住院（天）・東光寺（天）・普門院（天）・桂昌寺（曹洞）・富士神社（神）・稲敷神社（神）
58	なれ馬村（馴馬村）	宮本た兵衛・四郎兵衛	2				1	常陸国川内郡	茨城県竜ヶ崎市	来迎院（天）・常光院（天）・西光院（天）・一乗院（天）・普賢院（天）・女化神社（神）・日枝神社（神）
59	宮和田村	庄兵衛（名）・市右衛門・忠左衛門	3	1			1	下総国相馬郡	茨城県北相馬郡藤代町	信楽寺（浄土）・西光寺（浄土）・牛頭天王社（神）・熊野神社（神）・天満神社（神）
60	根道村（根戸村）	忠右衛門・十右衛門・五郎兵衛・孫右衛門	4				1	下総国相馬郡	千葉県我孫子市・柏市	東陽寺（真言）・北星社（神）
61	おやた村（親田村）	権右衛門	1					上総国武射郡	千葉県山武郡成東町	真福寺（真言）・賀茂大神（神）・浅間社（神）
62	上総国むさ郡□□村（数文字欠損）	新右衛門・庄五郎・甚之□（難読）・源兵衛（手代）	4					上総国武射郡	不明	
合計			99人	51人	2軒	2件	19軒			

〔凡例〕　本表の信徒名の項目において、（名）と付られているのは、「名主」を表す。「●」印が付られている信徒は、「檀那帳A」にも記載が見られる。

図1(1)　檀那帳Bにおける常陸国・上総国・下総国での檀家所在村の分布状況と廻檀経路

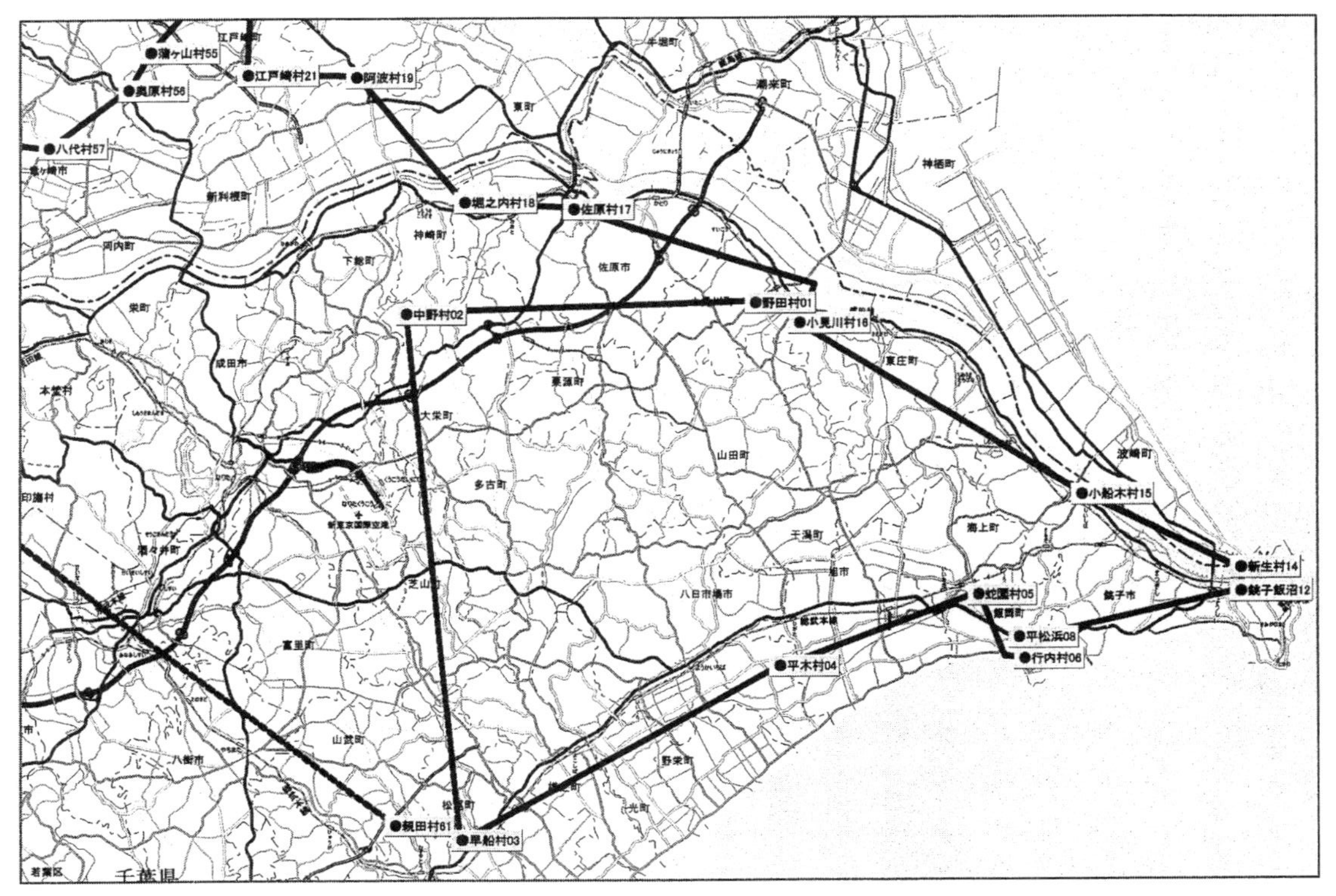

図1(2)　檀那帳Bにおける常陸国・上総国・下総国での檀家所在村の分布状況と廻檀経路

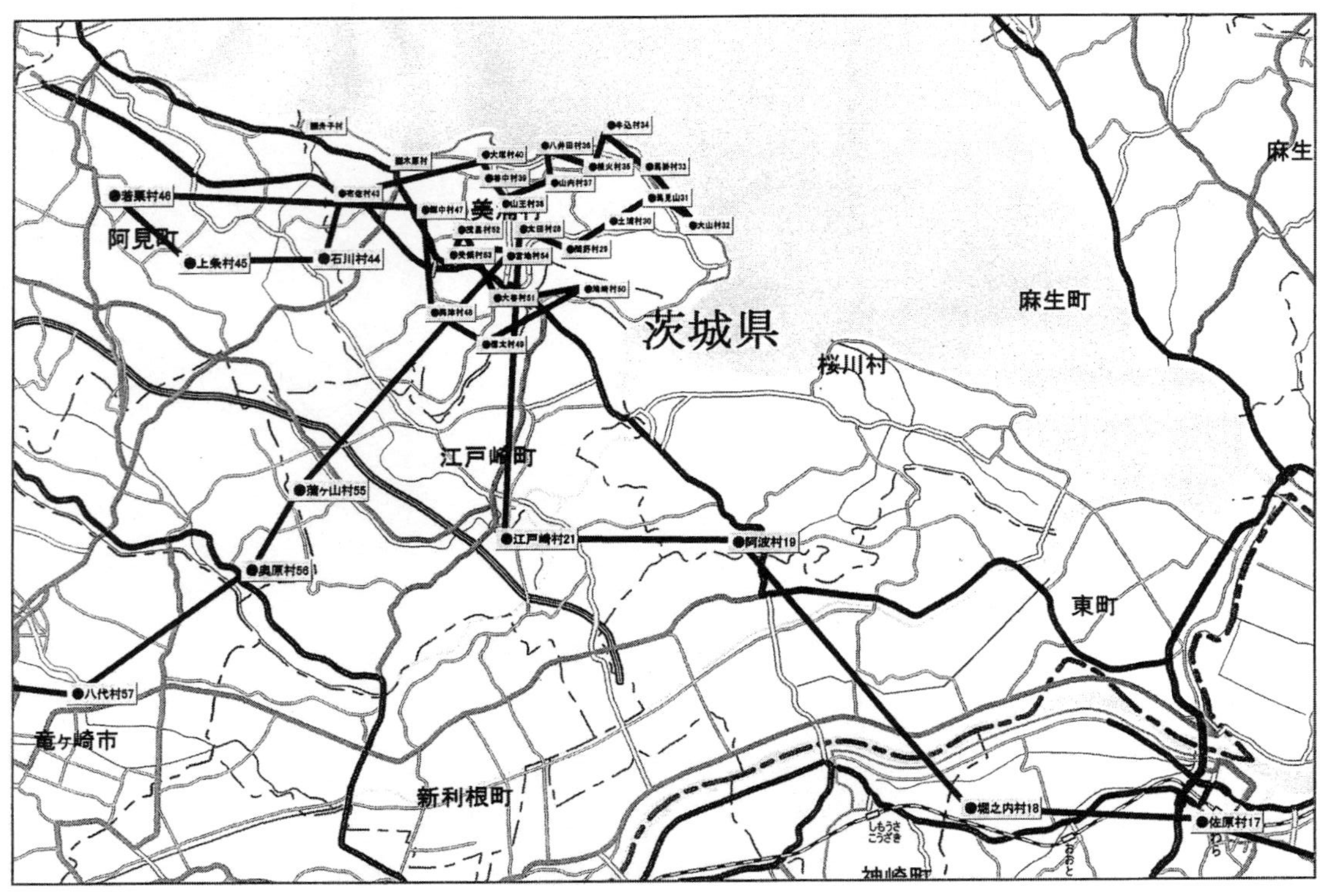

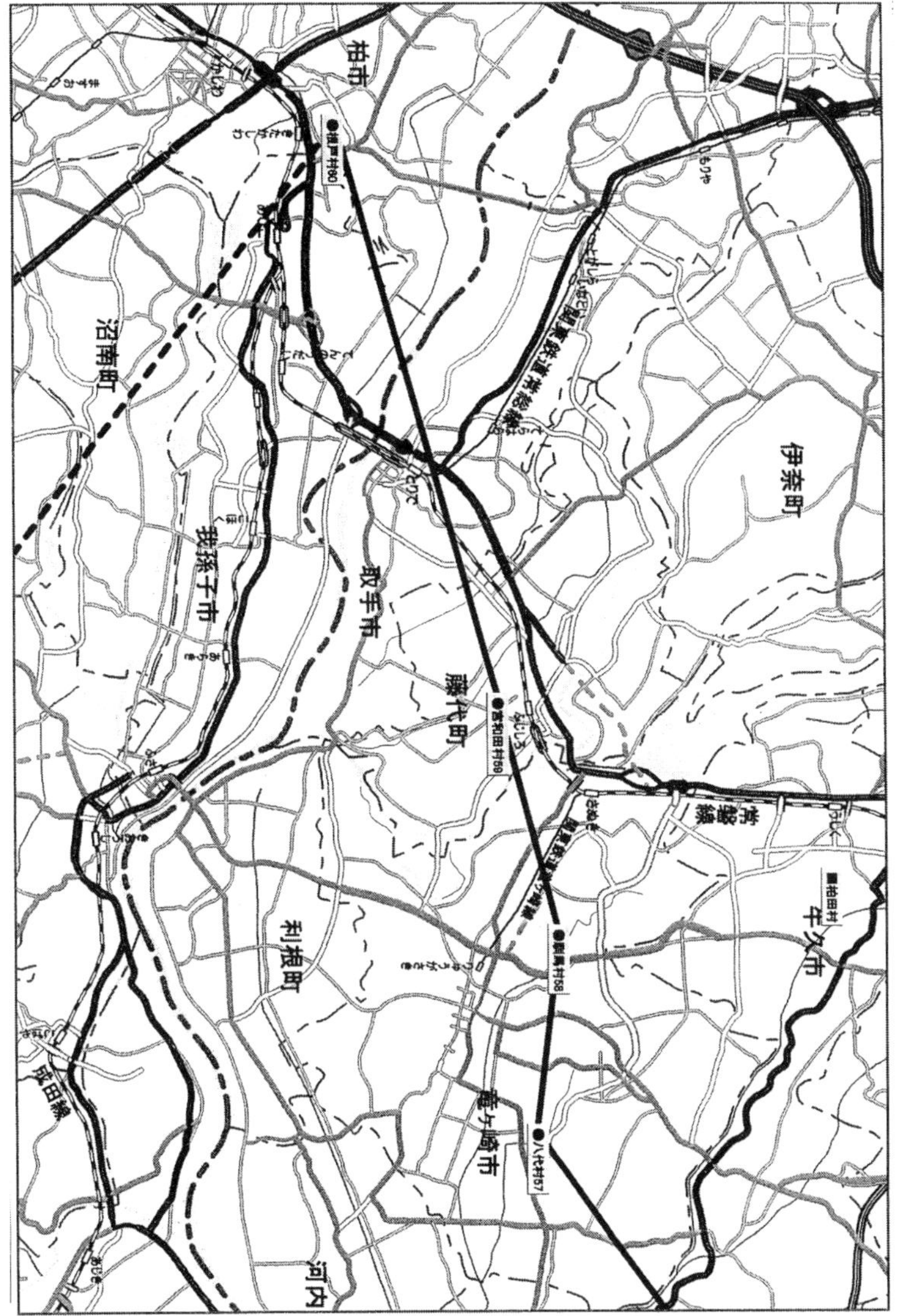

図1(3)　檀那帳Bにおける常陸国・上総国・下総国での檀家所在村の分布状況と廻檀経路

〔凡例〕　1．本図は檀那帳Bにおける常陸国・上総国・下総国での檀家所在村の分布状況を示したものである。

2．●印と村名の右横に記載する数字は、檀那帳Bのなかでの掲載順番を示す。

3．図中、各檀家所在村は檀那帳のなかでの記載順に従って線でつないだ。それは概ね廻檀経路を示すものと思われるが、中野村02～早船村03、根戸村60～親田村61を結ぶ点線については、現実的な経路とはいえない。

さて、具体的にその内容を見ていきたい。あくまでも、欠損部分などを除いて数えられる分についてだけのデータであるが、この檀那帳に記載された各情報項目の総数を見ていくと、村数は六二村、信徒数は九九人、そのうち名主数は五四人、寺数は二軒(正福寺と万福寺、いずれも天台宗)、村中の記載一件、定宿数は一九軒といった状況である。掲載順21~56の各村は全て江戸時代には常陸国信太郡に属している。それ以外に、1・2・17・18は下総国香取郡、4は同国匝瑳郡、5~9、12・14~16は同国海上郡。57・58は常陸国川内郡、59・60は下総国相馬郡に属している。

(3) 頒布品

衆徒が頒布した護符については、本文中、それを示す文言が全く見られない。その他の頒布品については茶が見られる。頒布方法については、あん者村(阿波村)では、佐左衛門に各信徒への頒布を委託し、その人足を使って配らせている。

三　檀那帳A・Bの成立時期

まず、表1と表2を参照して、檀那帳A・Bに記載された共通各村の信徒名を照合していくと、かなり一致している(表のなかで●印が付られた信徒は檀那帳A・Bの両方に共通して記載されている)。それゆえ、この二冊の檀那帳の成立年代はほぼ同じ時期と考えられる。

ところで、檀那帳A・Bが、権教坊の寛保三年(一七四三)の檀那帳にくくられているからといって、即座に同坊との関係や成立時期を推測することはできないものの、この二冊が権教坊の檀那帳と同じく長帳の形態をとっていることに意味がある。

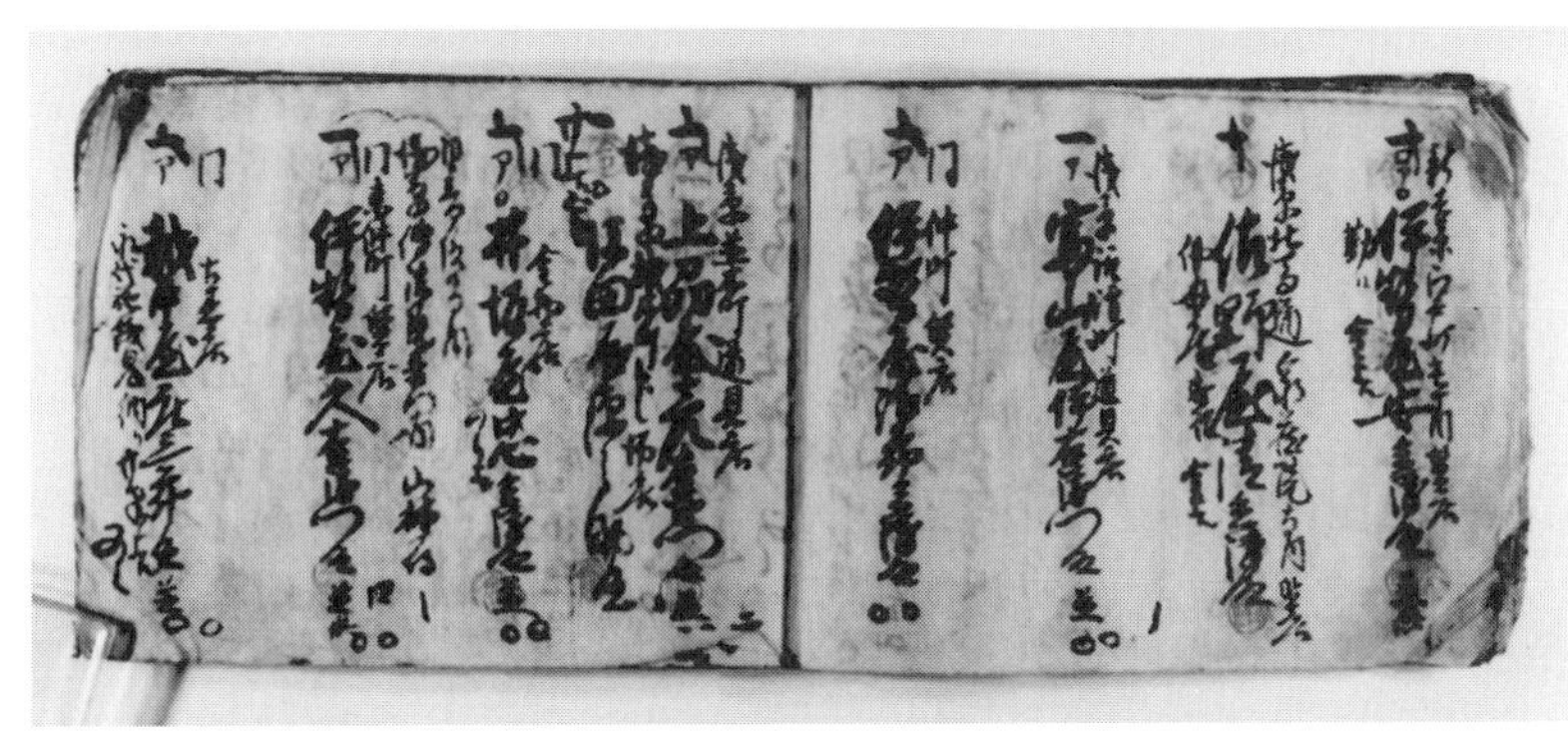

写真3　芦峅寺宝泉坊の慶応2年『東都檀那帳』（部分）（芦峅寺雄山神社所蔵）

すなわち、芦峅寺宿坊家の檀那帳史料群を管見する限り、長帳形態の檀那帳は、例えば、上記の権教坊の檀那帳（縦一一・八×横三三・五センチメートル）をはじめ、享保期（一七一六～一七三六）頃の江戸や武蔵国・安房国を対象とする檀那帳（使用宿坊家不明、縦一一・〇×横三三・〇センチメートル）、教算坊の寛政一二年（一八〇〇）の大坂三郷を対象とする檀那帳（縦一二・五×横三三・七センチメートル）、相善坊の文政期頃の能登国を対象とする檀那帳（縦一二・六×横三〇・六センチメートル）など（全て芦峅寺雄山神社所蔵）、いずれも江戸時代享保期から文政期にかけて成立したものが多い。

一方、横帳の形態の檀那帳は、例えば、善道坊の嘉永三年（一八五〇）の三河国を対象とする檀那帳（縦一二・〇×横一七・三センチメートル、富山県［立山博物館］所蔵）や宝泉坊の慶応二年（一八六六）の江戸及びその近郊を対象とする檀那帳（縦一一・九×横一七・八センチメートル、芦峅寺雄山神社所蔵）など、いずれも幕末期のものばかりである。

こうした檀那帳の形態、及び記載情報・様式と成立時期の傾向について、筆者は以前、「江戸時代中期 江戸の立山信仰」(4)において検討しているので、詳しくはそちらを参照していただきたい。このように、これまでの実例と併せて考えると、この二冊の檀那帳は長帳の形態をとっていること、また記載項目が少なく、一方、江戸時代幕末期の横帳形態の檀那帳が廻檀配札活動の行商的な部分の充実により、多数の情報が整然と記されているのに対して、どちらかといえば雑然と記されていることなどから（前掲の長帳形態の檀那帳A・B写真1・2と、横帳形態檀那帳の写真3を比較するとその違いがわかる）、廻檀配札活動の内容が成熟しきる江戸時代幕末期以前の段階で作成されたものと推測される。さらに、同じ長帳形態の檀那帳のなかでも、江戸時代後期の前述した教算坊や相善坊の檀那帳の記載様式より、雑然さが目につき、むしろそれは前述した享保期（一七一六～一七三六）や寛保三年（一七四三）の檀那帳に類似している。したがって、常陸国などを檀那場として対象とするこの二冊の檀那帳は、江戸時代中期に作成されたものと考えたい。

四　檀那場村の分布状況に見る配札経路

檀那帳Bに記載された檀那場各村を掲載順に追っていくと、下総国香取郡（野田村など）～上総国武射郡（早船村）～下総国匝瑳郡（平木村）～同国海上郡（蛇園村など）～同国香取郡（小見川村など）～常陸国河内郡（阿波村）～同国信太郡（江戸崎村など）～同国河内郡（八代村など）～下総国相馬郡（宮和田村など）～上総国武射郡郡（親田村など）、となる。また、図1に分布が見られる村々を線でつないでいくと、往路は概ね利根川の水運を利用して移動していたのではないかと推測される。一方復路は、利根川から霞ヶ浦に入り、美浦村で重点的に廻檀配札活動を行ったあと、奥原村・八代村・馴馬村・宮和田村などを経由して、陸路で根戸まで移動していることがわかる。なお、図中では掲載順に従って村と村とを直線で便宜的に結んだだけで、廻檀配札活動の際、この線のとおり移動したわけではないことをお断りしておく。

五　檀那場における各宗派寺院の状況

檀那場の各地域で布教活動を進めるには、その地域に存在する宗教勢力と良好な関係を築く必要があるだろう。ところで、表1と表2では、檀那場の各村に存在した各宗派寺院や神社を示している。これを見ていくと、天台宗寺院が非常に多く、次いで真言宗寺院が多いことがわかる。さらに、わずかだが曹洞宗や浄土宗・時宗の寺院も見られる。一方、浄土真宗寺院は全く見られない。これは、少し意外である。すなわち、常陸国など、北関東諸国は、浄土真宗を開いた親鸞やその一族の由縁の真宗寺院の多い地域である。そのため、この地方、特にそのなかでも常陸・下野・下総・磐城の地方では、近世中期から領主の入百姓政策と真宗寺院の仲介によって、越後・加賀・越中の北陸地方から多数の門徒農民が移住し定着している(5)。

そこで、こうした北陸浄土真宗門徒の関東・東北移住と立山信仰との関係があるのではないかと考えてみたのだが、美浦村の檀那場に限っては浄土真宗の布教圏とはいえず、むしろ天台宗が強い地域だったのである。芦峅寺は無本山天台宗を自称していたが、天台宗が強い檀那場で、同じく天台系の芦峅寺衆徒は、宗派的には、無用な争いを起こすことなく、うまく布教活動を行っていくことができたと考えられる。

なお、以前筆者は、「房総半島の立山信仰―芦峅寺宿坊家が江戸時代後期に房総半島で形成した檀那場について―(6)」のなかで、芦峅寺福泉坊衆徒が安政期に上総国・安房国に形成した檀那場は、概ね、禅宗系や浄土宗系、日蓮宗系などの寺院勢力が強い地域よりも、むしろ、真言宗系や天台宗系の寺院勢力が強い地域に分布していることを指摘したが、今回の事例も、上記の実態と共通している。

おわりに

以上、芦峅寺衆徒が形成した、最北の檀那場の実態として常陸国・上総国・下総国などの事例を紹介してきた。すなわち、檀那帳Aと檀那帳Bの内容からは、江戸時代中期頃の実態として、常陸国や下総国などの檀那場では、芦峅寺衆徒が在地の村役人に依存し、在地の宗教勢力ともバランスを保ちながら布教圏を維持・開拓していこうとしており、廻檀配札活動の基本的な形態がほとんど確立していたことがうかがわれる。

ところで、今回分析した檀那帳において、その記載情報のありかたからすると、衆徒は大摑みで檀那場の村々を把握こそしているものの、檀那場に対するそれほど詳細な把握はされていない。とりあえず、その地域を檀那場として、いわゆる縄張りとして一応は確保をしているということなのであろう。江戸時代中期、芦峅寺の宿坊家がようやく揃ってきた頃、常陸国辺りの遠方では、他の宿坊家との檀那場開拓競争もほとんどないはずである。したがって早くから開けた尾張国や三河国の檀那場の事例などとは異なり、庄屋と寺院を中心とした村の大摑みな把握でことたりたのだろう。いわば、檀那場形成が可能な地域に対するリサーチ的な段階かもしれない。まだ、恒常的に訪れるような檀那場にはなりきっていなかった可能性もある。

とりあえず布教圏を広げていこうとしており、まず布教圏が固定化していくと、次にはその内容の充実が図られる。そうすると、廻檀配札活動の性格が行商的なものに移行していく。そして、衆徒の頒布品にバリエーションが見られるようになる。また、各村について名主と信徒を全て檀那帳に書き上げ、時には信徒の個別情報も記載しながら檀那場の村々の総体的な規模の把握が行われる。ただし実質的な頒布活動は庄屋に委託してこなしている。

このように、廻檀配札活動を行商として考えると、以前拙著で示した江戸時代後期の実例に見られるような、行商的な部分の確立といった面では、まだまだ未成熟だったようである。すなわち、江戸時代後期の廻檀配札活動では、廻向・日月茶牌・別祈禱・立山曼荼羅招請などの祈禱活動が行われている。一方、頒布品として、護符では牛王宝印（大・小）・大札・小札・護摩供養札・火防札・御守護札・立山秘法供養札・五字守札・木札・月水不浄除札・血盆経・血脈・絵札（慈興上人・媼尊・不動明王・金蔵院）などを配っており、また、小間物として扇子・箸・針・楊枝・元結・銚子などがあり、この他、六状杉原紙・書・大黒天・茶・葛袋・椎茸・経帷子・反魂丹・疵薬・山絵図（木版の立山登山案内図）などが配られている。しかし、今回分析した檀那帳からは、紅花の干したものの頒布などは見られるが、上記の品々を配るような行商的要素はそれほど強く感じられない。

最後に、布教圏の拡大といった観点からとらえると、檀那帳A・Bからうかがわれる傾向は、どこまででも限りなく北に向かって布教圏を拡大していくといった性格のものではないようである。以前、江戸時代中期における江戸及びその近郊の檀那場の実態を明らかにしたが、それと併せて考えると、あくまでも、江戸をメインに、さらにそこから少し踏み越えて檀那場を開拓してみた、といったレベルでの布教圏の拡張だったようである。

註

（1）『檀那帳　立山権教坊　寛保三癸亥九月』（芦峅寺雄山神社所蔵）。その内容については、拙稿「立山山麓芦峅寺宿坊家の檀那帳にみる立山信仰―立山信仰の伝播者芦峅寺衆徒の廻檀配札活動と檀那場―」（拙著『近世立山信仰の展開―加賀藩芦峅寺衆徒の檀那場形成と配札―』二九頁～七〇頁、岩田書院、二〇〇二年）のなかで言及している。

（2）佐伯立光『立山芦峅寺史考』（立山寺、一九五七年）、同『立山史談』（大用堂、一九六五）、同「立山僧徒の布教活動」

（『立山町史 上巻』一九七七年）など。その後、他の研究者も佐伯氏の説を概ね踏襲してきた。
（3）註（1）拙著『近世立山信仰の展開』。
（4）註（1）拙著『近世立山信仰の展開』（二六二頁・二六三頁）。
（5）北陸真宗門徒の関東・東北移住に関する以上の内容は、「第一〇章四節一、北陸門徒の関東・東北移住」（『富山県史通史編Ⅳ 近世下』富山県、一九八三年）からの部分的抜粋（一〇一九頁・一〇二〇頁）である。この他、同内容については、安ヵ川恵子「走百姓と真宗門徒の関東・東北移住」（深井甚三・米原寛監修『ふるさと富山歴史館』二五八頁・二五九頁、富山新聞社、二〇〇一年）にも詳述されている。
（6）拙稿「房総半島の立山信仰―芦峅寺宿坊家が江戸時代後期に房総半島で形成した檀那場について―」（註（1）拙著『近世立山信仰の展開』二一五～二四六頁）。

第七章　芦峅寺教算坊が大坂で形成した檀那場と立山曼荼羅

はじめに

北アルプス立山山麓の芦峅寺村に所在する芦峅寺雄山神社や旧宿坊家の大仙坊・日光坊、富山県［立山博物館］などには、かつて芦峅寺一山宿坊家の衆徒たちが使用した檀那帳や廻檀日記帳が多数所蔵されている。

筆者はこれまで、これらの史料を順次解読・分析し、芦峅寺衆徒が加賀藩領内をはじめ、諸国で形成した檀那場の実態、及び当地で行った廻檀配札活動の実態について検討を試みてきた。

そしてのちに、これらの研究成果をまとめ、『近世立山信仰の展開―加賀藩芦峅寺衆徒の檀那場形成と配札―』[1]と題する拙著を刊行したが、それによって、この研究分野の基礎的な部分を概ね提示することができたのではないかと思っている。

しかし一方では、未解読・未分析の檀那帳や廻檀日記帳が数多く残っており、これらの史料からも様々な情報が引き出せるものと思われる。

そこで、従来どおり各史料を一冊ずつ着実に解読・分析していくことにして、本章では、芦峅寺雄山神社所蔵の史料群のなかの一冊である芦峅寺教算坊の大坂の檀那帳（寛政一二年）を解読・分析し、江戸時代後期に芦峅寺衆徒が大坂で形成した檀那場の実態や当地での廻檀配札活動の実態、その際に使用された立山曼荼羅などについて検討を試みたい。

一　檀那帳の書誌

写真の檀那帳の法量は、縦一二・五×横三三・七センチメートルである。表紙には「御祈禱之控　寛政十二歳庚申二月吉祥日」と題名が記されている。また、裏表紙には「立山芦峅寺教算坊」と記されている。これらにより、この檀那帳は芦峅寺教算坊に所持されていたことや、寛政一二年(一八〇〇)二月に作成されたことがわかる。さらに、同帳のなかに記された配札地名から、同帳が対象とする檀那場は大坂三郷と近江国坂田郡の数村であることがわかる(これについては次節で具体的に提示する)。

二　芦峅寺教算坊

芦峅寺教算坊の宿坊号の文献上の初出は、芦峅寺雄山神社所蔵の古文書を管見する限り、芦峅寺一山衆徒と門前百姓に対する宝暦五年(一七五五)の宗門御改帳においてである。(2)

本章でとりあげる檀那帳は、江戸時代後期の寛政一二年(一八〇〇)に成立したものだが、それ以降も安政期(一八五四〜一八六〇)頃まで使用されている。その間に存命した教算坊衆徒は、『由緒書上帳　扣　立山元東神職　明治六癸酉年一月扣』(3)によると、三六代の清栄(文化二年(一八〇五)一一月三日寂)や三七代の祐山(天保五年(一八三四)七月二三

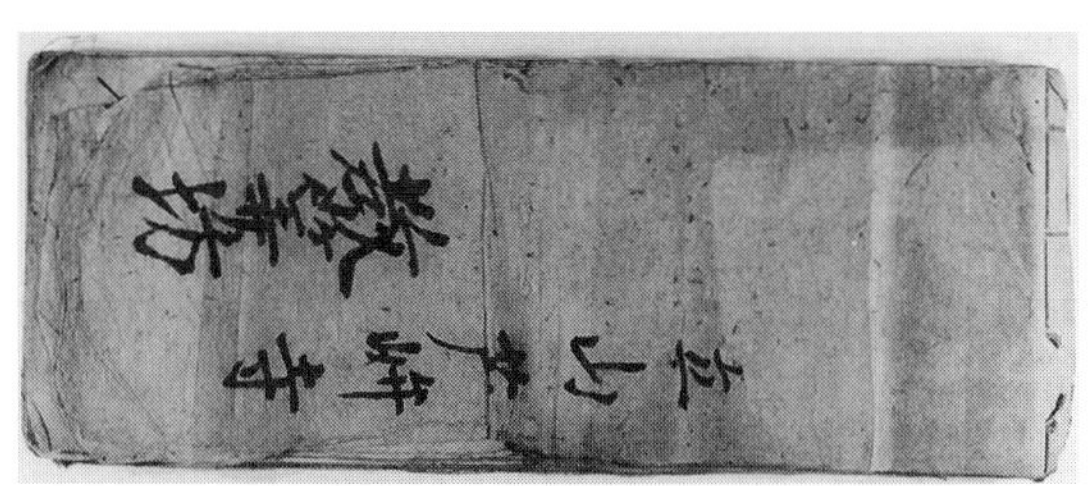

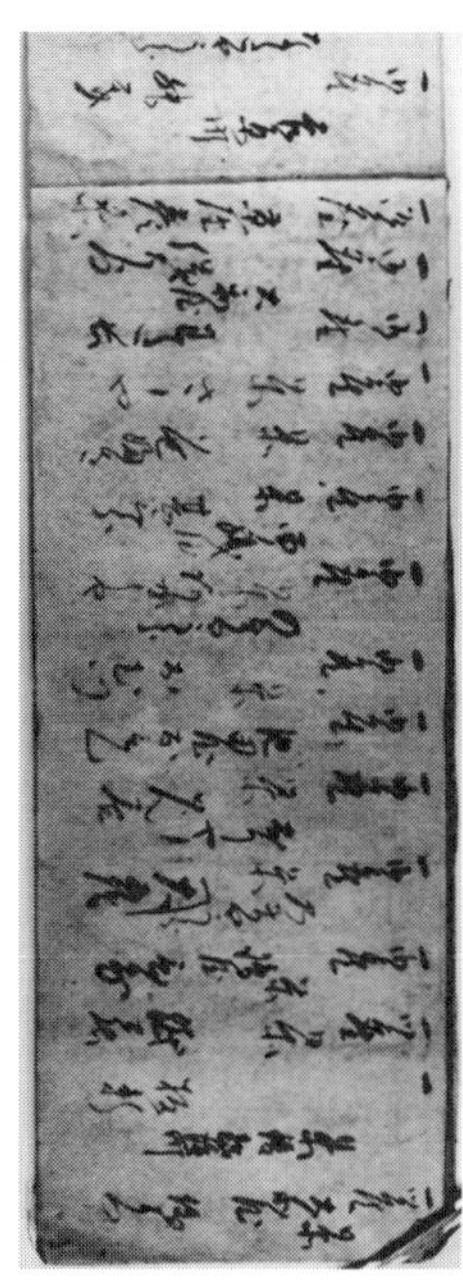

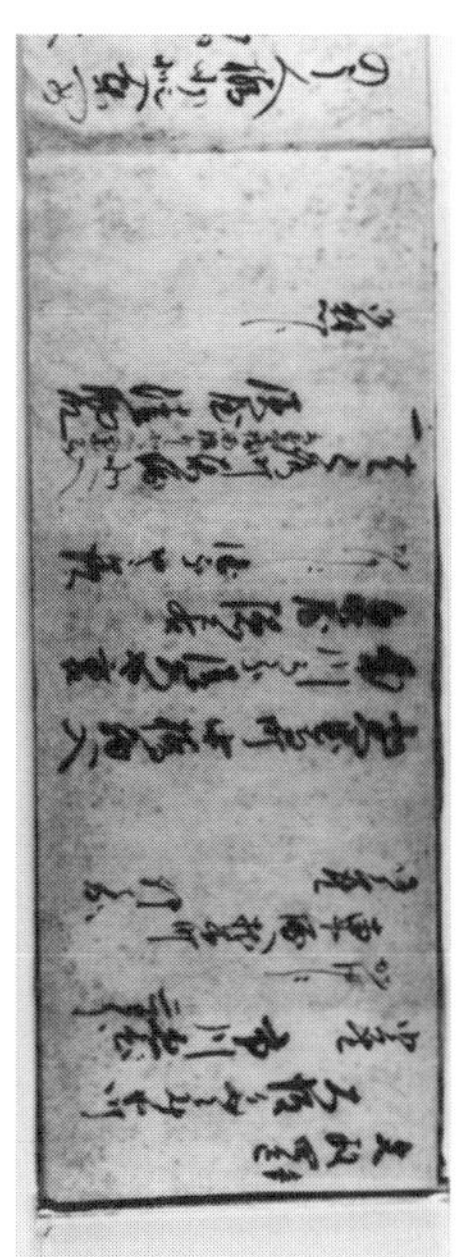

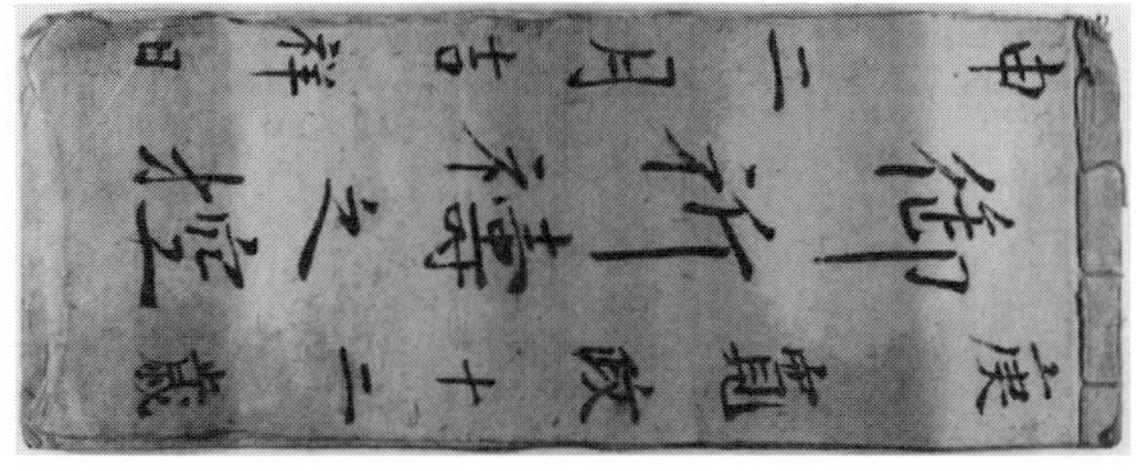

芦峅寺教算坊の大坂檀那帳の内容（寛政12年）（芦峅寺雄山神社所蔵）

日寂）、三九代の快法（文久三年〔一八六三〕正月二五日寂）、四〇代の佐伯右内らがおり、彼らが代々この檀那帳を使用したものと推測される。

ところで、芦峅寺大仙坊宮司の故佐伯尚宣氏は、同坊の歴代の口伝を『立山神主口伝書　大仙坊七十七代尚宣』（昭和一〇年、芦峅寺大仙坊所蔵）として文章化したが、それによると、教山坊（教算坊）の廻檀配札地は越前・難波とされている。これについて、教算坊が越前を配札地としていたことは、嘉永五年（一八五二）二月付けで立山芦峅寺から加賀藩寺社奉行に宛てて記された書付の添書(4)から確認できる。

三　檀那帳の内容

1　檀家数・宿家数

檀那帳の内容を分析するため、まず、檀那帳を解読し、その内容をもとにデータベース表を作成した。これは檀那帳に記載された全信徒を対象として、巻頭から巻末まで掲載順に、信徒名やその居住地、江戸時代の該当組・郡や明治一二年（一八七九）の行政区、定宿であるか否か、各信徒に関する特記事項（備考欄）などの内容を示したものである。

さて、この檀那帳に記載された檀家軒数は延べ二二〇軒、信徒数は延べ二三〇人、宿軒数は延べ三軒である。ただし、表中の信徒名の項目で※印が付られた①から⑫の信徒については、それぞれ同一人物として記載が重複しており、また、●印が付られた①と②の信徒についても確定はできないものの、同一人物の可能性がきわめて高く、さらに、宿家についても8「しまや忠兵衛」と16「しまや忠兵衛内」は同一家なので、これらの条件を考慮した実質的な檀家数は二〇四軒、信徒数は二一五人、宿数は二軒となる。なお、この人数には信徒名の記載がなく、住所のみが記載される場合(＊)が八件含まれている。

付表　芦峅寺教算坊の大坂檀那帳の内容(寛政12年)

No.	信徒名	配札地	家数	人数	実質人数	宿数	実質宿数	該当組・郡	明治12年の行政区	町名	備考
1	いつ見や与兵衛〔内 いさ〕	住所の記載なし	1	2	2						志。護符、為手足病気平ふく。
2	者や又四郎	住所の記載なし	1	1	1						三十八才男、病気護符出。
3	加めや長右衛門〔内 次兵衛〕	住所の記載なし	1	2	2						三十五才男、病気護符出。
4	六兵衛	住所の記載なし	1	1	1						燈明。
5	善七〔内方〕	住所の記載なし	1	2	2						燈明。
6	庄右衛門〔内方〕	住所の記載なし	1	2	2						(1字解読できず)符。
7	清兵衛〔内方〕	住所の記載なし	1	2	2						燈明。
8	しまや忠兵衛	大坂者゛くろ町、堺筋、少東へ入、南かわ	1	1	1	1	1	大坂三郷南組	東区	博労町(平462)	
9	八尾屋安兵衛	南久太良町、カヂヤ町	1	1	1			大坂三郷南組	東区	南久太郎町(平456)	家内安全、札。
10	長野屋九兵衛	南久太良町、カヂヤ町角	1	1	1			大坂三郷南組	東区	南久太郎町(平456)	札。
11	道具屋権兵衛	住所の記載なし	1	1	1						札、無し。
12	嶋屋虎之丞	住所の記載なし	1	1	1						札。
13	かざりや藤助	住所の記載なし	1	1	1						家内安全、札。無し。
14	平野屋清七	住所の記載なし	1	1	1						志。無し。
15	柏屋利右衛門	から門町(唐物町)、宿前東へ入、南かわ	1	1	1	1	1	大坂三郷南組	東区	唐物町(平454)	

16	しまや忠兵衛内	住所の記載なし(009番と同じ住所。大坂博労町堺筋、少東へ入、南かわ)		1	1	1		大坂三郷南組	東区	博労町(平462)	大札ハ世話人。
17	仏性庵	摂州小橋ゑさし町	1	1	1			摂津国東成郡	東区	餌差町〔東高津村〕(平687)	
18	淡路屋弥兵衛(※①)	安堂寺町筋、上本町半丁西門、少西北がわ	1	1	1			大坂三郷南組	東区	上本町(平428)	
19	名嶋屋善兵衛	半丁東へ入	1	1	1			大坂三郷南組	東区	上本町(平428)	
20	大和屋安次郎	張り紙で抹消	1	1	1						
21	鳥羽屋五兵衛	順慶町1丁目 角 津屋	1	1	1			大坂三郷南組	南区	順慶町1丁目(平468)	農人橋西詰永屋鳥羽屋彦七ニて尋。
22	山城屋茂兵衛	安堂寺町堺筋、北横帳東かわ	1	1	1			大坂三郷南組	南区	安堂寺町(平469)	
23	大和屋半兵衛	順慶町堺筋、少西へ入、北かわ	1	1	1			大坂三郷南組	南区	順慶町(平467)	
24	和佐屋吉兵衛	北久宝寺町1丁目、南横町西かわ水戸ゟ軒め釘屋	1	1	1			大坂三郷南組	東区	北久宝寺町1丁目(平458)	
25	お屋那	順慶町堺筋、西大和屋半兵殿浦	1	1	1			大坂三郷南組	南区	順慶町(平467)	
26	者りま屋伊兵衛	順慶町堺筋、西大和屋半兵殿浦	1	1	1			大坂三郷南組	南区	順慶町(平467)	
27	者りま屋作兵衛	順慶町1丁目、東へ入	1	1	1			大坂三郷南組	南区	順慶町1丁目(平468)	
28	金屋又助	順慶町1丁目	1	1	1			大坂三郷南組	南区	順慶町1丁目(平468)	
29	和泉屋藤介	順慶町1丁目	1	1	1			大坂三郷南組	南区	順慶町1丁目(平468)	
30	平野や太兵衛	長堀治郎兵衛町	1	1	1			大坂三郷南組	南区	長堀次郎兵衛町(平473)	

31	茨木や勝兵衛	安堂寺町３丁目	1	1	1			大坂三郷南組	南区	安堂寺町３丁目（平469）	
32	倉橋屋伊兵衛	住吉屋町	1	1	1			大坂三郷南組	東区	住吉屋町（平428）	
33	大野屋金兵衛	心済橋筋、伝馬町北二軒目、東かわ	1	1	1			大坂三郷南組	東区	伝馬町（平459）	
34	飛しや善兵衛	安堂寺２丁目堺筋、東入北かわ	1	1	1			大坂三郷南組	南区	安堂寺町２丁目（平469）	
35	飛しや五兵衛	本町三丁目	1	1	1			大坂三郷南組	東区	本町３丁目（平453）	
36	中嶋屋宗助	本町四丁目、少シ北入、西かわ	1	1	1			大坂三郷南組	東区	本町４丁目（平453）	
37	朝倉屋与兵衛	北久宝寺町２丁目	1	1	1			大坂三郷南組	東区	北久宝寺町２丁目（平458）	
38	いづみや忠七	上本町２丁目	1	1	1			大坂三郷南組	東区	上本町２丁目（平429）	
39	あわじや弥平（※①）	上本町２丁目		1				大坂三郷南組	東区	上本町２丁目（平429）	
40	いつミや佐兵衛	安土町東堀浜	1	1	1			大坂三郷北組	東区	安土町（平451）	
41	ならや八兵衛	飛ん後町、千だの義（梅檀木）、少シ西	1	1	1			大坂三郷北組	東区	備後町（平450）	
42	さしかねや久兵衛	北久宝寺町２丁目	1	1	1			大坂三郷南組	東区	北久宝寺町２丁目（平458）	
43	久宝寺屋茂兵衛	米屋町、かしや町東入	1	1	1			大坂三郷南組	東区	米屋町〔南本町〕（平453）	
44	若佐屋徳次郎	北久宝寺町２丁目　さ志加ね乃尋る	1	1	1			大坂三郷南組	東区	北久宝寺町２丁目（平458）	
45	金物屋利兵衛	北久宝寺町１丁目	1	1	1			大坂三郷南組	東区	北久宝寺町１丁目（平458）	
46	いつミや甚助	北久宝寺町１丁目	1	1	1			大坂三郷南組	東区	北久宝寺町１丁目（平458）	
47	植松屋弥七	北久宝寺町２丁目	1	1	1			大坂三郷南組	東区	北久宝寺町２丁目（平458）	

48	木津や源七	北久宝寺町２丁目、植松屋うら	1	1	1			大坂三郷南組	東区	北久宝寺町２丁目（平458）	
49	長浜屋伊兵衛	南久太良町２丁目	1	1	1			大坂三郷南組	東区	南久太郎町２丁目（平456）	
50	長浜屋おんめ	南久太良町２丁目	1	1	1			大坂三郷南組	東区	南久太郎町２丁目（平456）	
51	いせ屋おやす（安治郎）	南久太良町２丁目	1	1	1			大坂三郷南組	東区	南久太郎町２丁目（平456）	天保九戊四月改ル。
52	飛しや伊兵衛	北久太良町、中橋西入南かわ	1	1	1			大坂三郷南組	東区	北久太郎町（平455）	
53	とハや常七	北久太良町１丁目、のう人橋西詰	1	1	1			大坂三郷南組	東区	北久太郎町１丁目（平455）	
54	関東屋（官頭や）〔文字抹消〕清兵衛	北久宝寺町２丁目	1	1	1			大坂三郷南組	東区	北久太郎町２丁目（平456）	
55	山城屋久右衛門	かわら町、千多ノ木（栴檀木）南入東かわ	1	1	1			大坂三郷北組	東区	瓦町（平449）	
56	伏見や半右衛門	道嶋町３丁目	1	1	1			大坂三郷天満組	北区	堂島（平558）	
57	加わ多や長兵衛	道嶋中町	1	1	1			大坂三郷天満組	北区	堂島（平558）	
58	嶋や忠兵衛	北久宝寺町１丁目、ほうきや町東入北かわ	1	1	1			大坂三郷南組	東区	北久宝寺町１丁目（平458）	
59	手伝屋喜右衛門（※②）	平野町、高倉筋、南横町	1	1	1			大坂三郷北組	東区	平野町（平445）	五月廿五日。
60	倉橋屋	住吉町	1	1	1			大坂三郷南組	東区	住吉町（平428）	取次。五月十九日。
61	山田屋五兵衛	大坂諸人橋（上人橋？）、条場地蔵２丁目	1	1	1			大坂三郷北組	東区	上人町（平442）	
62	山田屋五兵衛	北谷町	1	1	1			大坂三郷南組	東区	北谷町（平424）	経かた飛ら上ル。諸牌入戒名五ツ。拾五印上。
63	長門屋徳兵衛	本町おハら以筋、西入北かわ、東歩	1	1	1			大坂三郷南組	東区	本町（平452）	天下一。
64	志まや清兵衛（※③）	上町北谷町	1	1	1			大坂三郷南組	東区	北谷町（平424）	

65	升屋宇右衛門(※④)	と義わ町お者ら以筋、西入北かわ中程	1	1	1			大坂三郷北組	東区	常磐町(平420)	
66	竹細工や	上町、骨屋町西入南かわ	1	1	1			大坂三郷北組	東区	内骨屋町(平415)	
67	尾張屋源八	上町、北谷町条場地蔵坂	1	1	1			大坂三郷南組	東区	北谷町(平424)	
68	山田周次〔お毛よ〕	上町、南新町２丁目	1	2	2			大坂三郷南組	東区	南新町２丁目(平416)	大者ん二壱。山田周次に対する敬称だけが「殿」ではなく「様」。
69	天下一鏡屋利助	本町、太良左衛門町	1	1	1			大坂三郷南組	東区	内本町太郎左衛門町(平419)	
70	重屋お那か	本町、太良左衛門町	1	1	1			大坂三郷南組	東区	内本町太郎左衛門町(平419)	
71	永井おみ能	本町、太良左衛門町	1	1	1			大坂三郷南組	東区	内本町太郎左衛門町(平419)	
72	竹屋嘉右衛門	東堀久宝寺橋	1	1	1			大坂三郷南組	東区	北久宝寺町458・南久宝寺町461	
73	高津や善兵衛	東堀材木町、久宝寺橋東詰北へ入	1	1	1			大坂三郷南組	東区	農人橋材木町(平425)	
74	わくや弥兵衛	同本町、骨屋町	1	1	1			大坂三郷北組	東区	内骨屋町(平415)	
75	白銀や金四郎	同本町、上三町、谷町東入	1	1	1			大坂三郷南組	東区	内本町上三丁(平419)	
76	尾張屋おゐ志(※⑤)	同阿わじ町３町目	1	1	1			大坂三郷北組	東区	淡路町(平446)	
77	土佐屋新七(※⑥)	同阿わじ町３町目	1	1	1			大坂三郷北組	東区	淡路町(平446)	
78	者りまや源八	北谷町	1	1	1			大坂三郷南組	東区	北谷町(平424)	
79	明石や万三郎〔おきく〕	南諸人町２丁目(南上人町２丁目)	1	2	2			大坂三郷北組	東区	上人町(平442)	
80	尾張屋おいし(※⑤)	同阿わ志゛町、お者らい筋、東入北かわ、うら		1				大坂三郷北組	東区	淡路町(平446)	

81	加んじ	上町、南谷町、阿た古゛入口	1	1	1			大坂三郷南組	東区	南谷町（平426）	
82	水戸幸右衛門	同北谷町	1	1	1			大坂三郷南組	東区	北谷町（平424）	
83	手伝や喜右衛門（※②）	平野町、高蔵筋南へ入西かわ		1				大坂三郷北組	東区	平野町（平445）	
84	薬しや	かわや町、せんなん筋北入西かわ	1	1	1			大坂三郷北組	東区	南革屋町（平415）	
85	飛ちや	上久宝寺町、富木東おツて町、善なん筋東入北かわ	1	1	1			大坂三郷南組	東区	追手町（平425）	
86	堺屋	上久宝寺町、富木東おツて町、善なん筋東入北かわ	1	1	1			大坂三郷南組	東区	追手町（平425）	
87	長兵衛	上塩町	1	1	1			摂津国東成郡	南区	上塩町〔北平野町〕（平502）	
88	阿わじや弥兵衛	上町、桜町	1	1	1			大坂三郷南組	南区	桜町（平494）	
89	帯屋伝右衛門	北谷町	1	1	1			大坂三郷南組	東区	北谷町（平424）	廻向料十五文上ル。
90	者りまや新助〔内 お毛ん〕	北谷町、糸や町	1	2	2			大坂三郷南組	東区	北谷町（平424）	諸牌入。六良兵衛親柄、内方。
91	八幡屋六兵衛	谷町２丁目	1	1	1			大坂三郷北組	東区	谷町２丁目（平406）	是ハ経帷子。
92	糀屋源兵衛	谷町２丁目	1	1	1			大坂三郷北組	東区	谷町２丁目（平406）	御座。
93	近江屋藤兵衛〔藤七〕	中豊後町、松屋町筋西江入北かわ	1	2	2			大坂三郷北組	東区	豊後町（平414）	
94	丸伊屋久右衛門	南農人橋町２丁目	1	1	1			大坂三郷南組	東区	南農人橋町２丁目（平423）	
95	大和屋八兵衛	南農人橋１丁目	1	1	1			大坂三郷南組	東区	南農人橋町１丁目（平423）	是ハ大者んノ近付。
96	八幡屋宇兵衛	釣鐘上之町	1	1	1			大坂三郷北組	東区	釣鐘上之町（平408）	

97	きづや源七	南農人橋、松屋町２丁目南入	1	1	1			大坂三郷南組	南区	松屋町表町(平496)	
98	和泉屋藤右衛門	農人橋東詰、松屋町かし西入南川	1	1	1			大坂三郷南組	東区	農人橋詰町(平423)	
99	大和屋角兵衛	久宝寺橋西詰かし南かわ	1	1	1			大坂三郷南組	東区	北久宝寺町(平458)	
100	土佐屋新七(※⑥)	住所の記載なし(77と同じ住所、阿わじ町３丁目)		1				大阪三郷北組	東区	淡路町(平446)	
101	大坂屋宇兵衛(※⑦)	南堀１丁目	1	1	1			大坂三郷南組	西区	南堀江１丁目(平531)	五月十四日。
102	吉野屋以よ	南堀頓田屋橋	1	1	1			大坂三郷南組	西区		
103	大坂屋宇兵衛(※⑦)	南堀へ１丁目		1				大坂三郷南組	西区	南堀江１丁目(平531)	
104	嘉助	西横堀、四ツ橋、南へ２丁目、松やノ筋北へ２間目	1	1	1			大坂三郷南組	南区	四つ橋(平475)	
105	ミきや儀兵衛	堀へ市ノ川一筋西、志ハ以うら	1	1	1			大坂三郷南組	南区	道頓堀芝居側(平492)	
106	木挽屋伝右衛門	幸町、西日面川ナキ	1	1	1			大坂三郷南組	西区	幸町(平697)	
107	阿たや長兵衛	幸丁２町目、幸橋南	1	1	1			大坂三郷南組	西区	幸町(平697)	
108	平野屋吉兵衛(※⑧)	北堀へ２丁目	1	1	1			大坂三郷北組	西区	北堀江２丁目(平530)	
109	広嶋屋清兵衛	北堀へ２丁目	1	1	1			大坂三郷南or北組	西区	北堀江２丁目(平530)	
110	天王寺屋利助	新町橋、藤右衛門町	1	1	1			大坂三郷南組	西区	藤右衛門町(平524)	
111	いつミや久兵衛	新町橋西かど	1	1	1			大坂三郷南or北組	西区	新町遊廓(平525)	
112	倉橋屋熊治郎(※⑨)	新町	1	1	1			大坂三郷南or北組	西区	新町遊廓(平525)	
113	安藤寿し	堂頓堀	1	1	1			大坂三郷南組	南区	道頓堀宗右衛門町(平490)	

114	松長忠蔵	堂頓堀	1	1	1			大坂三郷南組	南区	道頓堀宗右衛門町(平490)	
115	三田屋政右衛門	五右衛門町	1	1	1			大坂三郷南組	南区	高津五右衛門町(平488)	
116	六兵衛	南瓦屋町、二ツゑど	1	1	1			大坂三郷南組	南区	南瓦屋町(平496)	
117	明石屋徳兵衛	西高津町	1	1	1			大坂三郷南組	南区	西高津町(平498)	
118	伊勢や九右衛門	谷町筋生玉	1	1	1			摂津国西成郡	南区	生国魂神社(平684)	
119	堺屋宗右衛門	心済橋筋、宗右衛門町少し東	1	1	1			大坂三郷南組	南区	道頓堀宗右衛門町(平490)	
120	長川屋徳兵衛	本町、おハらい筋西入北かわ	1	1	1			大坂三郷南組	東区	内本町上三丁(平419)	
121	志まや清兵衛(※③)	上町、北谷町		1				大坂三郷南組	東区	北谷町(平424)	
122	升屋宇右衛門(※④)	上町、ときわ町、お者らい筋西入北かわ、中ほど		1				大坂三郷北組	東区	常磐町(平420)	
123	市川ゑ飛゛重郎	大坂多たみや町	1	1	1			大坂三郷南組	南区	南畳屋町(平483)	文政四辛迄。御座。
124	御ちか	東堀へ材木町	1	1	1			大坂三郷南組	東区	農人橋材木町(平425)	御座。加けじ(懸事)。
125	泉屋隠居	北久宝町、中橋西へ入、南川うら清水や裏	1	1	1			大坂三郷南組	東区	北久宝寺町(平458)	加けじ(懸事)。徳らや取次。
126	灰屋清助	者く路町、東堀北へ入、久宝寺橋西詰かし北へ入西がわ	1	1	1			大坂三郷南組	東区	博労町(平462)	御懸じ。
127	木や庄兵衛	のう人橋北、少し入、東つめ	1	1	1			大坂三郷南組	東区	農人橋詰町(平423)	懸ヶ事。
128	方見仁左衛門	多たみや町、堂頓堀出る、北西角	1	1	1			大坂三郷南組	南区	南畳屋町(平483)	懸ヶ事。

129	飛免じや弥兵衛	大坂嶋之内宗右衛門町	1	1	1			大坂三郷南組	南区	道頓堀宗右衛門町(平490)	一、戒名ニ血盆経二人分、外ニ経帷子受る。代済。
130	小尓志	阿わじ町堺筋	1	1	1			大坂三郷北組	東区	淡路町(平446)	一、御懸事御願被成候。九月四日。
131	朝倉屋武兵衛	東堀り瓦屋橋町南之筋、地蔵坂筋、松屋町ゟ三ツめ東西南角米屋	1	1	1			大坂三郷南組	南区	南瓦屋町(平496)	八月廿八日、御懸事御座仕候。
132	堺屋宗左衛門	心さい橋すじ、南浜かシ、東入	1	1	1			大坂三郷北組	西区	南浜町(平517)	
133	平野屋吉兵衛(※⑧)	嶋之内宗右衛門町、北堀江２丁目		1				大坂三郷北組	西区	北堀江２丁目(平530)	御座。
134	粉屋	新町橘東、少シ北入東かわ	1	1	1			大坂三郷北組	西区	橘通(平532)	御座。
135	泉久	新町東口西かわ	1	1	1			大坂三郷南or北組	西区	新町遊廓(平525)	御座。
136	昆屋	同町西かわ	1	1	1			大坂三郷南or北組	西区	新町遊廓(平525)	御座。
137	平蔵	新町通り筋	1	1	1			大坂三郷南or北組	西区	新町遊廓(平525)	御座。
138	大加きや太郎兵衛(※⑩)	同町	1	1	1			大坂三郷南or北組	西区	新町遊廓(平525)	御座。
139	茨木や八良兵衛(※⑪)	同町	1	1	1			大坂三郷南or北組	西区	新町遊廓(平525)	御座。
140	倉橋や	同町	1	1	1			大坂三郷南or北組	西区	新町遊廓(平525)	御座。
141	紀ノ新(●①)	同町	1	1	1			大坂三郷南or北組	西区	新町遊廓(平525)	御座。
142	中嶋や(●②)	同町	1	1	1			大坂三郷南or北組	西区	新町遊廓(平525)	御座。
143	おりね	新町、西ノ扇子や、橘町	1	1	1			大坂三郷南組	西区	橘町(平527)	御座。
144	者り物や次助	同町	1	1	1			大坂三郷南組	西区	橘町(平527)	御座。
145	けたや	同橘町、西北かど	1	1	1			大坂三郷南組	西区	橘町(平527)	近付、よハ連申候。
146	嶋屋嘉七(※⑫)	新町通り筋	1	1	1			大坂三郷南組傾城町	西区	新町遊廓・瓢箪町(平526)	御座。

147	加ら可さや	嶋や嘉七(新町通り筋)西となり	1	1	1			大坂三郷南or北組	西区	新町遊廓(平525)	一、経かた飛ら申受被成候。夫よりちか付也。
148	のみや	嶋や嘉七(新町通り筋)之向	1	1	1			大坂三郷南or北組	西区	新町遊廓(平525)	是も御座候。嶋嘉ニ而尋る。
149	さ可へや	新町九間	1	1	1			大坂三郷南or北組	西区	新町遊廓・九軒町(平526)	
150	銭屋太助	北久太良町、千駄ノ木筋、東かわ	1	1	1			大坂三郷南組	東区	北久太郎町(平455)	己年ゟ近付ニ相成り候。
151	木の新(●①)	大坂新町		1				大坂三郷南or北組	西区	新町遊廓(平525)	御座。
152	倉橋屋重兵衛	大坂新町	1	1	1			大坂三郷南or北組	西区	新町遊廓(平525)	御座。
153	ちくさや松之助	大坂新町	1	1	1			大坂三郷南or北組	西区	新町遊廓(平525)	御座。
154	吉のや善兵衛	大坂新町通り筋	1	1	1			大坂三郷南or北組	西区	新町遊廓(平525)	御座。
155	平兵衛	大坂新町通り筋	1	1	1			大坂三郷南or北組	西区	新町遊廓(平525)	御座。
156	大垣や太郎兵衛(※⑩)	大坂新町通り筋		1				大坂三郷南or北組	西区	新町遊廓(平525)	御座。
157	吉右衛門	大坂新町通り筋	1	1	1			大坂三郷南or北組	西区	新町遊廓(平525)	御座。
158	飛のや安兵衛	大坂新町通り筋	1	1	1			大坂三郷南or北組	西区	新町遊廓(平525)	御座。
159	大垣や・亀屋利兵衛	大坂新町通り筋	1	2	2			大坂三郷南or北組	西区	新町遊廓(平525)	御座。
160	茨木や八良兵衛(※⑪)	大坂新町通り筋		1				大坂三郷南or北組	西区	新町遊廓(平525)	御座。
161	紙や弥平	大坂新町通り筋	1	1	1			大坂三郷南or北組	西区	新町遊廓(平525)	御座。
162	紀ノ国や新平(●①)	大坂新町通り筋		1				大坂三郷南or北組	西区	新町遊廓(平525)	御座。
163	倉橋屋熊治郎(※⑨)	大坂新町通り筋		1				大坂三郷南or北組	西区	新町遊廓(平525)	御座。
164	中嶋やおいし(●②)	大坂新町通り筋		1				大坂三郷南or北組	西区	新町遊廓(平525)	御座。
165	嶋屋お登ミ	大坂新町通り筋	1	1	1			大坂三郷南or北組	西区	新町遊廓(平525)	御座。
166	儀右衛門	大坂新町通り筋	1	1	1			大坂三郷南or北組	西区	新町遊廓(平525)	御座。
167	板新	新町、越後町	1	1	1			大坂三郷南組傾城町	西区	新町遊廓・越後町〔佐渡島町〕(平526)	
168	紙右衛門	新町、越後町	1	1	1			大坂三郷南組傾城町	西区	新町遊廓・越後町〔佐渡島町〕(平526)	御座。

169	嶋屋飛な	新町、越後町	1	1	1			大坂三郷南組傾城町	西区	新町遊廓・越後町〔佐渡島町〕（平526）	御座。
170	大鶴	新町、越後町	1	1	1			大坂三郷南組傾城町	西区	新町遊廓・越後町〔佐渡島町〕（平526）	御座。
171	おりやノ隠居	新町、越後町	1	1	1			大坂三郷南組傾城町	西区	新町遊廓・越後町〔佐渡島町〕（平526）	御座。
172	池田屋お飛ん	新町、越後町	1	1	1			大坂三郷南組傾城町	西区	新町遊廓・越後町〔佐渡島町〕（平526）	御座。
173	おむツ	新町、越後町	1	1	1			大坂三郷南組傾城町	西区	新町遊廓・越後町〔佐渡島町〕（平526）	御座。
174	阿かしや	新町、越後町	1	1	1			大坂三郷南組傾城町	西区	新町遊廓・越後町〔佐渡島町〕（平526）	御座。
175	西ノ紙屋甚三郎	新町、越後町	1	1	1			大坂三郷南組傾城町	西区	新町遊廓・越後町〔佐渡島町〕（平526）	御座。
176	いせ婦さ	新町、越後町	1	1	1			大坂三郷南組傾城町	西区	新町遊廓・越後町〔佐渡島町〕（平526）	御座。
177	さノや	新町、越後町	1	1	1			大坂三郷南組傾城町	西区	新町遊廓・越後町〔佐渡島町〕（平526）	御座。
178	わた長	新町、越後町	1	1	1			大坂三郷南組傾城町	西区	新町遊廓・越後町〔佐渡島町〕（平526）	御座。
179	大和屋儀右衛門	新町、越後町	1	1	1			大坂三郷南組傾城町	西区	新町遊廓・越後町〔佐渡島町〕（平526）	御座。

180	京屋彦兵衛	新町、越後町	1	1	1			大坂三郷南組傾城町	西区	新町遊廓・越後町〔佐渡島町〕(平526)	御座。
181	升義	新町、吉原町	1	1	1			大坂三郷北組傾城町	西区	新町遊廓・吉原町(平527)	御座。
182	阿ま	新町、吉原町	1	1	1			大坂三郷北組傾城町	西区	新町遊廓・吉原町(平527)	御座。
183	平のや平八	新町、吉原町	1	1	1			大坂三郷北組傾城町	西区	新町遊廓・吉原町(平527)	御座。
184	吉野やお加年	新町、西扇屋横町	1	1	1			大坂三郷南組傾城町	西区	新町遊廓・瓢箪町(平526)	御座。
185	金加や源兵衛	新町、西扇屋横町	1	1	1			大坂三郷南組傾城町	西区	新町遊廓・瓢箪町(平526)	御座。
186	大和やおち可	新町、西扇屋横町	1	1	1			大坂三郷南組傾城町	西区	新町遊廓・瓢箪町(平526)	御座。
187	とら八	新町、西扇屋横町	1	1	1			大坂三郷南組傾城町	西区	新町遊廓・瓢箪町(平526)	御座。
188	嶋や嘉七(※⑫)	新町、西扇屋横町		1				大坂三郷南組傾城町	西区	新町遊廓・瓢箪町(平526)	御座。
189	上や　さ可へや	新町、西扇屋横町	1	1	1			大坂三郷南組傾城町	西区	新町遊廓・瓢箪町(平526)	御座。
190	京屋(大工)彦兵衛	新町、九間	1	1	1			大坂三郷南組	西区	新町遊廓・九軒町(平526)	御座。
191	金加やおぎん	新町、九間角	1	1	1			大坂三郷南組	西区	新町遊廓・九軒町(平526)	御座。
192	明石や佐右衛門	新町、九間	1	1	1			大坂三郷南組	西区	新町遊廓・九軒町(平526)	
193	と婦や	新町、九間	1	1	1			大坂三郷南組	西区	新町遊廓・九軒町(平526)	御座。
194	あわさう越万	新町、九間	1	1	1			大坂三郷南組	西区	新町遊廓・九軒町(平526)	御座。

195	記載なし	小浜町、問や橋筋、天馬屋うら	1	＊1	1			大坂三郷南組	西区	小浜町（平527）	御座。
196	八里まん伊兵衛	すな者゛大こんや座敷	1	1	1			大坂三郷南組	西区	砂場〔佐渡屋町〕（平526）	御座。
197	おせん	小浜町、問や橋筋	1	1	1			大坂三郷南組	西区	小浜町（平527）	祈禱いたし。
198	新彦	立売堀、中橋	1	1	1			大坂三郷南組	西区	立売掘中橋町（平522）	御座。
199	記載なし	北堀へ２丁目、南堀へ３家	1	＊1	1			大坂三郷南or北組	西区	北堀江２丁目（平530）	御座。
200	記載なし	山本町、江とノ筋	1	＊1	1			大坂三郷南組	西区	山本町（平524）	御座。
201	記載なし	山本町、高橋筋	1	＊1	1			大坂三郷南組	西区	山本町（平524）	御座。
202	記載なし	松へ橋	1	＊1	1			不明	不明		御座。
203	記載なし	ふ志ん堀、おかさき橋、北東詰	1	＊1	1			大坂三郷北組	西区	岡崎町（平519）	御座。
204	飛らや安（取次）	新町	1	1	1			大坂三郷北or南組	西区	新町遊廓（平525）	取次
205	記載なし	越中どノ橋	1	＊1	1			大坂三郷北組	西区	土佐掘１丁目（平511）	御座。
206	大津屋おくら	まへた連嶋	1	1	1			摂津国西成郡	難波村	前垂島〔西側町〕（平700）	御座。
207	志゛くや弥平	長堀東堀	1	1	1			不明	不明		御座。
208	称明寺	下寺町	1	1	1			摂津国東成郡	南区	下寺町〔天王寺村〕（平668）	御座。
209	記載なし	高木や橋すじ、南へ２丁目、少南、西かわ	1	＊1	1			大坂三郷南or北組	西区	高台橋〔南堀江３丁目〕（平532）	御座。
210	とさや伊三郎	橘通り４丁目	1	1	1			大坂三郷北組	西区	橘通４丁目（平532）	御座。
211	つつや弥助	大坂尼が崎橋、白子うら町	1	1	1			大坂三郷北組	西区	白子裏町（平511）	加志゛まや出入。
212	八たや弥平	天馬７丁目	1	1	1			大坂三郷天満組	北区	天満７丁目（平547）	

213	伏見屋庄右衛門	天馬７丁目	1	1	1			大坂三郷天満組	北区	天満７丁目（平547）	
214	寿や庄兵衛	住所の記載なし	1	1	1						
215	木村屋	住所の記載なし	1	1	1						文政五壬午八月四日、常現真性居士。常光真月信女かな、文政元寅九月朔日。
216	太助	村居田村	1	1	1			近江国坂田郡	滋賀県坂田郡山東町		
217	伊兵衛	村居田村	1	1	1			近江国坂田郡	滋賀県坂田郡山東町		寅七月十九日当山。
218	源助	下多郎村	1	1	1			近江国坂田郡	滋賀県坂田郡米原町		
219	嘉平治	下多郎村	1	1	1			近江国坂田郡	滋賀県坂田郡米原町		
220	利平	中多郎村	1	1	1			近江国坂田郡	滋賀県坂田郡米原町		寅七月廿日同行三人。
合計			204軒	230人	215人	3軒	2軒				

〔凡例〕
1．本表は芦峅寺雄山神社が所蔵する芦峅寺教算坊の大坂の檀那帳（寛政12年）に記された内容を解読・整理し、その情報を表に示したものである。
2．「町名」の項目における（平○○○）は、平凡社刊『大阪府の地名Ⅰ　日本歴史地名大系28』の該当町名の記載頁を示す。
3．「信徒名」の項目における※印と番号が附られた信徒は、同番号の人物どうしが同一人物であることを示す。また、●印と番号が付られた信徒は、同番号の人物どうしが同一人物である可能性を示す。

ところで、檀家のうち11「道具屋権兵衛」や13「かざりや藤助」、14「平野屋清七」の三軒については、壇家名の上に「無し」の注記が附られており、これらの檀家は、檀那場が存在していたいつの時期か、それまでの所在地に家がなくなったことを示すものであろう。

2 配札地

教算坊衆徒が廻檀配札に赴いた檀家所在地の詳細については前掲の付表を参照していただきたい。さて、「天下の台所」として全国経済の中心地で商工業が発展していた近世の大坂は、北組・南組・天満組の三郷に分かれていた。天満組は、ほぼ大川（江戸時代ではこれが淀川本流である）より北の地域である。それ以外の部分は、本町通り辺りをだいたいの境界として、北側が北組、南側が南組である。ただし例外の地域もあり、一箇所は、大坂で唯一の公認の遊廓であった新町である。新町は空間的には南組のなかにあるが、北組と南組の両方に属する町に分かれていた。もう一箇所は堀江の地域で、その町々は元禄一六年（一七〇三）一一月、北組・南組・天満組に分割された(5)。

教算坊の檀家の多くは、こうした大坂三郷の北組と南組の各町に分布しており、その二組における檀家数は一七四軒、信徒数は一八〇人である。また、大坂三郷天満組に所属する道嶋（堂島）や天馬町にも四軒の檀家が見られる。したがって、大坂三郷における檀家数は一七八軒、信徒数は一八四人となり、全体の約八五％を超えている。この他には、摂津国東成郡・西成郡に若干数の檀家が見られ、さらに、大坂から離れた近江国坂田郡にも五軒の檀家が見られる。

なお、明治一二年（一八七九）における大阪市の行政区別に檀家軒数、信徒数、宿数をあげておくと、次のようになる。東区七四軒、七九人、宿二軒。西区七六軒、七七人。南区二八軒、二八人。北区四軒、四人。難波村一軒、一人。滋賀県坂田郡五軒、五人。該当区不明一六軒、二一人。

東区における檀家分布町については、安土町（一軒）・淡路町（三軒）・上本町（三軒）・内骨屋町（二軒）・内本町上三丁（二軒）・内本町太郎左衛門町（三軒）・追手町（二軒）・唐物町（一軒）・瓦町（一軒）・北久太郎町（四軒）・北久宝寺町（一二軒）・北谷町（七軒）・米屋町（一軒）・上人町（二軒）・住吉屋町（二軒）・谷町（二軒）・釣鐘上之町（一軒）・伝馬町（一軒）・常磐町（一軒）・農人橋詰町（二軒）・農人橋材木町（二軒）・博労町（二軒）・平野町（一軒）・備後町（一軒）・豊後町（一軒）・本町（三軒）・南革屋町（一軒）・南久太郎町（五軒）・南新町（一軒）・南谷町（一軒）・南農人橋町（二軒）・餌差町（一軒）などが見られる。

西区における檀家分布町については、越後町（一四軒）・岡崎町（一軒）・北堀江（三軒）・九軒町（六軒）・小浜町（二軒）・白子裏町（一軒）・砂場（一軒）・高台橋（一軒）・立売堀中橋町（一軒）・橘通（二軒）・橘町（三軒）・藤右衛門町（一軒）・土佐掘（一軒）・瓢箪町（六軒）・南浜町（一軒）・南堀江（二軒）・山本町（二軒）・吉原町（三軒）・幸町（二軒）などが見られ、その他、新町の記載で二三軒が見られる。

南区における檀家分布町については、安堂寺町（三軒）・上塩町（一軒）・高津五右衛門町（一軒）・桜町（一軒）・順慶町（七軒）・道頓堀芝居側（一軒）・道頓堀宗右衛門町（四軒）・長堀次郎兵衛町（一軒）・西高津町（一軒）・松屋町（一軒）・南瓦屋町（二軒）・南畳屋町（二軒）・四つ橋（一軒）・谷町筋生玉（一軒）・下寺町（一軒）などが見られる。

北区における檀家分布町については、堂島町（二軒）・天馬町（二軒）が見られる。

ところで、江戸時代、西区には幕府から公許された大坂唯一の新町遊廓が所在していたが、廓を構成する町のうち、新京橋町・新堀町・瓢箪町・佐渡島町（越前町）・吉原町は中心街で曲輪と称された。他に九軒町・佐渡屋町があった[(6)]。前掲のとおり、このなかの瓢箪町・佐渡島町（越前町）・吉原町・九軒町に教算坊の檀家が存在していたのである。

なお、新町遊廓の越後町の場合を除いて、どの町でも、その檀家数は一町につき一桁の軒数しか存在していないといった状況である、これは他の芦峅寺宿坊家が他国の農村部などで形成した檀那場の実態などとは異なり、例えば芦峅寺宝泉坊が大都市江戸で形成していた檀那場の実態と類似している。

3　檀家

檀家の実態を見ていくと、屋号を持つ檀家が一五一軒、信徒数一五八人が記載されている。これは全体の約七四％で、信徒の特性としては江戸とは異なり、武家よりも屋号を持つ町人などが多いといった、経済都市大坂らしい特徴が表れている。

一方、武士の身分について見ていくと、南新町二丁目の68「山田周次」があげられる。彼は大番を勤めていたようである。さて、大坂に置かれた幕府の諸役職のうち、一番上位に位置したのが大坂城代であり、城代は、定番・大番・加番などを統率して城中を警衛するとともに、西国大名を統師する立場にあった。そして、このなかの定番・大番・加番は大坂城の警備にあたる役職である。なお、南農人橋一丁目の95「大和屋八兵衛」は、檀那帳の注記に、教算坊が大番から紹介されて師檀関係を結んだ檀家であったとしているが、この大番は68「山田周次」の可能性がある。

信徒の性別を見ていくと女性が二六人記載されている。そのなかで、1「いつ見や与兵衛」の内方として「いさ」の名前が記載されているように、いわゆる町人の妻としての記載も見られるが、その他、遊廓関係者らしき女性の名前も見られる。特に新町遊廓の地域に所在する女性は、169越後町「嶋谷飛な」、170越後町「大鶴」、172越後町「池田屋お飛ん」、173越後町「おむツ」など一一人である。

この他、宗教者らしき檀家が二軒見られる。餌差町の17「仏性庵」と下寺町の208「称明寺」である。また、畳屋町の123「市川海老重郎」は歌舞伎役者であろう。道頓堀の113「安藤寿し」は寿司屋であろう。住吉町の60「倉橋屋」は檀那場において新しい信徒を勧誘する際に取り次ぎ人の役割を果たした人物である。

4　頒布品

芦峅寺の各宿坊家が往古より作成してきた護符の種類とその文言を宿坊家ごとに調べあげて記載した、天保四年（一八三三）の芦峅寺古記録[7]に、教算坊が版行していた護符として、①「立山大宮供諸願成就祈所」（内符として「牛王宝印」の大判や小判が収められている）、②「御祈禱配帙　立山芦峅寺　教算坊」、③「立山護摩供御札　芦峅」（内符として「火防〔立山火の用心〕」が収められている）、④「立山大宮供諸願成就祈所」（内符として「御嫗尊」や「牛王宝印」「守」「〔種子〕立山御守」などが収められている）があげられている。なお、このなかで④は小札と呼ばれるものである。

ところで、この檀那帳から護符に関する記載を見ていくと、2「者や又四郎」（三八歳の男性）と3「加めや長右衛門」（三五歳の男性）には、「病気護符」と称する護符を頒布している。また、9「八百屋安兵衛」と13「かざりや藤助」には「家内安全」の護符を頒布している。さらに、9「八尾屋安兵衛」～13「かざりや藤助」などの信徒については「札」の注記が見られ、種類は不明だが何らかの護符が頒布されている。この他、16博労町の「しまや忠兵衛」は教算坊の大坂の檀那場で世話人及び宿家を務め、現地で立山講を支える檀家の代表者格であるが、その彼には特別に「大札」が頒布されている。

62「山田屋五兵衛」、91「八幡屋六兵衛」、129「飛免じや弥兵衛」、147「加ら可さや」らの信徒については、経帷子が頒布されている。特に「加ら可さや」の場合は、新町通り筋の檀家「嶋や嘉七」の西隣に住んでいるが、あるときに、教算坊衆徒が嶋やから経帷子の注文を受けたことが機縁で、以後同坊の檀家になったという。129「飛免じや弥兵衛」には血盆経と戒名が二人分頒布されている。

頒布品ではないが、4「六兵衛」や5「善七」、7「清兵衛」については、「燈明」の注記が見られ、衆徒がこれらの檀家から燈明料を寄進されたのであろう。

5　祈禱

この檀那帳から祈禱に関する記載を見ていくと、89「帯屋伝右衛門」宅では仏前廻向が勤められており、廻向料は一五文であった。また、197「おせん」宅では、その内容は不明だが何らかの祈禱が行われている。

ところで、檀那帳には一部の檀家に「御座」の注記が附られている。この「御座」というのは、真宗の篤信地帯に見られる門徒の年中行事の一形態である「御座」のことを思わせる。教算坊衆徒は大坂の檀那場でこうした真宗の「御座」の布教形態を自分たちの活動にも取り込んでいたのであろうか。あるいは、檀那場の大坂三郷では、石山本願寺ゆかりの地だけに真宗寺院がきわめて多いことから、教算坊衆徒が自ら行う布教活動の呼称だけを真宗的に真似て、現地の信徒に受け入れられ易く対応していたのであろうか。

檀那帳の記載だけではどちらとも判断しかねるが、いずれにしろ、教算坊衆徒による立山信仰の布教活動は少なからず真宗の影響を受けていたようである。なお、この記載については、特に新町遊廓の檀家に多く見られ、御座が勤められた六六軒の檀家のうち、四五軒の檀家が同地に所在している。

一方、御座以外には、「懸事（懸ヶ事）」といった注記が七軒の檀家に見られる。特に、130の檀家「小尓志」については、年次は不明だが九月四日のこととして「御懸事御願被成候」と記され、また131の檀家「朝倉屋武兵衛」についても年次は不明だが八月二八日のこととして「御懸事御座仕候」と記されている。こうした「懸事」の意味については、本檀那帳やその他の関係資料を調べても、その具体的な供養法や祈禱法を示すような記載は全く見られず不明である。ただし、「懸事」は、衆徒がときおり檀家から願い請われて行うような何らかの所作であることは間違いなく、用字から強いてイメージするならば、檀家宅で立山曼荼羅を「懸」けて行う絵解き布教のことを示しているとも考えられる。

なお、本檀那帳には五月一四日や同月一九日、二五日、あるいは懸事について前述した八月二八日や九月四日の月日が記されており、従来の研究で指摘されてきた農閑期とは異なる時期に布教に出かけていることがわかる。

四　檀那帳が使用された時期

この檀那帳は前述のとおり、その表題から寛政一二年(一八〇〇)に作成されたことがわかる。ただし、同帳の巻末には、「右大坂之義者、安政二年ゟ作(昨)年迄配札ニ相越不申ニ付、右檀家之義ハ不残無家ニ御座候。尚亦代替ニ付、断申立候族茂有之ニ付、右始抹方ニ御座候」といった文言で、同帳が対象とする檀那場の状況を述べた断り書きが見られ、さらに、帳面の所々に「文政四辛迄」(9)や「常現真性居士、文政五壬午八月四日」、「常光真月信女かな。文政元寅九月朔日」(10)、「天保九戊四月改ル」(11)などの年次記載が見られることなどから、教算坊衆徒が、この檀那帳をそれが作成された寛政一二年から、継続的にか断続的にだったのかは不明なものの、本帳に記載が見られる年次の文政五年(一八二二)から天保九年(一八三八)を経て、安政二年(一八五五)までは使用していたことがわかる。

しかしこのことは、それだけの長い時期、この檀那帳が改訂や完全な作り替えがないままに使用され続けてきたことを示し、ひいては、この檀那帳が対象とする大坂の檀那場にほとんど成長・展開がなかったことを示している。すなわち、大坂の檀那場はほとんど成長しなかったといえるのである。これは、以前示した江戸の檀那場の事例と大きく異なる。

五　立山曼荼羅『稲沢家本（教算坊旧蔵本）』

1　立山曼荼羅『稲沢家本（教算坊旧蔵本）』（図1）

立山曼荼羅『稲沢家本』は元来、芦峅寺教算坊の立山曼荼羅であった(12)。おそらく、教算坊衆徒が大坂や越前の檀那場で廻檀配札活動を行った際、この立山曼荼羅が絵解きされることもあっただろう。

この作品の形態は絹本三幅で、法量は内寸が一四〇・〇×一六六・五センチメートル、外寸が一九六・五×一九八・〇センチメートルである。画中には、芦峅寺衆徒の絵解き題材としての項目である①立山開山縁起、②立山地獄、③立山浄土、④立山禅定登山案内、⑤芦峅寺布橋灌頂会の五つの場面が描かれている。

この作品の特徴としては、まず、一八世紀後半から一九世紀にかけて京坂以西で隆盛した南画の筆致をとっていることがあげられる。また、一般的な作品では、立山開山縁起の一場面として、画面の下段に、佐伯有頼が熊に矢を射掛け、その矢が熊に命中したにもかかわらず、熊が絶命せずに駆け逃げるので、有頼がそれを追いかける場面が描かれるが、この作品ではそうした図柄は見られず、その代わりに、画面の中央辺りに、有頼がまるで熊を従えるかのように相並べて描かれている。さらに、画面下段には布橋灌頂会の場面がとりわけ大きく描かれている。立山地獄の場面では閻魔王や冥官たちが獄卒や亡者たちより若干大きめに丁寧に描かれている。一・二幅及び二・三幅のあいだが大幅に切断されており、切断された部分の上段には日輪・月輪が、下段には布橋灌頂会で行道する式衆たちの図柄があったものと推測される。

図1　立山曼荼羅『稲沢家本』（個人所蔵）

2 文政初期に見られる三幅一対の立山曼荼羅

芦峅寺衆徒と岩峅寺衆徒は宝永六年（一七〇九）から天保四年（一八三三）までの一二四年間、立山の宗教的権利を巡り度々激しい争論を引き起こし、両峅寺を支配する加賀藩の公事場奉行での裁判沙汰となった。そして、それは文化期（一八〇四～一八一八）頃から激化した。こうした争論の内容と経過については拙著『立山信仰と立山曼荼羅―芦峅寺衆徒の勧進活動―』(13)に詳述しているのでここでは省略する。

さて、この一連の争論において、文政元年（一八一八）一〇月、芦峅寺衆徒は加賀藩公事場奉行で下された判決に対し、その内容に従う旨と、それに加え芦峅寺衆徒が勧進布教に使用する「御札（祈禱・牛王宝印・火防）」や「山絵図（木版画の立山登山案内図）」、「御絵有頼之由来（立山曼荼羅）」、「御守」などの品々の追加承認を求めて加賀藩寺社奉行に請書を提出している。この請書のなかで、芦峅寺側が「有頼之由来」（立山曼荼羅）の概要を説明しているが、それには「右有頼之由来ヲ絵伝ニ仕、有頼一代幷布施之城主ゟ於立山不思議奇瑞之ともを委細絵図ニ相認申物故、於立山之事とも三幅之絵伝ニいたし、往古・他国江罷越致教化申故、自然与他国ゟ参詣之諸人も御座候」と記されている。[14]

ここで問題となるのは、芦峅寺衆徒の間で、立山曼荼羅が三幅一対の形態とされている点である。これまでの研究では、立山曼荼羅の形態は四幅一対が一般的とされており、実際、現存の立山曼荼羅諸本の形態を見ていくと、四幅一対の作品が二三点（うち芦峅寺系作品が一八点）、一幅の作品が一四点（うち芦峅寺系作品が六点）、二幅一対の作品が七点（うち芦峅寺系作品が一点）、三幅一対の作品が四点（うち芦峅寺系作品が三点）、五幅一対の作品が一点（芦峅寺系作品）、折り本一枚（芦峅寺系作品）の作品が一点といった状況であり、やはり四幅一対の作品が半数ほどである。これに対して、三幅一対の立山曼荼羅には、『稲沢家本（教算坊旧蔵本）』や『立山黒部貫光株式会社本』、『日光坊B本』、『専称寺本』が現存するが、このうち、『専称寺本』は岩峅寺系作品である。芦峅寺系作品では、『日光坊B本』が明治時代に成立した作品であり、江戸時代の作品となると『稲沢家本（教算坊旧蔵本）』と『立山黒部貫光株式会社本』の二点だけできわめて少ない。

この請書の「三幅之絵伝」の記載は芦峅寺衆徒の書き損じだったと考えられなくもない。しかし、この請書は芦峅寺衆徒にとって、立山に対する自分たちの宗教権利をなんとしてでも確保したいという強い意志がこもった特別重要な書類であり、とても書き損じたとは考えにくい。また、この請書は二冊の異なる控え帳に収められており、いずれも「三幅之絵伝」と記されているので写し間違えとは考えられない。

以上の点から、素直にこの文書を解釈して、文政元年（一八一八）頃、芦峅寺衆徒の間では、三幅一対の立山曼荼羅が主流だったと考えたい。

それではなぜ三幅一対の現存作品が少ないのか。その理由として、諸国で檀那場を形成し廻檀配札活動を行った芦峅寺衆徒にとっては、元来、立山曼荼羅は携帯性に優れた絵解き布教のための教具、いわば消耗品であり、それほど大事にされるものではなかったからだと思われる。自坊から檀那場へ持ち運ばれる際や、度重なる絵解きの際に画面が差し棒などで突っつかれ、傷みが激しくなると案外あっさりと打ち捨てられて新しい作品に替えられるようなもの、あるいは実例として『坪井家A本（もと教順坊の立山曼荼羅）』や『立山黒部貫光株式会社本』に補筆の痕跡が見られるように、補修されても元図があっさりと塗り潰され、大幅に書き替えられるなどするようなものだったのであろう。特に衆徒たちが自ら描いたような稚拙な作品だとなおのことである。

ただし、立山曼荼羅の絵解き布教は檀那場で次第に受け入れられ定着したであろうから、そのうち檀家が立山曼荼羅を寄進してくれたり、あるいは例外として『宝泉坊本』や『吉祥坊本』のように大名や皇女和宮など、高貴な身分の人々が寄進してくれるようになる。そうなると、衆徒たちも立山曼荼羅を粗略に扱うわけにはいかず、大事に長持ちさせながら使用するか、むしろ家宝として大事にしまい込む場合もあっただろう。現存の立山曼荼羅諸本にはどちらかといえば、こういった類の作品が多いと思われる。

さて、立山曼荼羅のこのような性格から、おそらく文政元年（一八一八）頃は三幅一対の立山曼荼羅が主流だったのだろうが、後に幕末期になると四幅一対の作品が主流となり、しかも檀家に寄進され、芸術性を帯びた作品ばかりが現存するところとなった。

以上の状況や観点からすると、おそらく文政期頃に成立した作品と推測される『稲沢家本（教算坊旧蔵本）』は、立山曼荼羅の形態をはじめ、構図や図柄の変遷を探るうえで非常に重要な作品として位置づけられる。

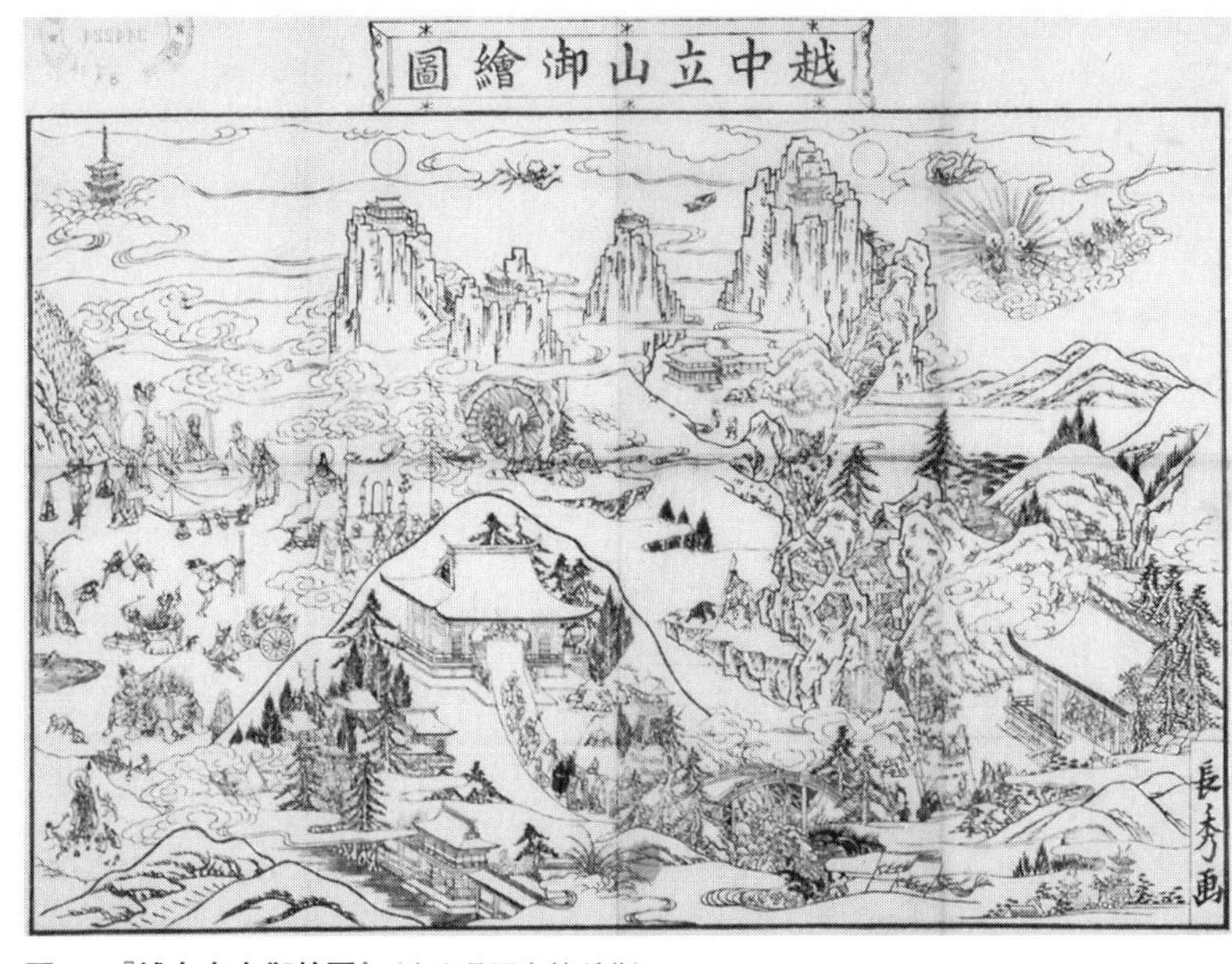

図2　『越中立山御絵図』（富山県図書館所蔵）

3　有楽斎長秀作『越中立山御絵図』（図2）

有楽斎長秀[15]が描いた木版画の『越中立山御絵図』[16]は『立山曼荼羅　稲沢家本（教算坊旧蔵本）』とそっくりな構図と図柄を持ち、模写関係が見られる。なお、模写の精度からすると長秀は立山曼荼羅を実見していると思われる。坂森幹浩氏によると、この作品の制作時期は落款の書体から文政年間（一八一八〜一八三〇）初期〜中期頃と考えられている[17]。

ところで、長秀の人物を見ておくと、彼は京都の画家であるが大坂堀江にも住居を持ち二都で活躍した。堀江は御池通二丁目〜四丁目辺りに所在し、堀江新地開発の時に許可された芝居小屋や茶屋もあって、茶立女・飯盛女・飯炊女と呼ばれる遊女が置かれ歓楽街となっていた。長秀の作画期は寛政一一年（一七九九）から天保七年（一八三六）までとされる。彼は上方絵における最も多作の一人にあげられるが、特に合羽摺の作品では第一人者と見られる。文政前期には大坂心斎橋筋塩町角、車町阿弥陀池表町筋の版元本屋清七[18]などから版行された「大坂しん町ねり物姿」(細判合羽摺揃物)[19]を発表している。また、文政中期には大判錦絵の役者絵を版元綿屋喜兵衛より発表している。天保後期の作品に広重の作品を模倣した花鳥画もある。こうした役者似顔絵や美人画・花鳥画などの他、滑稽本・噺本の挿絵や芝居番付なども描いている[20]。

4 教算坊衆徒と有楽斎長秀作との接点

長秀は前述のとおり文政前期に「大坂しん町ねり物姿」(細判合羽摺揃物)を描いている。ここでいう練物とは祭礼の際に行われる行列で、練り歩くところからの名称である。これが上方の遊廓で夏に行われた遊女の扮装行列をさすようになる。「大坂しん町ねり物姿」はこうした遊女の扮装姿を一人一枚に描いた遊女絵であり、この作品の存在から作者の長秀が大坂の新町遊廓に出入りしていたことがうかがわれる。一方、今回分析している教算坊の檀家帳は寛政一二年(一八〇〇)に作成され、その後、安政期(一八五四〜一八六〇)頃まで使用されてきたものであることから、当然、大坂の檀那場として、その一部の新町遊廓の檀那場もそれと同じ時期に存在していたことになり、こうしたところに新町遊廓という仕切られた特殊な領域での教算坊衆徒と長秀の接点、及び『立山曼荼羅教算坊本』と長秀の『越中立山御絵図』の接点が推測されるのである。なお、教算坊は配札、長秀は浮世絵といったように、両者がいずれも紙や墨、木版を使用する刷り物文化に深く関わっている点も、両者の接点を考えるうえで重要である。

5 『稲沢家本(教算坊旧蔵本)』と有楽斎長秀作『越中立山御絵図』との模写関係

筆者はこれまで特に根拠があったわけではないが、漠然と『稲沢家本(教算坊旧蔵本)』は長秀の『越中立山御絵図』を模写して成立したものと推測していた。しかし、どうやらそれは逆だったようである。

これまでの検討内容を一度整理してみると、以下のようになる。①芦峅寺衆徒の間では文政元年（一八一八）頃、後の幕末期に多く見られる四幅一対の立山曼荼羅ではなく三幅一対の立山曼荼羅が主流であったと推測される。②長秀は文政前期に「大坂しん町ねり物姿」を発表しており、この頃かあるいはこの少し以前に、大坂新町遊廓という仕切られた特殊な領域で、同所を檀那場とする教算坊衆徒と接触する可能性があった。③教算坊衆徒と長秀はともに刷物文化の担い手であった。④長秀の『越中立山御絵図』と『稲沢家本（教算坊旧蔵本）』には確実に模写関係が存在する。模写の精度からすると長秀は立山曼荼羅を実見している。⑤長秀の『越中立山御絵図』の制作時期は、坂森幹浩氏によると、落款の書体から文政年間（一八一八～一八三〇）初期～中期頃と考えられている。

以上の条件から次のような推測が成り立つ。すなわち、文政年間（一八一八～一八三〇）の初期～中期頃、当時、大坂新町遊廓で同地を檀那場として廻檀配札活動を行っていた教算坊衆徒と、「大坂しん町ねり物姿」を作成するために同地に出入りしていた長秀との間に接点ができ、長秀が教算坊の所持する立山曼荼羅を模写して『越中立山御絵図』を描いたというものである。

ところで、長秀が『教算坊本』を模写して『越中立山御絵図』を描いた際、『教算坊本』では、各図柄が正方形に近い長方形の画面に収められていたものが、長秀の作品では横丈が長めの長方形の画面に収められたために、特に地獄の場面で各図柄が幾分ゆったりと配置されている。ただし、それによって、図柄の付加や削除による増減はないものの、賽の河原や火車、目連尊者と串刺しにされたその母、獄卒に舌を抜かれる亡者などの図柄が置換されている。

また、長秀は立山の現地空間に対する認識が弱く、例えば、賽の河原の描かれる位置が、芦峅寺系立山曼荼羅の一般的な作品や『教算坊本』では実景観に即して別山直下の辺りに描かれるのが、長秀の作品では、画面に向かって左端下段に描かれている。また、劔岳の「自然の塔」の描き方も、芦峅寺系立山曼荼羅の一般的な作品や『教算坊本』

では剱岳そのものから聳えるように描かれるのであるが、長秀の作品では空に浮かぶ雲上に描かれている。このように、細部を見ていくと、芦峅寺系立山曼荼羅の一般的な作品や『教算坊本』に見られる描き方とは異なる部分がある。

以上の点から考えると、『教算坊本』を元本として長秀が『越中立山御絵図』を模写したと推測できる。なお、『教算坊本』はその筆致から、おそらく教算坊衆徒かあるいは檀那場の檀家が現地の南画の職人画家に外注して作成された作品と考えられるが、前述の模写関係とは逆に、もし長秀の『越中立山御絵図』を模写して『教算坊本』が成立したとするならば、長秀が当時既存の立山曼荼羅を模写・部分改変したことによって生じた、芦峅寺系立山曼荼羅の一般作品との構図や図像における差異が、『教算坊本』では補正されたことになる。これは、現実的には困難なことであろう。

六　近江国からの立山参詣

この檀那帳には、217近江国坂田郡村居田村「伊兵衛」(現在は米原市)と220同国同郡中多郎村「利平」(現在は米原市)について、前者には「寅七月十九日当山」、後者には「寅七月廿日同行三人」と付記されており、二人とも、何年かは不明だが寅年の七月末に立山を訪れていることがわかる。

彼らがもともと教算坊の檀家であったのか、それとも立山参詣が機縁となり、のちに教算坊の檀家になったのかは明らかでないが、仮に、もともとの檀家であったとすると、教算坊衆徒は、大坂での毎年の廻檀配札活動のために越中から大坂に赴く際、北国街道から中山道を通り、草津で東海道に入り、大坂に向かったものと思われる。

おわりに

以上、芦峅寺教算坊が形成した大坂の檀那場の実態を紹介してきた。すなわち、教算坊は、本檀那帳の成立した寛政一二年（一八〇〇）頃から文政期・天保期を経て、安政二年（一八五五）以降の何年か後まで、大坂に檀那場を形成していた。

寛政一二年（一八〇〇）当時、教算坊の檀那場は大坂三郷を中心に檀家数が二〇〇軒、宿家が二軒程度の規模で形成されており、特に大坂三郷の檀家数は一七八軒であった。なお、そのなかでも特徴的な配札地として新町遊廓があげられ、越後町や瓢箪町・吉原町・九軒町などに多数の檀家が見られる。

檀家の実態としては、経済都市大坂を反映してか、なかには大番などの身分の信徒も見られるものの武家はきわめて少なく、屋号を持つものが圧倒的に多い。また、新町遊廓の関係者や歌舞伎役者・宗教者などの檀家も見られる。

檀那場での衆徒の活動実態としては、芦峅寺衆徒の場合、一般的に冬から春にかけての農閑期に廻檀配札活動を行うとされているが、本檀那帳の事例では、五月や八月・九月にそれを行っている。頒布品に大札や「病気護符」「家内安全」などの護符をはじめ、血盆経や経帷子なども見られる。祈禱については、大坂三郷が石山本願寺ゆかりの地ということもあってか、真宗的な「御座」が勤められている。ただし、その具体的な実態は本檀那帳からうかがうことができなかった。

また、おそらく立山曼荼羅の絵解き布教を示すものと思われる「懸事」が、時折、檀家に求められて行われている。なお、そうした際に使用された立山曼荼羅『教算坊本（現在の稲沢家本）』は、それが浮世絵作家の有楽斎長秀に模写される文政初期までにはすでに成立していたことになり、文政元年（一八一八）当時、芦峅寺一山において、彼らの立山曼荼羅の一般的な形態であった三幅一対作品の数少ない現存作品として非常に貴重である。今後、この作品を基準として文政初期までの作品の構図や図柄の実態、さらには、そののちの四幅一対作品への変遷過程などを検討する必要があろう。

ところで、寛政一二年（一八〇〇）に成立した檀那帳が、幕末期まで改訂されずに、あるいは完全に作り替えられずに使用され続けてきたことは、教算坊の大坂の檀那場が全く成長・展開していないことを示している。そればかりか幕末期には、衆徒が廻檀配札活動を怠った時期があったため、衆徒が久しぶりに檀那場を訪れた際には、檀家がなくなっていたりあるいは代替わりで師檀関係を断られたりしたため、大坂の檀那場を廃止せざるをえなかった。このように、大坂では概して、檀家の気質によるものかあるいは教算坊衆徒の資質によるものか、はたまた教算坊衆徒があくまでも越前の檀那場を重視し、大坂の檀那場は副次的なものとしてとらえていたからかは、それを示す資料が皆無で定かではないが、ある意味で教算坊衆徒の大坂での勧進布教は失敗に終わったといえよう。

註

（1）拙著『近世立山信仰の展開―加賀藩芦峅寺衆徒の檀那場形成と配札―』（岩田書院、二〇〇二年）。

（2）「宗門御改帳　芦峅寺　宝暦五年六月七日」（廣瀬誠編『越中立山古記録　第三巻』五二～五九頁、立山開発鉄道、一九九一年）。

（3）『由緒書上帳　扣　立山元東神職　明治六癸酉年一月扣』（註（2）『越中立山古記録　第三巻』一六三頁）。

（4）『当山速要御用留　定目代　天保十三壬寅年』（高瀬保編『越中立山古記録　第二巻』一二四頁・一二五頁、立山開発鉄

道、一九九〇年)。「衆徒之内教算坊越前之国江廻旦ニ罷越し候ニ付」。
(5) 塚田孝『歴史のなかの大坂　都市に生きた人たち』(岩波書店、二〇〇二年)。
(6) 『日本歴史地名大系 二八巻 大阪府の地名』(平凡社、二〇〇一年)。
(7) 『立山衆徒諸国旦那持御札守等調筆方掟書誓条連判条　芦峅寺宝庫　天保四年癸巳十一月吉日』(廣瀬誠編『越中立山古記録 第一巻』二〇二～二一二頁、立山開発鉄道、一九八九年)。
(8) 「御座」(真宗新辞典編纂会編『真宗新辞典』法藏館、昭和五八年)。真宗の御座はお講と同種の宗教的機能を果たすが、原則的に区別されるものである。各集落の家で月数回、定例の仏事を開催することをいう。仏間での勤行と茶の間での信心沙汰からなる。仏事の日は、親鸞忌日か各個の集落に所縁の深い宗主の命日などに定められる。地域によっては、いりお座とか中陰お座といった臨時のものも開かれる。原則として、手次寺の住職は参加しない。
(9) 同帳の123「市川ゑ飛重郎」は文政四年(一八二一)まで檀家であったが、その年、師檀関係を断っているので、この檀那帳が、その頃までは使用されていたことがわかる。
(10) 同帳の215「木村屋」については、「常現真性居士。文政五壬午八月四日」と「常光真月信女かな。文政元寅九月朔日」といったふうに、二人の戒名と命日が記されており、この檀那帳が、その文政五年(一八二二)頃までは使用されていたことがわかる。
(11) 同帳の51「いせ屋おやす」は天保九年(一八三八)四月に「おやす」から「安治郎」に代替わりしたことを示す記載が見られるので、この檀那帳が、その頃までは使用されていたことがわかる。
(12) 立山曼荼羅『稲沢家本』については、これまで、佐伯立光「立山曼荼羅絵図解説」(『立山町史 別冊』五頁、立山町、一九八四年)や、岩鼻通明「宗教景観の構造把握への一試論―立山の縁起、マンダラ、参詣絵図からのアプローチ―」(『空間・景観・イメージ』一六八頁、京都大学文学部地理学教室編、地人書房、一九八三年)、拙稿「立山曼荼羅の図像描写に対する基礎的研究―特に諸本の分類について―」(『富山県［立山博物館］研究紀要』七号、五八頁・五九頁、富山県［立山博物館］、二〇〇〇年)などでは、芦峅寺福泉坊の所蔵本として紹介されている。一方、長島勝正『立山曼荼羅集成(複製)第一期』(文献出版、一九八三年)や川口久雄『山岳まんだらの世界―日本列島の原風景1―』(一四一頁、名著出版、一九八七年)では、芦峅寺教山坊の所蔵本として紹介されている。元来、芦峅寺教算坊が所蔵していた作品であったが、のちに芦峅寺福泉坊に移り、さらに現在では立山町の稲沢家に所蔵されるに至った。この経緯や当時の状況などについては佐伯泰正氏(故人)より伺った。

(13) 拙稿「立山衆徒の勧進活動と立山曼荼羅」(拙著『立山信仰と立山曼荼羅―芦峅寺衆徒の勧進活動―』一一五頁〜一三六頁、岩田書院、一九九八年)。

(14) 『納経一巻等記録　立山芦峅寺　文政元卯年　但シ一山要用　場御裁判書立在中配札一件ト可見合』(『越中立山古記録第一巻』一〇六頁)。『納経一件ニ付請書ニ附テ上ル　一冊中印　文政元年寅九月』(芦峅寺雄山神社所蔵)。

(15) 「長秀」(『原色浮世絵大百科事典　第二巻　浮世絵師』同編集委員会編、大修館書店、一九八二年)。松平進『上方浮世絵の再発見』(二四〇頁、講談社、一九九九年)。松平進『上方浮世絵の世界』(一九八頁〜二〇五頁、和泉書院、二〇〇〇年)。

(16) 『越中立山御絵図』(富山県立図書館所蔵、三五・五×四五・三センチメートル、江戸時代後期)。

(17) 坂森幹浩「解説　神通川船橋と立山―版画に描かれた越中名所―」(『富山市民俗民芸村特別展　越中の民画』二六頁・四四頁・四五頁、富山市民俗民芸村、二〇〇三年)。

(18) 『原色浮世絵大百科事典　第三巻』(同編集委員会編、大修館書店、一九八二年)。

(19) 黒田源次『上方絵一覧』(三一〜三四頁、二七四頁・二七五頁、東洋書院、一九七八年)。

(20) 註(18)『原色浮世絵大百科事典　第三巻』。

あとがき——三禅定研究の自分史

立山信仰史研究の領域は一見狭そうに見えて、実は多岐にわたる。ここではそれをいちいち提示しないが、これまで私がおもに取り組んできた立山信仰史研究の課題は圧倒的に芦峅寺一山に関するものが多く、具体的には芦峅寺一山の組織構成や布橋灌頂会などの年中行事、嫗尊信仰・立山曼荼羅・芦峅寺衆徒の檀那場形成と廻檀配札活動などについてである。このなかで自分自身は、芦峅寺衆徒の尾張国や三河国・信濃国・江戸・大坂など、それこそ日本各地での檀那場形成と廻檀配札活動について、その実態解明に最も多くの時間を割いてきたと思っている。だが、世の中で私を知る人の多くは、私に『立山信仰と立山曼荼羅――芦峅寺衆徒の勧進活動――』(岩田書院、一九九八年)と『立山曼荼羅　絵解きと信仰の世界』(法蔵館、二〇〇五年)の著書があるため、その題名から「立山曼荼羅」の研究者と認識しているようである。

また、研究者の間では、私の著書が芦峅寺一山に関わるものばかりなため、岩峅寺一山に関わる立山信仰研究史には興味を示さない人のように思われているかもしれない。

実は、こうした状況が生み出されたことには、全てそれなりの理由や事情がある。それらを整理した内容はある意味、私の自分史と言えるだろう。ただし一方では、富山県［立山博物館］の人文系学芸部門において、建設準備室時代から開館を経て少なくとも開館二〇周年頃までに行ってきた学芸活動の歴史の一齣でもあると思うので、かつての日記や書類、メモ・記憶、各氏からいただいた書簡などをたどりながら、多少長くなるがまとめておきたい。

一　名古屋の坪井家と立山曼荼羅

私は平成二年（一九九〇）四月から富山県立山博物館建設準備室で学芸員として勤務した。その準備室は富山県庁内にあった。期日までは記憶にないが、ある日準備室に、名古屋市の坪井さんという方から立山曼荼羅と思われる作品が映ったビデオレターが送られてきた。それを見た瞬間、私も含め準備室の職員は色めき立った。それはまさに立山曼荼羅だったからである。

この情報提供を受けて同年一二月一〇日・一一日の両日、当時建設準備室長米原寛氏（後、富山県［立山博物館］館長）と二人で、三重県鳥羽市・大江寺（曹洞宗）と名古屋市烏森町の坪井家を調査に訪れたのが、私の愛知県での最初の調査活動であった。なおその際、坪井家では当初の予測どおり立山曼荼羅（のちの『立山曼荼羅　坪井家A本』）一点を確認し、さらに親戚家からも別の立山曼荼羅（のちの『立山曼荼羅　坪井家B本』）を発見し、私たちにとっては二重の喜びとなった。特に『坪井家A本』の軸裏の銘文は、その後の立山曼荼羅及び布橋灌頂会の研究に大きな成果をもたらすことになった。

平成三年（一九九一）一一月一日に富山県［立山博物館］が開館し、その記念展『立山のこころとカタチ―立山曼荼羅の世界』を開催した。同企画展で二六点の立山曼荼羅を出展・公開したが、そのなかに、先般確認してきた、名古屋の坪井家と同親戚家の二点の立山曼荼羅を含めていた。

私はこの企画展の開催準備で三度坪井家を訪れている。一度は平成三年（一九九一）三月二八日、図録掲載用の資料写真撮影が目的であり、立山博物館嘱託佐伯泰正氏、カメラマンとしてラックプロ株式会社福田義久氏が同行した。

佐伯氏は、ご先祖が坪井家と師檀関係を結んで同家に出入りしていた芦峅寺日光坊のご出自であり、このときの訪問は大いに感慨深いものがおありだった。あとの二度は企画展の資料借用と資料返却のためである。

二　脊古真哉氏・津田豊彦氏との出会い

私は平成五年（一九九三）六月一二日・一三日の両日、和歌山県新宮市で開催された第三回日本宗教民俗学研究会・熊野歴史研究会合同大会に参加し、そこで、もと高野山学侶龍淵と立山信仰の関係について研究発表を行ったが、その折、当時京都精華大学と東海女子短期大学で講師をされていた脊古真哉氏と親しくさせていただいた。なおこのとき、愛知学院大学助教授林淳氏（現、同大学教授）や、のちに立山博物館開館一〇周年記念特別企画展『地獄遊覧―地獄草紙から立山曼荼羅まで―』をともに手がけることになる愛知教育大学助手鷹巣純氏（現、同大学教授）、奈良大学専任講師上野誠氏（現、同大学教授）らにも、このとき初めて出会った。

翌平成六年（一九九四）六月一一日、京都・大谷大学で開催された第四回日本宗教民俗学研究会大会に参加し、その折、前年親しくしていただいた脊古氏に、「芦峅寺文書」と『立山曼荼羅　坪井家A本』を題材にした、布橋灌頂会に関する拙論の抜き刷りを二冊謹呈した。おそらく、その会場で脊古氏から、愛知県で自治体史の編纂や大学講師として長く活動をされてきている津田豊彦氏のことを、初めてお聞きしたのだと思う。

同年六月二一日に、脊古氏より、先日京都で謹呈した拙稿に対する御礼状をいただいた。そのなかには、脊古氏が『阿久比町誌』資料編七（一九九四年）に立山曼荼羅と思われる写真を発見したので、その所蔵先である知多郡阿久比町・最勝寺（天台宗）に津田氏と二人で調査に訪れ、それが立山曼荼羅（のちの『立山曼荼羅　最勝寺本』）であることを確認したといった内容などが記されていた。

この情報提供を受けて、同年八月二五日・二六日の両日、立山博物館学芸課主任の木本秀樹氏と二人で、資料調査のため愛知県を訪れた。二五日に阿久比町・最勝寺(安村公見住職)を訪れ、そこで脊古・津田両氏と合流し調査を行い、その後は四人で常滑市・正住院(西山浄土宗)、さらに翌日、北名古屋市(当時は春日井郡西春町)・林證寺(真宗大谷派)と名古屋の坪井家で調査を行った。二五日の夜、熱田神宮の近くの鰻屋で四人で楽しく会食したことをよく覚えている。

同年九月一〇日・一一日の両日、日本宗教民俗学研究会の宿泊セミナーが、富山県［立山博物館］及び富山民俗の会の協力を得て、立山芦峅寺と室堂周辺で実施された。その際のシンポジウムのテーマは『立山信仰と布橋大灌頂会』であった。セミナー会場では、この研究会の創始者五来重氏の論とは異なる、前述の私の布橋灌頂会の論に対して、会員からは多くの疑問や批判的な論評が出たが、唯一、脊古氏が肯定的な評価をしてくださったのは、とてもありがたかった。

三　愛知県とのつながりを深めた特別企画展『霊山巡詣―立山にみる遊・憂・愁―』

平成七年(一九九五)六月一七日から同年七月二三日まで、富山県［立山博物館］では特別企画展『霊山巡詣―立山にみる遊・憂・愁―』を開催した。この企画展には、まずは前述の林證寺と松林寺の仏像資料が出展された。これらの資料は富山県の美術史家長島勝正氏によって廃仏毀釈の際に立山から移遷された仏像として、富山県内に情報が伝わっていた。佐伯立光氏編『立山町史 上巻』(立山町、一九七七年)にも関連の記述が見られる。そこで、現地で調査を行い、資料を確認したので、出展の運びとなった。また、先般最勝寺で発見された『立山曼荼羅 最勝寺本』が出展された。さらに三禅定に関わる資料として、国立国会図書館所蔵の尾張藩士著・文政六年（一八二三）『三ツの山巡』と大府市深谷家所蔵（現・大府市歴史民俗資料館所蔵）の大府村平七著・文政六年『三山道中記』が出展され、さらに大府市桃山公園内に残る三禅定石造物が二点、写真パネルで紹介された。『三ツの山巡』については、これまで富山県内の研究者によって、その存在が知られていた。深谷家所蔵の『三山道中記』については、立山博物館主任の木本先生が知人の研究者から情報を得たものであった。ただし、この時期、私には三禅定が、東海地方で習慣として盛んに行われていたといった認識はなかった。むしろ『三ツの山巡』と『三山道中記』のいずれもが文政六年の成立であり、江戸時代後期に社寺参詣が盛んになったことの表れぐらいにしか考えていなかったのである。

ところで、この企画展の解説図録においては、『立山曼荼羅 最勝寺本』の発見でご縁ができ、また元来、愛知県内の郷土史関係情報に精通しておられるということで、津田氏に巻頭論文として「尾張地方の立山信仰」の一文をご寄稿いただいている。

私はこの企画展の開催準備で三度、愛知県を訪れている。資料調査及び図録掲載用の写真撮影（カメラマンは清原為芳氏、平成七年（一九九五）三月九日…松林寺、林證寺、一〇日…深谷家、大府市桃山町公園、最勝寺）。資料借用（平成七年六月八日…深谷家、最勝寺、九日…松林寺、林證寺）。資料返却（平成七年七月二六日…最勝寺、深谷家、林證寺、松林寺）。

四　津田豊彦氏からの膨大な資料提供

平成七年（一九九五）の『霊山巡詣―立山にみる遊・憂・愁―』展で津田氏にご協力をいただいたことが大きな契機

となり、それ以降、津田氏が立山信仰に関わる資料を発見される度に、その情報や資料を惜しげもなく提供してくださった。平成九年(一九九七)九月二三日、津田氏や鬼頭秀明氏ら一行が来県され、立山山麓や立山室堂・地獄谷、及び富山市内の各所で資料調査を行われた。その際、私が同行して山麓と富山市内の一部を案内している。

ところで津田氏には、立山信仰に関する論文として「知多地方の立山信仰」(『研究紀要』二〇号、半田市立博物館、一九九九年)がおありだが、それ以降は見られない。したがって津田氏の発見された資料を活用させていただいて私が執筆することには、いささか複雑な思いもあった。しかし、当時私は、芦峅寺宿坊家の日光坊や大仙坊、福泉坊・善道坊など、尾張国や三河国に檀那場を形成し、廻檀配札活動を行っていた衆徒の具体的な活動実態を、各宿坊家の檀那帳などの資料を分析して、衆徒の目から見て外面的に明らかにしていた。したがって、さらに研究を進展させるためには、津田氏より提供していただいた現地の資料情報も組み込んで考えざるをえない状況であった。とても申し訳ない気持ちを抱きながらも、私はその後、資料情報を整理した論文を何本か執筆している。もっとも、後に津田氏の人物紹介が収められた『名古屋民俗』(五七号、名古屋民俗研究会、二〇一〇年)を拝読し、私がお付き合いさせていただくよりもずっと古くからの津田氏のご経歴や、民俗学研究に対する考え方、あまりにも謙虚過ぎるほど謙虚なお人柄などを知り、少し腑に落ちたところもあり、今は書かせていただいて良かったと思っている。

このようなわけで、本書は巻頭で述べたとおり、津田豊彦氏の在地での調査・研究活動と私への膨大な情報・資料提供がなければ、全く成立しなかったはずのものである。

津田氏からは、確認できるものだけでも二三通の書簡をいただいており、各通でご教示いただいた資料(いずれもコピーや写真など)を概括的にあげておきたい。

・平成七年(一九九五)一一月一六日…梶川権左衛門家文書(半田市立博物館収蔵)。東浦町での聞き取り調査で、年配の女性から「サンゼンショ」の用語を確認。
・平成八年(一九九六)七月四日…日高理兵衛家文書(うのはな館所蔵)
・平成八年一〇月一六日…三禅定石造物、金城新報。
・平成九年(一九九七)一一月三日…東浦町緒川加藤家の立山信仰に関する木版の掛軸式絵画
・平成一〇年(一九九八)六月二五日…日高理兵衛家文書、東浦町の立山信仰関係掛軸式絵画、梶川権左衛門文書。
・平成一一年(一九九九)三月二六日…津田豊彦「知多地方の立山信仰」(『研究紀要』二〇号、半田市立博物館、一九九九年)。
・平成一一年四月九日…三井伝左衛門家文書(武豊町歴史民俗資料館寄託資料)。
・平成一四年(二〇〇二)五月七日…盛田家文書(「三禅定之通」他)(鈴渓資料館所蔵)。
・平成一四年九月二四日…戸田家文書(うのは館所蔵)、三井伝左衛門家文書、三禅定石造物、熱田神宮関係の資料。
・平成一五年(二〇〇三)二月九日…松本家文書(半田市立博物館所蔵)。
・平成一七年(二〇〇五)七月三〇日…「立山泉蔵閣感謝状　田中清八宛」他(半田市立博物館所蔵)。
・平成一八年(二〇〇六)七月一八日…「大永二年銘「立山権現」の鰐口」(『尾張の鋳物師』所収、名古屋市立博物館)。日高理兵衛家文書所収の立山信仰に関する掛軸式絵画。『新編　東浦町誌　資料編四』所収の宝龍坊関係史料(日高理兵衛家文書)翻刻文。
・平成一八年七月二三日…村中治彦「白山信仰(二四)」『郷土史かすがい』五六号。『新編熱田裁断橋物語　母の願い』。

・平成一九年（二〇〇七）一一月八日…松本家文書（半田市立博物館所蔵）。
・平成一九年一一月八日…「立山大明神」を収める各種神名帳。松本家文書。『知多史誌 資料編四』所収「六兵衛万覚書 二」。『佐布里のあゆみ』（佐布里史編集委員会編、一九七八年。）。伊藤昭正『古文書と絵図の語る人々』（知多史歴史民俗博物館、二〇〇二年）。三禅定石造物。津島市百町の立山社。
・平成二一年（二〇〇九）九月二一日…名古屋市熱田区伝馬町・圓福寺姥堂姥尊像の写真。
・平成二一年一一月一日…常滑市坂井・東光寺の三禅定絵馬の写真。常滑市広目・広目寺の三禅定絵馬の写真。
・平成二一年秋二三日…伊藤家文書（知多市歴史民俗博物館所蔵）。
・平成二三年（二〇一一）二月一六日…『西郊民俗』（一七九号、西郊民俗談話会、二〇一〇年）。『我孫子市史資料 金石文編Ⅱ 石造物』（我孫子市教育委員会、一九八一年）。『我孫子市史資料 金石文編Ⅲ 金造物』（我孫子市教育委員会、一九八三年）。『我孫子市史 民俗・文化財編』（我孫子市史編さん委員会、我孫子市教育委員会、一九九〇年）。三禅定石造物。「白木屋文書」（幡豆町史編纂所所蔵）。『白山資料集』（下巻、石川県立図書館協会、一九八七年）。三禅定石造物。
・平成二三年一二月二八日…松平乗全の墓碑。
・平成二四年（二〇一二）五月二日…三禅定石造物、西尾市東幡豆町宮下・山内神社の三禅定絵馬、『幡豆の石造物』（幡豆町教育委員会、二〇〇五年）。
・平成二四年一〇月二一日…三禅定石造物。
・平成二五年（二〇一三）三月二七日…日高理兵衛家文書。

さて、私はこれらの資料を活用させていただき、三禅定に関して次の論文を執筆した。

・「富士山・立山・白山の三山禅定と芦峅寺宿坊家の檀那場形成過程」『富山県［立山博物館］研究紀要』(一〇号、富山県［立山博物館］、二〇〇三年)
・「立山信仰と三禅定(例会報告要旨)」『交通史研究』(六四号、交通史研究会、二〇〇七年)
・「芦峅寺宿坊家の尾張国檀那場と三禅定(富士山・立山・白山)関係史料」『富山県［立山博物館］研究紀要』(一七号、富山県［立山博物館］、二〇一〇年)
・「富士山・立山・白山を巡る三禅定の時期的変遷―特に白山山麓の馬場の問題にも関連して―」『北陸宗教文化』(二三号、北陸宗教文化学会、二〇一〇年)
・「石造物資料にみる江戸時代の三禅定(富士山・立山・白山)」『山岳修験(白山特集)』(四八号、日本山岳修験学会、二〇一一年)

ところで前述のとおり、私は立山博物館の初期の頃の企画展では、三禅定にそれほど強い意識がないまま、例えば『三ツの山巡』や『三山道中記』などの資料を扱っていた。そうしたなかで、私が三禅定を研究しようと思ったきっかけは、津田氏から平成一四年(二〇〇二)五月七日付けで書簡をいただき、それに同封された盛田家文書(鈴渓資料館所蔵)の延宝四年(一六七六)『三禅定之通』を見たことによる。

折しも、私にとっては前年の立山博物館開館一〇周年記念特別企画展『地獄遊覧』を無事開催し終え、二冊目の著書『近世立山信仰の展開』(岩田書院、二〇〇二年)を刊行したばかりで、大きな満足感に浸っていたところに、津田氏から思いもよらない大発見資料が送られてきた格好となった。満足惚けしている場合ではない。「三禅定」を研究しなければ。こうして再び研究活動のスイッチが入った。平成一五年(二〇〇三)二月一〇日に、盛田家文書の調査ため常滑市小鈴谷の鈴渓資料館調査を訪れた。その際、鈴渓資料館館長の竹内宗治氏には懇切丁寧に対応していただいた。

その年の立山博物館研究紀要で前掲の三禅定関係の論文を発表した。そして、その後も研究を継続していくつもりであったが、思わぬ誤算が生じた。

富山新聞社から連載企画の依頼を受け、平成一五年(二〇〇三)四月から翌年六月にわたり「立山曼荼羅　絵解の世界」と題して、一週間に一本のペースで記事を執筆・提供することになったのである。これがなかなか労力的に面倒な仕事であった。ただし、その内容は結局、平成一七年に『立山曼荼羅―絵解と信仰の世界―』と題して京都・法蔵館より刊行の運びとなった。また翌年には布橋灌頂会の復元イベントが開催されるということで、急遽九月に『立山信仰と布橋大灌頂法会―加賀藩芦峅寺衆徒の宗教儀礼と立山曼荼羅―』を桂書房より刊行した。さらにその年の一二月には、「芦峅寺宝泉坊文書」という膨大な量の史料群を発見したので、その後はこの史料の整理に膨大な時間を費やすことになった。これについても、のちにこの史料を活用して芦峅寺宝泉坊の勧進布教活動を分析し、その内容の一部をまとめ、平成二三年に『江戸城大奥と立山信仰』と題して、京都・法蔵館より刊行している。

このような状況から、その間、津田氏から発見される度に貴重な情報や資料を提供していただきながら、他のことで手が回らず、残念にも三禅定の研究を進めることは全くできなかった。

五　富山テレビ放送の特別番組制作と愛知県での資料調査

平成九年(一九九七)、富山テレビ放送報道制作局デレクター横田昌児氏から、同放送局の開局三〇周年記念特別番組『榎木孝明の薬草マンダラ紀行―立山・インド・チベット　健康と癒やしの旅―』において、立山信仰の内容もとりあげたいとのことで、制作協力を依頼された。職場での許可も下りたので、公務として協力することになった。私のなかの俳優・榎木孝明氏は、映画やドラマで活躍する探偵「浅見光彦」その人である。原作者の旅情サスペンス作家・内田康夫氏の作品を百冊以上読んでいる私にとっては、なんとも嬉しい仕事であった。二番組を制作することになり、一作品はもちろん榎木さんが主演のグローバルバージョン番組であった。もう一作品は、『立山・マンダラ秘話―秘められた立山信仰の謎―』と題するローカルバージョン番組であり、なんと私が中心的な役割で出演することになった。これには榎木氏の出演はないが、ナレーションは全て榎木さんが担当している。私の愛知県での資料調査の様子を番組で紹介したいとの申し出があり、費用は放送局持ち、調査先の方々の許可もいただけたので、富山テレビ放送のスタッフとともに同社車両で移動し、平成九年一二月一二日・一三日の両日、松林寺と最勝寺、坪井家を訪れた。なお、ローカルバージョン番組は平成一〇年に富山県内で、グローバルバージョン番組は平成一〇年にフジテレビ系で全国放映されている。

平成一八年(二〇〇六)には、富山テレビ放送報道制作局プロデューサーの前谷喜光氏からの依頼で、平成一九年正月特別番組『平成時代の立山信仰』の制作に協力することとなり、私の愛知県での資料調査活動がとりあげられることになった。

番組制作のため、富山テレビ放送前谷喜光氏らのスタッフ一行とともに、平成一七年(二〇〇五)一〇月二六日から二八日まで、愛知県内各所で調査と撮影を行った。平成一七年一〇月二六日…坪井家(本家)、坪井家(分家)。二七日…東浦町の三禅定石造物。二八日…半田市立博物館、武豊町歴史民俗資料館。私は、このときの一連の資料調査によって、それまで津田氏から提供されてきた三禅定関係の資料や情報を網羅的に確認することができた。また、多くの資料写真を得ることができた。

六　愛知県の資料と富山県［立山博物館］・高志の国文学館の企画展

富山県［立山博物館］と高志の国文学館の企画展において、愛知県の資料が関係するものは以下のとおりである。これらの企画展に際して、資料の写真撮影や借用・返却のために、私は愛知県を度々訪れている。

〔富山県［立山博物館］〕

・開館記念展『立山のこころとカタチ―立山曼荼羅の世界―』
　会期…平成三年（一九九一）一一月一日（金）～一二月八日（日）
　資料…『立山曼荼羅　坪井家Ａ本』、『立山曼荼羅　坪井家Ｂ本』。
・特別企画展『霊山巡詣―立山にみる遊・憂・愁―』
　会期…平成七年（一九九五）六月一七日（土）～七月二三日（日）
　資料…『立山曼荼羅　最勝寺本』、林證寺・松林寺の仏像、尾張藩士著・文政六年『三ツの山巡』（国立国会図書館所蔵）、大府村平七著・文政六年『三山道中記』（大府市歴史民俗資料館所蔵）。
・特別企画展『神像・仏像は語る―越中立山の山岳信仰―』
　会期…平成一〇年（一九九八）九月二六日（土）～一一月三日（火）
　資料…林證寺・松林寺の仏像。
・特別企画展『立山・富士山・白山　みつの山めぐり―霊山巡礼の旅「三禅定」―』
　会期…平成二二年（二〇一〇）一〇月二日（土）～一〇月三一日（火）

資料…三禅定関係資料全般。

三禅定そのものをテーマとした初の企画展である。企画立案・展示構成、展示解説書の企画構成は立山博物館主任・学芸員加藤基樹氏が担当したものであり、私は企画展開催の諸準備には多少関わったものの内容には関わっていない。ただし、展示解説書に「芦峅寺衆徒の廻檀配札活動と尾張国の檀那場—三禅定関係資料が多数現存する尾張国の檀那場について—」の一文を寄稿している。

・開館二〇周年記念特別企画展『総覧　立山曼荼羅　絵で知る立山信仰の世界』

会期…平成二三年(二〇一一)六月一八日(土)~七月一八日(月・祝日)

会場…富山県水墨美術館

資料…『立山曼荼羅　坪井家A本』、『立山曼荼羅　坪井家B本』、『立山曼荼羅　最勝寺本』。

〔高志の国文学館〕

・北陸新幹線開業記念企画展『三禅定の旅　立山・白山・富士山をめぐる』

会期…平成二七年(二〇一五)三月一三(金)~五月一一日(月)

資料…三禅定関係資料全般。

このなかで特に、北陸新幹線開業記念企画展『三禅定の旅　立山・白山・富士山をめぐる』の開催に際しては、平成二六年(二〇一四)七月二三日から七月二五日にかけて、資料調査や写真撮影、及び資料の出展・借用交渉を行うために愛知県の各地を訪れた。行程は次のとおりであるが、この時の成果は本書を作成するうえで大いに役立っている。

平成二六年七月二三日…最勝寺、知多市歴史民俗博物館、小島家(知多市)、鈴渓資料館、高讃寺(常滑市)。七月二四日…武豊町歴史民俗資料館、うのはな館、戸田家（東浦町）、大府市歴史民俗資料館、七月二五日…西尾市幡豆歴史民俗資料館、竹本油脂株式会社（蒲郡市）、岩津天満宮（岡崎市）。

七　村中治彦氏・小島保幸氏・對島郁夫氏・伴野義広氏との交流

平成一三年（二〇〇一）一一月一三日付けで、春日井郷土史研究会会長の村中治彦氏より、三禅定に関するご質問の書簡をいただいた。併せて三禅定に関する「池田町屋村村絵図」のコピー資料も同封していただいた。同絵図を見ると、池田富士の山頂に富士山・白山・立山の三社が勧請されており、延宝八年（一六八〇）の年号も記されていたので、すぐに盛田家文書の延宝四年『三禅定之通』や延宝二年「芦峅寺文書」の「三禅定」の文言を思い出し、それを契機に俄然、江戸時代前期の三禅定に意識が向くこととなった。さらに村中氏からは、平成一六年（二〇〇四）七月九日付けで、同氏著「白山信仰（二八）（二九）（三〇）」（『郷土史かすがい』六〇号～六二号、春日井市教育委員会文化財課）をいただき、その後も度々『郷土史かすがい』（四五号～）をお送りいただいている。

知多市の小島保幸氏には平成二二年（二〇一〇）年頃初めてお会いし、その後、三禅定関係資料の調査や撮影、企画展への出展・借用交渉などで度々お世話になっている。また拙著『江戸城大奥と立山信仰』（法蔵館、二〇一一）において、同家所蔵の芦峅寺実相坊「血之池地獄納経略縁起（摺り物）」を紹介させていただいている。その後も小島氏より度々「尾張国知多郡松原村・小島家文書」の翻刻集をお送りいただいている。

千葉県立安房博物館客員研究員や千葉県文化財保護協会評議員などを務められた對島郁夫氏に初めてお会いしたのは、平成一六年（二〇〇四）五月二七日で、立山博物館においてである。對島氏は房総半島の出羽三山信仰を研究しておられたが、以前から出羽三山と越中立山併記の重層塔を調査されていた。そうした折、立山が併刻される理由として、私の著書『近世立山信仰の展開』（岩田書院、二〇〇二年）に、芦峅寺福泉坊の房総半島における檀那場形成と廻檀配札活動の記事を見いだされたのである。對島氏の立山博物館での資料調査がご縁となり、今度は私が翌平成一七年一一月二一日から二四日の四日間房総半島を訪れ、對島氏にご同行いただいて出羽三山と越中立山併記の重層塔を一点一点、調査・確認させていただいた。對島氏がかつて調査されてからかなり年数が経っており、場所が移動していたり、埋もれていたり、刻文が摩耗していたりで、調査は困難を極めたが、それでも一四体中、一二体を確認することができた。本書第四章は對島氏の研究成果と津田氏の研究成果によるところが大きい。

最近は、西尾市幡豆歴史民俗資料館館長の伴野義広氏に、地元の三禅定関係資料のことなど、いろいろご教示いただくことが多い。伴野氏とは、平成二六年（二〇一四）、私が高志の国文学館で『三禅定の旅　立山・白山・富士山をめぐる』展の開催準備を進めるなか、資料調査と写真撮影、資料出展・借用交渉で同館を訪れてからのお付き合いである。初めてお会いする以前に、津田氏より伴野氏にご紹介いただいており、お互い初対面ながら大いに話が盛り上がった。物腰はどこか飄々・淡々とされているが、実は話し出されると、あるいは一度行動されると熱意の塊のような方である。伴野氏は郷土の歴史や民俗、信仰をしっかりと後世に残し伝えるべく、地道な活動を続けてこられている。本書でも『山禅定道中記』（牧野家文書、西尾市幡豆歴史民俗資料館所蔵）や蒲郡の三禅定信仰絵馬、吉良町の「三山城巡り」など、幾つかの資料や信仰事例を紹介させていただいたが、これは全て伴野氏からの情報提供によるものである。

この他、富山県［立山博物館］主任・学芸員　加藤基樹氏や、東京都立航空工業高等専門学校教授菊池邦彦氏、静岡県文化・観光部文化学術局世界遺産センター整備課准教授　大高康正氏、日本福祉大学知多半島総合研究所研究員

山形隆司氏らの諸氏には、三禅定に関わる資料発見や論文などをとおしてご教授をいただくことが多い。
以上、書き洩らしたことはまだまだあるのだろうが、このような経緯で本書が生まれた次第である。

本書の執筆に際しての資料提供や写真資料の掲載、論文転載に関しては、次の方々に格別の御高配を賜りました。ここに記して厚くお礼申し上げます（敬称略・五十音順）。
芦峅寺雄山神社、稲沢照彦、越中史壇会、佐伯健一、佐伯広、春秋社、對島郁夫、津田豊彦、富山県［立山博物館］、富山県立図書館、日本山岳修験学会、伴野義広、法蔵館、北陸宗教文化学会、吉川弘文館。

最後に、出版事業の困難な時期、快く本書出版の機会をお与えいただき、上梓に至るまで格別の御配慮と御便宜を賜りました岩田書院社長岩田博氏に深く感謝の意を表します。

福江　充

平成二十九年十月

初出一覧

各章を構成する論文の初出は次のとおりである。論文の転載をお許しいただいた学会・研究会・出版社・博物館各位に感謝いたします。

第一章　霊場の形成と御師の活動

「霊場の形成と御師の活動─越中立山に見る加賀藩と立山衆徒─」（『勧進・参詣・祝祭（シリーズ日本人と宗教　第四巻─近世から近代へ）』春秋社、二〇一五年）。

「加賀藩芦峅寺衆徒の檀那場形成と廻檀配札活動」（『江戸城大奥と立山信仰』法蔵館、二〇一一年）。

「加賀藩芦峅寺衆徒の檀那場形成と廻檀配札活動」（『近世の宗教と社会Ⅰ　地域のひろがりと宗教』吉川弘文館、二〇〇八年）。

第二章　富士山・立山・白山を巡る三禅定の時期的変遷

「立山信仰における木版文化と配札・立山曼荼羅」（『木版文化と立山』富山県［立山博物館］、二〇一二年）。

「富士山・立山・白山を巡る三禅定の時期的変遷─特に白山山麓の馬場の問題にも関連して─」（『北陸宗教文化』二三号、北陸宗教文化学会、二〇一〇年）。

第三章　芦峅寺宿坊家の尾張国・三河国・美濃国の檀那場と三禅定関係史料

第四章　石造物資料に見る江戸時代の三禅定

「芦峅寺宿坊家の尾張国檀那場と三禅定（富士山・立山・白山）関係史料」（『富山県［立山博物館］研究紀要』一七号、富山県

〔立山博物館〕、二〇一〇年）。
「石造物資料にみる江戸時代の三禅定（富士山・立山・白山）」（『山岳修験』四八号・白山特集、日本山岳修験学会、二〇一一年）。

第五章　芦峅寺宿坊家が東海道筋に形成した檀那場
「芦峅寺宿坊家が東海道筋に形成した檀那場―特に駿河国と横浜の事例をとりあげて―」（『富山県〔立山博物館〕研究紀要』二〇号、富山県〔立山博物館〕、二〇一三年）。

第六章　芦峅寺衆徒が常陸国・上総国・下総国で形成した檀那場
「芦峅寺衆徒が常陸国・上総国・下総国で形成した檀那場」（『富山史壇』一四〇号、越中史壇会、二〇〇三年）。

第七章　芦峅寺教算坊が大坂で形成した檀那場と立山曼荼羅
「芦峅寺教算坊が大阪で形成した檀那場と立山曼荼羅」（『富山県〔立山博物館〕研究紀要』一一号、富山県〔立山博物館〕、二〇〇四年）。

著者紹介

福江　充（ふくえ　みつる）

1963年、富山県生まれ。

1989年、大谷大学大学院文学研究科修士課程修了。

富山県［立山博物館］副主幹・学芸員、高志の国文学館副主幹・学芸員を経て、
現在、北陸大学国際コミュニケーション学部准教授。文学博士（金沢大学）。

第９回日本山岳修験学会賞・第３回日本学術振興会賞・第24回とやま賞を受賞。

平成19年度富山県優良職員表彰。平成26年度日本博物館協会顕彰。

主な著書に
『立山信仰と立山曼荼羅』（岩田書院、1998年）、

『近世立山信仰の展開』（岩田書院、2002年）、

『立山曼荼羅―絵解きと信仰の世界―』（法藏館、2005年）、

『立山信仰と布橋大灌頂法会』（桂書房、2006年）、

『江戸城大奥と立山信仰』（法藏館、2011年）などがある。

日本山岳修験学会理事、北陸宗教文化学会理事、日本宗教民俗学会委員、越中史壇会委員、富山民俗の会幹事、日本民俗学会会員、加賀藩研究ネットワーク会員。

真宗大谷派・善住寺住職。

立山信仰と三禅定（さんぜんじょう）―立山衆徒の檀那場と富士山・立山・白山―

2017年（平成29年）11月　第１刷　300部発行　**定価［本体8800円＋税］**
著　者　福江　充

発行所　有限会社岩田書院　代表：岩田　博　http://www.iwata-shoin.co.jp
〒157-0062 東京都世田谷区南烏山4-25-6-103　電話03-3326-3757　FAX03-3326-6788
組版・印刷・製本：藤原印刷　Printed in Japan

ISBN978-4-86602-009-9 C3039 ¥8800E

岩田書院 刊行案内（25）

			本体価	刊行年月
983	佐藤　博信	中世東国の政治と経済<中世東国論６>	7400	2016.12
984	佐藤　博信	中世東国の社会と文化<中世東国論７>	7400	2016.12
985	大島　幸雄	平安後期散逸日記の研究<古代史12>	6800	2016.12
986	渡辺　尚志	藩地域の村社会と藩政<松代藩５>	8400	2017.11
987	小豆畑　毅	陸奥国の中世石川氏<地域の中世18>	3200	2017.02
988	高久　舞	芸能伝承論	8000	2017.02
989	斉藤　司	横浜吉田新田と吉田勘兵衛	3200	2017.02
990	吉岡　孝	八王子千人同心における身分越境<近世史45>	7200	2017.03
991	鈴木　哲雄	社会科歴史教育論	8900	2017.04
992	丹治　健蔵	近世関東の水運と商品取引 続々	3000	2017.04
993	西海　賢二	旅する民間宗教者	2600	2017.04
994	同編集委員会	近代日本製鉄･電信の起源	7400	2017.04
995	川勝　守生	近世日本石灰史料研究10	7200	2017.05
996	那須　義定	中世の下野那須氏<地域の中世19>	3200	2017.05
997	織豊期研究会	織豊期研究の現在	6900	2017.05
000	史料研究会	日本史のまめまめしい知識２<ぶい&ぶい新書>	1000	2017.05
998	千野原靖方	出典明記 中世房総史年表	5900	2017.05
999	植木・樋口	民俗文化の伝播と変容	14800	2017.06
000	小林　清治	戦国大名伊達氏の領国支配<著作集１>	8800	2017.06
001	河野　昭昌	南北朝期法隆寺雑記<史料選書５>	3200	2017.07
002	野本　寛一	民俗誌・海山の間<著作集５>	19800	2017.07
003	植松　明石	沖縄新城島民俗誌	6900	2017.07
004	田中　宣一	柳田国男・伝承の「発見」	2600	2017.09
005	横山　住雄	中世美濃遠山氏とその一族<地域の中世20>	2800	2017.09
006	中野　達哉	鎌倉寺社の近世	2800	2017.09
007	飯澤　文夫	地方史文献年鑑2016<郷土史総覧19>	25800	2017.09
008	関口　健	法印様の民俗誌	8900	2017.10
009	由谷　裕哉	郷土の記憶・モニュメント<ブックレットH22>	1800	2017.10
010	茨城地域史	近世近代移行期の歴史意識・思想・由緒	5600	2017.10
011	斉藤　司	煙管亭喜荘と「神奈川砂子」<近世史46>	6400	2017.10
012	四国地域史	四国の近世城郭<ブックレットH23>	1700	2017.10
013	時代考証学会	時代劇メディアが語る歴史	3200	2017.11
014	川村由紀子	江戸・日光の建築職人集団<近世史47>	9900	2017.11
015	岸川　雅範	江戸天下祭の研究	8900	2017.11
018	鳥越　皓之	自然の神と環境民俗学	2200	2017.11

107	**福江　充**	**立山信仰と立山曼荼羅**<宗教民俗学４>	8200	1998.04
248	**福江　充**	**近世立山信仰の展開**<近世史７>	11800	2002.05